Ausführliches Verzeichnis der

Guttentag'schen Sammlung

Deutscher Reichs- und Preußischer Gesetze

— Text-Ausgaben mit Anmerkungen; Taschenformat —

welche alle wichtigeren Gesetze in unbedingt zuverlässigen Gesetzestexten und in mustergiltiger Weise erläutert enthält, befindet sich hinter dem Sachregister.

Guttentag'sche Sammlung
Nr. 40. Preußischer Gesetze. Nr. 40.
Text-Ausgaben mit Anmerkungen.

Gesetz, betreffend das

Verwaltungsstrafverfahren

bei Zuwiderhandlungen gegen die Zollgesetze und die sonstigen Vorschriften über indirekte Reichs- und Landesabgaben sowie die Bestimmungen über die Schlacht- u. die Wildpretsteuer.

— Vom 26. Juli 1897. —

Mit Einleitung, Kommentar und Sachregister

von

Dr. Richard Katzenstein,
Gerichtsassessor in Hildesheim.

Berlin 1907.
J. Guttentag, Verlagsbuchhandlung,
G. m. b. H.

Inhaltsverzeichnis.

Verzeichnis der Abkürzungen.

AG. = Ausführungsgesetz.
AGGVG. = Preußisches Ausführungsgesetz zum Gerichtsverfassungsgesetze vom 24. April 1878.
AllgVerf. = Allgemeine Verfügung.
AV. = Ausführungsvorschrift.
Begründung = Begr. zum Regierungsentwurf des Verwaltungsstrafgesetzes.
Beling, Strafprozeßrecht = (Bennecke-) Beling, Lehrbuch des Deutschen Reichsstrafprozeßrechts — Breslau 1900.
BGB. = Bürgerliches Gesetzbuch.
BGBl. = Bundesgesetzblatt.
BLG. = Gesetz über den Beistand bei Einziehung von Abgaben und Vollstreckung von Vermögensstrafen vom 9. Juni 1895.
Bonnenberg = B., das Strafverfahren in Zoll- und Steuersachen (2. Aufl.) — Berlin 1899.
BrauStG. = Brausteuergesetz vom 3. Juni 1906; in der früheren Fassung: Gesetz wegen Erhebung der Brausteuer vom 31. Mai 1872.
BrwStG. von 68 = Gesetz, betr. die Besteuerung des Branntweins in verschiedenen zum Norddeutschen Bunde gehörenden Staaten vom 8. Juli 1868.
BrwStG. von 87 = Branntweinsteuergesetz vom $\frac{\text{24. Juni 1887}}{\text{16. Juni 1895}}$ (Novelle — Brennsteuergesetz — vom 7. Juli 1902).
CPO. = Civilprozeßordnung vom $\frac{\text{30. Januar 1877}}{\text{17. Mai 1898}}$.
DJZ. = Deutsche Juristenzeitung.
EG. = Einführungsgesetz.

EGBGB. = Einführungsgesetz zum Bürgerlichen Gesetzbuche.
EGGVG. = Einführungsgesetz zum Gerichtsverfassungsgesetze vom 27. Januar 1877.
EGMStGO. = Einführungsgesetz zur Militärstrafgerichtsordnung vom 1. Dezember 1898.
EGStPO. = Einführungsgesetz zur Strafprozeßordnung vom 1. Februar 1877.
ErbStG. = Erbschaftssteuergesetz vom 3. Juni 1906.
Frank, RStGB. = Fr., Strafgesetzbuch für das Deutsche Reich (3./4. Aufl.) — Leipzig 1903.
GO. = Gebührenordnung.
Goltdammers Archiv = Archiv für Strafrecht und Strafprozeß (begründet von Goltdammer).
GS. = Preußische Gesetzsammlung.
GVG. = Gerichtsverfassungsgesetz vom $\frac{\text{27. Januar 1877}}{\text{17. Mai 1898}}$.
Heinitz, LStG. = H., Kommentar zum Preußischen Stempelsteuergesetze (3. Aufl.) — Berlin 1905 ff.
JMBl. = Justizministerialblatt.
KAG. = Kommunalabgabengesetz vom 14. Juli 1893.
Katzenstein, d. richterliche Strafmandat = K., das richterliche Strafmandat in den Mitteilungen der internationalen kriminalistischen Vereinigung Bd. X S. 159 ff.
Kommissionsbericht = Bericht der Kommission des Abgeordnetenhauses über den Entwurf des Verwaltungsstrafgesetzes (vgl. Vorb. 1 Ib vor § 1 VStG.).
v. Kries, Strafprozeßrecht = v. K., Lehrbuch des Deutschen Strafprozeßrechts — Freiburg 1892.
v. Liszt = v. L., Lehrbuch des Deutschen Strafrechts (12./13. Aufl.) — Berlin 1903.
Löbe, Zollstrafrecht = L., Deutsches Zollstrafrecht (3. Aufl.) — Leipzig 1901.
Löwe/Hellweg = Löwe, die Strafprozeßordnung für das Deutsche Reich (12. Aufl., bearbeitet von Hellweg) — Berlin 1907.

Löwe/Hellweg GVG.: bezieht sich auf die Erläuterung des Gerichtsverfassungsgesetzes in dem eben genannten Buche.

LStG. = Preußisches Stempelsteuergesetz vom 31. Juli 1895.

LVG. = Gesetz über die allgemeine Landesverwaltung vom 30. Juli 1883.

MilStGO. = Militärstrafgerichtsordnung vom 1. Dezember 1898.

Motive zur RStPO. = Motive zum Entwurf einer Strafprozeßordnung.

Olshausen = O., Kommentar zum Strafgesetzbuch für das Deutsche Reich (7. Aufl.) Bd. I — Berlin 1905.

Planck BGB. = P., Bürgerliches Gesetzbuch (Bd. II, III) — Berlin 1900/2.

Preuß. ErbStG. = (Preußisches) Gesetz, betr. die Erbschaftssteuer vom 19. Mai 1891.

Preuß. FGG. = Preußisches Gesetz über die freiwillige Gerichtsbarkeit vom 21. September 1899.

Preuß. GKG. = Preußisches Gerichtskostengesetz vom 25. Juni 1895 (in der Fassung der Bekanntmachung vom 6. Oktober 1899).

Preuß. StGB. = Strafgesetzbuch für die Preußischen Staaten vom 14. April 1851.

Recht = Das Recht, Rundschau für den Deutschen Juristenstand.

RG. (ohne weiteren Zusatz) = Entscheidungen des Reichsgerichts in Strafsachen.

RG. in Zivilsachen = Entscheidungen des Reichsgerichts in Zivilsachen.

RGBl. = Reichsgesetzblatt.

RG. JW. = Reichsgerichtsentscheidung in der Juristischen Wochenschrift.

RGKG. = Deutsches Gerichtskostengesetz vom 18. Juni 1878.

RStG. = Reichsstempelgesetz vom 3. Juni 1906.

RStGB. = Strafgesetzbuch für das Deutsche Reich vom 15. Mai 1871.

RStPO. = Strafprozeßordnung vom 1. Februar 1877.
SchStG. = Schaumweinsteuergesetz vom 9. Mai 1902.
SpStG. = Gesetz, betr. den Spielkartenstempel vom 3. Juli 1878.
SStG. = Gesetz, betr. die Erhebung einer Abgabe vom Salz vom 12. Oktober 1867.
StatG. = Gesetz, betr. die Statistik des Warenverkehrs mit dem Auslande vom 7. Februar 1906.
StVFA. = Anweisung zur Buchführung in Strafsachen für die Hauptzoll- und die Hauptsteuerämter vom 18. März 1898.
Stenographische Berichte: vgl. Vorb. 1 I vor § 1 VStG.
StGB.: siehe RStGB.
StPO.: siehe RStPO.
TStG. = Gesetz, betr. die Besteuerung des Tabaks vom 16. Juli 1879.
Vorb. = Vorbemerkung.
VStG. = Verwaltungsstrafgesetz.
VZG. = Vereinszollgesetz vom 1. Juli 1869.
VZK. = Vereinszollkartell (Zollkartell zwischen Preußen, Kurhessen usw.) vom 11. Mai 1833.
WarZG. = Gesetz zum Schutze der Warenbezeichnungen vom 12. Mai 1894.
WStG. = Gesetz, betr. die Wechselstempelsteuer im Norddeutschen Bunde vom 10. Juni 1869.
ZBl. = Zentralblatt der Abgaben- usw. Gesetzgebung und -Verwaltung.
ZigStG. = Zigarettensteuergesetz vom 3. Juni 1906.
ZStG. (ohne weiteren Zusatz) = Zuckersteuergesetz vom $\frac{\text{27. Mai 1896.}}{\text{6. Januar 1903.}}$
ZStG. v. 1891 = Gesetz, die Besteuerung des Zuckers betreffend, vom 31. Mai 1891.

Vorbemerkungen.

§ 1. Die Rechtsgrundlage des Gesetzes.

Das Gesetz, betreffend das Verwaltungsstrafverfahren bei Zuwiderhandlungen gegen die Zollgesetze und die sonstigen Vorschriften über indirekte Reichs- und Landesabgaben sowie die Bestimmungen über die Schlacht- und die Wildpretsteuer vom 26. Juli 1897 findet seine Grundlage in dem § 6 Abs. 2 Ziff. 3 EGStPO. Nach diesem bleiben unberührt ... „die landesgesetzlichen Bestimmungen:

3. über das Verfahren im Verwaltungswege ... bei Zuwiderhandlungen gegen die Vorschriften über die Erhebung öffentlicher Abgaben und Gefälle, insoweit nicht die §§ ... 459—463 der Strafprozeßordnung abändernde Bestimmungen treffen".

I. Die eben angeführte Stelle gibt der Landesgesetzgebung die Ermächtigung statt des gerichtlichen Verfahrens ein solches im Verwaltungswege, das sog. Administrativverfahren, eintreten zu lassen; § 6 Ziff. 3 enthält also ein Blankett, dessen Ausfüllung dem Landesrecht obliegt. Soweit dieses von der ihm eingeräumten Ermächtigung keinen Gebrauch macht, bleibt es bei dem Verfahren nach der RStPO. (RG. 32 Nr. 96).

II. Der Ausdruck: „Vorschriften über die Erhebung öffentlicher Abgaben und Gefälle" ist dem preußischen Recht entnommen (vgl. Art. 135 des Gesetzes betr. die Zusätze zu der Verordnung vom 3. Januar 1849 — vom 3. Mai 1852, GS. S. 209) und ist wie dort nicht etwa im besonderen technischen Sinne zu verstehen. Dies zeigt schon die Zusammenstellung der Worte: „Abgaben" und „Gefälle". Auch wäre es schwer begreiflich, weshalb § 6 Ziff. 3 diejenigen Strafvorschriften, welche die Erhebung der Abgaben sichern sollen, von dem sonstigen Gefällstrafrecht getrennt haben sollte. Der oben erwähnte Ausdruck bedeutet also nur eine (wenig glückliche) Umschreibung für „Zoll- und Steuergesetze" (vgl. AB. 1_2 bei § 3 Anm. 4 des Kommentars, Motive zur RStPO. S. 244, Arndt in der Zeitschrift für die gesamte Strafrechtswissenschaft Bd. 5 S. 328f., Bonnenberg § 1 Anm. 2, RG. 13 S. 30; a. M. Heinitz, LStG. § 33 Anm. 4). Der hier besprochene Paragraph gestattet demnach ein Verwaltungsstrafverfahren bei sämtlichen Zuwiderhandlungen gegen die eben bezeichneten Gesetze, ohne Unterschied ob es sich um Reichs- oder Landessteuern, um direkte oder indirekte, um Staats- oder Kommunalabgaben handelt (Löwe/Hellweg Anm. 4 vor § 459). Dabei läßt sich aber — um eine scharfe Abgrenzung zwischen Verwaltungs- und gerichtlicher Zuständigkeit zu ermöglichen — der Begriff „Zuwiderhandlung gegen die Zoll- und Steuergesetze" nur formell bestimmen. Unter ihn fallen diejenigen Delikte, die auf Grund der eben genannten Gesetze strafrechtlich verfolgt werden können.[1]) Alle anderen Straftaten scheiden dagegen aus, mögen sie auch materiell das staatliche Steuerinteresse berühren (vgl. auch unten IV).

In dem eben festgelegten Umfange gilt der Vorbehalt des § 6 namentlich auch für diejenigen Steuerzweige, die nach Art. 35 der Reichsverfassung dem ausschließlichen Gesetzgebungsrecht des Reiches unterliegen (Zölle, Salz-, Tabak-, Branntwein-, Bier- und Zuckersteuer). Denn jene ausschließliche Befugnis erstreckt sich nicht auf das Verfahren, das bei Übertretungen gegen die hier einschlagenden Vorschriften Platz greift. Dies ergibt sich aus folgender Erwägung: Beim Inkrafttreten der Reichsverfassung waren bereits für sämtliche im Art. 35 aufgeführten Steuerzweige Bundes- oder Zollvereinsgesetze ergangen (siehe die Aufzählung in der v. Rönneschen Textausgabe der Reichsverfassung — Guttentagsche Sammlung deutscher

---

1) Eine teilweise Ausnahme bilden das SchStG. und das ZigStG. — siehe im Kommentar § 1 Anm. 4.

Reichsgesetze Nr. 1 —). Alle diese Gesetze enthalten materielles Steuerstrafrecht, keines aber eine Regelung des Verfahrens. Im Gegenteil verweisen sie hier auf das Landesrecht und zwar § 165 VZG. ausdrücklich, die übrigen Gesetze aber mittelbar, indem sie das Verfahren in Zollstrafsachen für entsprechend anwendbar erklären. Es kann daher nicht angenommen werden, daß Art. 35 das Strafverfahren hat mitumfassen wollen (vgl. Arndt a. O. S. 286).

III. Wie das Administrativverfahren im einzelnen ausgestaltet werden soll, hat im wesentlichen die Landesgesetzgebung zu bestimmen.[2]) Insbesondere hat sie die zuständigen Behörden zu bezeichnen, sie kann deren Befugnis auf die Untersuchung, „[den] ersten Angriff und [die] vorläufige Feststellung des Tatbestandes" (Motive zur RStPO. S. 258), beschränken, sie kann aber darüber hinaus, den Verwaltungsbehörden auch die Berechtigung zur Entscheidung in (Zoll- und) Steuerstrafsachen beilegen. In letzter Hinsicht ist jedoch das Landesrecht durch die §§ 459—463 StPO. be-

2) Eine Ausnahme von diesem Satze und damit von dem § 6 Ziff. 3 überhaupt enthalten das Reichspostgesetz vom 28. Oktober 1871 (RGBl. S. 347) und das Gesetz, betr. die Gebühren für die Benutzung des Kaiser-Wilhelm-Kanals vom 20. Juni 1899 (RGBl. S. 315) — vgl. im Kommentar § 61 Anm. 4 —. In beiden Fällen ist das Verwaltungsstrafverfahren erschöpfend geregelt.

schränkt. Die nähere Erörterung dieser Bestimmungen muß dem Kommentar vorbehalten bleiben. Hier sind nur einige grundsätzliche Gesichtspunkte hervorzuheben:

1. Nach § 459 Abs. 1 in Verbindung mit § 6 Ziff. 3 EGStPO. können die Verwaltungsbehörden nur in Steuerstrafsachen erkennen. Diese Vorschrift ist als Ausnahme streng auszulegen. Die administrative Entscheidungsbefugnis entfällt daher, wenn die zur Aburteilung stehende Tat nicht bloß ein Steuerdelikt, sondern zugleich auch ein Vergehen des gemeinen Strafrechts in sich schließt. (Ideale Konkurrenz.)

2. Ferner können nach § 459 Abs. 1 die „Strafbescheide der Verwaltungsbehörden" „nur Geldstrafen sowie eine etwa verwirkte Einziehung festsetzen";[3]) dagegen dürfen sie selbst nicht aushilfsweise eine Freiheitsstrafe bestimmen. Damit unterstehen schon kraft Reichsrechts diejenigen Steuerdelikte, die nicht einmal wahlweise mit Geldbuße bedroht sind, der Entscheidung durch die Gerichte, mag auch die Untersuchung von den Verwaltungsbehörden geführt sein.

3. Selbst in denjenigen Fällen, in welchen den Administrativorganen die Befugnis zur Ent-

3) Über den Verweis gegenüber Jugendlichen und den an Stelle der Einziehung unter Umständen tretenden Werterfatz, vgl. den Kommentar Vorb. A I 4 vor § 36 und § 2 Anm. 8.

scheidung zusteht, darf ihr Schuldspruch gegen den Willen des Beschuldigten niemals endgültig sein (§ 459 Abs. 2); vielmehr muß „es dem Beschuldigten in allen Fällen freistehen . . ., [gegen den Strafbescheid] binnen einer bestimmten Frist auf gerichtliche Entscheidung anzutragen" (Motive zur RStPO. S. 244).

IV. Da die Strafe des Anstifters und Gehilfen „nach demjenigen Gesetze festzusetzen [ist], welches auf die Handlung Anwendung findet, zu welcher er wissentlich angestiftet" oder „Hilfe geleistet hat" (§§ 48_2, 49_2 RStGB.), so erstreckt sich die Zuständigkeit der Verwaltungsbehörden in gleichem Umfange wie gegen den Täter auch gegen sämtliche „Teilnehmer" eines Zoll- oder Steuervergehens. Dagegen bildet die Begünstigung eines solchen Delikts nach dem Systeme des Reichsstrafrechts regelmäßig keine Zuwiderhandlung gegen die Vorschriften über die Erhebung öffentlicher Abgaben, sondern eine selbständige „gegen die Rechtspflege" als solche gerichtete Straftat (vgl. v. Liszt §§ 182ff., RG. 18 S. 191, § $257_{1,2}$ RStGB.). Untersuchung und Entscheidung in Begünstigungsfällen obliegt also in der Regel den ordentlichen Strafverfolgungsbehörden. Nur dann greift wiederum der Vorbehalt des § 6 Ziff. 3 ein, wenn die Begünstigung — weil „vor Begehung der Tat zugesagt" — als Beihilfe zu bestrafen ist (§ 257_3 RStGB.; vgl. auch v. Liszt

§ 183 III 5, Olshausen § 257 Anm. 46), sowie dann, wenn sie in den einschlägigen Steuergesetzen als besonderes Delikt mit einer vom gemeinen Recht abweichenden Strafe bedroht wird. Dies ist der Fall im BrwStG. von 87 §§ 22, 43d, SchStG. § 17_3, ZStG. § 47_5 und ZigStG. § 18_3, welche die Begünstigung auch dann mit Strafe belegen, wenn sie in Bezug auf eine in den erwähnten Gesetzen enthaltene Übertretung begangen ist.

V. Der § 6 Ziff. 3 EGStPO. bezieht sich nicht bloß — wie § 6 EGGVG. — auf die „bestehenden" landesgesetzlichen Bestimmungen; er gestattet also auch dem Landesrechte, das Verfahren im Verwaltungswege neu einzuführen oder neu zu ordnen (Begründung S. 2664). Eine solche — wenn auch nur teilweise — Neuregelung enthält das preußische Gesetz vom 26. Juli 1897, das man kurz, obgleich nicht ganz zutreffend, als „Verwaltungsstrafgesetz" (VStG.) bezeichnet hat.

§ 2. Umfang des Verwaltungsstrafgesetzes.

I. Das Geltungsbereich des eben erwähnten Gesetzes wird im wesentlichen durch seine Überschrift angegeben; es umfaßt also nicht das ganze Gebiet, welches § 6 EGStPO. dem Landesrecht überlassen hat, sondern im allgemeinen bloß das Verwaltungsverfahren bei Zuwiderhandlungen gegen die Vorschriften über die indirekten

Reichs- und Landesabgaben.[1]) Dabei wird die Erbschaftssteuer, deren Stellung gerade in jüngster Zeit umstritten ist (Jagemann im „Recht" X S. 26f.; v. Mayr, DJZ. XI S. 20), den indirekten Steuern zugerechnet (vgl. § 5_4 VStG.). — Außerdem finden sich im § 58 VStG. einige auf die Gemeindeschlacht- und Wildpretsteuer bezügliche Bestimmungen.

Über den somit umschriebenen Rahmen geht der Gesetzgeber nur in einzelnen Punkten hinaus (vgl. § 19 Abs. 1 S. 2 — Befugnisse der Steuerbeamten zur vorläufigen Festnahme (Vorbem. 2 a. E. das.) —, § 55 — Verkauf eingezogener Gegenstände —, § 59 — Verfahren bei Zuwiderhandlungen gegen das Warenzeichengesetz —). Auf der andern Seite bleibt das Gesetz hinter seiner Überschrift insofern zurück, als es im § 61 Abs. 2 S. 2 das Verfahren in Verkehrsabgabestrafsachen seinen Vorschriften nicht unterstellt.

---

1) Soweit nach den §§ 12ff. des Zollkartells zwischen dem Deutschen Reiche und Oesterreich-Ungarn vom 6. Dezember 1891 (RGBl. 1892 S. 63) i. Verb. m. Art. 4 des Zusatzvertrages vom 25. Januar 1905 (RGBl. 1906 S. 143), sowie dem Gesetze betr. die Ausführung des Zollkartells vom 9. Juni 1895 (RGBl. S. 253) Zuwiderhandlungen gegen österreich-ungarische Zolldelikte im Inlande verfolgt werden können, ist auch bezüglich solcher Delikte im gleichen Umfange wie bei Reichszollvergehen ein Administrativverfahren zulässig, für das dann auch das VStG. gilt.

Innerhalb seines Bereiches erstrebt das Gesetz tunlichste Gleichförmigkeit an (Begründung S. 2661 f.). Nur für das Verfahren bei Durchsuchungen bestehen sowohl im allgemeinen, wie namentlich in Landesstempelsachen einige Besonderheiten (§§ 17 f.); auch gelten für die letzteren Abweichungen bei der Beschlagnahme und endlich bei der Straffestsetzung gegen Beamte (§§ 18 bzw. 60 VStG.).[2])

II. Bei den Zuwiderhandlungen gegen die Vorschriften über die indirekten Abgaben läßt das VStG. in seinem grundlegenden Abschnitt I A §§ 1—3 die Administrativbehörden sowohl zur Untersuchung wie zur Entscheidung zu, indessen nicht im gleichen Umfange (siehe auch oben § 1 I und III):

1. Die Zuständigkeit zur Untersuchung wird im § 1 unter voller Ausnutzung der reichsgesetzlichen Ermächtigung auf sämtliche Vergehen wider die Gesetze über die indirekten Steuern ausgedehnt.

2. Viel enger ist die Zuständigkeit zur Entscheidung begrenzt. Sie erstreckt sich nur auf diejenigen Steuerdelikte, welche ausschließlich mit Geldstrafe (bzw. Einziehung) bedroht sind (§ 2_1

2) Nach Erlaß des VStG.s sind durch das ErbStG. für das Verwaltungsstrafverfahren bei Erbschaftssteuerdelikten besondere, zum Teil von den Bestimmungen des VStG.s abweichende Zuständigkeitsvorschriften gegeben (vgl. Einl. § 7).

2*

VStG.). — Dagegen unterliegen der gerichtlichen Entscheidung):

a) Die Fälle der idealen Konkurrenz gemäß dem oben § 1 III 1 Bemerkten;

b) alle diejenigen Straffälle, in denen auch nur wahlweise Freiheitsstrafe angedroht ist (Einschränkung von § 1 III 2);

c) auch die bloß mit Geldstrafe belegten Steuervergehen, sobald der festgenommene Beschuldigte dem Richter vorgeführt ist (VStG. § 2_1 a. E.).

Das VStG. bleibt also bei der Normierung der Entscheidungsbefugnis noch hinter den reichsgesetzlich gezogenen Grenzlinien zurück (oben b und c) — a. M. freilich die Begründung S. 2664.

III. Gleich dem § 6 EGStPO. beziehen sich die Zuständigkeitsnormen des Verwaltungsstrafgesetzes nicht bloß auf den eigentlichen Täter, sondern ferner auf die Teilnehmer und unter Umständen auch die Begünstiger eines Steuervergehens. Die oben § 1 IV gemachten Ausführungen sind entsprechend zu vergleichen (siehe auch VStG. § 2 Abs. 2 z. Anf.). — Das Gesetz geht aber noch über den dort angegebenen Personenkreis hinaus, indem es unter Umständen (§§ 2_2, 5 Nr. 4, 26_1 S. 2, 36_4) ein Administrativverfahren auch gegenüber solchen Personen zuläßt, die an der deliktischen Tat selbst keinen Teil haben. Diese Tatfremden sind der „Einziehungsbeteiligte" und der „Vertretungspflichtige" (§ 2_2). Über sie ist in den beiden folgenden Paragraphen noch näher zu sprechen.

§ 3. Der Einziehungsbeteiligte.

I. Viel häufiger als das gemeine Strafrecht drohen die Zoll- und Steuergesetze die Einziehung (Konfiskation) an (vgl. v. Liszt § 199 III 3). Und zwar lassen sie durchgängig diese Maßregel eintreten, ohne Unterschied ob der Einziehungsgegenstand im Eigentum eines Teilnehmers an der Tat oder eines beliebigen Dritten steht und im ersten Falle ohne Rücksicht auf etwaige (dingliche) Rechte anderer Personen. Dies führt uns unmittelbar zu dem Begriff des „Einziehungsbeteiligten". Das Gesetz versteht unter dieser Bezeichnung einen Tatfremden, der „einen rechtlichen Anspruch [dinglicher Art] auf den der Einziehung unterliegenden Gegenstand besitzt" (§ 2_2 VStG.). Dieser Einziehungsbeteiligte ist notwendig Tatfremder (vgl. den Gegensatz zwischen „Täter oder Teilnehmer" und „Einziehungsbeteiligten" und „Vertretungspflichtigen" im § 2_2). Daraus ergibt sich, daß die für ihn bestehenden Sondervorschriften keine Anwendung auf denjenigen Teilnehmer am Delikt finden, der zugleich ein dingliches Recht an dem Einziehungsgegenstande hat. Die Persönlichkeit des Einziehungsbeteiligten wird ferner lediglich durch ein privatrechtliches Verhältnis zu jenem Gegenstande bestimmt. Mithin kann als Einziehungsbeteiligter jeder in Frage kommen, der

Subjekt eines dinglichen Privatrechts zu sein vermag, also auch Minderjährige, Geisteskranke oder juristische Personen (ebenso v. Kries, Strafprozeßrecht S. 226 f.).

II. Aus dem eben Gesagten ergibt sich, daß der Einziehungsbeteiligte nie „Beschuldigter" sein kann. Da nun der § 459_2 RStPO. gelegentlich nur den „Beschuldigten" erwähnt, so könnte man schließen, daß der Einziehungsbeteiligte kraft Reichsrechts niemals in ein administratives Verfahren hereingezogen werden dürfe und der § 2_2 VStG. daher ungültig sei. Diese wörtliche Auslegung steht aber mit dem grundlegenden Absatz 1 des § 459 in Widerspruch. Nach der letzten Stelle können — wie schon oben § 1 III 2 angedeutet — die Verwaltungsbehörden auch auf Einziehung erkennen. Dabei wird kein Unterschied gemacht, ob der einzuziehende Gegenstand dem Täter oder einem unbeteiligten Dritten gehört; folglich muß jene Befugnis den Verwaltungsbehörden in beiden Fällen zustehen. Dürfte nun der Einziehungsbeteiligte zu dem Verwaltungsverfahren nicht zugezogen werden, so könnte der auf Einziehung lautende Strafbescheid ihm gegenüber nicht zur Vollstreckung gelangen. Denn „es muß als allgemeiner Grundsatz anerkannt werden, daß in das Eigentum eingreifende Entscheidungen nicht getroffen werden dürfen, ohne daß dem unmittelbar Betroffenen die Möglichkeit gewährt ist, in dem vorausgegangenen Verfahren mit seinen Einreden gehört zu werden" (RG. 5 Nr. 127 auf S. 375; — vgl. ferner Beling, Strafprozeßrecht S. 270f. und dort Anm. 6 Angeführte, endlich auch Anm. 1 zu § 26 VStG.). Da nun nicht angenommen werden kann, daß die RStPO. den Verwaltungsbehörden eine Entscheidungsbefugnis beilegt, ohne die Vollziehung des ergehenden Spruches zu sichern, so muß die Ausdehnung des Administrativverfahrens auf den Einziehungsbeteiligten auch nach Reichsrecht statthaft sein (vgl. auch Einl. § 4 III).

III. Vor den Verwaltungsinstanzen kann der Einziehungsbeteiligte „alle diejenigen Befugnisse ausüben, die einem Angeklagten zustehen" (vgl. entsprechend § 478_3 StPO.). Dies gilt insbesondere für die Einlegung von Rechtsmitteln (unten § 5 III 2). Die Aufstellung dieser Sätze rechtfertigt sich aus der Erwägung, daß die Vollstreckung der Einziehung für den Beteiligten in gleicher Weise wie die Vollziehung der Strafe für den Täter den Verlust eines Rechtsguts bedeuten würde (im Ergebnis übereinstimmend v. Kries, Strafprozeßrecht S. 226ff., RG. 5 a. O.). Aber trotzdem bestehen auch formell zwischen der Stellung des Einziehungsbeteiligten und des Beschuldigten wesentliche Verschiedenheiten. Jener hat nur das Recht, doch nicht wie dieser die Pflicht zur Teilnahme am Strafverfahren (vgl. § 26 VStG.). Diejenigen Zwangsmittel, die gegenüber dem Beschuldigten die Teilnahmepflicht sichern sollen (Durchsuchung zwecks Ergreifung, Vorführung, Verhaftung) sind gegenüber dem Einziehungsbeteiligten unstatthaft; sein persönliches Erscheinen kann nicht angeordnet werden (§ 28 VStG.).

§ 4. Der Vertretungspflichtige.

I. Der Begriff des Vertretungspflichtigen führt auf eine Besonderheit des Zoll- und Steuerrechtes zurück (vgl. v. Liszt § 199 III 4). In zahlreichen Fällen ist hier bestimmt, daß für die Geldstrafe, die dem eigentlichen Täter auferlegt ist, oder auch für die Geldstrafe nebst den Untersuchungskosten ein Dritter „der Vertretungspflichtige" (§ 2_2 VStG.) zu haften habe.[1]) Die Haftpflicht tritt durchgängig nur bei Delikten solcher Personen ein, die zu dem Vertretungspflichtigen in einem engen (verwandtschaftlichen oder wirtschaftlichen) Abhängigkeits-

1) Haftung für die Geldstrafe: § 66 BrwStG. von 68, § 32 BrwStG. von 87, § 4 d. Gesetzes, betr. die Steuerfreiheit des Branntweins z. gewerbl. Zwecken v. 19. Juli 1879, § 50 BrauStG., § 18 SpStG., § 58 ZStG. — Haftung für Strafe und Kosten § 153 VZG., § 17 SStG., § 43 TStG., § 20 SchStG., § 17 StatG., § 21 ZigStG.

In alle diesen Fällen findet sich auch eine Haftung für die von dem eigentlichen Schuldigen hinterzogenen Abgaben. Diese Haftung bleibt aber für das Verwaltungsstrafverfahren außer Betracht (vgl. Kommentar zu § 2 Anm. 11).

verhältnis stehen (so kennt z. B. das VZG. eine allgemeine Haftung für die Zolldelikte der Ehegatten und Kinder, eine besondere der Handels- und Gewerbetreibenden für ihre Diener, Lehrlinge, Gehilfen usw.). Die Haftpflicht ist ferner stets subsidiär; d. h. sie greift nur insoweit durch, als Geldstrafe und Kosten von dem Täter nicht beigetrieben werden können. Häufig ist auch dem zunächst Haftpflichtigen der Exkulpationsbeweis dahin gestattet, daß die strafbare Handlung ohne sein Wissen verübt ist. Ja, eine Reihe der in Anm. 1 aufgeführten Gesetze machen die Festsetzung der Haftpflicht sogar von dem positiven Nachweis abhängig, daß der Pflichtige bei der Auswahl, Anstellung oder Beaufsichtigung der delinquierenden Personen nicht mit der Sorgfalt eines ordentlichen Geschäftsmanns zu Werke gegangen ist. — In jedem Falle ist die Geltendmachung der Vertretungspflicht von dem Ermessen der Steuerbehörden abhängig, die an deren Stelle sogleich die Vollstreckung der subsidiären Freiheitsstrafe gegen den Täter herbeiführen dürfen (siehe auch Kommentar § 57 nebst Anm.).

Die Einzelheiten gehören nicht in den Rahmen der vorliegenden Arbeit.

II. Die juristische Konstruktion des hier behandelten Rechtsgebildes ist nicht unstreitig. Die Praxis wohl durchgängig und die meisten Schriftsteller (vgl. Literaturnachweise bei v. Kries, Strafprozeßrecht S. 230f., v. Liszt § 58) fassen die Vertretungsverbindlichkeit auf „als eine gegen die betreffende dritte Person eintretende strafrechtliche Folge der von dem Täter begangenen Verletzung der zoll= und steuer]gesetzlichen ....Vorschriften und als ein jene Person treffendes Strafübel" (RG. 16 S. 109, ebenso z. B. 21 S. 332, 22 S. 42, 25 S. 137). — Diese Ansicht beruft sich darauf, daß die in Frage kommenden Zoll= und Steuergesetze die Vertretungspflicht entweder mitten unter oder doch im unmittelbaren Anschluß an ihre strafrechtlichen Bestimmungen regeln. Indessen kann dieses ziemlich äußerliche Argument nicht für durchschlagend erachtet werden. Wäre die Vertretungspflicht wirklich ein Strafübel, so müßte ihr auch ein deliktisches Tun des Vertretungspflichtigen vorhergehen. Doch worin sollte dieses gefunden werden? Mittäterschaft oder sonstige Teilnahme an der Steuerkontravention scheiden von vornherein aus. Denn nicht nur aus § 2 Abs. 2 VStG. folgt, daß Vertretungspflicht und Teilnahme begrifflich verschieden sind. Kann doch auch — wie allgemein anerkannt ist (vgl. RG. 3 S. 105, 21 S. 331, 25 S. 294) — der gleichen Person wegen des nämlichen Finanzvergehens Vertretungspflicht und strafbare Teilnahme zur Last fallen. So bliebe nur die Annahme eines selbständigen Unterlassungsdelikts übrig: Nichthinderung der Steuerkontravention, Nichtan=

wendung der erforderlichen Sorgfalt bei der Auswahl, Anstellung oder Beaufsichtigung des Kontravenienten — vgl. Bonnenberg § 2 Anm. 11. — Und mit einem Schein von Berechtigung können sich die Gegner zur Unterstützung dieser Konstruktion auf jene oben erwähnten Vorschriften berufen, die dem Vertretungspflichtigen einen Exkulpationsbeweis nachlassen oder gar zur Feststellung der Haftpflicht den Nachweis fahrlässiger Auswahl usw. fordern (vgl. auch RG. 6 Nr. 127 auf S. 383). Doch sogleich erheben sich eine Reihe schwerer Bedenken: Zunächst ist jene Beschränkung der Haftverbindlichkeit verhältnismäßig jüngern Datums; frühere Gesetze ließen die Vertretungspflicht stets unbedingt eintreten (so zuletzt noch die Verordnung wegen Besteuerung des Branntweins in den Regierungsbezirken Wiesbaden und Cassel usw. vom 11. Mai 1867 — § 66). Aber wir können von dieser rechtsgeschichtlichen Argumentation ganz absehen. Gegen die bekämpfte Meinung spricht auch die Fassung der einschlägigen Paragraphen. Hier findet sich nirgends etwa eine Bestimmung des Inhalts: „Wer bei der Auswahl von Gewerbegehilfen nicht mit der Sorgfalt eines ordentlichen Geschäftsmanns zu Werke geht, wird, wenn diese sich eines Steuervergehens schuldig gemacht haben, ... bestraft.“ — Vielmehr sprechen die in Betracht kommenden Vorschriften durchgängig von einer „Haftung“ für die Geldbuße, „in welche die zu vertretenden Personen verurteilt sind". Weiterhin ist es vom gegnerischen Standpunkt aus kaum zu rechtfertigen[2]), weshalb die „Strafe" des Vertretungspflichtigen ohne Rücksicht auf den Grad seiner Verschuldung stets in der Höhe der vom Täter verwirkten Strafe festgesetzt werden muß. — Endlich kann die Vertretungspflicht, wie teils durch die Gesetze selbst — vgl. § 153_1 Ziff. 2 VZG. —, teils durch jahrzehntelange Rechtsübung festgestellt ist, auch juristischen Personen als solchen auferlegt werden. Die letzteren sind aber begrifflich keiner Verschuldung und also auch keiner Straftat fähig (vgl. statt anderer Kleinfeller in der Kritischen Vierteljahrsschrift für Gesetzgebung und Rechtswissenschaft Bd. 45 S. 600 ff.). Zur Widerlegung dieses Satzes kann man sich auch nicht etwa auf den § 31 BGB. berufen (a. M. v. Liszt § 27 II). Im Gegenteil läßt sich sagen: Um die Verantwortlichkeit der Korporation zu statuieren, hat es einer besonderen gesetzlichen Bestimmung bedurft; wo eine solche fehlt — und dies gilt im Gebiete des Strafrechts — ist auch für das Körperschaftsvergehen kein Raum. — Man sieht, die gegnerische Auffassung der Vertretungspflicht bietet Rätsel über Rätsel. Und zuguterletzt fällt diese merkwürdige „Strafe" sogar

2) a. M. Leverkühn in Goltdammers Archiv Bd. 38 S. 300.

vollkommen weg, sobald die von dem eigentlichen Täter verwirkte Geldbuße von diesem beigetrieben werden kann. Die Zahlungsfähigkeit des letzteren wirkt also gegenüber dem Vertretungspflichtigen gewissermaßen als Schuldaufhebungsgrund!

Alle diese Bedenken führen zu dem Ergebnis, daß die Vertretungspflicht keinen strafrechtlichen Charakter hat. Vielmehr beruhen ihre Grundlagen auf fiskal-politischen Erwägungen (so auch früher das RG.; z. B. Bd. 3 Nr. 41 auf S. 107). Der Staat will Sicherheit für den Eingang der verwirkten Geldstrafen haben; er will nebenbei auch auf seine Angehörigen, insbesondere Gewerbetreibende und sonstige Unternehmer, einen Druck ausüben, daß sie in ihrem Lebenskreise, vor allem in ihrem Geschäftsbereiche, die Begehung von Zoll- und Steuerkontraventionen nach Möglichkeit zu hindern suchen. Die Vertretungspflicht ist demnach im Anschluß an den Wortlaut der in Frage kommenden Gesetzesstellen als eine fiskal- (also öffentlich-)rechtliche Haftung für fremde deliktische Schuld zu bezeichnen (so v. Kries, Strafprozeßrecht S. 228ff., v. Liszt § 58 Anm. 5).

III. Die einzelnen Folgerungen, die sich aus unserer Auffassung der Haftpflicht ergeben, können hier nicht erörtert werden. Nur auf eine für das Verwaltungsstrafverfahren grundsätzliche Frage müssen wir noch eingehen. Vielfach wird behauptet: unsere Ansicht führe dazu, daß n u r die ordentlichen Gerichte über das Bestehen der Vertretungspflicht entscheiden könnten. § 2 S. 2 VStG. sei deshalb — soweit er Gegenteiliges vorschreibe — unwirksam (vgl. Beling, Strafprozeßrecht § 149 I). Man begründet diese Meinung zunächst mit dem Hinweis auf § 459 StPO. und beruft sich ferner darauf, daß in Branntwein-, Brau-, Schaumwein-, Zigaretten- und Zuckersteuersachen[3]) nach ausdrücklicher Bestimmung der einschlägigen Gesetze zur Feststellung der Vertretungspflicht ein (straf)richterliches Erkenntnis gefordert wird. Beide Argumente greifen aber nicht durch. Allerdings bestimmt der § 459 Abs. 1, daß der Strafbescheid nur eine Geld„strafe" festsetzen dürfe. Diese Vorschrift begrenzt aber als strafprozessuale den Inhalt des Strafbescheides nur mit Beziehung auf die strafrechtlichen Folgen der Tat. Dagegen lag für die RStPO. keine Veranlassung vor zu bestimmen, daß in dem Verwaltungsstrafverfahren nur über den Strafanspruch und nicht auch über die sonstigen aus der Steuerkontravention entspringenden Ansprüche des Staates entschieden werden solle. Daß überhaupt der § 459 den Inhalt des Strafbescheides nicht absolut begrenzen will, haben wir schon oben im § 3 hinsichtlich des Einziehungsbeteiligten festgestellt. Was sodann den Hinweis auf die Brannt-

---

3) Vgl. die in Anm. 1 aufgeführten Paragraphen.

wein- und die sonstigen zu Anm. 3 erwähnten Steuergesetze betrifft, so müssen deren Bestimmungen zwar als reichsrechtliche vom VStG. beachtet werden. Das geschieht aber auch im § 2_2. Dagegen lassen sich jene Vorschriften nicht etwa im Wege der Analogie über ihren eigentlichen Geltungskreis ausdehnen. Vielmehr ist anzunehmen, daß der Gesetzgeber, indem er nur in einigen, zum Teil weit auseinanderliegenden Gesetzen ein richterliches Urteil verlangte, damit in den übrigen Fällen auch den Verwaltungsbehörden die Feststellung der Vertretungspflicht gestatten wollte. Unterstützend kommt noch folgendes in Betracht: Abgesehen vom ZigStG. sind die Voraussetzungen der Vertretungspflicht in den eben erwähnten Gesetzen im wesentlichen übereinstimmend geregelt; diese Regelung weicht aber von den entsprechenden Vorschriften der übrigen Steuergesetze (insbesondere dem § 153 VZG.) erheblich ab.[4])

Durch die hier verteidigte Auffassung wird schließlich auch das Interesse des Vertretungspflichtigen in keiner Weise verletzt. Im Gegenteil wird es ihm häufig sehr lieb sein, wenn seine Haftpflicht für die Kontraventionen seiner An-

4) Namentlich ist dort grundsätzlich Nachweis eines Verschuldens bei der Anstellung usw. erforderlich, hier höchstens ein Exkulpationsbeweis zugelassen.

gehörigen und Gehilfen nicht in öffentlicher Gerichtssitzung festgestellt zu werden braucht. Wenn er aber wirklich sich in dem einen oder anderen Falle durch den Ausspruch der Verwaltungsbehörden beschwert fühlen sollte, so gewährt ihm das VStG. selbst im § 38 den Antrag auf gerichtliche Entscheidung (siehe über diesen auch § 1 III und § 8 der Einleitung); und daß diese Vorschrift auch gegenüber dem scheinbar abweichenden Wortlaut des § 459_2 StPO. zu Recht besteht, dürfte sich aus den Bemerkungen ergeben, die wir oben im § 3 III über jene Gesetzesstelle gemacht haben. Überhaupt hat der Vertretungspflichtige — soweit seine Beteiligung am Verwaltungsstrafverfahren statthaft ist — im allgemeinen die gleiche prozessuale Stellung wie der Einziehungsbeteiligte; es wird daher genügen, wenn wir auf die Ausführungen unter Ziff. III des vorigen Paragraphen verweisen (siehe auch VStG. §§ 27 f.).

§ 5. Das Wesen des Verwaltungsstrafverfahrens.

Innerhalb seines Anwendungsgebietes, das wir in den vorigen Paragraphen festgelegt haben, baut sich der Administrativprozeß auf folgenden Grundsätzen auf:

I. Zunächst gilt für ihn das Opportunitätsprinzip; Einleitung und Durchführung des Verwaltungsverfahrens sind im weiten Umfange von dem Ermessen der Administrativorgane abhängig:

1. Jede Verwaltungsuntersuchung kann nach Maßgabe des Allerhöchsten Erlasses, betreffend die Übertragung von Strafniederschlagungs- usw. Befugnissen vom 26. September 1897 (GS. S. 402) und der AllgVerf. des Finanzministers, betreffend die weitere Übertragung von Strafniederschlagungs- usw. Befugnissen vom 6. Oktober 1897 (JMBl. S. 267) Nr. 1 und 3 im Gnadenwege niedergeschlagen werden.[1]) Art. 49 der Verfassung steht den eben angeführten Bestimmungen nicht entgegen, da er nur gerichtliche Untersuchungen im Auge hat.

2. In den Fällen, wo die Entscheidung den Verwaltungsbehörden zusteht, kann die berufene Instanz sogar von Gesetzes wegen in jedem Stadium des Verfahrens bis zur Bekanntmachung eines Strafbescheides sich der Entscheidung enthalten und die Sache zum gerichtlichen Verfahren abgeben (§ 3_1 S. 1 VStG., AV. 1 bei § 3 Anm. 4).

3. Sind die Administrativorgane nur zur Untersuchung befugt, so kann entsprechend die zuständige Untersuchungsbehörde (vgl. Einleitung §§ 6 II, 7) entweder von vornherein oder jederzeit

---

1) Hinsichtlich der unmittelbaren Reichs- und Staatsbeamten, vgl. auch AllgVerf. des Finanzministers, betreffend die AV.'en zum VStG. vom 15. September 1897 (ZBl. 347) Nr. 2.

im Laufe der Untersuchung von ferneren Ermittelungen abstehen und die Akten an die Staatsanwaltschaft zur weiteren Veranlassung übersenden (§ 24_3 S. 1, 34_1 VStG., AB. 20 bei § 24 Anm. 6, AB. 30 bei § 34 Anm. 4).

In beiden Fällen (2 und 3) ist die Abgabe für die Organe des ordentlichen Strafprozesses bindend. — Frühere Gesetze haben das Opportunitätsprinzip noch schärfer betont, indem sie auch dem Beschuldigten das Recht gaben, die Einlassung vor den Verwaltungsbehörden zu verweigern. Davon ist jetzt nicht mehr die Rede (Begründung S. 2662f., § 25_2 VStG.).

II. Machen die Verwaltungsbehörden von den ihnen nach Ziff. I zustehenden Befugnissen keinen Gebrauch, so läßt sich ihr Verfahren weiterhin in ein „unvollkommenes" und ein „vollkommenes" zerlegen in dem Sinn, daß dort ihnen nur die Untersuchung, hier auch die Entscheidung zusteht (vgl. über diesen Unterschied auch oben § 2 II).

Das unvollkommene Verwaltungsverfahren soll in erster Linie der Staatsanwaltschaft die Grundlage für die Erhebung der öffentlichen Klage (bzw. die Einstellung des Verfahrens) verschaffen (vgl. auch § 168 StPO.). Daneben kann es nach den §§ 13—18 VStG. (Beschlagnahme und Durchsuchung) dazu dienen, die Durchführung der Strafklage, ja selbst die Vollstreckung des später ergehenden Urteils zu sichern. — Der unvollkommene

Administrativprozeß läßt sich also mit dem vorbereitenden Verfahren der Staatsanwaltschaft vergleichen. Diese Behörde kann daher — solange ein derartiger Prozeß schwebt — sich eigener Ermittelungen enthalten; sie kann aber auch neben der Administrativuntersuchung selbständig die Verfolgung aufnehmen (§ 3_1 S. 2 VStG. in Verb. m. § 152_2 StPO.). — Das Reichsrecht (vgl. Motive zur RStPO. S. 244, 258) hat ein solches unvollkommenes Verwaltungsverfahren zugelassen, weil die Zoll- und Steuerbehörden vermöge ihrer Vertrautheit mit den in Betracht kommenden Delikten vielfach sicherer und schneller arbeiten werden als die ordentlichen Strafverfolgungsbehörden.

III. Eine ganz andere Bedeutung hat das vollkommene Verwaltungsverfahren. Dieses will selbständig den Strafanspruch erledigen oder doch wenigstens den Versuch zu seiner Erledigung machen (vgl. Beling, Strafprozeßrecht § 147). Für das Einschreiten der Staatsanwaltschaft und des Gerichts ist daher hier zunächst kein Raum (§ 3_1 S. 1 VStG.). — Der Administrativprozeß in seiner vollkommenen Gestalt bildet eine summarische, schriftliche Inquisition; seine einzelnen Stadien sind: Untersuchung, Entscheidung und gegebenenfalls (siehe unten 3) Vollstreckung.

1. Die Untersuchung hat — obwohl das VStG. in seinen einschlägigen Vorschriften keinen Unter-

schied macht — eine weit größere Tragweite als beim unvollkommenen Verwaltungsverfahren. Sie soll nicht nur das Vorverfahren ersetzen, sondern darüber hinaus die Sache soweit bringen, wie im ordentlichen Prozesse eine durchgeführte Hauptverhandlung. Mit anderen Worten: Die Untersuchung muß die Sache bis zur Entscheidungsreife führen ohne Anklage (Inquisitionsprinzip), sowie ohne eine besondere Entscheidung über die Eröffnung des Hauptverfahrens und ohne die Förmlichkeit einer mündlichen Schlußverhandlung entsprechend dem summarischen Charakter des Administrativverfahrens.

2. Die Entscheidung: Sie besteht entweder in der „Einstellung des Verfahrens" (§ 35 VStG.) oder dem Erlaß eines Strafbescheides (§ 36 VStG., §§ 459 ff. StPO.), ist aber in jedem Falle Ausfluß einer richterlichen Funktion. Daraus folgt, daß die örtlich und sachlich zuständige Verwaltungsbehörde (§§ 4, 5, 7 VStG.) — solange sie nicht die Strafsache an die ordentlichen Gerichte abgegeben hat (oben I 2) — den „gesetzlichen Richter" im Sinne des Art. 7 der Verfassung darstellt. Mithin kann die vorgeordnete Administrativinstanz weder die Entscheidung selbst an sich ziehen, noch etwa eine andere ihr untergebene Behörde an Stelle der gesetzlich berufenen mit deren Erlaß beauftragen.[2])

2) Wohl aber kann sie die letztere anweisen, sich der Entscheidung überhaupt zu enthalten (oben I 1—2).

Außerdem sind die zuständigen Behörden beim Erlaß der Entscheidung bloß ihrem pflichtmäßigen Ermessen unterworfen und an etwaige Verwaltungsinstruktionen nicht gebunden.[3]) — Im einzelnen ist folgendes zu bemerken:

a) Die Einstellung schließt formell das Verfahren ab; ein Rechtsmittel ist nicht gegeben, da ja eine selbständige Anklagebehörde fehlt. Trotzdem enthält auch sie nur den Versuch einer Prozeßerledigung, weil sie im Gegensatz zur Freisprechung des ordentlichen Verfahrens niemals materieller Rechtskraft fähig ist und daher die Einleitung eines neuen Strafverfahrens in derselben Sache, sei es durch die Verwaltungsbehörden oder gegebenenfalls die Staatsanwaltschaft, nicht ausschließt.

b) Der Erlaß eines Strafbescheides darf nur dann erfolgen, wenn die entscheidende Behörde durch den Inhalt der Untersuchungsakten von der Täterschaft des Beschuldigten überzeugt ist. Aus

---

Denn hier handelt es sich nur um eine Opportunitätsfrage.

3) Zu den Verwaltungsinstruktionen in dem hier gebrauchten Sinne gehören selbstredend nicht die auf Grund gesetzlicher Ermächtigung erlassenen Ausführungsanweisungen u. ä. Und noch weniger fallen hierunter die Entscheidungen, welche die vorgeordnete Behörde in ihrer Eigenschaft als höheres (Administrativ-) Gericht, mithin „von Rechts wegen" trifft. (Ein Beispiel hierfür in AB. 4 Abs. 1, 6 unter Anm. 5 zu § 5 BStG.).

der summarischen Natur des Administrativverfahrens läßt sich nicht etwa ableiten, daß Tatverdacht — und mag er auch noch so „dringend" ein — zum Strafausspruch genüge. Das summarische Element zeigt sich vielmehr nur darin, daß das Tatsachenmaterial, auf welches die Verwaltungsbehörde ihre Überzeugung gründen soll, nicht in den Formen des ordentlichen Prozesses, vor allem also nicht in einer mündlichen Verhandlung gesammelt, bzw. reproduziert zu werden braucht.

Gegen den erlassenen Strafbescheid ist dem Beschuldigten, Einziehungsbeteiligten und Vertretungspflichtigen ein doppelter Rechtszug gegeben und zwar wahlweise die Verwaltungsbeschwerde oder der Antrag auf gerichtliche Entscheidung (vgl. §§ 36_1, 38_1 VStG., § 459_2 StPO.). — Hinsichtlich des letzteren vgl. Einl. § 8. — Die Verwaltungsbeschwerde, durch § 459_2 StPO. reichsrechtlich zugelassen, besitzt gleich der Berufung des ordentlichen Verfahrens Devolutiv- und Suspensiveffekt (§§ 6, 52 VStG.); sie ist gleich dieser befristet und kann regelmäßig nicht zu einer reformatio in pejus führen (§§ 39, 43 das.). Das Verfahren endigt durchgehends[4]) mit dem Erlaß eines „Beschwerdebescheides" (vgl. des näheren §§ 38—44 VStG.).

---

4) D. h. abgesehen von den Fällen der Beschwerderücknahme oder der Niederschlagung im Gnadenwege.

3. Sind die eben erwähnten Rechtsbehelfe nicht benutzt, so wird der Strafbescheid vollstreckbar und in beschränktem Umfange materieller Rechtskraft fähig; die gleichen Wirkungen hat der Beschwerdebescheid (§§ 52f. VStG.). In beiden Fällen erfolgt die etwa nötige Vollstreckung auf administrativem Wege und zwar im wesentlichen nach den Vorschriften über das Verwaltungszwangsverfahren (§§ 54—56).[5] — Ist dagegen auf gerichtliche Entscheidung angetragen, so wird das ergehende Urteil nach den gewöhnlichen Vorschriften der StPO. vollstreckt. Eine Verwaltungsexekution ist hier nur hinsichtlich der Kosten des vorangegangenen Administrativprozesses möglich (§ 50 VStG.).

IV. Ein besonders summarisches Verwaltungsverfahren bildet die Straffestsetzung auf Grund „freiwilliger Unterwerfung". Über Zulässigkeit und Form dieser Prozedur sind die §§ 20f. VStG. nebst Anmerkungen zu vergleichen.

§ 6. Der äußere Gang des Verwaltungsstrafverfahrens.

Im Anschluß an die Darlegung der wesentlichen Prinzipien soll der Administrativprozeß auch in

5) Etwas Abweichendes gilt nur, wenn die verhängte Geldstrafe nicht beitreiblich war und deshalb gemäß § 57 VStG., § 463 StPO. in eine Freiheitsstrafe verwandelt ist (vgl. § 57 Anm. 5h).

seinem äußeren Verlaufe kurz dargestellt werden. Dabei fasse ich nach dem Vorbilde des Gesetzes vollkommenes und unvollkommenes Administrativverfahren nach Möglichkeit zusammen.

I. Das Verfahren wird als inquisitorisches mit der Untersuchung eingeleitet. Diese selbst wird häufig, z. B. beim Betreten auf frischer Tat, mit Vorermittelungen der Polizei- und Sicherheitsorgane (oder der Zoll- und Steuerbeamten) beginnen (§§ 3_2, 22 VStG., sog. erster Angriff). Die Ermittelungsorgane haben das Ergebnis ihrer Untersuchungen in Protokollen oder Strafanzeigen niederzulegen (§ 23 Abs. 1).[1]) Die so erwachsenen Akten sind an das nach § 7 VStG. örtlich zuständige Haupt(Zoll- oder Steuer)amt zu senden (vgl. §§ 3_2 S. 2, 23_1 S. 2).[2]) Das Hauptamt prüft zunächst, ob eine Zuwiderhandlung gegen die Vorschriften über die Erhebung der indirekten Steuern (oben § 1 II, IV) vorliegt (§ 24_1 VStG.), und gegebenenfalls ob „der Tatbestand hinreichend aufgeklärt und die Sache zur Endentscheidung reif ist" (§ 24_2). Die Tragweite der eben ange-

1) Zutreffendenfalls ist auch eine Unterwerfungsverhandlung (§ 5 IV der Einleitung) aufzunehmen; hinsichtlich des dann stattfindenden Verfahrens muß auf die §§ 20f. VStG. verwiesen werden.

2) Die Besonderheiten des Verfahrens in Erbschaftssteuerstrafsachen werden hier wie auch sonst im § 6 d. Einl. nicht berücksichtigt; vgl. darüber § 7.

führten Gesetzesworte ist verschieden, je nachdem ein vollkommenes oder unvollkommenes Verwaltungsverfahren in Frage steht. Dort ist Entscheidungsreife nur gegeben, wenn die Vorermittelungen bereits zur **Überführung** des Beschuldigten genügen (vgl. oben § 5 III 1); hier wird dagegen bloß hinreichender Tatverdacht erfordert, weil ja nach § 5 II der Einleitung als Entscheidung zunächst nur die Erhebung der öffentlichen Klage in Betracht kommt (vgl. auch Löwe/Hellweg § 168 Anm. 4 i. Verb. mit § 201 StPO.). — Lassen die Vorermittelungsakten die Sache in dem eben erläuterten Sinne entscheidungsreif erscheinen, so bedarf es abweichend vom früheren Recht (Begründung S. 2663) keiner förmlichen Untersuchung mehr: vielmehr muß im ersten Falle die zuständige Behörde (unten III) alsbald den Strafbescheid erlassen, im letzteren sind die Akten an die nach §§ 7 ff. StPO. und §§ 27, 73 GVG. örtlich und sachlich zuständige Staatsanwaltschaft mit dem Antrage auf Klagerhebung zu übersenden (§ 24_2 und AB. 20 das. Anm. 6). Gibt die Staatsanwaltschaft dem Antrage statt, so kann „die Verwaltungsbehörde sich der Verfolgung anschließen" (§§ 467—469 StPO., AB. 20_4). Im übrigen verläuft das weitere Verfahren ebenso wie in jedem anderen Strafprozesse. — Lehnt die Staatsanwaltschaft dagegen die Klagerhebung ab, so darf die Verwaltungsbehörde selbst als öffentliche Klägerin auftreten (vgl. AB. 20_3). Das Verfahren richtet sich dann nach den §§ 464—466, 468, 469 StPO., d. h. im wesentlichen nach den Vorschriften über die Privatklage (§ 466).

II. Nicht immer läßt sich das Verwaltungsverfahren so schnell wie eben geschildert beendigen. Ist durch die Vorermittelungen der Tatbestand noch nicht genügend aufgeklärt, so folgt auf jene die „weitere Untersuchung im Verwaltungswege" (§§ 24_3, 25ff. VStG.). Sie wird durch das Hauptamt geführt, das aber hierbei regelmäßig nicht als Kollegium tätig ist, sondern von einem seiner Mitglieder vertreten wird (vgl. auch arg. e contr. AB. 3_1 S. 1 bei § 5 Anm. 2). — In der Untersuchung ist der Beschuldigte zu hören, falls dies nicht schon während der Vorermittelungen geschehen sein sollte. Dabei ist aber Ladung und Vernehmung zu Protokoll nicht unbedingt erforderlich; es genügt, wenn jenem Gelegenheit zur schriftlichen Erklärung gegeben wird (§ 25 nebst Anm. 1, auch § 26_2 S. 1). Im übrigen aber bestimmt der Untersuchungsführer (bzw. das Hauptamt) den Umfang der Beweisaufnahme grundsätzlich nach seinem pflichtgemäßen Ermessen. Insbesondere gilt dies für die Frage, ob und welche Personen als Zeugen und Sachverständige vernommen werden sollen; zwingende Vorschriften — wie sie § 244 StPO. enthält — sind dem Abministrativverfahren fremd.[3]) Jedoch ist der Untersuchungsführer sachlich insofern beschränkt, als er zwar Zeugen und Sachverständige unter Strafandrohung laden kann, im Falle ihres Ausbleibens aber die ordentlichen Gerichte um Festsetzung und Vollstreckung der Ungehorsamsstrafe ersuchen muß (§§ 29, 31 VStG.). Ebenso ist vor der Verwaltungsbehörde eine Beeidigung der Aussage oder des Gutachtens unstatthaft. Scheint eine solche erforderlich, so müssen wiederum die ordentlichen Gerichte entsprechend ersucht werden (§ 32). Besondere Vorschriften gelten ferner noch für die Zulässigkeit, Anordnung und Durchführung von Beschlagnahmen und Durchsuchungen; das Nähere ergeben die §§ 13—18 VStG. Sonst aber sind dem untersuchungsführenden Beamten zur Aufklärung des Sachverhalts Ermittelungen jeder Art — insbesondere Einholung amtlicher Auskünfte und Augenscheinseinnahmen — gestattet (§ 24_3 VStG.). Der Untersuchungsführer kann auch namens des Hauptamts die diesen nachgeordneten Beamten mit der Erledigung von Untersuchungshandlungen beauftragen, und andere Behörden und Beamten der Verwaltung der indirekten Steuern, sowie die Ortspolizeibehörden um eine solche Erledigung ersuchen (§§ 4, 24_3 S. 2, 3 VStG.).

---

3) Siehe aber auch § 31 Anm. 4—6.

Über das Ziel der Untersuchung ist bereits oben § 5 II, III 1 gesprochen; auch ist dort bereits bemerkt, daß sie schon vor dessen Erreichung jederzeit eingestellt werden kann (§ 5 I).

III. Nach Abschluß der Untersuchung gebührt in den Strafsachen, welche an die Gerichte abgegeben werden, der Staatsanwaltschaft die weitere Verfügung; ihr hat daher das untersuchende Hauptamt die Akten zu übersenden (§ 24_3 S. 1, AB. 20 das. Anm. 6, § 34_1 und AB. 30). Aus Zweckmäßigkeitsgründen fällt nach AB. 30 S. 1 die Übersendungspflicht dann fort, wenn die Untersuchung „die völlige Grundlosigkeit der Beschuldigung" ergeben hat. — Hält umgekehrt das Hauptamt die Klagerhebung für aussichtsvoll, so ist mit der Aktenabgabe ein dementsprechender Antrag zu verbinden. Für das weitere Verfahren wird auf die oben zu I gemachten Ausführungen verwiesen.

Handelt es sich um ein vollkommenes Administrativverfahren, so steht die Entscheidung regelmäßig[4]) entweder dem Hauptamte oder der Provinzialsteuerbehörde zu (vgl. über die sachliche Zuständigkeit des näheren § 5 VStG.). Im ersten Falle erfolgt die Entscheidung unmittelbar nach Abschluß der Untersuchung, im zweiten nach Einsendung der Akten (AB. 31 bei § 34 Anm. 6). —

4) Ausnahmen § 5 Anm. 16, § 60 VStG.

Das Hauptamt entscheidet nicht etwa durch den untersuchungsführenden Beamten, sondern als Kollegium nach einfacher Stimmenmehrheit, die Provinzialbehörde dagegen durch ihren Direktor (AB. 2/3 bei § 5 VStG.). — Über die Arten der Entscheidung und ihre materielle Bedeutung ist schon oben § 5 III 2 das Nötige bemerkt. Ergeht ein Strafbescheid, so ist er nach näherer Anweisung des § 37 bekannt zu machen. Mit der Bekanntmachung beginnt die einwöchige Rechtsmittelfrist. Wie bereits angegeben, ist ein doppelter Rechtszug — an das ordentliche Gericht oder an die höhere Verwaltungsbehörde — möglich. Im letztern Falle sind Provinzialbehörde oder Finanzminister zur Entscheidung berufen, je nachdem der Strafbescheid von einem Hauptamt oder einer Provinzialbehörde erlassen ist (§§ 6, 38/42 VStG.). Gegen den Beschwerdebescheid ist — wie schon oben § 5 III 3 angedeutet — ein weiterer Rechtsbehelf ausgeschlossen. — Mit der Vollstreckung (§§ 54/57) schließt das Verfahren.

§ 7. Besonderheiten des Verfahrens in Erbschaftssteuerstrafsachen.

I. Schon oben Anm. 2 zu § 2 haben wir erwähnt, daß das ErbStG. über die Zuständigkeit im Verwaltungsstrafverfahren besondere Vorschriften getroffen hat. § 51 Abs. 1 das. bestimmt nämlich:

„Hinsichtlich des Verwaltungsstrafverfahrens, der Strafmilderung und des Erlasses der Strafe im Gnadenwege sowie hinsichtlich der Strafvollstreckung und der Verjährung der Strafverfolgung kommen, auch für die von der Zollgrenze ausgeschlossenen Gebietsteile, die sich auf die Zollstrafen beziehenden Vorschriften mit der Maßgabe zur Anwendung, daß an die Stelle der Hauptzollämter und Zolldirektivbehörden die Erbschaftssteuerämter und Oberbehörden . . treten."

Aus der angeführten Stelle ergibt sich, daß überall dort, wo nach dem VStG. die Hauptämter sei es zur Untersuchung oder Entscheidung zuständig sind, bei Erbschaftssteuerdelikten nunmehr die Erbschaftssteuerämter einzutreten haben. Dagegen bleibt die Zuständigkeit der Provinzialsteuerdirektionen und des Finanzministers auch für die hier fraglichen Straftaten in dem gleichen Umfang wie im VStG. bestehen (§ 34 ErbStG. in Verb. mit Nr. 1 der AllgVerf., betreffend die Ausführung des ErbStG. vom 25. Juni 1906 — ZBl. S. 1158 —).

Allerdings dürfte die eben berührte Abweichung für die Praxis durch Nr. 11 der AllgVerf. in erheblichem Maße ausgeglichen werden. Denn nach dieser sind „die Erbschaftssteuerämter . . . auch ferner berechtigt, bei einzuleitenden Strafsachen die Führung der Untersuchung den Hauptzoll- und Hauptsteuerämtern (in den Hohenzollernschen

Landen den Steuerämtern)[1]) zu übertragen". — Man kann Bedenken haben, ob diese ministerielle Anordnung gegenüber den reichsgesetzlichen Zuständigkeitsvorschriften rechtsgültig ist. Indessen will und kann ja die AllgVerf. den Hauptämtern nicht die Befugnis zur selbständigen Untersuchung von Erbschaftssteuerdelikten verleihen, sondern gestattet den Erbschaftssteuerämtern nur, bei der Ausübung der ihnen im Rahmen des § 51 zustehenden Untersuchungstätigkeit sich ganz allgemein der Hauptämter als ihrer Organe zu bedienen. Daher sind die letzteren — wenn sie auch sonst den Erbschaftssteuerämtern nicht untergeordnet sind — bei den hier fraglichen Untersuchungen von deren Anweisungen abhängig; den Erbschaftssteuerämtern verbleibt also auch im Verlaufe der Untersuchung stets die Prozeßleitung.

II. Aus den bisherigen Darlegungen ergibt sich, daß etwaige Anzeigen und Protokolle (§§ 3_2, 23_1 VStG.), soweit sie Erbschaftssteuerdelikte betreffen, zunächst dem nach § 7 VStG. örtlich zuständigen Erbschaftssteueramt zu übermitteln sind; dieses hat zu prüfen, ob „Anlaß zu strafrechtlichem Einschreiten wegen einer Zuwiderhandlung [gegen das ErbStG.] vorliegt" (§ 24 VStG.), und hat ferner darüber zu befinden, ob überhaupt eine Untersuchung eintreten soll oder die Sache ohne

1) Vgl. hierzu § 5_5 VStG. und AB. 3_3 (das. Anm. 16).

weiteres spruchreif erscheint (§ $24_{2,3}$ z. A. — Einl. § 6 I). — Die demnächstige Entscheidung im weitesten Sinne des Wortes — Einstellung des Verfahrens, Erlaß des Strafbescheides, Abgabe der Akten an die Provinzialbehörde (§ 34 Anm. 5c) oder die Staatsanwaltschaft, ev. Erhebung der öffentlichen Klage gemäß §§ 464ff. StPO. — steht überall an Stelle des Hauptamts (§§ 5_1, $24_{2,3}$ in Verb. m. AB. 20 — Anm. 6 das. —) dem Erbschaftssteueramt zu. In dem gleichen Umfange liegt ihm auch die Bestätigung einer etwaigen „freiwilligen Unterwerfung" ob (Einl. § 5 IV).

Sämtliche Entscheidungen erfolgen bei den Erbschaftssteuerämtern anders als bei den Hauptämtern (Einl. § 6 III) nur durch den Vorstand.

III. Die Bestimmungen des § 51 ErbStG. finden als Verfahrensvorschriften auf sämtliche nach dem 1. Juli 1906 anhängig gemachte Erbschaftssteuerkontraventionen Anwendung, selbst wenn sie bezüglich eines „Erwerbes" begangen sind, dessen Steuerpflicht sich gemäß § 61 ErbStG. noch nach altem Recht [dem preuß. ErbStG.] bestimmt.

§ 8. Der Antrag auf gerichtliche Entscheidung.

I. Bereits oben § 1 III 3 ist betont, daß der Verwaltungsstrafprozeß wider den Willen des Beschuldigten niemals endgültig wirken darf. Dem letzteren steht vielmehr das Recht zu, gegenüber dem erlassenen Strafbescheide auf gerichtliche Entscheidung anzutragen, und über dieses Recht ist er im Strafbescheide zu belehren (§ 459 Abs. 2 StPO.). Der Antrag ist bei der im § 459 Abs. 2 erwähnten Verwaltungsbehörde anzubringen, im übrigen an keinerlei Form gebunden, aber nur innerhalb einer einwöchigen Frist seit der Bekanntmachung des Strafbescheides zulässig (vgl. im einzelnen § 38 VStG. nebst Vorb.). — In gleicher Weise wie dem Beschuldigten steht auch dem Einziehungsbeteiligten und Vertretungspflichtigen der Antrag auf gerichtliche Entscheidung gegen den sie betreffenden Strafbescheid zu (vgl. oben §§ 3 III, 4 III, § 38 VStG., auch § 478 Abs. 3 StPO.). Die Wirkung des Antrags und der Umfang des durch ihn ausgelösten Nachverfahrens ist jedoch in beiden Fällen verschieden. Bedient sich der Beschuldigte jenes Rechtsbehelfes, so tritt mit der Antragstellung der verwaltungsseitige Straf- und Schuldausspruch als solcher zunächst außer Kraft und zwar deswegen, weil sich in diesem Augenblick herausstellt, daß der Versuch einer Prozeßerledigung auf administrativem Wege fehlgeschlagen ist (vgl. Bonnenberg § 81 Anm. 11, sowie (bezügl. des gleichartigen Einspruches gegen den richterlichen Strafbefehl) Löwe/Hellweg § 451 Anm. 11 und mein „richterliches Strafmandat" S. 160, 240); fällt aber der Strafausspruch, so muß auch die etwaige Feststellung der Einziehungsverbindlichkeit oder Vertretungspflicht wirkungslos werden, da diese ohne den ersteren keinen Bestand haben kann. Der Antrag des Beschuldigten vernichtet also den Strafbescheid seinem ganzen **materiellen** Inhalte nach. — Anders liegt der Fall, wenn nur Einziehungsbeteiligter oder Vertretungspflichtiger die gerichtliche Entscheidung begehren; hier erwächst die Straffestsetzung gegen den Beschuldigten in Rechtskraft; diese Rechtskraftwirkung kann aber schon nach allgemeinen Grundsätzen dritten Personen, insbesondere den eben genannten Beteiligten nicht entgegengesetzt werden. Auf ihren Antrag hin hat also das Gericht nicht bloß zu untersuchen, ob ihre Verbindlichkeit besteht, vorausgesetzt daß der Schuldspruch materiell zu Recht ergangen ist, sondern es muß auch diesen selbst insoweit nachprüfen, als er die Grundlage für die Feststellung jener Verbindlichkeit bildet (vgl. RG. 12 Nr. 67 S. 212).[1])

II. Da der Antrag des Beschuldigten — wie eben ausgeführt — den Strafbescheid beseitigt, so ist anders als bei der Berufung (§§ 359, 368 StPO.) eine Beschränkung des ersteren etwa auf die Straffrage als solche unstatthaft (Katzenstein a. O. S. 240). — Ferner ist in jedem Falle mit der Stellung des Antrages das Administrativ-

---

1) Über die Folgen, die sich im einzelnen aus dem im Text aufgestellten Sätzen ergeben, siehe auch Vorb. 3 vor § 38.

verfahren endgültig erledigt; der nunmehr eintretende ordentliche Strafprozeß steht dem ersteren unabhängig gegenüber. Daher kann niemals — etwa wegen prozessualer Mängel im Verwaltungsverfahren — eine Zurückverweisung der Sache an die Zoll- und Steuerbehörden erfolgen (RG. 17 S. 249). Bei der Strafzumessung ist das Gericht an den Ausspruch der Verwaltungsbehörde in keiner Weise gebunden, kann ihn also auch zum Nachteil des Beschuldigten ändern; über die Kosten des Administrativprozesses hat das Gericht nicht zu erkennen (§ 50 VStG.). Ja, im Tenor des gerichtlichen Urteils ist der Strafbescheid überhaupt nicht zu erwähnen (RG. 18 Nr. 3 S. 22);[2]) es ist also nicht die Aufhebung oder Bestätigung des (ja schon beseitigten) Strafbescheides auszusprechen, vielmehr muß das Gericht — wenn der Beschuldigte den Antrag gestellt hat — gleich jedem anderen Instanzgericht regelmäßig entweder auf Freisprechung oder Verurteilung erkennen.

Der Antrag auf gerichtliche Entscheidung ist daher kein Rechtsmittel, sondern ein außerordentlicher Rechtsbehelf. Die Vorschriften des dritten Buches der RStPO., insbesondere die „allgemeinen Bestimmungen" über die Rechtsmittel (§§ 338/345), können also jedenfalls keine unmittelbare Anwen-

---

2) Ausnahmen siehe Vorb. 3 IIa und 3 IIb γ vor § 38.

dung finden. In Frage kann nur kommen, ob und in welchem Umfange eine analoge Heranziehung der angegebenen Vorschriften zulässig ist. Meine frühere Auffassung, daß eine solche Analogie schlechthin unstatthaft sei (richterl. Strafmandat S. 242), möchte ich in dieser Allgemeinheit nicht aufrechterhalten. Vielmehr dürfte eine Anzahl der oben erwähnten Paragraphen schon aus dem Grunde auf den Antrag anwendbar sein, weil sie mehr oder weniger selbstverständliche Vorschriften enthalten; hierhin gehören die Bestimmungen des § 341 über die Rechtsmitteleinlegung seitens eines nicht auf freiem Fuße befindlichen Beschuldigten[3]); ferner der § 342, nach welchem eine falsche Bezeichnung des Rechtsmittels unschädlich ist, und der § 344, soweit er den Rechtsmittelverzicht betrifft.[4]) Eine weitere Analogie enthält das Gesetz

3) § 341: „Der nicht auf freiem Fuße befindliche Beschuldigte kann die Erklärungen, welche sich auf Rechtsmittel beziehen, zu Protokoll des Gerichtsschreibers desjenigen Gerichts geben, in dessen Gefängniß er sich befindet, und falls das Gefängniß kein gerichtliches ist, desjenigen Amtsgerichts, in dessen Bezirke das Gefängniß liegt.

Zur Wahrung einer Frist genügt es, wenn innerhalb derselben das Protokoll aufgenommen wird." — Zufolge § 2_1 BStG. kann § 341 im Administrativverfahren nur zur Anwendung kommen, wenn sich der Beschuldigte wegen einer andern Sache in Haft befindet.

4) § 344: „. . . der Verzicht auf die Einlegung eines Rechtsmittels kann auch vor Ablauf der Frist zur Ein-

selbst im § 462 Abs. 1. Ebenso wie im Rechtsmittelverfahren erfolgt nach dieser Stelle die Anberaumung eines Hauptverhandlungstermins, „ohne daß es der Einreichung einer Anklageschrift oder einer Entscheidung über die Eröffnung des Hauptverfahrens bedarf". Denn in beiden Fällen bildet die nochmalige Prüfung einer bereits entschiedenen Strafsache den Gegenstand des Verfahrens; hier wie dort ist also das Prozeßthema durch die angefochtene Entscheidung in Verbindung mit dem Rechtsmittel (bzw. dem Antrage) bereits gegeben. Daher wird auch im Nachverfahren aus Gründen der Analogie und Zweckmäßigkeit die Verhandlung zur Sache damit beginnen müssen, daß der Antrag nebst dem ihn betreffenden Teil des Strafbescheides verlesen oder doch wenigstens inhaltlich zum Vortrage gebracht wird (vgl. §§ 365, 391 StPO.). — Im übrigen halte ich eine weitergehende analoge Anwendung sei es der allgemeinen oder besonderen Rechtsmittelvorschriften auch jetzt noch für unzulässig. Zunächst ist der Antrag auf gerichtliche Entscheidung streng

---

legung desselben wirksam erfolgen . . ." — Wie der Antrag, so wird auch der Verzicht auf ihn gegenüber der im § 459_2 erwähnten Verwaltungsbehörde zu erklären sein. — Soweit sich § 344 auf die Rücknahme eines Rechtsmittels bezieht, ist er ebenso wie § 345 für das Nachverfahren durch die besondere Vorschrift des § 462_2 ersetzt (siehe unten III).

einseitig; er steht nur dem Beschuldigten (Einziehungsbeteiligten und Vertretungspflichtigen), nicht aber auch der Staatsanwaltschaft zu (abweichend § 338), denn das Administrativverfahren ist ein Inquisitionsprozeß, der eine besondere, die Anklage betreibende Partei nicht kennt. Ferner ist die Stellung des Antrages weit mehr als die Einlegung eines Rechtsmittels von dem persönlichen Belieben des Antragsberechtigten abhängig. Ein Verteidiger bedarf deshalb einer besondern Ermächtigung, vermutete Vollmacht — wie im Falle des § 339 — reicht nicht aus. Dem gesetzlichen Vertreter und dem Ehemann kommt abweichend vom § 340 ein eigenes Recht zur Antragstellung nicht zu.[5]) Die herrschende Ansicht vertritt einen entgegengesetzten Standpunkt.[6]) Sie berücksichtigt aber gerade hier nicht genügend die wesentliche Verschiedenheit zwischen Antrag und Rechtsmitteln. Legt der Verteidiger, gesetzliche Vertreter oder Ehemann z. B. Berufung ein, so kann dies schon wegen des Verbotes der reformatio in pejus dem Beschuldigtem nicht zum Nachteile gereichen. Ja,

5) Ist der Einziehungsbeteiligte oder Vertretungspflichtige eine juristische Person (vgl. über diese Möglichkeit oben §§ 3 I, 4 II), so kann freilich der Antrag nur durch die gesetzlichen Vertreter gestellt werden. Dann aber handeln diese als Organe der Korporation, nicht kraft eigenen Rechts.

6) Vgl. Löwe/Hellweg § 451 Anm. 3 u. dort Angeführte.

dieser ist sogar unter Umständen (vgl. § 371) vom nochmaligen Erscheinen an Gerichtsstelle befreit. Dagegen unterwirft der Antrag auf gerichtliche Entscheidung nicht nur den Beschuldigten einem *öffentlichen* Verfahren an Stelle des heimlichen Verwaltungsprozesses; der nach § 459_2 angerufene Richter ist auch (wie oben dargelegt) nicht gehindert, auf eine härtere Strafe zu erkennen.

III. Schon oben zu I haben wir wiederholt erwähnt, daß durch den Antrag der Strafbescheid nur seinem *materiellen* Gehalte nach beseitigt wird. In seiner Bedeutung als *prozessuale* Grundlage des Nachverfahrens bleibt der Bescheid selbstverständlich bestehen. Die Verwaltungsbehörde kann ihm aber auch diese Wirkung entziehen, indem sie „den Strafbescheid zurücknimmt" (§ 460; vgl. auch Vorb. 6 vor § 38 VStG.). Die Rücknahme ist — wie schon angedeutet — erst nach erfolgter Antragstellung und nur bis zur Abgabe der Akten an die gerichtlichen Behörden statthaft. Durch sie wird auch das vom Antragenden erstrebte Nachverfahren ohne weiteres erledigt. Die Einleitung eines *neuen* ordentlichen- oder Administrativprozesses ist dagegen durch die Rücknahme nicht ausgeschlossen. — Macht die Verwaltungsbehörde von jener Befugnis keinen Gebrauch, so hat sie die Akten an die nach den Vorschriften des GVG. und der StPO. örtlich und sachlich zuständige Staatsanwaltschaft zu übersenden, damit diese sie dem Gerichte vorlege (§ 460). Die Verwaltungsbehörde kann sich zugleich gemäß §§ 467—469 StPO. (vgl. Vorb. 7 zu § 38, Anm. 6 zu § 24 VStG.) der weiteren Verfolgung anschließen. Im übrigen tritt, falls der Antrag rechtzeitig gestellt ist, sogleich das Hauptverfahren ein, das sich mit den zu II erwähnten Maßgaben ganz nach den allgemeinen Vorschriften (§§ 212 ff., §§ 225 ff. StPO.) abspielt. Nur gestattet das Gesetz dem Antragsteller bis zum Beginn der Hauptverhandlung den Antrag zurückzunehmen (§ 462_2, Vorb. 7 f. vor § 38 VStG.) mit der Wirkung, daß der zunächst beseitigte Strafbescheid wieder in Kraft tritt. Es handelt sich hierbei um eine nur aus praktischen Gründen gegebene, theoretisch kaum zu rechtfertigende Vorschrift.

(Nr. 9932.)

Gesetz, betreffend das Verwaltungsstrafverfahren bei Zuwiderhandlungen gegen die Zollgesetze und die sonstigen Vorschriften über indirekte Reichs- und Landesabgaben sowie die Bestimmungen über die Schlacht- und die Wildpretsteuer. Vom 26. Juli 1897.[1][2])

(Gesetzsammlung für die Königlichen Preußischen Staaten 1897 Nr. 33 S. 237 ff.)

1) Materialien: I. Abgeordnetenhaus: Stenographische Berichte über die Verhandlungen des Hauses der Abgeordneten. 18. Legislaturperiode 4. Session — Berlin 1897:

a) Band IV S. 2718 ff. (1. Lesung), S. 3045 ff. (2. Lesung), S. 3118 ff. (3. Lesung);

b) Anlagen Band IV: Regierungsentwurf nebst Begründung S. 2654 ff. (Drucksache Nr. 216), Kommissionsbericht und -entwurf S. 2882 ff. (Drucksache Nr. 266), Entwurf 2. Lesung S. 2960 ff. (Drucksache Nr. 291).

II Herrenhaus: Stenographische Berichte über die Verhandlungen der durch Allerhöchste Verordnung vom 26. Oktober 1896 ... einberufenen ... beiden Häuser des Landtages der Monarchie. Herrenhaus Bd. I — Berlin 1897 — S. 464 und 506 f.

2) Zu dem Gesetze sind „auf Grund der §§ 5 Abs. 5, 9 und 64" unter dem 15. September 1897 umfangreiche „Ausführungsvorschriften" ergangen (JMBl. S. 249,

ZBl. S. 334). Ihre Bestimmungen sollen unter Berücksichtigung der in der Zwischenzeit eingetretenen Änderungen in den Anmerkungen wörtlich mitgeteilt werden.

Wir Wilhelm, von Gottes Gnaden König von Preußen 2c. verordnen, unter Zustimmung beider Häuser des Landtages, für den Umfang der Monarchie mit Ausschluß der Insel Helgoland, was folgt:

I. Allgemeine Bestimmungen.

A. Grenze der Zuständigkeit der Verwaltungs- und der gerichtlichen Strafverfolgungsbehörden.[1])

1) Über die Bedeutung dieses Abschnittes siehe Einleitung § 1 III.

§ 1.[1])

Bei Zuwiderhandlungen gegen die Ein-, Aus- oder Durchfuhrverbote[2])[3]) sowie die Vorschriften wegen Erhebung der Zölle und der indirekten Reichs- und Landesabgaben[4]) sind die Behörden und Beamten der Verwaltung der indirekten Steuern zur vorläufigen Feststellung des Sachverhalts im Verwaltungswege zuständig.[5])

1) § 1 normiert die Zuständigkeit zur Untersuchung. Seine Tragweite ist bereits in der Einleitung §§ 1, 2 II besprochen. — Die besondere Hervorhebung der „Ein-, Aus- oder Durchfuhrverbote" ist nur der Deutlichkeit halber erfolgt. Denn jedes dieser Verbote begründet bereits eine ideelle Zollschranke (Löbe, Zollstrafrecht S. 49), seine Verletzung das Zollvergehen der Kontrebande (§ 134 VZG.).

2) Unter die Einfuhr- usw. Verbote fallen nicht die bloßen Einfuhr- usw. Beschränkungen; die letzteren unterliegen daher auch nicht dem § 1.

Von einem Verbote kann nur dann gesprochen werden, wenn die Einfuhr usw. in, durch und aus dem Zollinland grundsätzlich untersagt ist, mögen auch unter einzelnen bestimmten Voraussetzungen Ausnahmen gestattet sein; eine Beschränkung liegt dagegen vor, wenn die Einfuhr usw. grundsätzlich erlaubt, aber an die Erfüllung bestimmter Bedingungen gebunden ist (vgl. RG. 35 S. 425, Bonnenberg § 1 Anm. 2).

3) Vgl. auch die Zusammenstellung von Heidecker in der Zeitschrift für Zollwesen und Reichssteuern Bd. 6 S. 87 ff.

4) Eine Ausnahme bilden die in den §§ 22—26 SchStG. und den §§ 25—29 ZigStG. angeführten Straftaten: hier sind lediglich die ordentlichen Gerichte zuständig (vgl. § 27 SchStG. und AllgVerf. vom 17. September 1904 — ZBl. S. 228 —, sowie § 30 ZigStG.).

5) Die Untersuchungsbefugnis ist auch dann begründet, wenn mit dem Zoll- oder Steuervergehen eine Straftat des gemeinen Rechts ideell konkurriert (Einleitung §§ 1 III, 2 II).

§ 2.[1])

Bei Zuwiderhandlungen der genannten Art, welche nur mit Geldstrafe[2]) oder mit Einziehung,[3])[4]) allein oder in Verbindung mit einander, bedroht sind, steht den Behörden dieser Verwaltung auch die Entscheidung zu, es sei denn, daß durch die Zuwiderhandlung zugleich andere Strafgesetze verletzt sind,[5]) wegen deren Uebertretung die Verfolgung noch eintreten kann[6]), oder daß der Beschuldigte wegen der Zuwiderhandlung festgenommen[7]) und nicht alsbald wieder freigelassen, sondern dem zuständigen Richter vorgeführt ist.[8])

[9])Die Zuständigkeit der Verwaltungsbehörden zur Entscheidung gegen den Thäter oder Theilnehmer umfaßt die Zuständigkeit zur Entscheidung gegen denjenigen, welcher einen rechtlichen Anspruch auf den der Einziehung unterliegenden Gegenstand besitzt (den Einziehungsbetheiligten)[10]) und, soweit nicht reichsgesetzlich ein Anderes bestimmt ist, auch gegen denjenigen, der nach Vorschrift der Zoll- und Steuergesetze für die dem Thäter oder Theilnehmer auferlegten Geldstrafen und Untersuchungskosten haftet (den Vertretungspflichtigen).[11])

1) § 2 regelt die Zuständigkeit zur Entscheidung (Einleitung § 1 III, § 2 II).

2) Die Zuständigkeit der Verwaltungsbehörden besteht ohne Rücksicht auf die Höhe der Geldstrafe oder den Wert des Einziehungsgegenstandes; gleichgültig ist auch, ob für jene im Nichtbeitreibungsfalle eine Freiheitsstrafe zu substituieren ist (Begründung S. 2664; Bonnenberg § 2 Anm. 1 u. 4); — über die Substituierung vgl. § 57 nebst Anm.

3) Nach § 11_1 S. 2 SStG. und § 155 VZG. ist in allen Fällen, in denen „die Konfiskation selbst nicht vollzogen werden kann“, „auf Erlegung des Wertes der Gegenstände“ (sog. Werterſatz) zu erkennen. Ein weiterer Fall des Werterſatzes ist im § 37 Abs. 4 BrauStG. enthalten. Über die materielle Bedeutung dieser Bestimmungen vgl. RG. in der DJZ. 1902 S. 510 und Bd. 37 S. 15; formell wird es keinem Bedenken unterliegen, daß auch die Verwaltungsbehörden jene subsidiäre Nebenstrafe verhängen dürfen (vgl. Vorb. A I 4 vor § 36).

4) Sind andere Nebenstrafen angedroht (so z. B. die Gewerbeuntersagung in den Fällen der §§ 52 f. BrwStG. von 68, § 30 BrwStG. von 87, § 56 ZStG.), so entfällt die Zuständigkeit der Verwaltungsbehörden. — Eine Strafdrohung im Sinne des § 2 liegt aber dann nicht vor, wenn die Nebenfolge ohne besonderen Ausspruch (unmittelbar kraft Gesetzes) eintritt. Die Verwaltungsbehörden können deshalb gegenüber einem Salzwerksbesitzer, der schon einmal wegen Salzsteuerdefraude verurteilt ist, auch im Wiederholungsfalle (§§ 11, 12 SStG.) entscheiden, obwohl jener „mit der Rechtskraft der [Verwaltungs-] Entscheidung die Befugnis zur eigenen Verwaltung seines Salzwerkes" verliert (§ 14_1 a. O.).

5) Idealkonkurrenz mit den Vorschriften des „gemeinen" Strafrechts schließt schon nach Reichsrecht die Entscheidungsbefugnis der Verwaltungsorgane aus (Einleitung § 1 III); reale Konkurrenz läßt sie rechtlich unberührt (vgl. aber AB. 1_2 bei § 3 Anm. 4).

6) Die Verfolgbarkeit kann z. B. wegen Verjährung oder nicht rechtzeitiger Stellung des Strafantrages weggefallen sein (Begründung S. 2664). In einem solchen Falle kommt die Idealkonkurrenz prozessual nicht mehr in Betracht.

7) Es kann sich nur um die vorläufige Festnahme (vor Erhebung der Klage) handeln (§ 127 StPO.). Zuständiger Richter ist also der Amtsrichter des Bezirkes, in dem die Festnahme erfolgte (§ 128_1 StPO.).

8) Mit der Tatsache der Vorführung erlischt für die Verwaltungsbehörde die Zuständigkeit zur Entscheidung, ohne Rücksicht, ob der Richter die Verhaftung oder Wiederfreilassung des Beschuldigten anordnet (ebenso Bonnenberg § 2 Anm. 7; vgl. auch § 19 VStG.).

9) Zu Abs. 2 vgl. §§ 1 IV, 2 III, 3, 4 der Einleitung.

10) Abs. 2, 1. Hälfte will besagen: Sind die Verwaltungsbehörden zur Entscheidung gegen den Täter zu-

ständig — Abs. 1 —, so sind sie auch befugt gegen den Teilnehmer (Mittäter, Anstifter, Gehilfen) und weiterhin gegen den Einziehungsbeteiligten zu entscheiden. Die Umkehrung dieses Satzes würde dahin führen, daß die ordentlichen Gerichte, sobald sie in der Hauptsache zuständig wären, auch gegen den Einziehungsbeteiligten zu erkennen hätten. Indessen besteht gegenüber dem letzteren die Entscheidungsbefugnis der Verwaltungsbehörden in einem weiteren Umfange (vgl. §§ 5 Ziff. 4, 26_1 S. 2 36_4 VStG. nebst Anm.).

11) Wie schon in der Einleitung, § 4 Anm. 1 erwähnt, hat der Vertretungspflichtige in allen Fällen auch für die von dem eigentlich Schuldigen hinterzogenen Abgaben einzustehen. Das VStG. erwähnt diesen Teil seiner Verbindlichkeit nicht und deutet damit an, daß die Haftung für die Abgaben im Verwaltungsstrafverfahren nicht ausgesprochen werden darf. Diese Regelung muß entgegen der Ansicht Havensteins (Jurist. Literaturbl. Bd. XI S. 216 f.) für zulässig erachtet werden. Die Haftung für die Abgaben hat ebenso wenig strafrechtlichen Charakter wie die Vertretungspflicht für die eigentliche Strafe (vgl. entsprechend die Ausführungen in § 4 II der Einl.). Zur Entscheidung über jene Haftung ist daher, soweit nicht reichsgesetzlich ein anderes bestimmt ist (vgl. § 66 III Abs. 2 BrwStG. v. 68, § 58 III Abs. 2 ZStG. — „[straf] richterliches Erkenntnis" —) ein Strafprozeß nicht erforderlich, vielmehr genügt zur Feststellung jenes rein fiskalrechtlichen Anspruches das einfache (exekutivische) Verwaltungsverfahren. Allerdings hätte aus den im § 4 III der Einleitung angegebenen Gründen das VStG. auch die Haftung für die Abgaben mit in den Administrativprozeß einbeziehen können, und es wäre diese Regelung mit Rücksicht auf § 22 a. E. vielleicht praktischer gewesen. Dagegen läßt sich aus dem Umstande, daß häufig (insbesondere im § 153 VZG.) Haftung für Geldstrafe und Haftung für Abgabe materiell gleichgestellt werden, noch nicht mit Havenstein a. O.

der Schluß ableiten, daß sie nunmehr auch formell gleich behandelt werden müssen.

§ 3.*)

Ist die Entscheidungsbefugniß der Verwaltungsbehörden begründet, so findet ein Einschreiten der Staatsanwaltschaften und der Gerichte wegen der Zuwiderhandlung vor Erlaß des Strafbescheides nicht statt,[1]) sofern nicht die zuständige Verwaltungsbehörde[2]) sich der Entscheidung enthalten und die Sache zum gerichtlichen Verfahren abgegeben hat.[3])[4])[5]) Dagegen schließt die bloße Untersuchungsberechtigung der Verwaltungsbehörden die sofortige Aufnahme der gerichtlichen Strafverfolgung nicht aus.[6])

Die im § 161 Absatz 1 der Strafprozeßordnung vorgesehenen Pflichten der Behörden und Beamten des Polizei- und Sicherheitsdienstes erstrecken sich auch auf Zuwiderhandlungen der hier bezeichneten Art. Die genannten Behörden und Beamten haben solche Zuwiderhandlungen ohne Verzug der zuständigen Verwaltungsbehörde anzuzeigen, welcher sie ferner die entstandenen Verhandlungen zu übersenden haben, wenn nicht Zusammentreffen mit anderen strafbaren Handlungen oder der Fall der Festnahme vorliegt.[7])

Die Vorschriften über die Anzeigepflicht und die Mitwirkung anderer Behörden und Beamten bleiben in Kraft.[8])[9])

*) AB. 1 in Anm. 4.

1) Wird unter Verletzung des Abs. 1 S. 1 von der Staatsanwaltschaft Anklage erhoben, so hat das Gericht die Eröffnung des Hauptverfahrens wegen zeitiger Unzulässigkeit des Rechtsweges abzulehnen. Stellt sich der Verstoß erst nachträglich heraus, so kann jederzeit durch Beschluß — nach durchgeführter Hauptverhandlung freilich nur durch Urteil — das Verfahren eingestellt werden (Löwe/Hellweg, Vorb. z. Buch II, Absch. 5 Anm. 3a, § 259 Anm. 4; vgl. auch Bonnenberg § 3 Anm. 9/10).

2) Siehe AB. 1_1 u. §§ 5, 7.

3) Aus welchen Gründen die Abgabe erfolgt, kommt nicht in Betracht. Das Gericht ist daher auch dann zur Entscheidung berufen, wenn jene stattfand, weil die Verwaltungsbehörde irrtümlich sich für unzuständig gehalten hat (RG. 26 Nr. 19 S. 50).

4) Die **AB. 1** bestimmt hierzu:

Die zuständige, d. h. die sachlich und örtlich zur Entscheidung berufene Verwaltungsbehörde hat bei Prüfung der Frage, ob sie sich in einem gegebenen Falle ausnahmsweise der Entscheidung enthalten und die Sache zum gerichtlichen Verfahren abgeben soll, im allgemeinen lediglich nach pflichtmäßigem Ermessen unter Berücksichtigung aller Umstände zu handeln.[a)][b)] Alle früheren, für bestimmte Fälle diese Enthaltung anordnenden Bestimmungen sind aufgehoben.

Die Verweisung zum gerichtlichen Verfahren, welche bis zur Bekanntmachung eines Strafbescheides[c)] zulässig ist,[d)] hat indessen durchweg zu erfolgen, wenn bei gleichzeitiger Beschuldigung einer Person wegen Verletzung von Zoll- oder Steuer- und anderen Strafgesetzen Zweifel darüber bestehen, ob die Zuwiderhandlung gegen erstere und der Verstoß gegen letztere durch eine und dieselbe Handlung (in idealem Zusammentreffen) oder durch mehrere selbständige Handlungen (in realem Zusammentreffen) begangen ist. Das Gleiche gilt, wenn bei realem Zusammentreffen die Staatsanwaltschaft um die Abgabe der Sache ersucht.[e)]

Der Antrag des Beschuldigten oder sonstigen Betheiligten auf gerichtliche Entscheidung vor Bekanntmachung des Strafbescheides ist wirkungslos.[f)]

a) So kann die Abgabe erfolgen, wenn zur Aufklärung der Sache eine mündliche Verhandlung, die vor den Verwaltungsbehörden ausgeschlossen ist, erforderlich erscheint (Begründung S. 2664); desgleichen wird die Abgabe häufig angemessen sein, falls die Entscheidung gegenüber einem etwaigen Vertretungspflichtigen nur durch die ordentlichen Gerichte getroffen werden darf (Einleitung § 4 III).

b) Die Abgabe erfolgt durch die an sich zur Entscheidung berufene Behörde; im übrigen wird aber auf das Verfahren AB. 20_1 (bei § 24 Anm. 6), und wenn die Abgabe durch ein Hauptamt erfolgt, auch AB. 20_2 entsprechend anwendbar sein.

c) Vgl. über die Bekanntmachung § 37.

d) Siehe auch Vorb. B zu § 36.

e) Einen Gegensatz zum Abs. 2 d. AB., der das freie Ermessen der Verwaltungsbehörde durch Anordnung der Überweisung beschränkt, bildet die AllgVerf. d. Finanzmin., betr. d. AB. z. VStG. vom 15. Sept. 1897 (ZBl. S. 347) Ziff. 1. Nach dieser ist nämlich „wenn unmittelbare Staatsbeamte oder Reichsbeamte, insbesondere Staatseisenbahn- oder Postbeamte in Ausübung ihres Dienstes Zuwiderhandlungen gegen Zoll- oder Steuervorschriften begangen haben“, . . . „von der . . . Befugnis der zuständigen Verwaltungsbehörde zur Abgabe der Sache zum gerichtlichen Verfahren . . . nur dann, wenn ganz besondere Umstände dies angezeigt erscheinen lassen, Gebrauch zu machen."

f) Wirkungslos ist nur der Antrag als solcher; werden aber aus ihm Umstände ersichtlich, die ein alsbaldiges gerichtliches Verfahren wünschenswert machen, so kann die Abgabe erfolgen.

5) Unstatthaft ist die vorherige Abgabe in den Fällen der §§ 17 und 22 d. Warenzeichengesetzes (vgl. § 59 VStG. u. AB. 52 Anm. 4 das.).

6) Vgl. Einleitung § 5 II.

7) Nach Abs. 2 haben die Behörden und Beamten des Polizei- und Sicherheitsdienstes auch bei Zuwiderhandlungen gegen die Zoll- und Steuergesetze „den Tatbestand zu erforschen und alle keinen Aufschub gestattenden Anordnungen zu treffen, um die Verdunkelung der Sache zu verhüten" (S. 1 i. V. m. § 161_1 StPO.). — Sie konkurrieren hierbei mit den Zoll- und Steuerbeamten (§ 22 VStG.). — Die erwähnten Sicherheitsorgane haben ferner die bei ihnen erwachsenen Verhandlungen unverzüglich an die „zuständige Verwaltungsbehörde" (d. h. das örtlich zuständige Haupt-[Erbschaftssteuer-]Amt) zu übersenden (vgl. entsprechend § 161 Abs. 2 StPO.), damit dieses sich über die Einleitung der Untersuchung oder die sonst zu ergreifenden Maßregeln schlüssig machen kann (siehe dazu § 24 VStG.). — An Stelle der Aktenübersendung tritt eine bloße Anzeige:

a) wenn mit dem Steuerdelikt eine sonstige Straftat — ideell oder real (Begründung S. 2665) — zusammentrifft; oder

b) wenn der Beschuldigte festgenommen ist und (wie im Hinblick auf §§ 2_1, 19_2 hinzugesetzt werden muß) nicht „der nächsten Zoll- oder Steuerbehörde", sondern dem Richter vorgeführt wird.

In diesen beiden Fällen gehen die Polizeiakten selbst an die Staatsanwaltschaft oder in Eilfällen an den Amtsrichter (§ 161_2 StPO.).

Dagegen müssen die oben (Abs. 1 d. Anm.) erwähnten Zoll- und Steuerbeamten ihre Ermittelungsakten stets an das Hauptamt abgeben (§ 23 Abs. 1 S. 2).

8) Zu Abs. 3: Bestimmungen über die Anzeigepflicht und sonstige Mitwirkung finden sich noch im BStG. selbst (§§ 22 f.); außerdem sind hier insbesondere die nachfolgenden Gesetzesstellen zu erwähnen, von denen freilich die unter a—g genannten als Reichsrecht auch ohne den Vorbehalt des Abs. 3 weiter gelten würden.

a) BZG. § 20: Andere Staatsbeamte [außer der nach § 19 zur Überwachung in erster Reihe bestellten „Grenzwache"], sowie die Kommunalbeamten, namentlich die Polizei- und Forstbeamten, sind zur Unterstützung der Grenzwache verpflichtet. Sie haben insbesondere Uebertretungen der Zollvorschriften, welche bei Ausübung ihres Dienstes zu ihrer Kenntniß kommen, möglichst zu hindern und jedenfalls zur nähern Untersuchung sofort anzuzeigen. α) β)

α) Vgl. auch Art. 4 BZK.

β) Die gleichen Pflichten liegen den im § 20 genannten Beamten hinsichtlich der Zuwiderhandlungen gegen österreich-ungarische Zollgesetze ob (§ 2 d. Zollkartells zw. d. Deutschen Reiche u. Oesterreich-Ungarn vom 6. Dez. 1891 [RGBl. 1892 S. 63] i. Verb. m. Art. 4 d. Zusatzvertrages z. Handels- und Zollvertrag usw. — v. 25. Jan. 1905 [RGBl. 1906 S. 143]).

b) BZG. § 130: Die im § 20 bezeichneten Beamten haben, um der ihnen dort aufgelegten Verpflichtung genügen zu können, bei vorhandenem Verdachte, daß eine Verletzung der Zollgesetze beabsichtigt werde, die Befugniß, Personen und Waren soweit anzuhalten, als solches den Grenzaufsehern selbst verstattet ist. α)

α) Vgl. über die in Frage kommende Berechtigung der Grenzaufseher § 129 BZG.

c) WStG. §§ 20 f.; insbesondere § 21 S. 1: Außer den Steuerbehörden haben alle diejenigen Staats- oder

Kommunalbehörden und Beamten, denen eine richterliche oder Polizeigewalt anvertraut ist, sowie die Notare und andere Beamte, welche Wechselproteste ausfertigen, die Verpflichtung, die Besteuerung der bei ihnen vorkommenden Wechsel und Anweisungen von Amtswegen zu prüfen und die zu ihrer Kenntniß kommenden Zuwiderhandlungen gegen dieses Gesetz bei der nach § 18 zuständigen Behörde α) zur Anzeige zu bringen.

α) Zuständige Behörde ist das Hauptamt.

d) SpStG. § 21 (Abs. 1 S. 2) . . . Außer diesen [den Zoll- und Steuerbehörden und -beamten] haben alle diejenigen Staats- oder Kommunalbehörden, -beamten und -bediensteten, denen eine Polizeigewalt anvertraut ist, die Verpflichtung, die Verfolgung der zu ihrer Kenntniß gelangenden Zuwiderhandlungen gegen dieses Gesetz zu veranlassen.

e) StatG. § 16: Die Organe der Zollverwaltung und die mit den statistischen Erhebungen sonst betrauten Organe haben die Beobachtung der Vorschriften dieses Gesetzes zu überwachen und Zuwiderhandlungen gegen dieselben zur Anzeige zu bringen.

f) RStG. §§ 76 f., insbesondere § 77: . . . die Reichsbehörden, die Behörden und Beamten der Bundesstaaten und Kommunen, die von Handelsvorständen eingesetzten Sachverständigenkommissionen und Schiedsgerichte sowie die Notare [haben] die Verpflichtung, die Besteuerung der ihnen vorkommenden Urkunden zu prüfen und die zu ihrer Kenntnis gelangenden Zuwiderhandlungen gegen dieses Gesetz bei der zuständigen Behörde α) zur Anzeige zu bringen.

α) Zuständige Behörde ist hier ebenso wie in dem unter c α erwähnten Falle das Hauptamt (§ 73 RStG., §§ 4, 24 BStG.).

g) ErbStG. § 40: Den Erbschaftssteuerämtern sind seitens der nachbenannten Behörden und Beamten die folgenden Mitteilungen zu machen:

. . . 4. seitens der Gerichte und Verwaltungsbehörden von den zu ihrer Kenntnis gelangenden Zuwiderhandlungen gegen die Vorschriften dieses Gesetzes.

h) LStG. § 30 Abs. 3: Außer den Steuerbehörden haben alle diejenigen Staats- oder Kommunalbehörden und Beamten, welchen eine richterliche oder Polizeigewalt anvertraut ist, die besondere Verpflichtung, auf Befolgung der Stempelgesetze zu halten und alle bei ihrer Amtsverwaltung zu ihrer Kenntniß kommenden Zuwiderhandlungen gegen dieses Gesetz behufs Einleitung des Strafverfahrens von Amtswegen zur Anzeige zu bringen. α) β)

α) Wenn ein Beamter die im § 30 erwähnten Pflichten nicht beobachtet, so macht er sich hierdurch nach § 19 LStG. straffällig (vgl. unten § 60 VStG. Anm. 1 d).

β) Neben § 30 Abs. 3 sind noch die Ziff. 21, 22 d. Dienstvorschriften, betr. die Ausführung des Stempelsteuergesetzes v. 14. Febr. 1896 (ZBl. S. 93 ff.) und § 20 d. Allg. Verfügung v. 29. Febr. 1896, betr. d. gerichtliche Stempelwesen (JMBl. S. 63 ff.) zu berücksichtigen.

Insbesondere bestimmt Ziff. 22 d. Dienstvorschr.:

Auch den Gerichtsvollziehern liegt als Organen der Gerichte die Pflicht ob, die Besteuerung der aus dienstlichem Anlaß in ihre Hände gelangten Urkunden, insbesondere der zu ihren Handakten eingereichten Vollmachten, zu prüfen . . . Wird die Stempelmarke nicht rechtzeitig eingereicht, so haben die Gerichtsvollzieher die Zuwiderhandlung dem Hauptamt unmittelbar anzuzeigen.

§ 20 d. Allg. Verfügung legt namentlich auch den Gerichtsschreibern die Verpflichtung auf, „die . . . zu den Akten gelangten oder auf der Gerichtsschreiberei niedergelegten Urkunden . . . in Bezug auf die Stempelverwendung zu prüfen." — Die etwa erforderlichen Anzeigen erfolgen nicht unmittelbar durch den Gerichtsschreiber, sondern durch den Vorstand des Gerichts, bei dem jener angestellt ist (§ 20 Abs. 3).

9) Die in Anm. 8 erwähnten Vorschriften beziehen sich wie § 3 Abs. 3 nur auf die zur Einleitung des Verwaltungsverfahrens (im sog. ersten Angriff) erforderliche Mitwirkung; über die Beistandsleistung nach Eröffnung der Verwaltungsuntersuchung vgl. § 24 Abs. 3 u. Anm. 10 das.

B. Sachliche Zuständigkeit der Verwaltungsbehörden.

§ 4.[1])

Die Untersuchung im Verwaltungswege[2]) wird von den Hauptzoll- und Hauptsteuerämtern[3])[4]) geführt, welche sich bei derselben der ihnen unterstellten Aemter[5]) und Beamten bedienen[6]), auch andere Behörden und Beamten der Verwaltung der indirekten Steuern um Beistand ersuchen können.[7])

1) § 4 stellt nur einen allgemeinen Grundsatz auf, der erst in den §§ 22 ff. (insbes. § 24_3) seine nähere — teils erweiternde, teils einschränkende — Erläuterung findet; vgl. d. Anm. das. —; hinsichtlich der Erbschaftssteuerstrafsachen siehe auch Einl. § 7 I.

2) Einerlei, ob im Sinne des § 5 II d. Einl. ein vollkommenes oder unvollkommenes Verwaltungsverfahren vorliegt.

3) Für Hohenzollern treten an Stelle der Hauptämter die Steuerämter I zu Sigmaringen und Hechingen (§ 5_5, AB. 3_3 das. Anm. 16).

4) Der Provinzial- oder Zentralinstanz steht die Untersuchung auch in den Fällen nicht zu, in denen ihr die Entscheidung obliegt (§§ 5_2, 6). Hält sie weitere Ermittelungen für nötig, so hat sie mit deren Vornahme

das Hauptamt zu beauftragen, welches die Untersuchung geführt hat (vgl. auch § 42_2).

5) Steuerämter, Nebenzollämter.

6) In welchem Umfange die unteren Behörden und Beamten nach Einleitung der Untersuchung zur Mitwirkung herangezogen werden sollen, bestimmt das vorgeordnete Hauptamt nach pflichtmäßigem Ermessen. Die Mitwirkung wird auch durch allgemeine Anordnung geregelt werden dürfen.

7) § 4 bezieht sich nur auf preußische Behörden; für die Beistandsleistung durch die Behörden anderer Bundesstaaten gilt das BLG. (insbes. die §§ 2, 8 das.).

§ 5.*)

Die Entscheidung erfolgt durch die Hauptzoll- oder Hauptsteuerämter[1])[2])

1) bei allen Zuwiderhandlungen, welche lediglich Ordnungsstrafen nach sich ziehen,[3])[4])[5])

2) bei allen Zuwiderhandlungen, welche nur mit Geldstrafe von höchstens 300 Mark, allein oder in Verbindung mit Einziehung,[6]) bedroht sind,[7])[8])

3) bei Hinterziehungen, bei denen die Strafe zwischen einem bestimmten Mindest- und einem bestimmten Höchstbetrage bemessen werden muß, wenn nach den Umständen des Falles keine höhere als die eben bezeichnete Strafe festzusetzen ist,[9])[10])

4) wenn allein die Einziehung oder nur noch die Vertretungspflicht in Frage kommt.[11])

In allen sonstigen Fällen entscheiden die Provinzialsteuerbehörden.[1])[12])[13])

Ist eine Person mehrerer Zuwiderhandlungen

beschuldigt, oder sind bei einer Zuwiderhandlung mehrere Personen betheiligt, so kann die Provinzialsteuerbehörde über alle Zuwiderhandlungen und gegen alle Betheiligten entscheiden, wenn sie für eine Zuwiderhandlung oder einen Betheiligten zuständig ist.[14])

Die Zuständigkeit der Erbschaftssteuerämter bleibt unberührt.[15])

Für die Hohenzollernschen Lande wird die sachliche Zuständigkeit durch den Finanzminister bestimmt.[16])

*) AB. 2 in Anm. 12; AB. 3 Abs. 1/2 in Anm. 2, Abs. 3/4 in Anm. 16; AB. 4 in Anm. 5; AB. 5 in Anm. 7; AB. 6 in Anm. 10 und AB. 7 in Anm. 15.

1) Für die Zuständigkeit ist es gleichgültig, ob die Entscheidung in Einstellung oder Erlaß eines Strafbescheides besteht.

2) Das Hauptamt entscheidet kollegialisch; **AB. 3** Abs. 1/2:

Die Entscheidung der Hauptzoll- und der Hauptsteuerämter erfolgt nach der absoluten Mehrheit der Stimmen aller dienstanwesenden Mitglieder und der für dienstabwesende Mitglieder etwa bestellten Vertreter.[a]) Bei Stimmengleichheit gibt der Hauptamtsleiter oder dessen Vertreter den Ausschlag.[b])

Die Reinschriften werden auch in Verwaltungsstrafsachen von dem Hauptamtsleiter oder dessen Vertreter allein vollzogen.[c])

a) Hauptamtsmitglieder sind der Oberzoll- oder Obersteuerinspektor (als Hauptamtsleiter), der Hauptamtsrendant, den Hauptamtskontroleur, sowie der bei größeren Ämtern noch angestellte Packhofsvorsteher und der bei diesen vorhandene Oberrevisor.

b) Mündliche Beratung und Abstimmung — wie bei den ordentlichen Gerichten — ist nicht vorgeschrieben; es genügt, wenn der Entscheidungsentwurf zirkuliert und die einzelnen Mitglieder sich schriftlich äußern.

c) Die Urschrift muß dagegen von sämtlichen Mitgliedern unterschrieben (oder doch signiert) sein; dies gilt auch hinsichtlich der überstimmten Mitglieder (entspr. § 275_2 StPO.).

3) Die Zuständigkeit nach Ziff. 1 ist auch dann begründet, wenn die Ordnungsstrafe — wie z. B. im § 151 VZG., § 51 ZStG. und § 46 Ziff. 7 BrauStG. — über 300 Mk. (§ 5 Ziff. 2) hinausgehen kann.

4) Ob eine bloße Ordnungswidrigkeit oder ein anderweitiges Steuerdelikt vorliegt, läßt sich nur von Fall zu Fall feststellen. Die Definition Löbes (Zollstrafrecht S. 8 u. 24), nach der dort eine Gefährdung, hier eine Verletzung steuerlicher Interessen gegeben ist, kann nicht als richtig anerkannt werden. Denn weshalb z. B. die Übertretung der Zollverwaltungsvorschriften (§ 152 VZG.) stets nur eine Gefährdung des Zollinteresses enthalten soll, ist nicht einzusehen; anderseits tritt in gewissen Fällen (vgl. § 136 Ziff. 7/8 VZG.) eine „kriminelle" Strafe ein, ohne daß notwendig eine Verletzung jenes Interesses vorliegt (vgl. auch v. Liszt § 58 III).

Für die oben erwähnte Feststellung ist in erster Linie der Wortlaut des Gesetzes maßgebend, der in der Überschrift zu den einzelnen Strafbestimmungen (vgl. VZG. vor § 151, ZStG. vor § 51) oder auch in diesen selbst (z. B. §§ 137_2, 152, 160 VZG., § 17 StatG., § 20 ZigStG., § 71 RStG., § $49_{2,3}$ ErbStG.) von einer „Ordnungsstrafe" spricht. Manchmal kann die Entscheidung nur aus dem Zusammenhalt der einzelnen gesetzlichen Vorschriften getroffen werden und unter Berücksichtigung des Umstandes, daß Ordnungswidrigkeiten durchgängig ein geringes Strafmaximum aufweisen (so z. B. § 161 VZG. — einfache Widersetzlichkeit — „Geldbuße bis zu 150 Mk." i. Verb. m. § 160 — einfache aktive Bestechung — „Ordnungsstrafe bis zu 60 Mk.") — Vgl. endlich auch AB. 4_1.

5) Zu § 5 Ziff. 1 des Gesetzes bestimmt die **AB. 4:** Zu den Zuwiderhandlungen, welche lediglich Ordnungsstrafen nach sich ziehen, gehören auch alle Zoll- und Steuer-Straffälle, welche infolge der Feststellung, daß eine Zoll- oder Steuerverkürzung[a]) oder eine Kontrebande nicht hat verübt werden können oder nicht beabsichtigt gewesen ist, aus der Reihe der Hinterziehungen oder Kontrebanden ausscheiden und zu Ordnungswidrigkeiten werden.[b]) Die Provinzialsteuerbehörden haben Straffälle, welche ihnen zur Entscheidung vorgelegt sind,[c]) an die Hauptämter zurückzuverweisen,[d]) wenn die vorerwähnten Voraussetzungen zutreffen und Zusammenhang im Sinne des Abs. 3 des § 5 des Gesetzes mit einem zu ihrer Zuständigkeit gehörigen Straffall nicht vorliegt.[e])

Zur Sicherung eines vorschriftlichen Verfahrens haben die Hauptämter sowie die Steuerämter zu Sigmaringen und Hechingen alle Fälle der in Abs. 1 erwähnten Art, in denen die Hinterziehungsstrafe[f]) mehr als 300 Mark betragen haben würde, soweit nicht die Provinzialsteuerbehörde selbst die Festsetzung der Ordnungsstrafe angeordnet hat, in zwei besondere Nachweisungen, von denen die eine die Stempel- und Erbschaftssteuersachen, die andere die übrigen Steuer- und die Zollsachen umfaßt, unter kurzer Angabe des Thatbestandes der Zuwiderhandlung und der Gründe für die Verhängung der Ordnungsstrafe einzutragen und diese Nachweisungen halbjährlich getrennt der Provinzialsteuerbehörde vorzulegen.[g])[h]) Die Provinzialsteuerbehörde hat die

Nachweisungen einer sorgfältigen Prüfung zu unterwerfen und, wo es ihr nothwendig erscheint, die Belagsakten einzufordern. Bei der Prüfung ist insbesondere darauf zu achten, daß in den einzelnen Hauptamtsbezirken nicht offenbare Ungleichheiten Platz greifen, indem in dem einen Bezirk ein sehr ausgedehnter, in dem anderen ein sehr beschränkter Gebrauch von den hierauf bezüglichen Vorschriften unter gleichartigen Verhältnissen gemacht wird. Die Nachweisungen sind von dem mit der Bearbeitung beauftragten Mitgliede der Provinzialsteuerbehörde mit der Bescheinigung der stattgefundenen Prüfung zu versehen.[l][k]

a) Sog. Defraude.

b) Vgl. z. B. § 137 Abs. 2 VZG., § 17 Abs. 3 ZigStG., § 43 BrauStG. — Nach diesen Stellen ist eine Ordnungswidrigkeit gegeben, wenn der Nachweis geführt wird, daß die im Text erwähnte Qualifikation nicht vorliegt. Manchmal (so im § 71 RStG., § 18 LStG.) genügt es auch, wenn deren Fehlen sich „aus den Umständen ergibt“ oder gar nur „nach den obwaltenden Umständen anzunehmen“ ist (§ 49 ErbStG.). — Eigenartig § 20 Abs. 2 BrwStG. von 87, nach dem eine Ordnungswidrigkeit vorliegt, wenn entweder „festgellt [wird], daß eine Defraudation . . . nicht hat verübt werden können oder . . . nicht festgestellt [wird], daß eine solche beabsichtigt gewesen sei.“

c) Die Vorlage erfolgt gemäß AB. 31 bei § 34 Anm. 6.

d) Die Zurückverweisung ist für die Hauptämter bindend (Einleitung § 5 Anm. 3). — Die Provinzialbehörden dürfen nicht unter Verzicht auf die Zurückverweisung selbst an Stelle der Hauptämter entscheiden (Einl. § 5 III 2).

e) Abs. 1 S. 2 muß auch dann analog angewandt werden, wenn die Provinzialbehörde sich aus einem anderen Grunde (§ 5 Ziff. 2—4) für sachlich unzuständig hält (so ausdrücklich für § 5 Ziff. 3 die AB. 6).

f) Bzw. die Strafe der Kontrebande.

g) Sind in diese Nachweisungen auch diejenigen Straffälle aufzunehmen, in denen gegen den Strafbescheid Beschwerde eingelegt oder der Antrag auf gerichtliche Entscheidung gestellt ist? Der Wortlaut der Stelle spricht für die Bejahung, ihr Zweck („Sicherung eines vorschriftlichen Verfahrens") für die Verneinung der Frage.

h) Hinsichtlich der Erbschaftssteuersachen wird die Aufstellung der „Nachweisung" jetzt dem Erbschaftssteueramt obliegen.

i) Die hier vorgeschriebene Prüfung ist nur für die Dienstaufsicht von Bedeutung, auf den rechtlichen Bestand des hauptamtlichen Strafbescheides dagegen einflußlos.

k) Abs. 2 d. AB. 4 ist fast wörtlich in Nr. 14 Abs. 4 d. Dienstvorschriften, betr. Ausführung des Stempelsteuergesetzes in der Fassung v. 28. Aug. 1900 übergegangen.

6) Zu § 5 Ziff. 2 (verb. „Einziehung") vgl. auch § 2 Anm. 3.

7) Eine große Zahl steuerlicher Strafdrohungen kennt kein bestimmtes Strafmaximum: vielmehr besteht die Strafe häufig in einem Mehrfachen der hinterzogenen Abgabe usw. — In diesem Fall erscheint schon nach allgemeinen Grundsätzen (vgl. Löwe/Hellweg Anm. 11 zu § 27 GVG.) „die im einzelnen Falle verwirkte Strafe zugleich [als] die angedrohte." — Dies wird auch ausdrücklich bestimmt durch die **AB. 5:**

Hinterziehungen und Kontrebanden, bei denen die Strafe in dem mehrfachen Betrage der vorenthaltenen Abgabe oder des Werthes der kontrebandirten Sache besteht, gelten als Zuwiderhandlungen im Sinne der Nr. 2 des § 5 dann, wenn in dem gegebenen Falle die gesetzliche

Strafe für den Uebertreter die angegebene Höhe nicht übersteigt.

8) Bei Ziff. 2 entscheidet das für die einzelne Zuwiderhandlung prinzipaliter angedrohte Strafmaximum, Milderungsgründe, welche die rechtliche Beschaffenheit der Tat nicht verändern, bleiben außer Betracht. Dies gilt namentlich vom jugendlichen Alter (so mit Recht Löwe-Hellweg Anm. 10 zu § 27 GVG.; a. M. Bonnenberg § 5 Anm. 10.)

9) Die Begründung S. 2665 bemerkt: „Bei gewissen Hinterziehungen [vgl. § 16 SStG., § 36 TStG., § 21 Satz 2 BrwStG. von 87, § 47 Abs. 4 ZStG., §§ 49, 50 ErbStG., § 42 BrauStG., § 18 Abs. 2 ZigStG., § 17 Abs. 4 LStG.] ist . . . vorgeschrieben, daß, wenn der Betrag der umgangenen Abgabe nicht festgestellt werden kann, die Geldstrafe zu einem bestimmten Mindest- und einem bestimmten Höchstbetrage bemessen werden soll. Es erschien unbedenklich und lediglich folgerichtig, diese Zuwiderhandlungen den Hauptämtern gleichfalls zuzuweisen, sofern nach dem mutmaßlichen Umfange der Abgabenverkürzung und den sonstigen Umständen des einzelnen Falles keine höhere als die eben gedachte Strafe zu verhängen ist."

10) **AB. 6:** Auch in den Fällen der Nr. 3 des § 5 haben die Provinzialsteuerbehörden die ihnen etwa von den Hauptämtern zur Entscheidung vorgelegten Sachen an letztere zurückzugeben, wenn nach ihrem Ermessen keine höhere als die dort bezeichnete Strafe festzusetzen ist, und der dritte Absatz des § 5 nicht zutrifft.[a)]

a) Vgl. Ziff. d und e bei Anm. 5.

11) Die Zuständigkeit nach Ziff. 4 des § 5 ist gegeben, einerlei ob auf Einziehung selbständig erkannt werden kann (so z. B. § 10 SpStG., § 15 SchStG. u. § 23 ZigStG.), oder ob es sich nur noch um die Entscheidung

gegen den Einziehungsbeteiligten handelt (vgl. § 36_4 VStG. und Anm. 7 ff. das.).

12) **AB. 2:** Die Provinzialsteuerbehörden sind — je innerhalb der ihnen zugewiesenen Verwaltungsbezirke — die Provinzialsteuerdirektoren, der Generaldirektor des Thüringischen Zoll- und Steuervereins zu Erfurt und die Regierung zu Sigmaringen.[a]

Die Zuständigkeit des Generaldirektors des Thüringischen Zoll- und Steuervereins erstreckt sich nicht auf Landesstempel- und Erbschaftssteuer-Strafsachen. Für diese Strafsachen ist der Provinzialsteuerdirektor zu Magdeburg Provinzialsteuerbehörde auch für den preußischen Theil des Gebietes dieses Vereins.

a) Für die Provinzialbehörden gilt also regelmäßig das bureaukratische Prinzip: entscheidende Stimme hat nur der Vorsteher der Behörde; eine Ausnahme gilt bloß für die Hohenzollernschen Lande (Regierung, nicht Regierungspräsident!).

13) Ist ein Strafbescheid unter Verletzung der Abs. 1/2 erlassen, (also vom Hauptamt an Stelle der Provinzialbehörde oder umgekehrt), so ist er trotzdem zunächst gültig und sogar materieller Rechtskraft fähig (§ 53_1). Wird aber Beschwerde eingelegt, so muß (einerlei ob die Unzuständigkeit gerügt ist oder nicht) der Strafbescheid aufgehoben werden; hinsichtlich des weiteren Verfahrens vgl. § 43_2 S. 2/3 nebst Anm. — Im gerichtlichen Nachverfahren findet der hier behandelte Mangel aus den im § 8 II d. Einl. entwickelten Gründen keine Beachtung.

14) Zu Abs. 3: Zuständigkeit kraft sachlichen Zusammenhanges, entsprechend den §§ 2 f. StPO.; zur Ergänzung dient der vom örtlichen Zusammenhang handelnde § 7_3 (vgl. auch Anm. 17 das.). — Hinsichtlich des Ausdrucks „beteiligt"(e Personen) vgl. § 7 Anm. 15.

15) Zu Abs. 4: § 43 Abs. 3 des preuß. ErbStG. in

der Fassung vom 24. Mai 1891 gab den Erbschaftssteuerämtern unter gewissen Voraussetzungen die Befugnis zur Verhängung von Ordnungsstrafen; dieser Rechtszustand sollte nach § 5 Abs. 4 VStG. bestehen bleiben. — Gegenwärtig ist aber die angeführte Stelle in dieser Hinsicht ohne Bedeutung; die Zuständigkeit der Erbschaftssteuerämter bestimmt sich jetzt nach § 51 des Reichserbschaftssteuergesetzes (Einl. § 7).

Auf Abs. 4 in seiner ursprünglichen Bedeutung bezieht sich die **AB. 7**, welche lautet:

Die zu dem § 43 Abs. 3 des Erbschaftssteuergesetzes in der Fassung vom 24. Mai 1891 (Gesetz-Samml. S. 78) hinsichtlich der Zuständigkeit der Erbschaftssteuerämter zur Festsetzung von Ordnungsstrafen ergangenen Ausführungsanweisungen bleiben in Kraft.

Nach dem oben (Abs. 1) Bemerkten ist jetzt auch die AB. 7 gegenstandslos.

16) Zur Ergänzung des Abs. 5 bestimmt die **AB. 3** Abs. 3 und 4:

Für die Hohenzollernschen Lande werden die Steuerämter I zu Sigmaringen und zu Hechingen mit denselben Befugnissen zur Untersuchung und Entscheidung ausgestattet, welche den Hauptämtern beigelegt sind. Die genannten Steuerämter sollen indessen ihre Entscheidung erst treffen, nachdem sie sich der Zustimmung des Bezirksoberkontroleurs versichert haben. In den ergehenden Strafbescheiden braucht diese Zustimmung, bei deren Versagung die Bestimmung der Provinzialsteuerbehörde einzuholen ist, nicht zum Ausdruck zu gelangen.[a])

Die Regierung zu Sigmaringen erhält die gleiche Zuständigkeit, wie die übrigen Provinzialsteuerbehörden.[b])

a) Nach Abs. 3 S. 3 kann die Provinzialsteuerbehörde, d. h. die Regierung, auf Ansuchen des Steueramts die vom Oberkontroleur verweigerte Zustimmung ergänzen; dagegen will die Stelle nicht etwa besagen, daß, wenn Steueramt und Oberkontroleur sich über die zu erlassende Entscheidung nicht einigen können, diese von der Regierung unter eigener Firma zu treffen ist (vgl. AB. 3 Abs. 4). — Unter diesen Umständen ergibt sich die unerwünschte Möglichkeit, daß die gleiche Behörde in zwei Instanzen urteilt, indem nämlich die Regierung einmal an Stelle des Oberkontroleurs dem Steueramt die Zustimmung zum Erlaß eines Strafbescheides erteilt und dann nach § 6 i. Verb. m. AB. 2 und 3_4 als Beschwerdebehörde hinsichtlich desselben von ihr schon gebilligten Strafbescheides tätig wird.

b) Abs. 4 der AB. würde an sich gegenüber der AB. 2_1 (oben Anm. 12) wohl überflüssig sein; er soll aber den Gegensatz zwischen der unbeschränkten Zuständigkeit der Regierung und den Beschränkungen, welchen nach Abs. 3 S. 2 und 3 die Steuerämter unterworfen sind, noch besonders hervorheben.

§ 6.*)

Die Entscheidung über die Beschwerde (§ 38 Absatz 1) steht der Provinzialsteuerbehörde zu, wenn der angefochtene Strafbescheid von einer ihr unterstellten Behörde erlassen ist.[1]) Ueber die Beschwerde gegen Strafbescheide der Provinzialsteuerbehörden entscheidet der Finanzminister.[1])[2])

*) AB. 2 bei § 5 Anm. 12.

1) Gegen die Entscheidung der Beschwerdebehörde ist ein weiteres Rechtsmittel nicht gegeben (vgl. auch § 52_2).

2) Für Beschwerden gegen Erbschaftssteuerstrafbescheide gilt § 6 gleichfalls (Einl. § 7 I).

C. Oertliche Zuständigkeit.

§ 7.*)

Die örtliche Zuständigkeit[1]) ist sowohl bei derjenigen Verwaltungsbehörde begründet, in deren Bezirk der Beschuldigte zur Zeit der Einleitung des Verfahrens[2]) seinen Wohnsitz[3]) oder, in Ermangelung desselben, seinen gewöhnlichen Aufenthalt[4]) hat, als auch bei derjenigen Verwaltungsbehörde, in deren Bezirk die Zuwiderhandlung begangen oder entdeckt ist.[5–7])

Unter mehreren hiernach zuständigen Verwaltungsbehörden gebührt derjenigen der Vorzug, welche die Untersuchung zuerst eröffnet hat.[8]) Die Untersuchung und Entscheidung kann jedoch auf Ersuchen[9]) von einer anderen zuständigen Verwaltungsbehörde übernommen[10]) oder einer solchen von der vorgesetzten Dienstbehörde[11]) übertragen werden.[12–14])

Die Untersuchung und Entscheidung der Verwaltungsbehörde kann auf alle Zuwiderhandlungen desselben Beschuldigten, wie auf alle bei einer Zuwiderhandlung betheiligten Personen[15]) ausgedehnt werden, für welche die Verwaltungsbehörde[16]) sachlich zuständig ist.[17])[18]) Als bei der Zuwiderhandlung betheiligt gelten in Stempelsachen alle Personen, welche sich hinsichtlich der Nichtversteuerung einer Urkunde oder eines Geschäfts strafbar gemacht haben.[7])[19])[20])

*) AB. 3 Abs. 1 in Anm. 2, Abs. 2 in Anm. 10, Abs. 3 in Anm. 18.

1) Das BStG. kennt vier prinzipale Gerichtsstände: den des Wohnsitzes (bzw. dauernden Aufenthalts), den der begangenen Tat, der Entdeckung und des (örtlichen) Zusammenhanges. Der Gerichtsstand der Entdeckung ist eine Besonderheit des Verwaltungsstrafverfahrens; hinsichtlich der übrigen vgl. entspr. §§ 7/8, 13 RStPO. — Da das BStG. ein preuß. Gesetz ist, so kommt nur der in Preußen (nicht auch der sonst im Reiche) befindliche Wohnsitz (Aufenthaltsort) in Betracht (a. M. Bonnenberg § 7 Anm. 2). Entsprechendes gilt für die Entdeckung und den Zusammenhang (siehe aber auch AB. 8 Abs. 3 in Anm. 18). — Ein subsidiärer Gerichtsstand (§ 9 RStPO.) ist dem BStG. unbekannt.

2) **AB.** 8 Abs. 1: Als Zeit der Einleitung des Verfahrens gilt bei der Steuerverwaltung der Tag der Einleitungsverfügung [a]) oder, wenn eine solche nicht besonders erlassen ist, [b]) der Tag der Eintragung in die Strafsachennachweisung. [c])

a) Die Einleitungsverfügung wird von dem örtlich zuständigen Hauptamt erlassen, sobald dieses durch Strafanzeigen oder polizeiliche und sonstige Vorermittelungen (Einleitung § 6 I) von einem Tatbestande Kenntnis erlangt, der „zur Einleitung eines Strafverfahrens wegen Zuwiderhandlung gegen die Zollgesetze oder die Vorschriften über indirekte Abgaben Anlaß geben" kann (§ 1 d. Anweisung zur Buchführung in Strafsachen usw. vom 18. März 1898; vgl. auch § 2 das.).

b) Der Erlaß einer besonderen Einleitungsverfügung ist nicht erforderlich, „wenn das Vorliegen eines Straffalles und die sachliche Zuständigkeit der Steuerverwaltungsbehörden wie die örtliche Zuständigkeit des Amtes zweifellos feststeht" (§ 2 d. Anweisung). — In diesem Falle erfolgt sogleich auf Grund der in Anm. a erwähnten Anzeigen und Vorermittelungen die Eintragung der Sache in die Strafsachennachweisung.

c) Über die Führung der Nachweisung vgl. die zu a und b erwähnte Anweisung, insbesondere die §§ 4—14 das.

3) Das Vorhandensein des Wohnsitzes bestimmt sich nach den §§ 7—11 BGB. — Soweit gegenüber juristischen Personen ein Administrativprozeß zulässig ist (Einl. § 3 I, § 4 II), tritt an Stelle des Wohnsitzes entsprechend der Sitz der Korporation; der Wohnsitz ihrer Vertreter ist gleichgültig.

4) Ob ein Aufenthalt als „gewöhnlicher" anzusehen ist, entscheidet die Verwaltungsbehörde nach ihrem pflichtmäßigen Ermessen (vgl. Löwe/Hellweg § 8 Anm. 4).

5) Die Zuwiderhandlung ist entdeckt, sobald sie zur Kenntnisnahme einer Person gelangt ist, von der die Herbeiführung einer Strafverfolgung bewirkt wird oder doch jedenfalls zu erwarten ist (vgl. v. Liszt § 48 III, Olshausen § 46 Anm. 21). Zu eng Bonnenberg § 7 Anm. 3, nach welchem Entdeckung erst und nur dann vorliegt, wenn die Straftat zur amtlichen Kenntnis einer Behörde gelangt ist. Allerdings wird gerade bei Zoll- und Steuerdelikten die Herbeiführung der Strafverfolgung seitens einer Privatperson nicht leicht „zu erwarten" sein; macht aber eine solche von einem ihr bekannt gewordenen Zollvergehen Anzeige, so kann bei Berücksichtigung des gewöhnlichen Sprachgebrauches keine Rede davon sein, daß die „Entdeckung" erst bei derjenigen Behörde erfolgt, der die Anzeige zugeht.

6) Der Gerichtsstand der Entdeckung ist aus praktischen Gründen zugelassen (Kommissionsbericht S. 2883). — Indessen können sich doch aus dieser Besonderheit des Administrativprozesses Schwierigkeiten ergeben, wenn gegen den Strafbescheid auf gerichtliche Entscheidung angetragen wird. Denn für das richterliche Nachverfahren gelten nur die Zuständigkeitsnormen der RStPO. Dies muß bei der Aktenübersendung an die Staatsanwaltschaft

(§ 460 StPO., AV. 41 in Vorb. 7 vor § 38) beachtet werden.

7) Ein Verstoß gegen die Vorschriften über die örtliche Zuständigkeit kann nur im Dienstaufsichtswege gerügt werden, dagegen weder im Verfahren vor der Beschwerdebehörde (§ 6 Satz 2, §§ 41 ff.) noch im richterlichen Nachverfahren (vgl. § 43 Abs. 2 S. 2 nebst Anm. 9 das., sowie Einl. § 8 II).

8) Grundsatz der Prävention wie im § 12 Abs. 1 StPO. — Der Ausdruck „Eröffnung der Untersuchung" ist mit „Einleitung des Verfahrens" (siehe Anm. 2) gleichbedeutend.

9) Das Übernahmeersuchen ergeht seitens der zunächst einschreitenden Verwaltungsbehörde. — Der Antrag eines Beteiligten (Anm. 15) genügt nicht, kann aber Veranlassung zu einem Ersuchen geben (vgl. auch Anm. 10).

10) Die ersuchte Behörde hat bei Prüfung der Frage, ob sie sich der Übernahme unterziehen solle, den Abs. 2 der **AV. 8** zu berücksichtigen. Dieser bestimmt:

Welche von den örtlich zuständigen Verwaltungsbehörden die Untersuchung zu führen und die Entscheidung zu erlassen hat, ist im wesentlichen nach Zweckmäßigkeitsrücksichten zu beurtheilen. Insbesondere ist in Betracht zu ziehen, wo durch das Verfahren die geringsten Kosten erwachsen und für den Beschuldigten und die sonstigen Betheiligten[a]) die geringsten Umstände mit demselben verknüpft sind. Dies wird meist für den Gerichtsstand der Entdeckung den Ausschlag geben.

a) Über den Begriff „Beteiligte" vgl. Anm. 15.

11) Als vorgesetzte Dienstbehörde kommt wie nach § 12_2 StPO. nur die „gemeinschaftliche" nächsthöhere Stelle, nicht etwa die bloß der ersuchten vorgesetzte Behörde in Betracht. Denn sonst wäre es möglich, daß eine Provinzialbehörde auf dem Wege des § 7 Abs. 2

einem nicht zu ihrem Bezirke gehörigen Hauptamt die hier schon anhängig gewordene Sache entziehen könnte.

12) Die Übertragung kann auf Antrag eines Beteiligten oder auch von Amts wegen erfolgen (so z. B. wenn das Übernahmeersuchen zunächst abgelehnt ist und die ersuchende Behörde nunmehr die Akten zur Entscheidung an die vorgesetzte Stelle [Anm. 11] gelangen läßt).

13) Da die Übertragung nur an eine „andere zuständige Verwaltungsbehörde" erfolgen kann, so stellt die Übertragungsverfügung die Zuständigkeit der in ihr bezeichneten Behörde zugleich mit bindender Kraft für diese fest (vgl. entsprechend Einleitung § 5 Anm. 3, AB. 4 bei § 5 Anm. 5). Aber auch den Beteiligten dürfte bei dem Schweigen des Gesetzes weder gegen die Anordnung noch gegen die Ablehnung einer Übertragung ein Rechtsbehelf zustehen.

14) Denkbar ist, daß im Laufe des Verfahrens eine nochmalige Übernahme oder Übertragung erfolgt. Bei der Einfachheit des Administrativverfahrens wird aber eine solche Wiederholung nur sehr selten nötig sein.

15) Der Ausdruck „beteiligte Personen" umfaßt nicht bloß die Teilnehmer im Sinne der §§ 47 ff. RStGB., sondern weiter auch die Einziehungsbeteiligten und Vertretungspflichtigen, ja selbst die Begünstiger, soweit gegen sie überhaupt ein Verwaltungsstrafverfahren zulässig ist (vgl. Begründung S. 2665, AB. 8 Abs. 3 [in Anm. 18] und Einleitung § 1 IV). — Einen besonders erweiterten Begriff der Beteiligung enthält S. 2 des Abs. 3 (vgl. Anm. 19).

16) Abs. 3 S. 1 (Verwaltungsbehörde): Gemeint ist die für eine Zuwiderhandlung oder hinsichtlich eines Beteiligten örtlich zuständige Verwaltungsbehörde. — Die „Ausdehnung" der Untersuchung usw. erfolgt, wenn die zusammenhängenden Strafsachen bereits bei verschiedenen Stellen anhängig geworden sind, auf dem im Abs. 2 S. 2 vorgezeichneten Wege.

17) Da nach § 4 für die Untersuchung regelmäßig (Ausnahmen § 60 und Einl. § 7 I) das Hauptamt sachlich zuständig ist, so besteht auch in der Regel der Gerichtsstand des örtlichen Zusammenhanges hinsichtlich der Untersuchung bei jedem Hauptamt, das für eine Zuwiderhandlung oder einen Beteiligten örtlich zuständig ist. — Gleiches gilt bezüglich der Entscheidung, soweit diese sachlich den Hauptämtern zusteht (§ 5 Abs. 1). Sind dagegen für die einzelnen Zuwiderhandlungen oder die einzelnen Beteiligten sachlich teils die Hauptämter, teils die Provinzialbehörden zuständig, so ist kraft örtlichen und sachlichen Zusammenhanges (§ 5 Abs. 3) jede Provinzialbehörde zur Entscheidung befugt, die hinsichtlich einer Tat oder eines Beteiligten örtlich zuständig ist, einerlei ob diese Tat oder dieser Beteiligte für sich allein (d. h. ohne Rücksicht auf den Zusammenhang) sachlich vor das Hauptamt oder die Provinzialbehörde gehören würde. — Soweit dagegen die besonderen im § 60 erwähnten Behörden zuständig sind, ist eine Verbindung mit den gewöhnlichen Verwaltungsstrafsachen unzulässig (§ 7 Abs. 3 S. 1 a. E.).

18) Abs. 8 der **AB. 8** bestimmt:

Die Vorschriften in Abs. 8 über die Zuständigkeit im Falle des Zusammenhangs sind nur für die Preußen angehörenden Betheiligten maßgebend. Hinsichtlich der Betheiligten und Begünstiger, welche einem anderen Bundesstaate angehören, gelten die Bestimmungen in § 7 des Beistandsleistungsgesetzes vom 9. Juni 1895 (Reichs-Gesetzbl. S. 256), in § 19 des Wechselstempelgesetzes vom 10. Juni 1869 (Bundes-Gesetzbl. S. 193) und in § 36 des Reichsstempelgesetzes vom 27. April 1894 (Reichs-Gesetzbl. S. 381).*)

*) Die in Satz 2 erwähnten Vorschriften lauten folgendermaßen:

§ 7 BLG.: Jede von einer zuständigen Behörde eines Bundesstaates wegen einer Zuwiderhandlung gegen die

Vorschriften über die Erhebung der im § 1 Nr. 1 bezeichneten Abgaben und Gefälle [d. h. der Zölle, Steuern und öffentlichen Abgaben] einzuleitende Untersuchung und zu erlassende Strafentscheidung kann auch gegen diejenigen Theilnehmer und Begünstiger gerichtet werden, welche einem anderen Bundesstaate angehören.[a—f])

§ 19 WStG.: Jede von einer . . . zuständigen Behörde wegen Wechselstempel-Hinterziehung einzuleitende Untersuchung und zu erlassende Strafentscheidung kann auch auf diejenigen Inhaber des Wechsels, welche anderen Bundesstaaten angehören, ausgedehnt werden . . .[a—f])

§ 36 RStG., jetzt § 73 in der Fassung vom 3. Juni 1906 (RGBl. S. 695), verweist „hinsichtlich des administrativen Strafverfahrens wegen der Zuwiderhandlungen gegen dieses Gesetz" auf die „sinngemäße Anwendung" des § 19 WStG.[a—f])

a) Die eben angeführten Stellen regeln nur die Frage, unter welchen Voraussetzungen die Behörden eines Bundesstaates ein (Verwaltungs-) Strafverfahren gegen nicht staatsangehörige Deutsche einleiten können. Sie betreffen also nur das persönliche Geltungsbereich des Administrativprozesses, berühren dagegen die Vorschriften über örtliche und sachliche Zuständigkeit in keiner Weise. Zu Unrecht bringt sie daher die AV. 8_3 mit den landesgesetzlichen Bestimmungen über den Gerichtsstand des Zusammenhanges in Verbindung. Das Verhältnis ist vielmehr folgendes: Eine preußische Verwaltungsbehörde kann ein Administrativverfahren im Rahmen der hier besprochenen Stellen nur dann gegen außerpreußische Beschuldigte einleiten, wenn sie zuvor ihre örtliche und sachliche Zuständigkeit nach den Vorschriften des VStG.s festgestellt hat (verb: „Jede von einer *zuständigen* Behörde" . . . § 7 VZG. [§ 19 WStG.] z. A.).

b) Nach dem Wortlaut der AV. 8_3 S. 1 (in Verbindung mit den Ausführungen zu a könnte eine Untersuchung und Bestrafung im *Gerichtsstand* des örtlichen Zusammenhanges nur dann erfolgen, wenn sämtliche Beteiligte die preußische Staatsangehörigkeit besäßen. Das Gesetz selbst (§ 7 Abs. 3) weiß aber von dieser Beschränkung nichts. Die AB. 8_3 greift also über den Rahmen einer bloßen Ausführungsbestimmung hinaus und ist insoweit ungültig. Ihre sachliche Bedeutung besteht demnach nur in dem Hinweis auf die Schranken, in denen ein Verwaltungsstrafverfahren gegen außerpreußische Deutsche — sei es im Gerichtsstand des örtlichen Zusammenhanges oder in einem der zu § 7_1 erwähnten Gerichtsstände — statthaft ist. Sie bedarf daher nur insoweit der Erörterung.

c) Von den unter *) angeführten Stellen enthält § 7 BLG. die allgemeine Vorschrift, § 19 WStG. eine Sondernorm. Jene gestattet die Einleitung eines Administrativprozesses gegenüber staatsfremden Deutschen, sofern bei diesen Teilnahme oder Begünstigung vorliegt, setzt also zur Anwendung des VStG.s voraus, daß ein Preuße als Täter oder wenigstens Mittäter (§§ 47/50 RStGB.) in Frage kommt. Dabei ist nicht erforderlich, daß dieser zugleich mit dem außerpreußischen Beschuldigten in demselben Verfahren abgeurteilt wird. — § 7 spricht nur von „Teilnehmern" (und Begünstigern); praktische Gründe erheischen aber auch seine entsprechende Anwendung auf nichtpreußische Einziehungsbeteiligte und Vertretungspflichtige (siehe auch RG. 21 Nr. 117 S. 332). — Dagegen entfällt § 7, falls lediglich ein außerpreußischer Reichsangehöriger als Alleintäter in Frage kommt. Dies muß selbst dann gelten, wenn der Täter in Preußen seinen Wohnsitz hat, oder wenn die Tat dort begangen oder entdeckt ist. Hier kann das Verwaltungsverfahren nur durch die Behörden des Heimatsstaates eingeleitet werden (vgl. Art. 8 VZK.); daneben bleibt freilich auch der ordentliche Strafprozeß vor den preußischen Gerichten möglich und zwar ohne Rücksicht auf die

Schranken des § 3_1 VStG., da ja ein Administrativverfahren nach Maßgabe dieses Gesetzes ausgeschlossen ist.

d) § 7 VLG. gilt in gleicher Weise, mag ein Vergehen gegen die Reichs- oder die Landessteuergesetze in Frage stehen.

e) Schon vor Erlaß des VLG. waren Vorschriften, wie sie § 7 für sämtliche Finanzdelikte enthält, in gleicher oder ähnlicher Form für einzelne Steuerzweige gegeben (vgl. § 38 BrwStG. von 87, § 42 BrauStG. [alte Fassung], § 47 TStG., § 64 ZStG. von 1891). Diese Bestimmungen sind durch die allgemeine Norm des § 7 VLG. ersetzt. — Etwas anders steht es mit dem § 19 WStG. (bzw. § 73 RStG.). Sie sind ihrem Wortlaut nach teils enger, teils weiter gefaßt als § 7 VLG., enger, insofern sie voraussetzen, daß der Nichtpreuße Inhaber der (Wechsel-) Urkunde sein muß, weiter, da die Tatsache der Inhaberschaft genügt, auch wenn Teilnahme an der Defraudation eines preußischen Täters nicht vorliegt. In erster Hinsicht ist § 19 durch die spätere Vorschrift des VLG. beseitigt; dagegen dürfte er und damit auch § 73 RStG. noch insoweit fortbestehen, als er über den Rahmen des § 7 VLG. hinausgreift.

f) Die hier behandelten Vorschriften erklären sich aus der geschichtlichen Entwickelung des Zoll- und Steuerstrafverfahrens (vgl. insbes. Art. 8, 11 VZK.); sie sind daher auf Reichsausländer nicht entsprechend anwendbar, vielmehr richtet sich deren Verfolgbarkeit nach den §§ 3, 6 RStGB. und (soweit Landessteuerstrafsachen in Frage kommen) nach den durchaus entsprechenden Vorschriften des preuß. StGB.s (§§ 3, 4_3 das.) — vgl. Frank RStGB. § 6 Anm. I.

19) In Stempelsachen (einschl. der Wechselstempeldefraudationen) genügt nach Abs. 3 S. 2 zur Annahme der prozessualen Beteiligung die Identität des Gegenstandes (Urkunde, Geschäfts), hinsichtlich dessen die Straftat begangen ist. Dagegen brauchen die verschiedenen

Täter nicht in einem den §§ 47ff. RStGB.s entsprechenden Verhältnisse zu stehen (oben Anm. 15).

20) Die Vorschriften über die Beteiligung und den durch sie bedingten Zusammenhang gelten zunächst nur für den Administrativprozeß; für das gerichtliche Nachverfahren kommen dagegen die §§ 3, 13 StPO. in Betracht.

D. Zustellungen und Ladungen.

§ 8.*)

Auf das Verfahren bei Zustellungen finden die Vorschriften der Civilprozeßordnung mit der Maßgabe entsprechende Anwendung, daß die Zustellungen auch durch Beamte der Verwaltung der indirekten Steuern bewirkt werden können.

*) AB. 9 in § 9 Anm. 3.

§ 9.*)

Der Finanzminister kann einfachere Formen für Zustellungen[1]) anordnen.[2])[3])

*) AB. 9 in Anm. 3.

1) Für das Zustellungswesen überhaupt, nicht bloß wie nach § 39 RStPO. „für den Nachweis der Zustellung".

2) Auf Grund dieser Ermächtigung hat der Finanzminister das Verfahren bei Zustellungen durch Ziff. 9 der AB.en (in der Fassung der Bekanntmachung vom 6. März 1899) erschöpfend geordnet. Die gesetzlich (§ 8) vorgeschriebene „entsprechende" Anwendung der CPO. beschränkt sich jetzt darauf, daß die AB. 9 sich wesentlich an die Grundsätze der CPO. anschließt. Diese Regelung ist, wenn auch nicht nach § 9, so doch jedenfalls nach § 64 BStG. statthaft.

3) Die **AB. 9** lautet:

a) Die erforderlichen Zustellungen können durch Beamte der Verwaltung der indirekten Steuern oder durch die Post erfolgen.*α)* Die letztere ist insbesondere bei allen Zustellungen, die nicht am Orte des Amtssitzes der die Zustellung anordnenden Behörde erfolgen sollen, um die Ausführung zu ersuchen, wenn nicht besondere Gründe entgegenstehen.*β)*

α) AB. 9 kennt fünf Arten der Zustellung:

1) durch Beamte der Verwaltung der indirekten Steuern (AB. 9a—i); welcher Beamte im Einzelfall mit der Zustellung beauftragt wird, ist im Gegensatz zum § 211 CPO. nur eine Frage des inneren Dienstbetriebes (AB. 9h);

2) durch die Post (AB. 9a—k);

3) durch Ersuchen der zuständigen Behörde (AB. 9l u. m, sowie § 10);

4) durch Aufgabe zur Post (AB. 9m.);

5) durch öffentliche Bekanntmachung (AB. 9n.).

β) Letzteres kann z. B. der Fall sein, wenn die Zustellung in einem dem Amtssitz benachbarten Ort durch einen Steuerbeamten schneller erfolgen kann als durch die Post.

b)*α)* Die Zustellung besteht, wenn ein Straf- oder ein Beschwerdebescheid an Beschuldigte oder Vertretungspflichtige zugestellt werden soll, in der Uebergabe einer Ausfertigung,*β)* in den übrigen Fällen*γ)* in der Uebergabe einer einfachen*δ)* Abschrift des zuzustellenden Schriftstückes.

α) Nr. b gilt, soweit sie vorschreibt, was zuzustellen ist, für sämtliche Zustellungsarten, im übrigen nur für Zustellungen durch Steuerbeamte und die Post.

β) Die Ausfertigung ist mit der in AB. 8 Abs. 2 (bei § 5 Anm. 2) erwähnten „Reinschrift" identisch.

γ) auch bei der Zustellung des Bescheides an den Einziehungsbeteiligten.

δ) Gegensatz zu §§ 170, 210 CPO., die eine „beglaubigte" Abschrift erfordern.

c) Zustellungen, welche für Beschuldigte, Zeugen oder Sachverständige bestimmt sind, sind stets an die Personen selbst zu richten, auch wenn diese im Sinne der §§ 51 bis 55 der Civilprozeßordnung neuer Fassung nicht prozeßfähig sind.α)

Inwieweit bei Beschuldigten außerdem deren gesetzliche Vertreter zugezogen werden müssen, bestimmt der § 37 Abs. 2 des Verwaltungsstrafgesetzes.β)

α) Die Anführung dieser Paragraphen ist nicht erforderlich. Zu Nr. c kommen nur physische Personen in Frage. Sie sind auch dann Zustellungsempfänger, wenn sie minderjährig oder entmündigt sind (Abweichung § 171 Abs. 1 CPO.).

β) Dagegen ist die Zustellung an einen vom Beschuldigten bestellten Vertreter (§ 28) nirgends vorgeschrieben und kann, wenn sie dennoch erfolgt, die Zustellung an den Vertretenen selbst nicht ersetzen; — and. hinsichtlich der Einziehungsbeteiligten und Vertretungspflichtigen (Nr. e).

d)α) Zustellungen, welche für Einziehungsbetheiligte oder Vertretungspflichtige bestimmt sind, werden für die nicht prozeßfähigen Personenβ) an die gesetzlichen Vertreter derselben gerichtet.

Bei Behörden, Gemeinden und Korporationen, sowie bei Vereinen, welche als solche klagen und verklagt werden können, genügt die Zustellung an die Vorsteher.γ)

Bei mehreren gesetzlichen Vertretern sowie bei mehreren Vorstehern genügt die Zustellung an einen derselben.

α) Nr. d entspricht dem § 171 CPO.

β) Vgl. Anm. α zu 9c.

γ) Abs. 2 berücksichtigt, daß als Einziehungsbeteiligte und Vertretungspflichtige auch juristische Personen in Frage kommen können.

e) Zustellungen für Einziehungsbetheiligte und Vertretungspflichtige können an den Generalbevollmächtigten oder den in der Strafsache besonders Bevollmächtigten α) und, wenn dieselben durch den Betrieb eines Handelsgewerbes veranlaßt sind, β) an den Prokuristen γ) mit gleicher Wirkung erfolgen, wie an die Einziehungsbetheiligten und die Vertretungspflichtigen selbst.

α) Vgl. § 28.

β) D. h. wenn der Vertretungspflichtige in seiner Eigenschaft als Handelsgewerbetreibender in Anspruch genommen werden soll (Einl. § 4 I).

γ) Im Falle der Gesamtprokura genügt Zustellung an einen Prokuristen (entsprechend Nr. d Abs. 3).

f) Für die Ausführung der Zustellungen gelten die in den §§ 180 bis 184 Abs. 1 und 186 der Civilprozeßordnung neuer Fassung gegebenen Vorschriften.*) § 184 Abs. 2 daselbst wird für Zustellungen im Verwaltungsstrafverfahren außer Anwendung gesetzt.**)

*) Die angeführten Vorschriften lauten wie folgt:

§ 180. Die Zustellungen können an jedem Orte erfolgen, wo die Person, welcher zugestellt werden soll, angetroffen wird.

Hat die Person an diesem Orte eine Wohnung oder ein Geschäftslokal, so ist die außerhalb der Wohnung oder des Geschäftslokals an sie erfolgte Zustellung nur gültig, wenn die Annahme nicht verweigert ist.

§ 181. α) Wird die Person, welcher zugestellt werden soll, in ihrer Wohnung nicht angetroffen, so kann die Zustellung in der Wohnung an einen zu der Familie gehörenden erwachsenen Hausgenossen[β]) oder an eine in der Familie dienende erwachsene Person erfolgen.[γ])

Wird eine solche Person nicht angetroffen, so kann die Zustellung an den in demselben Hause wohnenden Hauswirth oder Vermiether erfolgen, wenn diese zur Annahme des Schriftstücks bereit sind.

§ 182.[α]) Ist die Zustellung nach diesen Bestimmungen nicht ausführbar, so kann sie dadurch erfolgen, daß das zu übergebende Schriftstück auf der Gerichtsschreiberei des Amtsgerichts, in dessen Bezirke der Ort der Zustellung gelegen ist, oder an diesem Orte bei der Postanstalt oder dem Gemeindevorsteher oder dem Polizeivorsteher niedergelegt und die Niederlegung sowohl durch eine an der Thür der Wohnung zu befestigende schriftliche Anzeige, als auch, soweit thunlich, durch mündliche Mittheilung an zwei in der Nachbarschaft wohnende Personen bekannt gemacht wird.

§ 183.[α]) Für Gewerbetreibende, welche ein besonderes Geschäftslokal[δ]) haben, kann, wenn sie in dem Geschäftslokale nicht angetroffen werden, die Zustellung an einen darin anwesenden[ε]) Gewerbegehülfen[ζ]) erfolgen.

Wird ein Rechtsanwalt, ein Notar oder ein Gerichtsvollzieher in seinem Geschäftslokale nicht angetroffen, so kann die Zustellung an einem darin anwesenden[ε]) Gehülfen oder Schreiber[ζ]) erfolgen.

§ 184 Abs. 1.[α]) Wird der gesetzliche Vertreter oder der Vorsteher einer Behörde, einer Gemeinde, einer Korporation oder eines Vereins, welchem zugestellt werden soll, in dem Geschäftslokale während der gewöhnlichen Geschäftsstunden nicht angetroffen, oder ist er an der Annahme verhindert, so kann die Zustellung an einen anderen in dem Geschäftslokale anwesenden[ε]) Beamten oder Bediensteten[ζ]) bewirkt werden.

§ 186. Wird die Annahme der Zustellung ohne gesetzlichen Grund verweigert,[η]) so ist das zu übergebende Schriftstück am Orte der Zustellung zurückzulassen.

α) Die §§ 181—184 regeln die Zustellung an einen anderen als den (eigentlichen) Zustellungsempfänger (Nr. c—e), die sog. Ersatzzustellung. Für diese gilt im Verwaltungsstrafverfahren folgendes: Handelt es sich um eine Zustellung an die in den §§ 183—184 Abs. 1 genannten Personen, so hat der Zustellungsbeamte die Wahl, ob er im Geschäftslokal nach Maßgabe der eben erwähnten Paragraphen oder in der Wohnung zustellen soll (Zustellungen außerhalb des Geschäftslokals oder der Wohnung werden wegen § 180 Abs. 2 praktisch höchst selten vorkommen). Wählt der Beamte Zustellung in der Wohnung, so kommen als Ersatzpersonen in erster Reihe die im § 181 Abs. 1 genannten Hausgenossen und Bediensteten, ev. die in Abs. 2 das. aufgeführten Personenklassen in Betracht. Kann auch an die letzteren nicht zugestellt werden, so ist nach § 182 zu verfahren, falls nicht noch nachträglich die Zustellung gemäß §§ 183—184 Abs. 1 gewählt und mit Erfolg durchgeführt wird.

β) Hausgenosse ist, wer im Haushalte des Zustellungsempfängers lebt. Verwandtschaft ist weder erforderlich noch stets genügend.

γ) An die im § 181 Abs. 1 erwähnten Hausgenossen und Bediensteten kann die Zustellung auch dann erfolgen, wenn sie die Annahme verweigern; in solchem Falle ist nach § 186 zu verfahren (anders hinsichtlich der im § 181 Abs. 2 genannten Personen).

δ) Das Erfordernis des „besonderen", d. h. von der Wohnung getrennten Geschäftslokals gilt nur für die Gewerbetreibenden (§ 183 Abs. 1), nicht auch für die im Abs. 2 das. und im § 184 aufgeführten Personen.

ε) An die in den §§ 183, 184 Abs. 1 genannten Ersatzpersonen kann die Zustellung nur während ihrer Anwesenheit im Geschäftslokal erfolgen.

ζ) Nur an die im § 183 und § 184 Abs. 1 erwähnten Gehülfen usw. kann im Geschäftslokale ersatzweise zugestellt werden, nicht auch an die im § 181 aufgeführten Personen (verb. § 181: „in der Wohnung", „in demselben Hause").

η) Weigerungsgründe siehe §§ 180 Abs. 2, 181 Abs. 2, sowie Nr. g.

**) § 184 Abs. 2 beschränkt bei den in Abs. 1 das. genannten gesetzlichen Vertretern usw. die Ersatzzustellung in der Wohnung. Eine Wiedergabe dieser Stelle ist nicht erforderlich.

g)α) Zur Nachtzeit, sowie an Sonntagen und allgemeinen Feiertagen darf eine Zustellung, sofern sie nicht durch Aufgabe zur Post bewirkt wird, nur mit Erlaubniß derjenigen Behörde, welche die Zustellung angeordnet hat, erfolgen.β) Die Verfügung, durch welche die Erlaubniß ertheilt wird, ist bei der Zustellung abschriftlichγ) mitzutheilen. Eine Zustellung, bei welcher diese Bestimmungen nicht beobachtet sind, ist gültig, wenn die Annahme nicht verweigert ist.

Die Nachtzeit umfaßt in dem Zeitraum vom 1. April bis 30. September die Stunden von neun Uhr Abends bis vier Uhr Morgens und in dem Zeitraum vom 1. Oktober bis 31. März die Stunden von neun Uhr Abends bis sechs Uhr Morgens.

α) Nr. g entspricht dem § 188 CPO.

β) Nr. g gilt nicht bloß bei der Zustellung durch einen Steuerbeamten, sondern auch bei derjenigen durch die Post (anders CPO. § 195 Abs. 1 i. V. mit § 188 das.).

γ) Einfache Abschrift genügt.

h)α) Für die Bewirkung der Zustellung hat ein hierzu bestimmter Beamter der die Zustellung anordnenden Behörde Sorge zu tragen.

Dieser hat das zu übergebende Schriftstück in einem durch das Amtssiegel verschlossenen, mit der Adresse der Person, an welche zugestellt werden soll, versehenen und mit einer Geschäftsnummer bezeichneten Briefumschlag dem Zustellungsbeamten[β] oder der Post zur Zustellung auszuhändigen oder aushändigen zu lassen. Auf den Briefumschlag ist der Vermerk zu setzen: Vereinfachte Zustellung.

Die auf dem Briefumschlag angegebene Geschäftsnummer ist in den Akten zu vermerken.

α) Vgl. § 211 CPO.

β) Vgl. Nr. a.

i)[α] Die Zustellung ist durch den Zustellungsbeamten oder den Postboten zu beurkunden.

Die Zustellungsurkunde muß[β] enthalten:

1. Ort und Zeit der Zustellung;
2. die Bezeichnung der Person, an welche zugestellt werden soll;
3. die Bezeichnung der Person, welcher zugestellt ist; in den Fällen der §§ 181, 183, 184 der Civilprozeßordnung neuer Fassung[γ] die Angabe des Grundes, durch welchen die Zustellung an die bezeichnete Person gerechtfertigt wird; wenn nach § 182 a. a. O.[γ] verfahren ist, die Bemerkung, wie die darin enthaltenen Vorschriften befolgt sind;
4. im Falle der Verweigerung der Annahme die Erwähnung, daß die Annahme verweigert und das zu übergebende Schriftstück am Orte der Zustellung zurückgelassen ist;
5. die Bezeugung, daß der seinem Verschlusse, seiner Adresse und seiner Geschäftsnummer nach bezeichnete Briefumschlag (Brief) übergeben ist;
6. die Unterschrift des die Zustellung vollziehenden Beamten oder Postboten.

Eine Abschrift der Zustellungsurkunde ist in keinem Falle zu übergeben, jedoch ist der Tag der Zustellung auf dem Briefumschlage zu vermerken.

Die Zustellungsurkunde ist der Behörde, für welche die Zustellung erfolgt ist, zu überliefern.

α) Vgl. § 212 CPO. i. V. m. §§ 190 Abs 1, 191, 195 Abs. 2 das.

β) Verletzung von Ziff. 1—6 bewirkt die Nichtigkeit der Zustellung.

γ) Die gedachten Stellen siehe unter Nr. f.

k) Bei Zustellungen durch die Post sind die Vorschriften über die postamtliche Behandlung der Sendungen mit Zustellungsurkunden zu befolgen.α)

Es ist sorgfältig darauf zu achten, daß die in den Formularen zu Postzustellungsurkunden enthaltenen Worte und Zeichen, welche für Zustellungen auf Ersuchen von Verwaltungsbehörden nicht passen, entweder von den Postbeamten vor dem Verkaufe oder nachträglich vor dem Gebrauche gestrichen oder abgeändert werden, und daß der Kopf der Formulare demnächst richtig ausgefüllt, insbesondere die Geschäftsnummer in demselben angegeben wird.

α) Jetzt „Anweisung über das Verfahren, betr. die postamtliche Bestellung von Schreiben m. Zustellungsurkunde" i. d. Fass. v. 26. Okt. 1899 (JMBl. 1899 S. 722). Für die Verwaltungsbehörden kommen aus dieser Anweisung nur folgende Bestimmungen in Betracht:

§ 1 . . . Von der Zustellung durch die Post sind . . . ausgeschlossen:

1. Einschreib-, Werth- und Nachnahmesendungen;

2. durch Eilboten zu bestellende Sendungen; . . .

4. Sendungen an Gefangene; . . .

§ 2. Die durch die Post zuzustellenden Sendungen müssen als verschlossene Briefe eingeliefert werden.

Die Zustellungen können sein:

. . . b) vereinfachte.

Jedem zuzustellenden Briefe [muß] . . . vom Absender in den Fällen zu b ein Formular [zur Postzustellungsurkunde] auf blauem Papier beigefügt werden. Daß dies geschehen, muß auf der Aufschriftseite des Briefumschlags durch die Worte . . . „Hierbei ein Formular zur Postzustellungsurkunde" ausgedrückt sein.

. . . Die zusammenzufaltenden Zustellungsurkunden müssen vom Absender vor der Einlieferung der Schriftstücke zur Post mit der für die Rücksendung erforderlichen Aufschrift versehen sein.

In der Aufschrift des zuzustellenden Briefes muß die Person, der zugestellt werden soll, nach Namen, Stand oder Gewerbe und Wohnort so genau bezeichnet sein, daß der Empfänger leicht und sicher aufgefunden werden kann und Verwechselungen ausgeschlossen sind.

. . . Der Kopf des Formulars zur Postzustellungsurkunde . . . muß vom Absender ausgefüllt sein.

Zu den Postzustellungsurkunden kommen verschiedene Formulare zur Anwendung, je nachdem es sich um Zustellungen an Gewerbetreibende, an Rechtsanwälte, Notare oder Gerichtsvollzieher, an Behörden oder Korporationen usw. . . . oder an andere vorstehend nicht näher bezeichnete Personen handelt.

l) Zustellungen in einem anderen Bundesstaate erfolgen durch Ersuchen der zuständigen Behörde desselben [α] oder durch die Post. [β]

α) Nach Maßgabe des BLG.

β) Zustellung durch die Post wird (wie bei Nr. a S. 2) auch hier die Regel bilden.

m) [α] Zustellungen außerhalb des Deutschen Reiches können, wenn die Anwendung der regelmäßigen Formen nach Maßgabe der §§ 199 bis 202 der Civilprozeßordnung neuer Fassung [β] und der geschlossenen Staatsverträge, über welche in der Allgemeinen Verfügung des Justizministers vom 20. Mai 1887 (Just.-Minist.-Bl. S. 139) [γ] das Nähere zu ersehen ist, von der die Zustellung anordnenden Behörde nicht als angezeigt angesehen wird,[δ] in der Art bewirkt werden, daß der in der Vorschrift h bezeichnete Beamte das zu übergebende Schriftstück unter der Adresse derjenigen Person, an welche die Zustellung erfolgen soll, nach ihrem Wohnorte zur Post giebt. Die Zustellung wird zwei Wochen nach der Aufgabe zur Post als bewirkt angesehen, wenn nicht die Sendung als unbestellbar zurückkommt.[ε]

Der genannte Beamte hat in den Akten zu vermerken, zu welcher Zeit und unter welcher Adresse die Aufgabe geschehen ist. Der Aufnahme einer Zustellungsurkunde bedarf es nicht.

α) Nr. m gibt der Zustellung durch Aufgabe zur Post ein ganz anderes Anwendungsgebiet als die CPO. (§ 175 das.). Dort gilt ferner die Zustellung mit der Aufgabe stets als bewirkt (§ 175 a. E.), hier nur unter der Voraussetzung des Abs. 1 S. 2. — Zu Nr. m Abs. 2 vgl. § 213 CPO.

β) § 199. Eine im Auslande zu bewirkende Zustellung erfolgt mittels Ersuchens der zuständigen Behörde des fremden Staates oder des in diesem Staate residirenden Konsuls oder Gesandten des Reichs.[1])

§ 200. Zustellungen an Deutsche, welche das Recht der Exterritorialität genießen, erfolgen, wenn dieselben zur Mission des Reichs gehören, mittels Ersuchens des Reichskanzlers; wenn dieselben zur Mission eines Bundesstaates gehören, mittels Ersuchens des Ministers der auswärtigen Angelegenheiten dieses Bundesstaates.

Zustellungen an die Vorsteher der Reichskonsulate erfolgen mittels Ersuchens des Reichskanzlers.

§ 201. Zustellungen an Personen, welche zu einem im Auslande befindlichen oder zu einem mobilen Truppentheile oder zur Besatzung eines in Dienst gestellten Kriegsfahrzeuges gehören, können mittels Ersuchens der vorgesetzten Kommandobehörde erfolgen.[2])

§ 202. Die erforderlichen Ersuchungsschreiben werden von dem Vorsitzenden des Prozeßgerichts[3]) erlassen.

Die Zustellung wird durch das schriftliche Zeugniß der ersuchten Behörden oder Beamten, daß die Zustellung erfolgt sei, nachgewiesen.

[1]) An welche unter den im § 199 genannten Stellen im Einzelfall das Ersuchen zu richten ist, bestimmt sich nach den in Nr. m erwähnten Staatsverträgen (oder dem Herkommen).

[2]) Vgl. auch § 10 VStG.

[3]) Hier: Hauptamtsleiter, Provinzialsteuerdirektor, Finanzminister.

γ) Jetzt: AllgVerf. v. 29. Mai 1905 (JMBl. S. 159). Die dort über die geschäftliche Behandlung der Ersuchen gegebenen Vorschriften werden sinngemäß auch im Verwaltungsstrafverfahren angewendet werden können.

δ) Da die Zustellung nach §§ 199 ff. CPO. viel umständlicher ist als die durch Aufgabe zur Post, wird regelmäßig die letztere Zustellungsart gewählt werden (siehe aber Anm. ε).

ε) Die Rückkunft der Sendung muß innerhalb der zwei Wochen erfolgt sein; denn es geht nicht an, daß die Frage, ob die Zustellung bewirkt ist oder nicht, monatelang in der Schwebe bleibt. Daraus folgt aber auch, daß die Zustellung durch Aufgabe zur Post dann nicht angezeigt ist, wenn von vornherein die etwaige Rückkunft einer unbestellbaren Sendung nicht innerhalb zweier Wochen zu erwarten ist; hier muß also die „regelmäßige Form“ (Nr. m S. 1 z. A.) beobachtet werden.

n)[α]) Ist der Aufenthaltsort eines Beschuldigten oder sonstigen Betheiligten unbekannt oder kommt bei einer Zustellung außerhalb des Deutschen Reiches durch Aufgabe zur Post (m) die Sendung als unbestellbar zurück oder erscheint die Befolgung der für Zustellungen außerhalb des Deutschen Reiches gegebenen Vorschriften von vornherein aussichtslos, so kann die Zustellung auf Anordnung der zuständigen Behörde[β] durch Anheftung des zuzustellenden Schriftstückes an der zu Aushängen der Behörde bestimmten Stelle erfolgen. Die Zustellung gilt als bewirkt, wenn seit der Anheftung, welche mit Angabe des Tages des Beginnes auf dem auszuhängenden Schriftstücke zu vermerken ist, zwei Wochen verstrichen sind. Auf die Gültigkeit der Zustellung hat es keinen Einfluß, wenn das Schriftstück von dem Orte der Anheftung zu früh entfernt wird.

Strafbescheide, ausgenommen solche, welche nur eine Einziehung aussprechen, oder nur noch dem Einziehungsbetheiligten bekannt gemacht werden sollen, sind auf die beschriebene Weise nicht zuzustellen. Von solchen Straf- und von Beschwerdebescheiden wird nur der entscheidende Theil angeheftet.[γ]

α) Vgl. zu Nr. n §§ 203—206 CPO. — Die öffentliche Zustellung ist im Verwaltungsstrafverfahren in drei Fällen zulässig:

1. bei unbekanntem Aufenthalt des Zustellungsempfängers;

2. wenn im Falle der Nr. m die zur Post aufgegebene Sendung innerhalb zweier Wochen (Nr. m Anm. ε) — als unbestellbar zurückkommt;

3. wenn die Befolgung der Vorschriften zu m von vornherein aussichtslos erscheint; dies dürfte nur gegenüber solchen Staaten zutreffen, die weder Rechtshilfe gewähren noch ein geordnetes Postwesen besitzen.

β) „Zuständige Behörde" ist diejenige, welche die Zustellung veranlaßt.

γ) Wie sich aus Abs. 2 ergibt, ist die öffentliche Zustellung von Strafbescheiden:

1. ausgeschlossen gegenüber dem Vertretungspflichtigen;

2. nur beschränkt (d. h. bei den bloß auf Einziehung lautenden Bescheiden) zulässig gegenüber dem Beschuldigten;

3. durchgängig statthaft gegenüber dem Einziehungsbeteiligten.

Dagegen können Beschwerdebescheide (§ 43) stets öffentlich zugestellt werden. — Soweit nach 1 und 2 die öffentliche Zustellung nicht erfolgen darf, muß das weitere Verwaltungsverfahren liegen bleiben (vgl. auch § 24 StVFA.); doch ist noch jetzt eine Abgabe an die Gerichte zulässig (§ 3 Anm. 4 [AB. 1], §§ 319 ff. StPO.).

§ 10.*)

Zustellungen[1]) für eine dem aktiven Heere oder der aktiven Marine angehörende Person des Soldatenstandes[2]) erfolgen durch Ersuchen der Militärbehörde[3]) und werden durch das schriftliche Zeugniß der letzteren, daß und wann die Behändigung erfolgt ist, nachgewiesen. Mit dem Tage der Behändigung gilt die Zustellung als bewirkt.

*) AB. 10 in Anm. 3.

1) § 10 gilt für Zustellungen jeder Art, nicht bloß für Zeugenladungen wie die §§ 48_2 RStPO., 378 CPO.

2) Hierzu gehören: Offiziere, Unteroffiziere, Gemeine, Mitglieder des Sanitätskorps und des Maschineningenieurkorps, nicht aber Militärbeamte (vgl. Anlage zum Militärstrafgesetzbuch v. 20. Juni 1872 [RGBl. 204]).

3) **AB. 10:** Für die Bestimmung der Militärbehörde, an welche das Ersuchen um Behändigung des zuzustellenden Schriftstücks zu richten ist, sind die durch die Verfügung des Justizministers vom 8. Juli 1880 (Just.-Minist.-Bl. S. 156) mit-

getheilten Vorschriften für Ladungen maßgebend.[a]) Etwaige künftige Aenderungen werden den Verwaltungsbehörden bekannt gegeben werden.

Das erforderliche Ersuchungsschreiben ist von der die Zustellung anordnenden Verwaltungsbehörde zu erlassen. Demselben ist das zuzustellende Schriftstück (Strafbescheid in Ausfertigung,[b]) Ladung in Abschrift u. s. w.) beizufügen.

a) Danach ist unter „Militärbehörde" zu verstehen:

I. im Landheer:	II. in der Marine:
1. hinsichtlich der „Offiziere und im Offizierrange stehenden Militärärzte . . im Verbande eines Regiments oder selbständigen Bataillons usw. der Kommandeur dieses Regiments bzw. selbständigen Bataillons usw.";	1. hinsichtlich der „Offiziere und im Offizierrange stehenden Personen des Soldatenstandes, welche im Verbande einer Division, der Schiffsjungen-Abteilung oder des Seebataillons stehen oder welche zur Besatzung eines in Dienst gestellten Schiffes oder Fahrzeuges gehören, der Kommandeur des betreffenden Marineteils resp. der Kommandant des betreffenden Schiffes oder Fahrzeuges";
2. hinsichtlich „aller übrigen Offiziere und im Offizierrange stehenden Militärärzte der zunächst vorgesetzte Militärbefehlshaber, bzw. wenn sie einem solchen nicht unterstellt sind, das Kriegsministerium";	2. hinsichtlich „aller übrigen Offiziere und im Offizierrange stehenden Personen des Soldatenstandes der zunächst vorgesetzte Befehlshaber";
3. hinsichtlich der Unteroffiziere usw. und Gemeinen	3. hinsichtlich der Unteroffiziere usw. und Gemeinen

„der Chef der zunächst vorgesetzten Kommandobehörde (Chef der Kompagnie, Eskadron, Batterie usw.)“.

„der Befehlshaber der zunächst vorgesetzten Marinebehörde (Abteilung, Kompagnie, Schiff oder Fahrzeug, Vorstand der technischen Behörde usw.)“.

b) Wann eine Ausfertigung, wann eine bloße Abschrift des Bescheides beizufügen ist, ergibt AB. 9b.

§ 11.*)[1]

Ladungen geschehen durch Zustellung einer das Erscheinen in dem anberaumten Termine anordnenden Verfügung,[2]) welche zugleich den Hinweis auf die gesetzlichen Folgen des Ausbleibens enthalten muß.[3])[4])

*) AB. 11 in Anm. 4.

1) Begründung S. 2666: „Die Vorschrift für Ladungen entspricht dem üblichen Verfahren unter Verallgemeinerung des im § 48 Abs. 1 der StPO. [hinsichtlich der Zeugen] gegebenen Grundsatzes.“

2) Vgl. AB. 9b.

3) Solche Folgen finden sich: a) hinsichtlich des Beschuldigten im § 25 Abs. 2 und für den Fall, daß er einen Vertreter hat, aber sein persönliches Erscheinen angeordnet wird, außerdem im § 28 Abs. 2 (Anm. 4 das.);

b) für den Einziehungsbeteiligten und Vertretungspflichtigen im § 26 Abs. 2 S. 2 i. V. m. § 27;

c) für den Zeugen im § 29 Abs. 2;

d) für den Sachverständigen im § 31 i. V. m. § 77 StPO.

4) **AB. 11:** Es ist nicht ausgeschlossen, Betheiligte, Zeugen oder Sachverständige formlos zu bestellen. Die gesetzlichen Folgen des Aus-

bleibens treten aber nur bei Ladungen ein, die dem § 11 des Gesetzes entsprechen.[a])

a) Vgl. § 25 Anm. 1, § 29 Anm. 4.

E. Fristen.

§ 12.

Für die Berechnung der Fristen finden die Vorschriften der §§ 42, 43 der Strafprozeßordnung[1]) Anwendung.

1) Die angeführten Vorschriften lauten:

§ 42. Bei der Berechnung einer Frist, welche nach Tagen bestimmt ist, wird der Tag nicht mitgerechnet, auf welchen der Zeitpunkt oder das Ereigniß fällt, nach welchem der Anfang der Frist sich richten soll.[a])

§ 43. Eine Frist, welche nach Wochen oder Monaten[b]) bestimmt ist, endigt mit Ablauf desjenigen Tages der letzten Woche oder des letzten Monats, welcher durch seine Benennung oder Zahl dem Tage entspricht, an welchem die Frist begonnen hat; fehlt dieser Tag in dem letzten Monate, so endigt die Frist mit Ablauf des letzten Tages dieses Monats.

Fällt das Ende einer Frist auf einen Sonntag oder allgemeinen Feiertag, so endigt die Frist mit Ablauf des nächstfolgenden Werktages.

a) Beispiele einer Tagesfrist: § 13_3, § 15_1 BStG. — Auch für Tagesfristen gilt § 43_2 (Löwe/Hellweg § 42 Anm. 2).

b) Eine Monatsfrist enthält z. B. § 16 S. 1; Wochenfristen im § 16 S. 2, § 39, § 40 BStG. i. V. m. § 45 StPO., sowie im § 41.

F. Beschlagnahme und Durchsuchung.[1—5])

1) Abschnitt F regelt ebenso wie die §§ 94 ff. StPO. nur die Beschlagnahme (und Durchsuchung) als prozessuale

Maßregeln, d. h. nur insofern, als sie erforderlich sind, um die Durchsetzung eines Strafanspruches zu ermöglichen oder zu sichern. Beschlagnahmen aus sonstigen Gründen, z. B. zur Sicherung der Entrichtung des Zolles (§ 14 VZG.), bestimmen sich nach den hierfür maßgebenden besonderen Vorschriften; — vgl. auch § 157 VZG.

2) Verhältnis zwischen Beschlagnahme und Durchsuchung: Die Beschlagnahme im Sinne des VStG. besteht darin, daß einer der im § 13_{1-2} genannten Gegenstände auf Anordnung der zuständigen Behörde durch die hierzu berufenen Beamten zwecks Sicherstellung des Gegenstandes für den Prozeß oder die Vollstreckung der freien Verfügung des bisherigen Gewahrsaminhabers wenn nötig zwangsweise entzogen wird (vgl. im einzelnen § 13 nebst Anm.; ferner Beling, Strafprozeßrecht § 52 Ia, v. Kries, Strafprozeßrecht § 42 I). — Die Beschlagnahme ist davon abhängig, daß man weiß, wo die in Beschlag zu nehmende Sache sich befindet. Falls solches unbekannt ist, muß die Sache gesucht werden. Dieses Suchen ist meistens ohne einen Eingriff in die rechtlich geschützte Interessensphäre anderer Personen — manchmal auch solcher, die am Verbrechen unbeteiligt sind — nicht ausführbar. Daher ist ebenso wie in der StPO. auch im VStG. die „Durchsuchung" gesetzlich geregelt (vgl. auch Beling a. O. § 54 Ia). — In zeitlicher Hinsicht kann die Anordnung der Beschlagnahme vor der Durchsuchung erfolgen; dann stellt sich die letztere zugleich als Ausführung jener Anordnung dar. Es kann aber auch — namentlich wenn noch unbestimmt ist, welche Sachen im einzelnen der Beschlagnahme unterliegen — die Durchsuchung vorangehen; in diesem Falle sind die etwa gefundenen Gegenstände einstweilen in Verwahrung zu nehmen, bis die zuständige Behörde (§ 13_3) über die Beschlagnahme derselben entscheidet. Die Durchsuchung ist sonach in erster Reihe nur Mittel zur Beschlagnahme;

daneben aber hat sie auch eine selbständige Bedeutung, indem sie zur Ermittelung und Ergreifung des Beschuldigten dient (vgl. Löwe/Hellweg Anm. 3 vor § 94). Zwar tritt diese Wirkung zufolge § 2 Abs. 1 VStG. (siehe auch § 17 Ziff. A III Anm. 4a) für das Verwaltungsverfahren gegenüber dem ordentlichen Strafprozeß zurück; ganz ausgeschlossen ist sie aber auch hier nicht (siehe namentlich § 19 Abs. 1).

3) Für Beschlagnahmen und Durchsuchungen in Landesstempelsachen läßt das VStG. einfach den bisherigen Rechtszustand bestehen (§ 18); im übrigen wird die Beschlagnahme einheitlich geregelt (§§ 13—16), während die Vorschriften über die Durchsuchung im Verwaltungswege (§ 17) wesentlich nur suppletorischen Charakter haben.

4) Beschlagnahme und Durchsuchung sind ein Ausfluß der Berechtigung zur Untersuchung (§ 1, Einl. §§ 1 III, 2 II); sie können daher auch dann nach Maßgabe der §§ 13—17 erfolgen, wenn die Sachentscheidung dem Gerichte gebührt.

5) Wie sich aus Anm. 4 a. E. und Einleitung § 5 II ergibt, sind Kollisionen zwischen Beschlagnahmen und Durchsuchungen nach §§ 94 ff. StPO. und solchen gemäß den Vorschriften des VStG. möglich. Hierbei entscheidet für Beschlagnahmen die Priorität: hat also eine der im § 98 StPO. genannten Behörden eine Beschlagnahme ausgebracht, so kann der von ihr betroffene Gegenstand nicht nochmals von den Verwaltungsbehörden mit Beschlag belegt werden, und es liegt seine Verwahrung und Sicherstellung zunächst der Staatsanwaltschaft ob (Löwe-Hellweg § 94 Anm. 6); im umgekehrten Falle bleibt der Gegenstand bei den Verwaltungsbehörden. Sobald aber die öffentliche Klage erhoben ist, muß der Gegenstand zur Verfügung des Gerichts gestellt werden (siehe auch § 14 Anm. 2). — Das gleiche gilt in den Fällen des vollkommenen Administrativprozesses (Einl. § 5 II, III), sobald gegen den erlassenen Strafbescheid auf gerichtliche

Entscheidung angetragen ist und die Akten an das Gericht abgegeben werden (Einl. § 8 III).

§ 13.*)[1])

Gegenstände, welche der Einziehung unterliegen[2]) oder als Beweismittel für die Untersuchung von Bedeutung sein können, sind in Beschlag zu nehmen, wobei die §§ 95 Absatz 1, 96 und 97 der Strafprozeßordnung zur entsprechenden Anwendung gelangen.[3—7])

Zur Sicherung[8]) der den Beschuldigten voraussichtlich treffenden Geldstrafe, der Kosten des Verfahrens und der Abgaben[9]) können ferner die bei Begehung der Zuwiderhandlung in seinem Gewahrsam[10]) befindlichen Transportmittel und sonstige von ihm mitgeführte Gegenstände[11]) — ausgenommen Arbeitsgeräthe — mit Beschlag belegt werden, wenn sein Wohnsitz[12]) unbekannt oder außerhalb des Deutschen Reiches gelegen ist.[13])[14])

[15])Die bezeichneten Transportmittel können in allen Fällen,[16]) wo es nach Art oder Umfang der Gegenstände zur Ausführung des Transports erforderlich ist,[17]) unentgeltlich dazu benutzt werden, die in Beschlag genommenen Gegenstände bis zur nächsten Amtsstelle zu befördern, bei welcher deren Aufbewahrung möglich ist.

Die Anordnung der Beschlagnahme und der in dem vorhergehenden Absatze erwähnten Benutzung steht dem untersuchungführenden Hauptamte,[18]) dem Bezirksoberinspektor oder dem Bezirksoberkontroleur, bei Gefahr im Verzuge[19]) auch Zoll- und Steuerbeamten geringeren Ranges[20]) zu. Die Ausführung kann überhaupt durch jeden Zoll- oder Steuerbeamten erfolgen.[21])[22]) Beamte geringeren Ranges haben nach Anordnung einer Beschlagnahme binnen drei Tagen die Bestätigung des Bezirksoberkontroleurs oder des Hauptamtes nachzusuchen.[23–25]) Auch kann der Betroffene[26]) jederzeit auf die hauptamtliche Entscheidung antragen.[27])[28])

Für Beschlagnahmen in militärischen Dienstgebäuden gilt § 98 Absatz 4 der Strafprozeßordnung.[29])

Die Beschlagnahme von Briefen und Sendungen auf der Post sowie von Telegrammen auf den Telegraphenanstalten findet im Verwaltungsstrafverfahren nicht statt.[30])

*) AB. 12 in Anm. 4.

1) Das Gesetz kennt drei verschiedene Fälle der Beschlagnahme:

a) Beschlagnahme von Einziehungsgegenständen, Abs. 1;

b) Beschlagnahme von Tatbestands- und Überführungsstücken, Abs. 1;

c) Beschlagnahme zur Sicherung von Geldstrafe, Kosten und Abgaben — Abs. 2 — („Sicherheitsbeschlagnahme" — Begründung S. 2666).

Die Beschlagnahme zu a und b ist obligatorisch („sind in Beschlag zu nehmen"), die zu c fakultativ („können mit Beschlag belegt werden").

Die Beschlagnahme kann sich nur auf ein Sachganzes

erstrecken; sie umfaßt daher bei fruchttragenden Sachen die mit der Muttersache noch verbundenen Früchte: auch wenn diese nachträglich durch Trennung selbständig werden, teilen sie doch das rechtliche Schicksal der Stammsache (RG. I. Strafsenat v. 5. Juli 1900 — ZBl. 1901 S. 50).

2) Einziehung (Konfiskation) ist z. B. angeordnet im § 11 SStG., §§ 57, 59 BrwStG. von 68, §§ 134 f. ZG., §§ 10, 13 SpStG.

3) Eine formelle Beschlagnahme der in Abs. 1 genannten Gegenstände ist auch dann erforderlich, wenn sie „freiwillig herausgegeben werden" (§ 94 Abs. 2 StPO. ist im Abs. 1 des § 13 nicht mit aufgeführt).

4) Verfahren bei der Beschlagnahme: Schärfer als die RStPO. unterscheidet das VStG. zwischen der Anordnung der Beschlagnahme und der Ausführung dieser Anordnung, dem eigentlichen Beschlagnahmeakt (Beschlagnahme im engern Sinne). Über die zur Anordnung befugten Organe siehe Abs. 3 nebst Anm. 18—20. — Die Anordnung darf (namentlich in dringenden Fällen) bloß mündlich erfolgen, muß aber stets aktenkundig gemacht werden. Die Ausführung (hinsichtlich der hierfür zuständigen Beamten vgl. Abs. 3 S. 2 u. Anm. 21) kann sich darauf beschränken, daß dem Inhaber des mit Beschlag zu belegenden Gegenstandes jede Verfügung über diesen untersagt wird (Löwe/Hellweg § 94 Anm. 3, RG. 18 Nr. 15 S. 72). Regelmäßig wird aber eine solche bloß wörtliche Beschlagnahme zur Sicherung jenes Gegenstandes nicht ausreichen, sondern eine amtliche Besitzergreifung und Bewahrung erforderlich sein. So bestimmt auch **AB. 12:**

Die Beschlagnahme erfolgt dadurch, daß die Beamten — nöthigenfalls nach zwangsweiser Besitzergreifung — einen Gegenstand in Verwahrung nehmen[a] oder in anderer Weise sicherstellen.[b]

a) Verwahrungsstelle ist — wie die Natur der Sache

und § 14 Abs. 2 S. 1 ergibt — in der Regel das untersuchungführende Hauptamt. Indessen wird die Verwaltungsbehörde aus Zweckmäßigkeitsgründen auch einen anderen Verwahrungsort auswählen dürfen.

b) Auf welche Art die Sicherstellung erfolgt, bestimmt sich nach dem pflichtmäßigen Ermessen der die Beschlagnahme vollziehenden Beamten (Bonnenberg § 13 Anm. 4 und oben im Text).

5) Die (erfolgte) Beschlagnahme muß alsbald in protokollarischer oder Anzeigeform aktenkundig gemacht werden (§ 23 Abs. 1). Die beschlagnahmten Gegenstände sind „genau zu verzeichnen und zur Verhütung von Verwechselungen durch amtliche Siegel oder in sonst geeigneter Weise kenntlich zu machen" (vgl .entspr. § 109 StPO., auch § 23 Abs. 2 VStG.).

6) Dem Rechte der Verwaltungsbehörden zur Beschlagnahme entspricht die Pflicht zur Duldung derselben auf seiten derjenigen Personen, die Besitz oder ein sonstiges Recht an dem beschlagnahmefähigen Gegenstand haben. Neben dieser Duldungspflicht kennt aber auch das VStG. eine positive Herausgabepflicht nach Maßgabe der entsprechend anwendbaren §§ 95 Abs. 1, 96 StPO. Diese bestimmen:

§ 95 Abs. 1. Wer einen Gegenstand der vorbezeichneten Art[a]) in seinem Gewahrsam hat, ist verpflichtet, denselben auf Erfordern[b]) vorzulegen und auszuliefern.[c])[d])

§ 96. Die Vorlegung und Auslieferung von Akten oder anderen in amtlicher Verwahrung befindlichen Schriftstücken durch Behörden und öffentliche Beamte darf nicht gefordert werden, wenn deren oberste Dienstbehörde[e]) erklärt, daß das Bekanntwerden des Inhalts dieser Akten oder Schriftstücke dem Wohle des Reichs oder eines Bundesstaates Nachtheil bereiten würde.[f])

a) D. h. einen gemäß § 13 Abs. 1 (vgl. § 94 StPO.) der Beschlagnahme unterliegenden Gegenstand.

b) Des die Untersuchung führenden Beamten (§ 24_3 VStG.).

c) Die StPO. läßt zur Bewirkung der Herausgabe die Maßregeln des Zeugniszwanges (§ 69 das.) zu (§ 95 Abs. 2). Das VStG. hat diese Stelle als unpraktisch nicht mit aufgenommen (Kommissionsbericht S. 2884). Erfüllt daher im Verwaltungsstrafverfahren der Gewahrsamsinhaber die Herausgabepflicht nicht, so bleibt nur die Durchsuchung gemäß § 17 als Vorbereitung zur Beschlagnahme übrig.

d) An die Vorlegung oder Auslieferung schließt sich die formelle Beschlagnahme (vgl. oben Anm. 3).

e) Nicht die zunächst vorgesetzte Behörde.

f) Soweit gemäß § 96 die Herausgabepflicht entfällt, darf auch eine Beschlagnahme nicht erfolgen.

7) § 97 StPO.: Schriftliche Mittheilungen zwischen dem Beschuldigten und denjenigen Personen, die wegen ihres Verhältnisses zu ihm nach §§ 51, 52[a]) zur Verweigerung des Zeugnisses berechtigt sind,[b]) unterliegen der Beschlagnahme nicht, falls sie sich in den Händen der letzteren Personen befinden und diese nicht einer Theilnahme, Begünstigung oder Hehlerei verdächtig sind.[c])

a) §§ 51/52 StPO. siehe bei § 30 VStG. Anm. 1—2

b) Die Mitteilung muß „zwischen" dem Beschuldigten und der zur Zeugnisweigerung berechtigten Person ausgetauscht sein.

c) Ob Verdacht der Teilnahme usw. besteht, hat die zur ev. Anordnung der Beschlagnahme befugte Stelle (Abs. 3 des § 13) zu prüfen. — Soweit die Beschlagnahme unstatthaft ist, muß auch die Durchsicht (§ 17 Abs. 3/4) ausgeschlossen sein (vgl. Löwe/Hellweg § 97 Anm. 6).

8) Die Voraussetzungen der Sicherheitsbeschlagnahme (Abs. 2 S. 1) sind besonders beschränkt. Sie ist nur fakultativ (Anm. 1), erstreckt sich bloß auf die bei Begehung der Zuwiderhandlung im Gewahrsam des Be-

schuldigten befindlichen Gegenstände — mit Ausnahme der Arbeitsgeräte — und kann nur gegen Ausländer oder Personen unbekannten Wohnsitzes verhängt werden. — Die Sicherheitsbeschlagnahme ist ferner gemäß § 14 Abs. 2 S. 2 dann unzulässig, wenn bereits feststeht, daß die fraglichen Gegenstände Eigentum einer bei der Zuwiderhandlung nicht beteiligten, auch nicht vertretungspflichtigen Person sind (vgl. Bonnenberg § 13 Anm. 13).

9) Die Hereinziehung der Abgaben, die sich hier, im § 19 Abs. 2 und im § 20 findet, widerspricht der sonst grundsätzlich festgehaltenen Trennung zwischen den ersteren und der Strafe (vgl. AB. 33 bei § 36 Anm. 2 u. § 56 nebst Anm. 1).

10) Der Begriff des Gewahrsams umfaßt hier nicht die bloße Möglichkeit tatsächlicher Herrschaft, sondern lediglich die bei Begehung der Zuwiderhandlung tatsächlich und unmittelbar bestehende „Verfügungsgewalt" (Begründung S. 2666). Dies ergibt die Gleichstellung der Transportmittel mit den „mitgeführten" Gegenständen.

11) Die Sicherheitsbeschlagnahme darf als bloß sichernde Maßregel nur soweit gehen, als zur Deckung der voraussichtlichen Strafe nebst Kosten und Abgaben erforderlich ist. Reicht also bereits ein Teil der vom Beschuldigten mitgeführten Gegenstände seinem Werte nach zur Deckung aus, so sind die übrigen von der Beschlagnahme freizulassen.

12) Der Begriff „Wohnsitz" wird hier nicht im technisch-juristischen Sinne (§§ 7/11 BGB.) zu verstehen sein; in Betracht kommt vielmehr der tatsächliche Wohnort.

13) Bezeichnet der bei einer Zuwiderhandlung betroffene Beschuldigte einen bestimmten inländischen Ort als seinen „Wohnsitz", so reicht diese Angabe zur Abwendung der Sicherheitsbeschlagnahme nur dann aus,

wenn ihre Richtigkeit dienstlich bekannt ist oder alsbald nachgewiesen wird.

14) Liegen mehrere Gründe zur Beschlagnahme vor (z. B. die Voraussetzungen der Sicherheits- und der Überführungsbeschlagnahme), so empfiehlt es sich die Gründe sämtlich aktenkundig zu machen, da jene Tatsache sowohl für den Umfang (Anm. 11) wie für die Aufhebung der Beschlagnahme von Bedeutung sein kann (vgl. § 14 Anm. 1 Ziff. II 1).

15) Abs. 2 S. 2 setzt voraus, daß von einer Beschlagnahme der Transportmittel — etwa aus den in Anm. 11 angegebenen Gründen — abgesehen ist. Die unentgeltliche Benutzung gemäß S. 2 ist nur bei solchen Transportmitteln statthaft, die nach S. 1 der Sicherheitsbeschlagnahme hätten unterliegen können (verb: „bezeichnete" Transportmittel).

16) Die Benutzung nach Abs. 2 S. 2 ist auch dann statthaft, wenn die zu transportierenden Gegenstände aus Abs. 1 beschlagnahmt sind.

17) Ob die Benutzung der Transportmittel „erforderlich" ist, hat der die Beschlagnahme anordnende Beamte (Abs. 3 z. A.) nach pflichtmäßigem Ermessen zu entscheiden. Ebenso hat er zu bestimmen, nach welcher „nächsten" Amtsstelle der Transport zu leiten ist.

18) Obwohl es sich im Abs. 3 um bloße Untersuchungsmaßregeln handelt, so entscheidet doch — wie sich aus dem Zusammenhang ergibt — das Hauptamt ausnahmsweise (Einleitung § 6 II) als Kollegium und nicht durch das untersuchungführende Mitglied. AB. 3 Abs. 1 (bei § 5 Anm. 2) ist daher zu beachten.

19) Gefahr im Verzuge liegt vor, wenn die Besorgnis begründet ist, daß ohne sofortiges Eingreifen die Beschlagnahme überhaupt nicht oder nicht so leicht erfolgen könnte (vgl. Bonnenberg § 13 Anm. 15). Ob diese Voraussetzung gegeben ist, unterliegt nur der pflichtmäßigen Prüfung der einschreitenden unteren Zoll- oder

Steuerbeamten (siehe entsprechend Löwe/Hellweg § 98 Anm. 4a). — Vgl. auch Anm. 23, 24.

20) In Betracht kommt nach der Begründung S. 2666 insbesondere „jeder mit der Zoll- oder Steueraufsicht betraute Beamte innerhalb seines Aufsichtsbereiches, welcher sich im Falle der Verfolgung auch auf die seinem eigentlichen benachbarten [preußischen] Bezirke erstreckt".

21) Erfolgt die Beschlagnahme im Wege der Durchsuchung (Anm. 2 vor § 13), so liegt ihre Ausführung den durchsuchenden Beamten ob. Diese brauchen nicht notwendig der Zoll- und Steuerverwaltung anzugehören (vgl. Anm. II 2 vor § 17, § 17 Ziff. B).

22) Die Worte „erfolgen" und „Beamte" sind in dem durch die Gesetzsammlung veröffentlichten Abdruck bloß durch ein Komma getrennt. Dies beruht — wie schon der Zusammenhang klarstellt — auf einem Druckfehler (richtig: Regierungsentwurf — S. 2656 der in Anm. 1b vor § 1 aufgeführten Anlagen —, Entwurf der Kommission des Abgeordnetenhauses S. 2891 das., Entwurf zweiter Lesung S. 2963 das.).

23) Vgl. § 98 Abs. 2 StPO. — Anders als dort ist im Verwaltungsstrafverfahren die Bestätigung auch dann nachzusuchen, wenn bei der Beschlagnahme „der davon Betroffene" (Anm. 26) anwesend war und keinen Widerspruch erhoben hat.

24) Die Vorschrift ist trotz ihrer kategorischen Fassung („haben . . . nachzusuchen") nur instruktionell. Weder der Umstand, daß Gefahr im Verzuge nicht vorlag, noch die Versäumung der dreitägigen Bestätigungsfrist beeinflussen die Gültigkeit der von den unteren Steuerbeamten ausgebrachten Beschlagnahme. Auch hier kann also der Bruch der letzteren aus § 137 RStGB. geahndet werden.

25) Wird die Bestätigung versagt, so ist die Beschlagnahme aufzuheben. Übrigens hat die Bestätigungsbehörde nur zu prüfen, ob die Beschlagnahme gemäß Abs. 1/2

begründet ist, wogegen es gleichgültig bleibt, ob Gefahr im Verzuge tatsächlich vorgelegen hat und die Bestätigungsfrist gewahrt ist (Anm. 19 u. 24).

26) Betroffen von der Beschlagnahme ist nicht bloß der Beschuldigte, sondern jeder, der an dem beschlagnahmten Gegenstand ein rechtliches Interesse hat.

27) Für die Entscheidung des Hauptamts ist Anm. 25 S. 2 entsprechend zu beachten (vgl. auch § 14 Abs. 2).

28) Gegen die Anordnung der Beschlagnahme durch Hauptamt, Bezirksoberinspektor oder Bezirksoberkontroleur, sowie gegen die in Abs. 3 a. E. erwähnte hauptamtliche Entscheidung — falls sie die Beschlagnahme aufrecht erhält — steht dem davon Betroffenen die (fristlose) Beschwerde an die vorgesetzte Behörde zu.

29) § 98 Abs. 4 StPO. bestimmt:

Beschlagnahmen in militärischen Dienstgebäuden, zu welchen auch Kriegsfahrzeuge gehören, erfolgen durch Ersuchen der Militärbehörde,[a]) und auf Verlangen der Civilbehörde (Richter, Staatsanwaltschaft)[b]) unter deren Mitwirkung. Des Ersuchens der Militärbehörde bedarf es jedoch nicht, wenn die Beschlagnahme in Räumen vorzunehmen ist, welche in militärischen Dienstgebäuden ausschließlich von Civilpersonen bewohnt werden.

a) Als Militärbehörde im Sinne des § 98 StPO. gelten: hinsichtlich der Dienstgebäude, welche ausschließlich einem Truppen- oder Marineteil oder einer einem militärischen Chef unterstellten Anstalt zur Benutzung überwiesen sind, der Kommandeur, bzw. militärische Chef; hinsichtlich der übrigen Dienstgebäude der Gouverneur, bzw. Marinestationschef oder Kommandant oder Garnisonälteste; hinsichtlich der in Dienst gestellten Schiffe und Fahrzeuge der Kommandant; hinsichtlich der übrigen der Oberwerftdirektor — Ziff. IV u. VI d. Bestimmungen, betr. d. Feststellung d. Begriffs „Militärbehörde" im Sinne d. bez. Vorschriften d. CPO. u. StPO. (mitgeteilt durch die oben § 10 Anm. 3 erwähnte Verfügung).

b) Im Verwaltungsstrafverfahren sind Hauptamt, Bezirksoberinspektor oder Bezirksoberkontroleur die Zivilbehörde.

30) Zufolge Abs. 5 scheiden die §§ 99/101 StPO. für den Administrativprozeß aus. — Beim Beschuldigten oder dritten Personen können Briefe und Telegramme selbstredend beschlagnahmt werden; siehe dann aber auch § 17 Abs. 3/4.

§ 14.*)

Die Beschlagnahme behält ihre Wirksamkeit bis zur vollständigen Erledigung des Strafverfahrens wegen der Zuwiderhandlung oder bis zu ihrer Aufhebung durch die Verwaltungsbehörde.

Die Beschlagnahme ist schon vor Beendigung der Untersuchung von dem für diese zuständigen Hauptamte oder, so lange die in Beschlag genommenen Sachen an das bezeichnete Hauptamt noch nicht gelangt sind, von der nächsten Zoll- oder Steuerbehörde aufzuheben, wenn der Grund derselben weggefallen und ein sonstiger gesetzlicher Anlaß zur Zurückbehaltung nicht gegeben ist. Die Freigabe der Transportmittel und sonstigen nur zur Sicherung der Forderungen der Staatskasse in Beschlag genommenen Gegenstände muß auch dann verfügt werden, wenn nachgewiesen wird, daß die Transportmittel und Sachen Eigenthum einer bei der Zuwiderhandlung nicht betheiligten, auch nicht vertretungspflichtigen Person sind.[1—5])

*) AB. 13 in Anm. 5.

1) § 14 handelt von der Beendigung der Beschlagnahme; sie tritt ein:

I. entweder von selbst mit der Erledigung des Strafverfahrens,

oder II. zufolge Aufhebungsverfügung seitens der Verwaltungsbehörde.

Zu I. Diese Bestimmung enthält nur die äußerste Grenze für die Dauer der Beschlagnahme. — Wie sich aus der pleonastischen Fassung des Gesetzes — „vollständige" Erledigung — ergibt, ist der Begriff des Strafverfahrens in dem weitesten Sinne zu nehmen; er umfaßt daher sowohl das administrative, wie das gerichtliche Strafverfahren. Das Gesetz spricht ferner nicht von dem Strafverfahren gegen einen Beschuldigten, sondern von der Erledigung des Strafverfahrens wegen der Zuwiderhandlung. Mithin endigt die Beschlagnahme gemäß Ziff. I erst dann, wenn:

a) der Straf- (bzw. Duldungs- und Leistungs)anspruch gegenüber sämtlichen Tätern, Teilnehmern, Einziehungsbeteiligten und Vertretungspflichtigen rechtskräftig festgestellt und durch die Vollstreckung verwirklicht ist,

oder b) das Nichtbestehen jenes Anspruches durch Einstellung (§ 35 VStG., § 210 StPO.) oder rechtskräftigen Freispruch konstatiert,

oder c) der Strafanspruch ohne Sachentscheidung durch Verjährung gegenüber den Tätern oder Teilnehmern (vgl. Löbe, Zollstrafrecht § 164 Anm. 16) oder durch deren Tod getilgt ist. — Liegt eine Beschlagnahme von Einziehungsgegenständen vor, so führt der Tod der eben genannten Personen eine Erledigung dann nicht herbei, wenn auf Einziehung (im sog. objektiven Verfahren) selbständig erkannt werden kann. (Das ist z. B. der Fall nach § 10 SpStG. und den übrigen in Anm. 11

zu § 5 genannten Gesetzen, nicht aber im VZG. — RG. 21 S. 431 —).

Zu II. Die Voraussetzungen, unter denen und die Behörden, durch welche die Aufhebung der Beschlagnahme („Freigabe" Abs. 2 S. 2) ausgesprochen werden darf, sind im § 14 Abs. 2 (i. V. mit AV. 13) angegeben.

α) Voraussetzungen: Das Gesetz unterscheidet:

a) Wegfall des Grundes der Beschlagnahme: Die Gründe für die einzelnen Arten der Beschlagnahme sind im § 13 Abs. 1, Abs. 2 S. 1 angeführt. Die Beschlagnahme von Überführungsstücken ist z. B. aufzuheben, wenn die in Frage kommenden Gegenstände etwa infolge eines Geständnisses des Beschuldigten für die weitere Untersuchung nicht mehr von Bedeutung sind. — Dem Wegfall des Grundes steht es gleich, wenn sich nachträglich ergibt, daß ein solcher niemals bestanden hat. In beiden Fällen ist aber die Aufhebung nicht zu verfügen, wenn „ein sonstiger gesetzlicher Anlaß zur Zurückbehaltung" vorliegt. Die Begründung S. 2666 führt folgendes Beispiel an: Ein Gegenstand ist als der Einziehung unterworfen beschlagnahmt; nachher ergibt sich, daß die Zuwiderhandlung nicht mit Einziehung belegt ist, der Gegenstand aber „als Beweismittel zu dienen hat oder [daß] die Voraussetzungen der Sicherheitsbeschlagnahme vorliegen".

Die Ausführungen zu a gelten für sämtliche Arten der Beschlagnahme; daneben ist insbesondere

b) die Sicherheitsbeschlagnahme aufzuheben, wenn nachgewiesen wird, daß der beschlagnahmte Gegenstand einer anderen Person als dem Täter, Teilnehmer oder Vertretungspflichtigen zu Eigentum gehört. Ob dieser Nachweis erbracht ist, entscheiden die im S. 1 des Abs. 2 genannten Behörden (siehe unten Ziff. β), bzw. auf Beschwerde die ihnen vorgesetzte Instanz. Ein besonderes Beweisverfahren ist nicht vorgeschrieben. Läßt sich aber das behauptete Eigentum nicht sofort liquid stellen, so ist — da das Staatsinteresse die Fortdauer einer ungerechtfertigten Beschlagnahme nicht duldet — das untersuchende Hauptamt verpflichtet, die von dem Eigentumsprätendenten angebotenen Beweise nach Maßgabe der §§ 24 ff. zu erheben. — Dagegen ist eine Eigentumsfeststellungsklage gegen den Fiskus unzulässig. Denn das Zivilprozeßverfahren mit dem Prinzip der Verhandlungsmaxime und der formellen Wahrheit ist ungeeignet, um — sei es auch nur präjudizierlich — die Entscheidung über die Rechtmäßigkeit eines Staatshoheitsaktes herbeizuführen. Außerdem sind ja auch Fälle möglich, in denen das Recht des Eigentumsprätendenten feststeht und nur die Frage zu erörtern ist, ob er an der Tat beteiligt oder vertretungspflichtig ist; daß diese Erörterung nicht vor den Zivilrichter gehört, liegt auf der Hand.

β) Zuständig für die Aufhebung der Beschlagnahme sind das untersuchungführende Hauptamt, bzw. die „nächste Zoll- oder Steuerbehörde" (Steueramt, Nebenzollamt). Jenes wird hier wiederum als Kollegium tätig werden müssen, wie es ja die Beschlagnahme auch nur als Kollegium anordnen darf (§ 13 Anm. 18). — Was die Befugnis der Unterämter angeht, so könnte es nach dem Wortlaut des Gesetzes scheinen, als ob diese auch die von dem Hauptamte, bzw. dem Bezirksoberinspektor und Bezirksoberkontroleur angeordneten Beschlagnahmen aufheben dürften, solange nur die beschlagnahmten Sachen noch nicht an das Hauptamt gelangt wären. Es kann aber nicht die Absicht des Gesetzgebers gewesen sein, untergeordnete Behörden über die Rechtmäßigkeit der Anordnungen ihrer Vorgesetzten entscheiden zu lassen; die Zuständigkeit der Unterämter ist vielmehr von der weiteren Voraussetzung abhängig, daß die Beschlagnahme durch einen Beamten „geringeren Ranges" (§ 13 Abs. 3) angeordnet und noch nicht gemäß S. 3 das. bestätigt ist.

Schließlich ist noch zu bemerken, daß die Bezirksoberkontroleure und -oberinspektoren wohl zur Anordnung, nicht aber zur Aufhebung der Beschlagnahme befugt sind (§ 13 Abs. 3 im Vergleich mit § 14 Abs. 2); nur soweit jene gemäß § 13 Abs. 3 S. 3 um Bestätigung einer Beschlagnahme angegangen werden, können sie durch deren Verweigerung die Aufhebung der Beschlagnahme herbeiführen (§ 13 Anm. 25).

2) Wie schon in Anm. 1 I erwähnt wurde, umfaßt der Ausdruck „Strafverfahren" im § 14 Abs. 1 nicht bloß den Administrativprozeß, sondern ferner auch das sich an ihn anschließende richterliche Strafverfahren. Dies führt zu der allgemeinen Frage: Kann das VStG. Bestimmungen über die Beendigung der Beschlagnahme treffen, die auch gegenüber dem eingetretenen gerichtlichen Strafprozeß wirksam sind? — Hierbei ist zu unterscheiden: Soweit das Gesetz mit der vollständigen Erledigung des Verfahrens die Beschlagnahme außer Kraft treten läßt, gibt es nur eine selbstverständliche Vorschrift (siehe aber auch RG. 14 Nr. 29 S. 117); insofern kann also § 14 Abs. 1 auch gegenüber dem ordentlichen Strafverfahren Anwendung finden. — Unzulässig ist dagegen die Aufhebung der Beschlagnahme durch die Verwaltungsbehörde, sobald einmal das Gericht, sei es durch die öffentliche Klage oder den Antrag auf gerichtliche Entscheidung mit der Strafsache befaßt ist (a. M. Bonnenberg § 14 Anm. 7; z. T. auch Havenstein, Juristisches Literaturblatt XI S. 216). Denn für das nunmehr eintretende ordentliche Verfahren gelten nur die Normen der RStPO., und diesen ist die Aufhebung der Beschlagnahme durch die Zoll- und Steuerbehörden unbekannt. Die Zuständigkeit der letzteren kann auch nicht aus § 6 Ziff. 3 EGStPO. (Einl. § 1 z. A.) hergeleitet werden. Denn ist einmal das Gericht durch die Klage oder den Antrag mit der Strafsache befaßt worden, so ist während der Dauer des richterlichen Verfahrens für einen Administrativprozeß kein Raum; nur im Stadium der Untersuchung ist ein Nebeneinander-

laufen von ordentlichem- und Verwaltungsstrafverfahren statthaft (§ 3 Abs. 1 a. E., Einl. § 5 II). — Mithin kann in dem hier behandelten Falle nur das Gericht eine unnötig gewordene Beschlagnahme aufheben (vgl. auch Löwe/Hellweg § 94 Anm. 7). Dies erhellt ohne weiteres, sofern angebliche Überführungsstücke in Frage stehen; das gleiche muß aber auch für die sonstigen Arten der Beschlagnahme gelten, da das Gericht von dem oben angegebenen Zeitpunkt an allein Träger des Verfahrens ist. Insbesondere bleibt die Zuständigkeit auch dann dem Gericht, wenn es sich um eine Einziehungsbeschlagnahme in Zoll- und Übergangsabgabesachen handelt. Allerdings hat hier die Beschlagnahme eine besondere materiellrechtliche Wirkung, insofern sie ein (zunächst bedingtes) Eigentum des Staates an dem beschlagnahmten Gegenstand (vgl. § 156 VZG.) begründet; dieser Umstand nimmt aber dem fraglichen Akte nicht die Eigenschaft einer strafprozessualen Maßregel (siehe auch Anm. 3). — Was endlich die Sicherheitsbeschlagnahme angeht, so ist sie zwar dem ordentlichen Strafverfahren unbekannt; dies schließt aber nicht aus, daß sie — wenn einmal gültig angeordnet — zunächst auch jenem gegenüber bestehen bleibt und nur dann aufgehoben werden darf, wenn die für sie bestimmten Voraussetzungen (§ 13 Abs. 2 VStG.) weggefallen sind, und daß nur das Gericht als Leiter des Verfahrens eine solche Aufhebung anordnen kann.

3) Mag die Aufhebung der Beschlagnahme von den Verwaltungsbehörden (Anm. 1 II 2) oder den Gerichten (Anm. 2) ausgesprochen werden, stets beseitigt sie nur deren formelle Wirkung; die materielle Bedeutsamkeit der Beschlagnahme — wie sie im VZG. § 156 (Anm. 2 geg. Ende) normiert ist — wird durch die Aufhebung nicht berührt (RG. 37 Nr. 6 S. 18).

4) Nach Beendigung der Beschlagnahme muß der Fiskus die beschlagnahmten Sachen dem Eigentümer oder sonstigen dinglich Berechtigten zurückgeben, falls nicht

deren Einziehung ausgesprochen ist oder im Falle einer Sicherheitsbeschlagnahme die Gegenstände zur Deckung der Strafe usw. verwandt sind.

Die Rückgabe besteht in der Wiedereinräumung des entzogenen Besitzes, sie muß unverzüglich erfolgen; ein bloßes Zur-Verfügung-stellen genügt nicht (RG. in Zivilsachen Bd. 56 Nr. 54). Zurückzugeben ist der beschlagnahmte Gegenstand selbst und die von ihm etwa gezogenen Früchte (vgl. § 13 Anm. 1), sonstige „Nutzungen" (§ 100 BGB.) kommen nach der Sachlage nicht in Betracht. — Ist während der Beschlagnahme der Gegenstand gemäß § 15 veräußert, so tritt an Stelle der Naturalrückgabe die Aushändigung des Erlöses. Dagegen braucht der etwaige Schaden, den der Berechtigte dadurch erleidet, daß er die Sache selbst nicht wieder erhält, nicht vergütet zu werden (siehe aber § 15 Anm. 5). — Etwas Abweichendes gilt, wenn der Gegenstand während der Beschlaghaltung durch ein Verschulden der mit jener betrauten Beamten vernichtet (oder auch nur verschlechtert) ist. Hier besteht ein Ersatzanspruch nicht nur gegen den schuldigen Beamten (§§ 823, 839 BGB.), sondern vor allem auch gegen den Fiskus selbst: denn die Beschlagnahme begründet nicht bloß öffentlich-rechtliche Beziehungen, sondern hat auch eine privatrechtliche Seite (RG. in Zivilsachen Bd. 51 Nr. 53, a. M. RG. in Zivilsachen Bd. 56 Nr. 54); die Beschlagnahme ist eine bloß provisorische Maßregel, der Fiskus muß stets damit rechnen, daß die beschlagnahmte Sache dem bisher Berechtigten zurückgegeben werden muß. Er ist daher dem letzteren gegenüber verpflichtet, für eine gehörige Obhut der Sache zu sorgen (vgl. auch § 15 z. A.). Diese (privatrechtliche) Verbindlichkeit gründet sich auf den gleichen Rechtsgedanken, der im Eigentumsprozesse mit der Rechtshängigkeit die strengere Haftung des Besitzers nach §§ 987, 989 BGB. eintreten läßt (vgl. Planck BGB. § 987 Anm. 1); für die Beamten, deren sich der

Fiskus zur Erfüllung jener Verbindlichkeit bedient, muß er nach § 278 BGB. einstehen (siehe Planck das. Anm. 2 Abs. 3). — Der hier behandelte Ersatzanspruch kann vermöge seiner privatrechtlichen Natur auch im ordentlichen Rechtswege geltend gemacht werden. Der Fiskus wird im Prozesse durch den örtlich zuständigen Provinzialsteuerdirektor, falls aber der Schaden eingetreten ist, nachdem der Gegenstand zur Verfügung des Gerichts gestellt war (Anm. 4 vor § 13), durch den Oberstaatsanwalt vertreten.

Die Obhut, zu der der Fiskus nach dem eben Bemerkten verpflichtet ist, wird regelmäßig Verwendungen (z. B. Futter für beschlagnahmte Tiere) erforderlich machen. Für die Frage, ob derartige Ausgaben erstattungsfähig sind, können jedoch die Vorschriften des Privatrechts, insbesondere die §§ 994 ff. BGB., nicht herangezogen werden. Die hier gedachten Verwendungen gehören vielmehr zu den „Kosten des Verfahrens", und zwar zu den „baren Auslagen" (Vorbemerkung vor § 45); ihre Erstattung richtet sich also bloß nach öffentlichem Recht (§§ 45 ff.). Sie können daher nur von dem Beschuldigten (Vertretungspflichtigen) und auch nur im Falle seiner Verurteilung und nur so weit erstattet verlangt werden, als es sich um (notwendige) Transportkosten handelt (Vorbemerkung vor § 45, § 45 i. V. m. § 113 Preuß. GKG.). — In allen übrigen Fällen treffen die Verwendungen die Staatskasse.

5) Zu § 14 ist die **AB. 13** ergangen, welche lautet:

Die Rückgabe von Einziehungsgegenständen kann, soweit nicht deren Uebergang in den freien Verkehr aus gesundheitspolizeilichen oder sonstigen Gründen verboten und nicht deren Zurückbehaltung als Beweismittel geboten ist, auch dann erfolgen, wenn die auf ihnen ruhende Abgabe gezahlt und entweder ihr voller Werth hinterlegt oder die Verpflichtung zur Zahlung desselben von dem Beschuldigten oder einem Dritten übernommen und sichergestellt ist.[a])

Sind beschlagnahmte Gegenstände aus gesundheitspolizeilichen oder sonstigen polizeilichen Gründen zu vernichten, so sind dieselben, sobald sie für die Beweisführung entbehrlich geworden sind, der zuständigen Polizeibehörde gegen Empfangsbescheinigung zur weiteren Veranlassung auszuliefern.

a) Abs. 1 will neben § 14 Abs. 2 noch einen weiteren Tatbestand regeln, bei dessen Vorliegen die Aufhebung der Beschlagnahme gestattet wird. M. E. ist aber die Stelle rechtsunwirksam. Nach § 13 Abs. 1 „sind" Einziehungsgegenstände „in Beschlag zu nehmen", § 14 Abs. 2 zählt — erschöpfend — die Fälle auf, in denen die Freigabe erfolgen darf. Im Wege der AB. können diese Fälle nicht vermehrt werden. — Im übrigen erscheint auch die Bestimmung unpraktisch. Denn selbst wenn nach ihr verfahren wäre, könnte doch — und zwar auch in Zollsachen (vgl. RG. 37 S. 15) — nur auf Einziehung und nicht auf Werterſatz erkannt werden. Dies würde selbst dann gelten, wenn etwa der Berechtigte nach Rückempfang der Sache die Vollstreckung der Einziehung durch Vernichtung usw. unmöglich gemacht hätte (RG. a. O.). Dagegen könnte die Rückgabe des nach Abs. 1 hinterlegten Wertes oder die Befreiung von der Verpflichtung zu dessen Zahlung begehrt werden, da der Fiskus nur einen Rechtsanspruch auf den Gegenstand selbst, nicht aber auf seinen Wert hat.

§ 15.

In Beschlag genommene Gegenstände, deren Aufbewahrung, Pflege und Unterhaltung einen unverhältnißmäßigen Kostenaufwand[1]) erfordert, oder welche dem Verderben ausgesetzt sind, können auf Anordnung des zuständigen Hauptamtes[2]) nach Ablauf von drei Tagen,[3]) bei Gefahr im Verzuge[4]) auch schon vorher veräußert werden.[5])

Von dem Zeitpunkte und dem Orte der Veräußerung, welche nach den Vorschriften über das Verwaltungszwangsverfahren[6]) erfolgt, soll der Beschuldigte und, wenn dieser nicht der Eigenthümer ist, auch der letztere nach Möglichkeit vorher benachrichtigt werden.[5])

1) Unverhältnismäßig ist ein Aufwand, dessen Höhe mit dem Werte des Gegenstandes nicht im Einklange steht.

2) Zuständig ist das untersuchungführende Hauptamt; kollegiale Beschlußfassung ist aber hier (anders als im Falle des § 13 Anm. 18) nicht erforderlich.

3) Die Frist läuft vom Erlaß der Anordnung. Zwischen dieser und dem Verkaufstage müssen 3 volle Tage liegen (§ 187 BGB.).

4) Bezieht sich nur auf ein bevorstehendes Verderben.

5) Die Vorschriften des § 15 — und zwar nicht bloß des Abs. 2, sondern auch die des Abs. 1 — haben nur instruktionelle Bedeutung; ihre Nichtbeobachtung begründet also bloß einen Ersatzanspruch gegen die Beamten, denen ein schuldhafter Verstoß zur Last fällt, und wenn dieser Verstoß zugleich eine Verletzung der Verwahrungspflicht enthält, auch einen Anspruch gegen den Fiskus selbst (§ 14 Anm. 4). Der einmal erfolgte Verkauf bleibt dagegen rechtsgültig.

Im übrigen ist § 15 nur im Falle der Sicherungsbeschlagnahme von praktischem Wert. Handelt es sich dagegen um Beweisstücke, so können diese, solange sie für die Untersuchung von Bedeutung sind, nicht veräußert werden; fällt aber jene Voraussetzung fort, so sind sie gemäß § 14 zurückzugeben. Bei Einziehungsgegenständen endlich erweist sich § 15 aus denselben Gründen als unpraktisch, die in Anm. 5a zu § 14 hinsichtlich der AB. 13 angegeben sind.

6) Über die in Betracht kommenden Vorschriften vgl. § 54 Anm. 5; über das Verfahren im einzelnen siehe § 55 Anm 3.

§ 16.

Sind die in Beschlag genommenen, der Einziehung unterliegenden Gegenstände von einem Unbekannten, welcher auf der Zuwiderhandlung betroffen, aber entkommen ist, zurückgelassen worden, so verfallen sie oder ihre Erlöse ohne weiteren Ausspruch der Staatskasse, wenn sich innerhalb einer Frist von drei Monaten nach der Beschlagnahme der Betroffene oder der Eigenthümer nicht gemeldet hat. Die Veräußerung der Gegenstände kann von dem Hauptamte nach Ablauf einer Woche, von der Beschlagnahme an gerechnet, auch dann angeordnet werden, wenn der Fall des § 15 nicht vorliegt.[1][2]

1) § 16 soll nach der Begründung S. 2666 „Vorsorge dagegen treffen, daß ein entkommener Schmuggler durch seine Flucht auch den zum Schmuggel bestimmten Gegenstand der Einziehung entzieht". — Die Stelle dürfte aber rechtsungültig sein. Zunächst enthält sie keine Verfahrensvorschrift, sondern eine Bestimmung materiellrechtlicher Natur, denn der in ihr angeordnete Verfall ist von der Einziehung nur dem Namen nach verschieden. — Auch noch von einem anderen Gesichtspunkt aus läßt sich die Unwirksamkeit des § 16 dartun; in dieser Hinsicht sind zu unterscheiden:

1. Die Fälle, in denen auch bei Unbekanntschaft des Täters „selbständig" auf Einziehung erkannt werden kann (vgl. § 5 Anm. 11); hier muß das sog. objektive Verfahren eingeleitet werden, und es bleibt für § 16 kein Raum.

2. Soweit aber die Einziehung nur zugleich mit der Verhängung einer Strafe ausgesprochen werden kann, müßte — wenn wir von § 16 zunächst absehen — die Beschlagnahme endigen, falls der Täter nicht zu ermitteln war. Denn in diesem Falle hätte die beschlagnahmte Sache die Eigenschaft eines Einziehungsgegenstandes verloren (vgl. §§ 13 Abs. 1, 14 Abs. 2. S. 1). Nunmehr müßte an sich die Sache dem Berechtigten zurückgegeben werden (§ 14 Anm. 4). Das könnte Schwierigkeiten bereiten, wenn auch der Empfangsberechtigte — insbesondere der Eigentümer — unbekannt wäre. Hier trifft jetzt der § 983 BGB. Vorsorge, der sich auch auf öffentlich-rechtliche Verhältnisse bezieht (Planck BGB. § 983 Anm. 1c) und daher als Reichsrecht den § 16 VStG. ausschließt. — § 983 bestimmt:

Ist eine öffentliche Behörde im Besitz einer Sache, zu deren Herausgabe sie verpflichtet ist, ohne daß die Verpflichtung auf Vertrag beruht, so finden, wenn der Behörde der Empfangsberechtigte oder dessen Aufenthalt unbekannt ist, die Vorschriften der §§ 979 bis 982 entsprechende Anwendung.[a])

a) Die §§ 979—982 regeln Versteigerung der Sache, Aufgebot der Empfangsberechtigten und Verfall des Erlöses; sie werden hier nicht mit abgedruckt.

2) Für „zollpflichtige Gegenstände, welche im Grenzbezirke gefunden werden", ist § 157 VZG. zu vergleichen.

Vorbemerkungen zu §§ 17, 18 (Durchsuchung): Die Materie ist ziemlich verwickelt geregelt.

I. Völlig für sich stehen die Landesstempelsachen (Anm. 3 vor § 13, § 18 nebst Anmerkungen).

II. Im übrigen unterscheidet das VStG.

1. Durchsuchungen im Verwaltungswege, d. h. Durchsuchungen, die von den Organen der Zoll- und Steuerverwaltung angeordnet und nach deren Weisungen ausgeführt werden (§ 17 Abs. 1 S. 1, Abs. 2—4), und

2. Durchsuchungen nach Maßgabe der §§ 102—110 RStPO. (§ 17 Abs. 1 S. 2). Die letzteren wollen wir im folgenden der Kürze und des Gegensatzes halber als „richterliche" bezeichnen, obwohl sie ja nicht notwendig von einem Richter angeordnet zu werden brauchen.

Zu 1: Durchsuchungen im Verwaltungswege sind in einer Anzahl von Zoll- und Steuergesetzen zugelassen. Die einschlägigen Vorschriften sind in der Anm. A III bis IX zu § 17 enthalten. Sie gehören mit Ausnahme der wenig bedeutsamen Steuerordnung von 1819 (§ 17 Anm. A IX) sämtlich dem Reichsrecht an und sind daher schon aus diesem Grunde der Abänderung durch das VStG. entzogen. Sie werden auch durch § 17 Abs. 1 S. 1, Abs. 2 sämtlich ausdrücklich aufrecht erhalten (wiederum mit einer kleinen Abweichung für die eben erwähnte Steuerordnung). — Die in Frage kommenden Bestimmungen sind jedoch vielfach unvollständig (vgl. namentlich § 17 Anm. A III 6); insbesondere fehlen manchmal Vorschriften darüber, welche Organe im einzelnen die Durchsuchungen anzuordnen und zu leiten, welche Beamten sie auszuführen, und welches Verfahren sie dabei zu beobachten haben. Hier greift § 17 Abs. 2 ergänzend ein. Daß das VStG. auch dem Reichsrecht gegenüber zu einer solchen Ergänzung befugt ist, dürfte sich aus dem § 1 Ziff. II der Einleitung ergeben. Auch würden ohne sie die in Frage kommenden Bestimmungen oft nicht praktikabel sein.

Zu 2. Wenn die unter § 17 Anm. A III—IX behandelten Gesetze die Durchsuchung im Verwaltungswege zum Teil an besondere, von den Erfordernissen des gemeinen Strafprozeßrechts abweichende Voraussetzungen knüpfen, so wollen sie damit nur die Kompetenz der Administrativbehörden, nicht aber die Durchsuchung als solche beschränken. Andernfalls wäre es schwer erklärlich, weshalb diese Maßregel bei den hier fraglichen Zuwiderhandlungen nur eine besonders begrenzte Anwendung finden sollte. Auch würde die gegenteilige Auffassung folgerichtig dazu führen, bei Kontraventionen gegenüber Steuergesetzen, die eine Durchsuchung nicht erwähnen (so z. B. RStG., ErbStG. u. a.), deren Zulässigkeit überhaupt zu leugnen. Das kann aber nicht die Absicht des Gesetzgebers gewesen sein. Vielmehr muß, auch soweit die besondere Durchsuchung im Verwaltungswege nicht Platz greift, bei Zoll- und Steuerdelikten gleichfalls eine „richterliche" Durchsuchung zulässig sein. Dies gilt zunächst, sofern wegen der erwähnten Delikte der gewöhnliche Strafprozeß eingeleitet ist. Der § 17 Abs. 1 S. 2 geht aber noch weiter: um das Administrativverfahren „in allen Fällen durchführbar zu machen" (Begründung S. 2667), gibt er dort, wo eine Durchsuchung im Verwaltungswege unzulässig ist, den Administrativorganen die Befugnis, die nach den allgemeinen gesetzlichen Bestimmungen zuständigen Behörden und Beamten um Vornahme einer „richterlichen" Durchsuchung anzugehen. Diese Bestimmung ist auch gegenüber den Reichszoll- und -steuergesetzen für zulässig zu erachten. Denn es muß gleichgültig sein, ob die richterliche Durchsuchung als Bestandteil eines ordentlichen Strafprozesses stattfindet oder als besonderes Zwischenverfahren in einer schwebenden Administrativuntersuchung.

§ 17.*) **)

Die Voraussetzungen für die Zulässigkeit von Durchsuchungen im Verwaltungswege bestimmen sich nach den hierauf bezüglichen Vorschriften der

Zoll- und Steuergesetze. Soweit in diesen Gesetzen Durchsuchungen im Verwaltungswege nicht vorgesehen sind, können die nach den allgemeinen gesetzlichen Bestimmungen zuständigen Behörden und Beamten um Anordnung und Ausführung von Durchsuchungen ersucht werden, welche alsdann nach den Vorschriften der Strafprozeßordnung zu erfolgen hat.

Wenn in den Zoll- und Steuergesetzen nicht ein Anderes bestimmt ist, steht die Anordnung und die Leitung von Durchsuchungen im Verwaltungswege dem Bezirksoberkontroleur, dem Bezirksoberinspektor oder dem untersuchenden Hauptamte zu. Die Ausführung erfolgt durch die damit beauftragten Zoll- und Steuerbeamten, welche sich bei derselben, wenn nicht reichsgesetzliche Bestimmungen entgegenstehen, nach den Vorschriften der Strafprozeßordnung zu richten und sich durch einen schriftlichen Auftrag des anordnenden Beamten oder der anordnenden Behörde auszuweisen haben.

Eine Durchsicht der Papiere und Handelsbücher des von der Durchsuchung Betroffenen steht nur dem Richter zu.

Andere Beamte sind zur Durchsicht der aufgefundenen Papiere und Handelsbücher nur dann befugt, wenn der Inhaber derselben die Durchsicht genehmigt. Anderenfalls haben sie die Papiere und Handelsbücher, deren Durchsicht sie für geboten erachten, in einem Umschlage, welcher in Gegenwart des Inhabers oder dessen Vertreters mit dem Amtssiegel zu verschließen ist, an den Richter abzuliefern. Derselbe hat die zu einer Zuwiderhandlung in Beziehung stehenden Papiere und Handelsbücher der Verwaltungsbehörde mitzutheilen.

*) AB. 14 in Anm. 3 zu Ziff. A X.

**) Zur Erzielung einer besseren Übersicht sind anders als bei den sonstigen Paragraphen die einzelnen Anmerkungen nicht an den Text des § 17 angeschlossen.

A. **Durchsuchungen im Verwaltungswege** (§ 17 Abs. 1 S. 1, Abs. 2—4):

I. Das Gesetz unterscheidet:

1. Voraussetzungen für die Zulässigkeit (Abs. 1 S. 1): Sie ergeben sich aus den unter III ff. im einzelnen angeführten Bestimmungen.

2. Anordnung und Leitung der Durchsuchung (Abs. 2 S. 1): Soweit die zu II erwähnten Vorschriften nichts Abweichendes bestimmen, betraut das Gesetz mit ihr wahlweise Bezirksoberkontroleur, Bezirksoberinspektor und das untersuchende Hauptamt; letzteres handelt hier ebenso wie bei der Anordnung der Beschlagnahme als Kollegium (vgl. entspr. § 13 Anm. 18).

3. Ausführung (Abs. 2 S. 2, Abs. 3/4):

a) Organe: Sofern eine besondere „Anordnung" erforderlich ist (Ausnahme z. B. VZG. § 126 Abs. 1 S. 3/4 — unten III), haben der „anordnende Beamte" oder die „anordnende Behörde" (vgl. Ziff. 2) einen der ihnen unterstellten Zoll- und Steuerbeamten mit der Ausführung zu beauftragen. Der Auftrag muß schriftlich erteilt werden (Abs. 2 a. E.). — Ausnahme Ziff. III Anm. 4b und die entsprechenden Bestimmungen unter Ziff. IV, VI.

b) Art und Weise der Ausführung: Diese richtet

sich, soweit nicht reichsgesetzliche Bestimmungen entgegenstehen, nach den Vorschriften der Strafprozeßordnung; in Betracht kommen für die ausführenden Organe die §§ 104, 105 Abs. 2—4, 106—109 StPO., welche unten Ziff. B II im Zusammenhange mitgeteilt sind. Die Auftragsurkunde dient den durchsuchenden Beamten als Ausweis. Vermögen sie auf Verlangen des von der Durchsuchung Betroffenen eine solche nicht vorzulegen, so befinden sie sich (abgesehen von den zu III 4b, 5; IV; VI erwähnten Fällen) nicht in der rechtmäßigen Ausübung ihres Amtes. — Besondere Vorschriften sind für die Durchsicht der aufgefundenen „Papiere und Handelsbücher" gegeben (§ 17 Abs. 3/4; unten Ziff. X).

II. Durchsuchungen im Verwaltungswege sind zulässig in Zoll-, Zuckersteuer- und Übergangsabgabesachen, sowie bei Salz-, Branntwein-, Brau-, Schlacht- und Wildpretsteuervergehen. Die einschlägigen gesetzlichen Bestimmungen sind im folgenden unter III—IX aufgeführt.

III. VZG.: § 126.[1]) Sind Gründe vorhanden, zu vermuthen, daß irgend Jemand im Grenzbezirke sich einer Uebertretung der Zollgesetze schuldig gemacht habe, oder zu einer solchen Uebertretung durch Bergung verbotener oder zollpflichtiger Waaren mitwirke, so können zur Ermittelung derartiger Kontraventionen Nachsuchungen[2]) nach solchen Vorräthen unter Erforderung des Ausweises über die geschehene Verzollung oder den inländischen Ursprung der vorgefundenen Waaren, auch Haussuchungen[2]) von Zollbeamten unter Leitung eines Oberkontroleurs oder eines anderen Beamten gleichen oder höheren Ranges vorgenommen werden. Haussuchungen dürfen jedoch nur unter Beachtung der nach den Landesgesetzen für Haussuchungen im Allgemeinen vorgeschriebenen Förmlichkeiten stattfinden.[3]) [4]) Der Beobachtung dieser Förmlichkeiten bedarf es nicht, wenn auf der That betroffene, von den Zollbeamten verfolgte Schleichhändler in Häusern, Scheunen u. s. w. einen Zufluchtsort suchen. In solchen

Fällen müssen die verdächtigen Räume den verfolgenden Zollbeamten auf Verlangen sofort und zu jeder Zeit geöffnet, und es dürfen letztere in Ausübung ihrer Dienstpflicht gegen die Flüchtigen auf keine Weise gehindert werden.[5])

Auch sind unter den vorgedachten Nachsuchungen die Revisionen bei den auf den Grund des § 124 dieses Gesetzes unter Kontrole stehenden Gewerbtreibenden nicht begriffen.

Haussuchungen außerhalb des Grenzbezirks zum Zwecke der Verfolgung einer Uebertretung der Zollgesetze können nur von den zur Untersuchung solcher Uebertretungen kompetenten Behörden angeordnet und unter deren Leitung vorgenommen werden.[6])

§ 127. Personen, gegen welche der Augenschein den Verdacht erregt, daß sie Waaren unter den Kleidern verborgen haben und welche der Aufforderung der Zollbeamten, sich dieser Gegenstände freiwillig zu entledigen, nicht sogleich vollständig genügen, können der körperlichen Visitation unterworfen werden.[2]) Sie müssen jedoch, wenn sie die Visitation nicht bei der nächsten Zollstelle oder Ortsbehörde wollen geschehen lassen, deshalb vor die zur Untersuchung der Zollstraffälle kompetente Behörde geführt werden.[7])

1) Das VZG. unterscheidet „Nachsuchungen" im Grenzbezirke und außerhalb desselben (§ 126 Abs. 1 u. 3); Abs. 2 bezieht sich auf gewisse im allgemeinen steuerlichen Interesse statthafte Revisionen und gehört nicht hierher. — Unter Grenzbezirk ist nach § 16 VZG. „der zunächst innerhalb der Zollinie belegene Raum" zu verstehen, „dessen Breite nach der Örtlichkeit bestimmt wird" (vgl. auch Arndt i. d. Zeitschrift f. d. ges. Strafrechtswissensch. V S. 291 Anm. 53).

2) Der Begriff „Nachsuchung" ist mit dem der „Durchsuchung" des § 17 VStG. und der StPO. identisch. Ihr Gegenstand können Sachen (Räume) oder Personen

sein; unter den Sachdurchsuchungen sind die wichtigsten die „Haussuchungen" (§ 126 Abs. 1 S. 2–4, Abs. 3), d. h. solche Nachsuchungen, welche „die Wohnung, die Geschäftsräume oder das befriedete Besitztum" betreffen (Löwe/Hellweg zu §§ 102—110 Anm. 2). — Die Durchsuchungen von Menschen bezeichnet das VZG. als „körperliche Visitationen". Diese sind — mag es sich um den Grenzbezirk handeln oder nicht — an besonders einschränkende Bedingungen geknüpft (§ 127 — unten Anm. 7).

3) Nachsuchungen im Grenzbezirke (Anm. 4/5); zu unterscheiden sind der Regelfall und die Verfolgung auf frischer Tat.

4) Regelfall (§ 126 Abs. 1 S. 1—2):

a) „Voraussetzung für die Zulässigkeit" der Durchsuchung (oben A I 1) ist die begründete Vermutung, daß jemand ein Zolldelikt begangen oder zu einem solchen durch Bergung von Waren, deren Einfuhr verboten oder mit Zoll belegt ist, Beihilfe geleistet hat. — Im einzelnen ist zu bemerken: Das VZG. spricht nur von einer „Übertretung" der Zollgesetze. Dieser Ausdruck ist jedoch nicht im technischen Sinne des § 1 StGB.s zu nehmen. Ferner ist es nicht erforderlich, daß das Vergehen im „Grenzbezirke" begangen ist; nur die Durchsuchung muß dort stattfinden (vgl. den Gegensatz zu Abs. 3 a. A.). Im übrigen ist das Gesetz in seinen Voraussetzungen teils enger, teils weiter als die StPO.; enger, insofern Nachsuchungen nur auf eingeschmuggelte Waren gerichtet werden dürfen (verb. „nach solchen Vorräten"), weiter, weil abweichend von den §§ 102f. StPO. nicht zwischen Durchsuchungen bei tatverdächtigen und sonstigen Personen unterschieden wird, sondern in jedem Fall die Nachsuchung statthaft ist, wenn nur „Gründe vorhanden [sind], zu vermuten . . ."

b) Anordnung und Leitung der Durchsuchung (A I 2). Sie stehen nur einem Oberkontroleur oder einem im

Dienstrange mindestens gleichgestellten Beamten zu, daher abweichend von § 17 Abs. 2 S. 1 nicht dem Hauptamte als solchem. Das Gesetz (§ 126 Abs. 1 S. 1 a. E.) spricht nur von der „Leitung", nicht auch von der „Anordnung" einer Durchsuchung, und man kann im Hinblick auf Abs. 3 nicht sagen, daß dies Stillschweigen nur auf einem Versehen beruhe. Anderseits kann schon aus praktischen Gründen nicht angenommen werden, daß gerade im Grenzbezirke das Gesetz Anordnung und Leitung der Durchsuchung an verschiedene Behörden verteilen will; vielmehr wird aus der Nichterwähnung jener nur zu folgern sein, daß im Grenzbezirke wegen der hier stets vorhandenen Verzugsgefahr eine formelle (d. h. aktenkundig zu machende) Anordnung nicht nötig ist. Daher braucht sich auch der durchsuchende Beamte nicht in der nach § 17 Abs. 2 a. E. vorgeschriebenen Form zu legitimieren.

c) Die „Ausführung der Durchsuchung" (A I 3) ist ganz allgemein den Zollbeamten übertragen im Einklang mit der Vorschrift des § 17 Abs. 2 S. 2. Die Art und Weise der Ausführung richtet sich im übrigen nach den Bestimmungen der StPO. (VStG. § 17 Abs. 2 a. E. — unten Anm. B II). Dies gilt namentlich auch für Haussuchungen; an Stelle der „im allgemeinen" gültigen Landesgesetze, von denen § 126 Abs. 1 S. 2 spricht, ist gegenwärtig die StPO. getreten (Arndt a. O. S. 291).

5) Nachsuchungen im Grenzbezirke auf frischer Tat (§ 126 Abs. 1 S. 3/4):

Werden Schleichhändler von Zollbeamten auf der Tat betroffen und verfolgt, so können die letzteren auf der Nacheile Durchsuchungen jeder Art, selbst Haussuchungen vornehmen, ohne daß es einer Anordnung und Leitung durch einen Oberbeamten bedarf. In diesem Falle kann sich ferner die Nachsuchung nicht bloß auf die Ermittelung von Warenvorräten, sondern (und zwar in erster Reihe) auf die Ergreifung der flüchtigen Schmuggler erstrecken. Die Nachtzeit steht der Durchsuchung nicht entgegen; sodann brauchen auch die weiteren im § 105 Abs. 2, § 106 StPO. vorgeschriebenen Förmlichkeiten (Zuziehung eines Gemeindebeamten usw., Zuziehung des Inhabers der zu durchsuchenden Räume usw.) nicht beobachtet zu werden. — Die formlose Durchsuchung darf jedoch nur in solchen Räumen stattfinden, welche die Schmuggler während der Verfolgung vermutlich betreten haben (verb. „verdächtige Räume"; vgl. auch § 103 Abs. 2 StPO.).

6) Durchsuchungen außerhalb des Grenzbezirks (§ 126 Abs. 3).

Die einschlägigen Bestimmungen sind ziemlich dürftig; das Gesetz spricht nur von Haussuchungen, doch wird Abs. 3 auch auf die sonstigen Nachsuchungen entsprechend anwendbar sein. — Die Voraussetzungen, unter denen eine Durchsuchung außerhalb des Grenzbezirks zulässig ist, werden mit den Worten „zum Zwecke der Verfolgung einer Übertretung der Zollgesetze" kaum angedeutet. Da nicht angenommen werden kann, daß Durchsuchungen im Grenzbezirke an engere Voraussetzungen geknüpft sind als außerhalb desselben, so werden die Ausführungen in Anm. 4a auch hier zutreffen. — Anordnung und Leitung der hier besprochenen Durchsuchungen steht (wenn wir von den gerichtlichen Behörden absehen) nur dem Hauptamt, nicht auch wie nach § 126 Abs. 1 VZG., § 17 Abs. 2 VStG. dem Oberkontroleur oder dem Oberinspektor zu; denn die letzteren sind „zur Untersuchung" von Zolldelikten nicht „kompetent". — Über die Ausführung der Durchsuchung sind keine besonderen Bestimmungen getroffen; hier gilt also § 17 Abs. 2 S. 2 VStG. (oben A I 3).

7) Körperliche Visitationen (§ 127). Sie werden regelmäßig nur im Grenzbezirke und bei Betretung auf frischer Tat in Frage kommen. An sich wäre daher § 126 Abs. 1 S. 3—4 maßgebend. Die Anwendbarkeit

dieser Bestimmung wird aber erheblich eingeschränkt, weil die von der Durchsuchung betroffenen Personen verlangen können, daß Anordnung und Leitung der Visitation durch das zuständige Hauptamt erfolge (§ 127 S. 2). Eine weitere Beschränkung enthält S. 1 des § 127, insofern er „augenscheinlichen" Verdacht erfordert. — Daß übrigens § 127 auch dann zur Anwendung kommt, wenn einmal eine Visitation außerhalb des Grenzbezirks vorzunehmen ist, wurde bereits in Anm. 2 erwähnt.

IV. ZStG. § 32 Abs. 2:

In Betreff der Verfolgung von Zuwiderhandlungen gegen dieses Gesetz oder die in Gemäßheit desselben erlassenen Verwaltungsvorschriften finden auf den Bereich der Zuckerfabriken und einen von der obersten Landes-Finanzbehörde im Falle des Bedürfnisses zu bestimmenden Umkreis derselben die Bestimmungen in den §§ 126 und 127 des Vereinszollgesetzes entsprechende Anwendung mit der Maßgabe, daß das vorbezeichnete Gebiet als Grenzbezirk gilt.

V. Für die Übergangsabgaben kommt noch das Zollgesetz v. 23. Jan. 1838 in Betracht (RG. 7 Nr. 97).

§ 37. Sind Gründe vorhanden, zu vermuthen, daß irgend jemand im Grenzbezirke sich einer Uebertretung der Zollgesetze schuldig gemacht habe, oder zu einer solchen Uebertretung durch Bergung verbotener oder zollpflichtiger Waaren mitwirke, so können zur Ermittelung derartiger Kontraventionen Nachsuchungen nach solchen Vorräthen unter Erforderung des Ausweises über die geschehene Verzollung oder den inländischen Ursprung der vorgefundenen Waaren und selbst Hausvisitationen von Zollbeamten unter Leitung eines Ober-Kontroleurs oder eines andern Beamten gleichen oder höhern Ranges vorgenommen werden; Hausvisitationen jedoch nur unter Zuziehung der Ortsbehörden und nur nach Sonnenaufgang und vor Sonnenuntergang.

(Abs. 2—4 des § 37 werden nicht mit abgedruckt; Abs. 2, 3 [Haussuchungen auf frischer Tat] stimmen wörtlich mit § 126 Abs. 1 S. 3/4 VZG. überein; Abs. 4 betrifft Revisionen im steuerlichen Interesse.)

(§ 38 betrifft die „Haussuchungen außerhalb des Grenzbezirks" und ist mit § 126 Abs. 3 VZG. gleichlautend.)

(§ 39 handelt von den „körperlichen Visitationen" und ist im § 127 VZG. wörtlich enthalten.)[1])

1) Da im Übergangsverkehr zwischen den einzelnen deutschen Staaten Grenzbezirke nicht mehr bestehen (Bonnenberg § 17 XIII Anm. 2), so können gegenwärtig nur die §§ 38, 39 unmittelbare Anwendung finden. Vgl. hierzu die Anm. 6/7 unter Ziff. III. — § 37 ist trotzdem oben mitangeführt einmal mit Rücksicht auf das zu VI abgedruckte Gesetz, und sodann weil angenommen werden muß, daß auch für Haussuchungen außerhalb des Grenzbezirks an Stelle der §§ 104 ff. StPO. die Vorschrift des § 37 Abs. 1 a. E. entsprechend anzuwenden ist.

VI. SStG. § 10 Abs. 2 Ziff. 1:

Für den Bereich der Salzwerke und Fabriken (§ 3 am Schluß),[1]) sowie auf Personen, welche solche verlassen, finden die Bestimmungen in den §§ 37 und 39 des Zollgesetzes . . . Anwendung.[2]) Dieselben Bestimmungen können für den viertelmeiligen Umkreis derjenigen Salzwerke, welche als gehörig umfriedigt nicht anerkannt werden, durch eine von der obersten Finanzbehörde des Bundesstaates zu erlassende Bekanntmachung in Anwendung gebracht werden.[3]) . . .

1) Nach § 3 SStG. sind Salzwerke solche Betriebe, die Salz gewinnen oder raffinieren, Fabriken solche, in denen Salz in reinem oder unreinem Zustande als Nebenprodukt gewonnen wird.

2) An Stelle der §§ 37 und 39 des Zollgesetzes sind nicht etwa — wie Bonnenberg § 17 XIV Anm. 1

meint — die §§ 126 Abs. 1/2, 127 VZG. getreten. Hierzu hätte es einer ausdrücklichen gesetzlichen Bestimmung bedurft, um so mehr als das Zollgesetz von 1838 auch in anderer Hinsicht (oben V) in Kraft geblieben ist.

3) § 38 des Zollgesetzes ist im SStG. § 10 Ziff. 1 nicht aufgeführt. Außerhalb des in der letzten Stelle angegebenen Bereiches kann daher nur eine „richterliche" Durchsuchung (Vorbemerkung II 2 vor § 17) stattfinden.

VII. BrwStG. von 68 § 45:

Ist gegründeter Verdacht vorhanden, daß Unterschleife, um dem Staat die schuldigen Gefälle zu verkürzen, begangen worden, und deshalb eine förmliche Haussuchung erforderlich, es sei bei Personen, welche Brennerei betreiben, oder bei anderen, so darf sie nur unter Beachtung der für Haussuchungen im Allgemeinen vorgeschriebenen Formen und an solchen Orten stattfinden, die zur Begehung des Unterschleifs oder Verheimlichung von Beständen steuerpflichtiger Gegenstände geeignet sind.[1—3])

1) § 45 steht unter dem Marginale: Revisionsbefugnis der Steuerbeamten: er handelt also von der Durchsuchung im Verwaltungswege (ebenso Bonnenberg § 17 XVI Anm. 1). — Die Stelle bezieht sich ferner nur auf Haussuchungen im engeren Sinne. Ihre entsprechende Anwendung auf sonstige Durchsuchungen dürfte wegen der Schlußworte des § 45 ausgeschlossen sein. Sind solche trotzdem erforderlich, so ist nach § 17 Abs. 1 S. 2 VStG. zu verfahren.

2) Im einzelnen gestaltet sich die Haussuchung nach § 45 folgendermaßen:

a) Voraussetzung für ihre Zulässigkeit ist der durch Tatsachen begründete Verdacht einer Branntweinsteuerdefraudation. Dies gilt entsprechend dem § 126 VZG. (oben III Anm. 4a) in gleicher Weise, mag es sich um Haussuchungen bei tatverdächtigen oder anderen Personen handeln. — Ebenso macht es nach der ausdrücklichen Bestimmung des Gesetzes keinen Unterschied, ob die

Person, bei der die Haussuchung stattfinden soll, Brennerei betreibt oder nicht.

b) Anordnung und Leitung erfolgt — da § 45 keine besondere Bestimmung enthält — durch die im VStG. § 17 Abs. 2 S. 1 erwähnten Organe (siehe auch Vorb. II 1 vor § 17).

c) Für die Ausführung beschränkt sich § 45 im wesentlichen auf die Bestimmung, daß die „im allgemeinen" (d. h. jetzt: nach der StPO.) vorgeschriebenen Formen beobachtet werden müssen. Die weiteren Schlußworte des § 45 dürften nur geringe praktische Bedeutung beanspruchen. — Im übrigen ist § 17 Abs. 2 S. 2 VStG. maßgebend.

3) Nach §§ 15 (42 IV) BrwStG. von 87 finden „in Bezug auf Haussuchungen in Fällen des Verdachtes einer Zuwiderhandlung gegen die die Verbrauchsabgabe (und den Zuschlag zur Verbrauchsabgabe) betreffenden Bestimmungen" die Vorschriften des § 45 BrwStG. von 68 „entsprechende Anwendrng".

VIII. BrauStG. § 34:

Ist begründeter Verdacht vorhanden, daß Steuerdefraudationen begangen sind oder daß unzulässige Stoffe bei der Bierbereitung verwendet werden, und deshalb eine förmliche Haussuchung erforderlich, es sei bei Personen, die Brauerei betreiben oder bei anderen, so darf die Durchsuchung nur unter Beachtung der für Haussuchungen gesetzlich vorgeschriebenen Formen und nur an solchen Orten stattfinden, die zur Begehung des Unterschleifs oder zur Verheimlichung von Beständen an geschrotetem Malze, an Zucker oder an unzulässigen Ersatz- oder Zusatzstoffen geeignet sind. [1—3])

1) § 34 steht in dem von der „Aufsichtsbefugnis der Steuerbeamten" handelnden Abschnitt des BrauStG. Er bezieht sich also gleichfalls nur auf Haussuchungen im Verwaltungswege. — Im übrigen kann im allgemeinen auf die Erläuterungen zu § 45 BrwStG. von 68

(oben VII) verwiesen werden. Einige Besonderheiten sind in den folgenden Anmerkungen erwähnt.

2) Das BrauStG. unterscheidet vier Hauptgruppen von Straftaten: a) Verwendung unzulässiger Stoffe bei der Bierbereitung, b) Handel mit verbotswidrigen Bierextrakten und dergleichen Zubereitungen (§ 37), c) Defraudationen (§§ 38/42, 44/45), d) Ordnungswidrigkeiten (§§ 43, 46 f.). Nur in den Fällen a und c ist eine Durchsuchung im Verwaltungswege möglich.

3) Die besondere Hervorhebung von „Malz" und „Zucker" in den Schlußworten des § 34 beruht darauf, daß diese Gegenstände Steuerobjekt sind (§ 2), mit ihnen also die Defraudation begangen werden kann.

IX. Für Durchsuchungen in solchen Schlacht- und Wildpretsteuerstrafsachen, die zufolge § 58 BStG. nach Maßgabe dieses Gesetzes erledigt werden, kommt gegenwärtig noch § 54 der Steuerordnung v. 8. Februar 1819 (GS. S. 102) in Betracht (vgl. § 17 Ziff. d d. Gesetzes weg. Entricht. e. Mahl- und Schlachtsteuer v. 30 Mai 1820 (GS. S. 143), Allerh. Erlaß wegen Einführung einer Wildpretsteuer usw. v. 24. April 1848 (GS. S. 131).

§ 54. Ist gegründeter Verdacht vorhanden, daß Unterschleife, um dem Staate die verschuldeten Gefälle zu verkürzen, begangen worden, und deshalb eine förmliche Haussuchung erforderlich,[1]) es sei bei Personen, welche Brennerei, Brauerei, Wein- und Tabaksbau betreiben, oder bei anderen: so ist dazu ein schriftlicher Auftrag eines Oberbeamten oder einer nach höheren dem Steueramte vorgesetzten Behörde erforderlich [2]) und sie darf nur unter Zuziehung eines Gemeindebeamten an solchen Orten stattfinden, die zur Begehung des Unterschleifs oder Verheimlichung von Beständen steuerpflichtiger Gegenstände geeignet sind.[3])

1) Hinsichtlich der Voraussetzungen für die Zulässigkeit einer Durchsuchung nach § 54 ist Ziff. VII Anm. 1, 2a entsprechend zu vergleichen.

2) Anordnung und Leitung der Durchsuchung kann nur durch einen Oberbeamten oder einer dem Hauptamt vorgesetzten Behörde, abweichend von § 17 Abs. 2 S. 1 also nicht durch dieses selbst erfolgen.

3) Das Verfahren bei der Ausführung der Durchsuchung richtet sich gemäß § 17 Abs. 2 S. 2 nach den Vorschriften der StPO. Die Schlußbestimmungen des § 54 der Steuerordnung sind als nicht dem Reichsrecht angehörig beseitigt (vgl. auch Vorb. vor § 17 II 1).

X. Anhang: Die Durchsicht der Papiere und Handelsbücher (§ 17 Abs. 3/4): 1—6)

1) Abs. 3 und 4 des § 17 lauteten im Regierungsentwurfe folgendermaßen;

Die Durchsicht der Papiere und Handelsbücher des von der Durchsuchung Betroffenen steht, abgesehen von Landesstempelsachen, für welche es bei den bestehenden Bestimmungen verbleibt, dem Bezirksoberkontroleur, dem Bezirksoberinspektor und dem Hauptamte oder dessen vorgesetzten Behörden zu.

(Abs. 4 = S. 1 des Abs. 4 des Ges.)

In dieser Fassung enthielt die Stelle eine Ausnahme von § 17 Abs. 2 S. 2 (verb.: nach den Vorschriften der StPO.) und den ihm entsprechenden Bestimmungen der zu III—IX aufgeführten Paragraphen. — Nach ihrem gegenwärtigen Wortlaut, der auf einem Beschlusse der Kommission des Abgeordetenhauses beruht (vgl. deren Bericht S. 2884 f.), bilden dagegen die Abs. 3/4 nur eine (überflüssige) Erläuterung der eben erwähnten Bestimmungen (vgl. § 110 StPO.).

2) Abs. 3 spricht von einer Durchsicht der „Papiere und Handelsbücher". Da unter Papieren Schriftstücke jeder Art zu verstehen sind (Beling, Strafprozeßrecht § 55 Anm. 17), so ist die besondere Hervorhebung der Handelsbücher überflüssig. — Im übrigen beziehen sich die Abs. 3 und 4 auf sämtliche bei einer Durchsuchung gefundenen Papiere, gleichgültig ob sie dem von ihr Betroffenen ge-

hören oder nicht (Löwe/Hellweg § 110 Anm. 2). Der Wortlaut des Abs. 3 („Papiere . . . des Betroffenen") kann nicht gegen unsere Ansicht angeführt werden, da die nachsuchenden Beamten ohne Durchsicht der Papiere, die ihnen doch verboten ist, die Eigentumsverhältnisse an den gefundenen Schriftstücken kaum werden feststellen können.

3) Welcher Richter zur Durchsicht zuständig ist, ergibt sich aus der **AV. 14**:

Zur Durchsicht der Papiere und Handelsbücher des von der Durchsuchung Betroffenen ist der Amtsrichter des Bezirks zuständig, in welchem die Durchsuchung vorgenommen worden ist (§ 160 der Strafprozeßordnung).[a)][b)]

a) Der Amtsrichter hat nur seine örtliche Zuständigkeit, nicht aber auch die Frage zu prüfen, ob die Durchsuchung, bei der die Papiere gefunden sind, nach Maßgabe der einschlägigen Gesetzesbestimmungen stattgefunden hat (vgl. § 160 Abs. 2 StPO.).

b) Daß der Richter den „Inhaber der Papiere" von dem Termin zur Durchsicht tunlichst in Kenntnis zu setzen hat, ist im Gegensatz zu § 110 Abs. 3 StPO. nicht vorgeschrieben.

4) Vor der Ablieferung an den Richter sind die Papiere in der im Abs. 4 S. 2 vorgeschriebenen Weise zu verschließen. Die hier gegebenen Bestimmungen sind aber bloß instruktioneller Natur.

5) Das begleitende Ersuchungsschreiben ist von derjenigen Behörde zu erlassen, die mit der Leitung der Durchsuchung im Einzelfalle betraut ist. In dem Schreiben ist mit Rücksicht auf Abs. 4 S. 3 die Straftat bestimmt anzugeben.

6) Das Angehen des Richters kann unterbleiben, wenn und soweit der Inhaber der Papiere (d. h. der Gewahrsamsinhaber — Anm. 2 —) den Zoll- und Steuerbeamten die Durchsicht gestattet (Abs. 4 S. 1). Die Erlaubnis

ist in dem nach § 23 VStG. aufzunehmenden Durchsuchungsprotokoll ausdrücklich festzustellen.

B. **Richterliche Durchsuchungen** (§ 17 Abs. 2 S. 2):

I. Durchsuchungen im Verwaltungswege sind nur soweit zulässig, als die unter Ziff. A III—IX erläuterten Gesetzesstellen reichen. Erweist sich darüber hinaus in einem Verwaltungsstrafverfahren die Vornahme einer Durchsuchung als geboten, so muß sich das untersuchungführende Hauptamt an die nach der StPO. — „den allgemeinen gesetzlichen Bestimmungen" — zuständigen Behörden wenden (vgl. § 105_1 StPO., unten Ziff. II c) und diese entsprechend ersuchen. — Die angegangene Instanz hat zunächst ihre örtliche und sachliche Zuständigkeit zu prüfen (Anm. II c 2); ferner hat sie festzustellen, ob die Voraussetzungen für die Zulässigkeit einer „richterlichen" Durchsuchung gegeben sind (§§ 102/103 StPO. — unten II a —). Wird das Ersuchen abgelehnt, so steht der Verwaltungsbehörde, wenn sie den Richter angegangen hatte, die Beschwerde an das Oberlandesgericht zu (§ 87 Abs. 2 Preuß. AGGVG.); hatte sie dagegen sich an eine der anderen im § 105 Abs. 1 StPO. genannten Instanzen gewandt, so ist die Beschwerde an deren unmittelbar vorgesetzte Behörde zu richten. — Wenn umgekehrt dem Ersuchen stattgegeben wird, so erwächst innerhalb des Administrativprozesses ein selbständiges Zwischenverfahren (Vorbemerkung II 2 vor § 17), für das die Vorschriften der StPO. maßgebend sind. Insbesondere richtet sich die Art und Weise, in der die Durchsuchung auszuführen ist, nach den §§ 104, 105 Abs. 2 — 110 StPO.*).

---

*) Wie schon oben Ziff. A I 3 b angegeben, gelten die eben angeführten Paragraphen mangels abweichender reichsgesetzlicher Bestimmungen auch für die Durchsuchung im Verwaltungswege. Sie waren daher im folgenden auch nach dieser Hinsicht zu erläutern.

II. Im einzelnen lauten die §§ 102—110 wie folgt:

a) **§ 102.** Bei demjenigen, welcher als Thäter oder Theilnehmer einer strafbaren Handlung oder als Begünstiger oder Hehler verdächtig ist, kann eine Durchsuchung der Wohnung und anderer Räume, sowie seiner Person und der ihm gehörigen Sachen, sowohl zum Zwecke seiner Ergreifung, als auch dann vorgenommen werden, wenn zu vermuthen ist, daß die Durchsuchung zur Auffindung von Beweismitteln führen werde.[1])[2])

§ 103. Bei anderen Personen sind Durchsuchungen nur behufs der Ergreifung des Beschuldigten oder behufs der Verfolgung von Spuren einer strafbaren Handlung oder behufs der Beschlagnahme bestimmter Gegenstände und nur dann zulässig, wenn Thatsachen vorliegen, aus denen zu schließen ist, daß die gesuchte Person, Spur oder Sache sich in den zu durchsuchenden Räumen befinde.

Diese Beschränkung findet keine Anwendung auf die Räume, in welchen der Beschuldigte ergriffen worden ist, oder welche er während der Verfolgung betreten hat, oder in welchen eine unter Polizeiaufsicht stehende Person wohnt oder sich aufhält.[1])[2])

1) Allgemeine Voraussetzung einer richterlichen Durchsuchung ist zunächst die Wahrscheinlichkeit, daß eine strafbare Handlung begangen ist. Dieses Erfordernis ist als selbstverständlich im Gesetz nicht mit aufgenommen (Löwe-Hellweg § 102 Anm. 1). — Im übrigen unterscheidet das Gesetz abweichend von den zu A III—IX aufgeführten Bestimmungen zwischen Durchsuchungen bei tatverdächtigen und sonstigen Personen. Sehen wir von der Durchsuchung zwecks Ergreifung des Beschuldigten ab, weil sie mit Rücksicht auf VStG. § 2 Abs. 1 a. E. hier nicht in Frage kommt, so ist „bei dem Verdächtigen.. [die] Durchsuchung schon zulässig, wenn zu vermuten ist, daß irgendwelche Beweis- oder Einziehungsstücke gefunden werden"; dagegen müssen „bei den anderen Personen ... Tatsachen vorliegen, die auf das Vor-

handensein bestimmter Sachen . . . schließen lassen" (vgl. Beling, Strafprozeßrecht § 54 II). — Die Beschränkungen der Durchsuchung beim Nichtverdächtigen fallen jedoch in den Fällen des § 103 Abs. 2 fort.

2) Gegenstand der Durchsuchung sind Personen, Räume und sonstige Sachen (Löwe/Hellweg Anm. 1 zu §§ 102 bis 110, § 103 Anm. 2).

b) § 104. Zur Nachtzeit dürfen die Wohnung, die Geschäftsräume und das befriedete Besitzthum nur bei Verfolgung auf frischer That oder bei Gefahr im Verzug oder dann durchsucht werden, wenn es sich um die Wiederergreifung eines entwichenen Gefangenen handelt.[1][2]

Diese Beschränkung findet keine Anwendung auf Wohnungen von Personen, welche unter Polizeiaufsicht stehen, sowie auf Räume, welche zur Nachtzeit Jedermann zugänglich oder welche der Polizei als Herbergen oder Versammlungsorte bestrafter Personen, als Niederlagen von Sachen, welche mittels strafbarer Handlungen erlangt sind, oder als Schlupfwinkel des Glückspiels oder gewerbsmäßiger Unzucht bekannt sind.

Die Nachtzeit umfaßt in dem Zeitraume vom ersten April bis dreißigsten September die Stunden von neun Uhr Abends bis vier Uhr Morgens und in dem Zeitraume vom ersten Oktober bis einunddreißigsten März die Stunden von neun Uhr Abends bis sechs Uhr Morgens.

1) § 104 handelt nur von der Haussuchung; er gilt übrigens auch für die Durchsuchung im Verwaltungswege (oben A I 3 b; Ausnahme: Ziff. A V Anm. 1, A VI).

2) Von den Voraussetzungen, unter denen Abs. 1 die nächtliche Haussuchung gestattet, kommt bei richterlichen Durchsuchungen auf Grund Ersuchens der Verwaltungsbehörde nur die Verzugsgefahr in Betracht. Sie ist gegeben, „wenn anzunehmen ist, daß der Aufschub der Durchsuchung bis zur Tageszeit den Erfolg der Maßregel vereiteln würde" (Löwe/Hellweg § 104 Anm. 3). Ob

diese Voraussetzung zutrifft, hat die ersuchte Behörde festzustellen.

c) **§ 105.**[1]) Die Anordnung von Durchsuchungen steht dem Richter, bei Gefahr im Verzug auch der Staatsanwaltschaft und denjenigen Polizei- und Sicherheitsbeamten zu, welche als Hülfsbeamte der Staatsanwaltschaft den Anordnungen derselben Folge zu leisten haben.[2])[3])

Wenn eine Durchsuchung der Wohnung, der Geschäftsräume oder des befriedeten Besitzthums ohne Beisein des Richters oder des Staatsanwalts stattfindet, so sind, wenn dies möglich, ein Gemeindebeamter oder zwei Mitglieder der Gemeinde, in deren Bezirk die Durchsuchung erfolgt, zuzuziehen. Die als Gemeindemitglieder zugezogenen Personen dürfen nicht Polizei- oder Sicherheitsbeamte sein.[4])

Die in den vorstehenden Absätzen angeordneten Beschränkungen der Durchsuchung finden keine Anwendung auf die im § 104 Abs. 2 bezeichneten Wohnungen und Räume.[2])[4])

Durchsuchungen in militärischen Dienstgebäuden erfolgen durch Ersuchen der Militärbehörde, und auf Verlangen der Civilbehörde (Richter, Staatsanwaltschaft) unter deren Mitwirkung. Des Ersuchens der Militärbehörde bedarf es jedoch nicht, wenn die Durchsuchung von Räumen vorzunehmen ist, welche in militärischen Dienstgebäuden ausschließlich von Civilpersonen bewohnt werden.[5])

1) § 105 handelt teils von der Anordnung, teils von der Ausführung der Durchsuchung; auf jene bezieht sich Abs. 1 i. V. mit Abs. 3, auf diese Abs. 2—4.

2) Zur Anordnung sind zuständig:

a) Der „Richter", d. h. derjenige Amtsrichter, in dessen Bezirk die Durchsuchung vorzunehmen ist (vgl. entsprechend AV. 14 — oben Ziff. A X 3).

b) Die Staatsanwaltschaft und zwar der Erste Staatsanwalt oder der Amtsanwalt, je nachdem das Steuerdelikt im ordentlichen Verfahren zur Zuständigkeit des Land- oder Schöffengerichts gehören würde.

c) Die polizeilichen Hülfsbeamten der Staatsanwaltschaft (siehe über diese Löwe/Hellweg GVG. § 153 Anm. 3).

Zu b—c. Hinsichtlich der örtlichen Zuständigkeit gilt entsprechend das zu a Bemerkte; sachlich kommt noch in Betracht, daß die genannten Behörden nur dann um die Anordnung einer Beschlagnahme ersucht werden dürfen, wenn „Gefahr im Verzuge“ vorliegt, d. h. wenn zu besorgen ist, daß der durch die Angehung des Richters bedingte Zeitverlust die Ausführung der Maßregel vereiteln könnte (Löwe/Hellweg § 105 Anm. 2, § 98 Anm. 4). — Diese Einschränkung der sachlichen Zuständigkeit fällt jedoch weg, wenn die im § 104_2 bezeichneten Wohnungen und Räume den Gegenstand der Durchsuchung bilden. Nach Löwe/Hellweg § 105 Anm. 12 und RG. 3 Nr. 72 können in derartigen Fällen auch solche Polizeiorgane, die nicht zu den staatsanwaltschaftlichen Hülfsbeamten gehören, die Durchsuchung anordnen. Diese Auffassung erscheint bedenklich und durch den Wortlaut des Abs. 3 nicht geboten (so auch Beling, Strafprozeßrecht § 55 Anm. 6).

3) Die Beamten, welche die Durchsuchung auszuführen haben, werden in der StPO. nicht mit bestimmten Worten bezeichnet. Es ist statthaft, daß der Beamte, der die Durchsuchung anordnet, zugleich ihre Ausführung vornimmt (vgl. auch § 17_1 S. 2 VStG. „Anordnung und Ausführung“); es kann aber auch z. B. der Richter „die Ausführung einem . . . Gerichtsschreiber, Gerichtsdiener . . . oder auch einem Beamten der Polizei übertragen“ (vgl. Löwe/Hellweg § 105 Anm. 5a). — In jedem Fall kann die anordnende Behörde auf Ersuchen des Hauptamts die Ausführung auch den Beamten der Steuerverwaltung überlassen (ebenso Bonnenberg § 17 Ziff. XX 4).

4) Für die Ausführung von **Haussuchungen**, die in Abwesenheit des Richters oder des (landgerichtlichen) Staatsanwalts erfolgen, schreibt Abs. 2 die Zuziehung gewisser Solennitätszeugen vor. Diese Bestimmung gilt auch für die Durchsuchung im Verwaltungswege (ausgenommen oben Ziff. A III Anm. 5, sowie ferner die Ziff. A V Anm. 1 und A VI erwähnten Fälle, für die der etwas abweichende § 37 Abs. 1 a. E. des Zollgesetzes von 1838 maßgebend ist). — Die Zuziehung ist jedoch nur nötig, falls sie „ohne Gefährdung des Erfolges der Durchsuchung" möglich ist (Löwe/Hellweg § 105 Anm. 10), und entfällt, wenn es sich um die im § 104_2 erwähnten Räumlichkeiten handelt (§ 105_3).

5) Soll eine Durchsuchung in militärischen Dienstgebäuden (und Kriegsfahrzeugen — § 98_4 StPO. —) stattfinden, so steht die Anordnung bei richterlichen Durchsuchungen den in § 105 Abs. 1 genannten Behörden, bei solchen im Verwaltungswege den betreffenden Steuerorganen zu. Nur die Ausführung erfolgt durch die Militärbehörde (Beling, Strafprozeßrecht § 55 Ic). Daher darf sich im ersten Falle das Hauptamt nicht unmittelbar an die Militärbehörde wenden, sondern hat zunächst das Ersuchen um Anordnung gemäß § 17_1 S. 2 an die Zivilbehörde zu richten, die dann das weitere veranlaßt. — Über die Militärbehörde, die im einzelnen Falle zu ersuchen ist, vgl. § 13 Anm. 29a. — Daß bei der Durchsuchung außer den im § 105 Abs. 4 genannten Zivilbehörden auch ein Mitglied des untersuchungführenden Hauptamts, bzw. die anordnende Steuerbehörde mitwirken darf, wird bei der Beschaffenheit der hier fraglichen Delikte auch ohne gesetzliche Bestimmung anzunehmen sein (vgl. § 13 Anm. 29b; so auch Bonnenberg § 17 IX Anm. 4). — Die Anrufung der Militärbehörde entfällt unter den am Schluß des § 105 angegebenen Voraussetzungen.

d) **§ 106.** Der Inhaber der zu durchsuchenden Räume

oder Gegenstände darf der Durchsuchung beiwohnen. Ist er abwesend, so ist, wenn dies möglich, sein Vertreter oder ein erwachsener Angehöriger, Hausgenosse oder Nachbar zuzuziehen.

Dem Inhaber oder der in dessen Abwesenheit zugezogenen Person ist in den Fällen des § 103 Abs. 1 der Zweck der Durchsuchung vor deren Beginn bekannt zu machen. Diese Vorschrift findet keine Anwendung auf die Inhaber der im § 104 Abs. 2 bezeichneten Räume.[1])

1) § 106 ist auch bei einer Durchsuchung im Verwaltungswege zu beachten (Ausnahme Ziff. A III 5). Dies gilt auch für den Abs. 2 (vgl. § 17_2 S. 2 VStG.), obwohl die oben zu A III—IX angeführten Gesetze im allgemeinen keinen Unterschied zwischen Durchsuchungen beim Verdächtigen und Nichtverdächtigen machen.

e) **§ 107.** Dem von der Durchsuchung Betroffenen[1]) ist nach deren Beendigung auf Verlangen eine schriftliche Mittheilung zu machen, welche den Grund der Durchsuchung (§§ 102, 103) sowie im Falle des § 102 die strafbare Handlung bezeichnen muß.[2]) Auch ist demselben auf Verlangen ein Verzeichniß der in Verwahrung oder in Beschlag genommenen Gegenstände, falls aber nichts Verdächtiges gefunden wird, eine Bescheinigung hierüber zu geben.[3])[4])

1) Unter dem von der Durchsuchung Betroffenen ist diejenige Person zu verstehen, bei der die Nachsuchung stattgefunden, nicht diejenige, gegen welche sich die Maßregel gerichtet hat.

2) Den „Grund der Durchsuchung“ stellen diejenigen Tatsachen dar, die im konkreten Falle die Voraussetzung für die Zulässigkeit der Durchsuchung gebildet haben. Handelt es sich um eine Durchsuchung im Verwaltungswege, so kommen also nicht die im § 107 angeführten §§ 102f., sondern die oben zu A III—IX zitierten Vorschriften in Betracht. Doch wird, wenn die Ver-

waltungsdurchsuchung beim Verdächtigen stattfindet, auch hier die strafbare Handlung zu bezeichnen sein (§ 107 S. 1 a. E.).

3) Die Mitteilungen, Verzeichnisse und Bescheinigungen sind nur „auf Verlangen" zu erteilen. In Abwesenheit des Betroffenen kann auch sein Vertreter (§ 106_1) ein solches Verlangen stellen (Löwe/Hellweg § 107 Anm. 1).

4) Das im § 107 S. 2 genannte Verzeichnis ist nach der positiven Vorschrift des § 28_2 VStG. durch die administrative Untersuchungsbehörde zu erteilen.

f) **§ 108.** Werden bei Gelegenheit einer Durchsuchung Gegenstände gefunden, welche zwar in keiner Beziehung zu der Untersuchung stehen, aber auf die erfolgte Verübung einer anderen strafbaren Handlung hindeuten, so sind dieselben einstweilen in Beschlag zu nehmen. Der Staatsanwaltschaft ist hiervon Kenntniß zu geben.[1])

1) Da § 108 für die richterliche Durchsuchung stets gilt, auch wenn die ausführenden Beamten (wie z. B. die Gerichtsdiener) nicht Organe der Strafverfolgung sind, so muß die Stelle auch für die durchsuchenden Verwaltungsbeamten und ohne Beschränkung auf etwa neuentdeckte Steuervergehen (a. M. Bonnenberg § 17 Ziff. VI) zur Anwendung kommen; nur wird bei solchen Steuerdelikten die im S. 2 erwähnte Benachrichtigung an das Hauptamt zu richten sein (§ 23 VStG.).

g) **§ 109.** Die in Verwahrung oder in Beschlag genommenen Gegenstände sind genau zu verzeichnen und zur Verhütung von Verwechselungen durch amtliche Siegel oder in sonst geeigneter Weise kenntlich zu machen.[1])

1) § 109 gilt ebenso wie im ordentlichen Strafprozeß auch im Verwaltungsverfahren ohne Unterschied, ob die Beschlagnahme im Wege der Durchsuchung oder ohne solche erfolgt (vgl. Anm. 2 vor § 13; § 13 Anm. 5).

b) **§ 110.** Eine Durchsicht der Papiere des von der Durchsuchung Betroffenen steht nur dem Richter zu.

Andere Beamte sind zur Durchsicht der aufgefundenen Papiere nur dann befugt, wenn der Inhaber derselben die Durchsicht genehmigt. Anderenfalls haben sie die Papiere, deren Durchsicht sie für geboten erachten, in einem Umschlage, welcher in Gegenwart des Inhabers mit dem Amtssiegel zu verschließen ist, an den Richter abzuliefern.

Dem Inhaber der Papiere oder dessen Vertreter ist die Beidrückung seines Siegels gestattet; auch ist er, falls demnächst die Entsiegelung und Durchsicht der Papiere angeordnet wird, wenn dies möglich, aufzufordern, derselben beizuwohnen.

Der Richter hat die zu einer strafbaren Handlung in Beziehung stehenden Papiere der Staatsanwaltschaft mitzutheilen.[1])

1) § 110 stimmt mit den für die Verwaltungsdurchsuchung geltenden Abs. 3 und 4 des § 17 im wesentlichen überein: es wird daher auf die Erläuterungen zu § 17 A X verwiesen. - Findet die Durchsuchung gemäß § 17 Abs. 1 S. 2 statt, so erfolgt die in Abs. 4 des § 110 vorgesehene Mitteilung selbstverständlich an die untersuchungführende Verwaltungsbehörde.

§ 18.*)

Für Beschlagnahmen und Durchsuchungen in Landesstempelsachen verbleibt es bei der Bestimmung des § 31 des Stempelsteuergesetzes vom 31. Juli 1895 (Gesetz-Samml. S. 413).[1—3)]

*) AB. 15 in Anm. 2.

1) In Betracht kommt nur Abs. 4 S. 2ff. des § 31. Diese Stelle lautet:

. . . Bei dringendem Verdacht einer Stempelsteuerhinterziehung hat auf einen durch Angabe und Glaubhaftmachung der vorliegenden Thatsachen zu begründenden Antrag des Vorstandes des Stempelsteueramtes das Amtsgericht, in dessen Bezirke die Privatperson ihren Wohnsitz oder in Ermangelung dessen ihren gewöhnlichen Aufenthaltsort hat, über die Anordnung einer Beschlagnahme oder Durchsuchung Entscheidung zu treffen. Der Ausführung der Beschlagnahme oder Durchsuchung hat eine Aufforderung zum Ausweis über die gehörige Beobachtung der Stempelsteuergesetze unmittelbar vorauszugehen. Auf das Verfahren finden im Uebrigen die Vorschriften der Strafprozeßordnung mit der Maßgabe entsprechende Anwendung, daß der Beschlagnahme oder Durchsuchung der Vorstand des Stempelsteueramtes beziehungsweise ein mit seiner Vertretung beauftragter Beamter beiwohnen kann.

2) **AB. 15:** Die Nr. 29 der Dienstvorschriften zur Ausführung des Stempelsteuergesetzes vom 31. Juli 1895 (Gesetz-Samml. S. 413) bleibt in Kraft.[a)]

a) Dienstvorschriften betr. die Ausf. d. StempStG. v. 14. Febr. 1896 (ZBl. S. 93 ff.) Nr. 29:

Auf das Verfahren wegen Beschlagnahme oder Durchsuchungen bei Privatpersonen, welche im dringenden Verdacht der Verletzung eines Stempelgesetzes stehen, finden die §§ 94 und fg. der Strafprozeßordnung Anwendung. Da die Aufforderung an die Privatperson zum Ausweis über die gehörige Beobachtung der Stempelgesetze und die Ausführung der Beschlagnahme oder Durchsuchung unmittelbar auf einander folgen müssen, so darf die Aufforderung nicht vorher in schriftlicher Form erfolgen, sondern sie ist mündlich an die betreffende Privatperson zu richten. Im Falle der Weigerung derselben, sich auszuweisen, muß unverzüglich mit der Ausführung der Beschlagnahme oder Durchsuchung begonnen werden. Derselben hat der Vorstand des Stempelsteueramts oder ein mit seiner Vertretung beauftragter Beamter der Stempelverwaltung beizuwohnen. Diese Beamten, welche dem Amtsgericht in dem einzureichenden Antrage namhaft zu machen sind, haben sich vorher mit den die Beschlagnahme oder Durchsuchung ausführenden Gerichtsbeamten über die nähere Art der Ausführung zu besprechen.

3) Nach den in Anm. 1 und 2 angeführten Vorschriften gestaltet sich die Verwaltungsbeschlagnahme und -durchsuchung in Landesstempelsachen folgendermaßen:

I. Voraussetzungen für die Anordnung:

1) Dringender Verdacht einer Stempelsteuerhinterziehung; die übrigen Stempelvergehen scheiden aus. Ferner kommen nur Defrauden einer Privatperson in Betracht; hinsichtlich derjenigen Kontraventionen, welche Beamte bei Ausübung ihrer dienstlichen Tätigkeit begehen, ist dagegen eine Beschlagnahme und Durchsuchung im Verwaltungswege unstatthaft, aber auch infolge der Kontrollvorschriften des § 31₂ LStG. wohl zu entbehren.

2) Antrag auf Beschlagnahme oder Durchsuchung:

a) Antragsteller ist der Vorstand des Stempelsteueramts; diese Bestimmung enthält eine Abweichung von dem im § 4 VStG. aufgestellten Grundsatze, nach welchem dem Hauptamt die Untersuchung im Verwaltungswege zusteht. — Hat aber demnächst die Durchführung der beantragten Maßregel den Verdacht bestätigt, so gebührt dem Hauptamt die weitere Verfügung (vgl. entspr. § 23 VStG. und AB. 32 bei § 34 Anm. 7).

b) Der Antrag muß die Tatsachen, welche den dringenden Verdacht der Stempeldefraude begründen sollen, angeben und glaubhaft machen; als Mittel der Glaubhaftmachung werden regelmäßig die (einstweiligen) amtlichen Ermittelungen (§§ 22f. VStG.) dienen. — In dem Antrage ist ferner der Steuerbeamte namhaft zu machen, welcher der Ausführung der beantragten Maßregel beiwohnen soll (§ 31 Abs. 4 S. 4 LStG., Dienstvorschr. Nr. 29 a. E.).

c) Zu richten ist der Antrag an das Amtsgericht des Wohnsitzes, ev. des gewöhnlichen Aufenthaltsorts der verdächtigen Person. Im Bezirke dieses Gerichtes wird durchgängig auch die Ausführung der Beschlagnahme oder Durchsuchung erfolgen müssen; denn wie sich aus § 31 Abs. 4 S. 3 LStG. ergibt, können die erwähnten Akte nur bei der verdächtigen Privatperson selbst, nicht auch bei Dritten stattfinden (a. M. Bonnenberg § 18 Anm. 3). — Sollte trotzdem ausnahmsweise die Beschlagnahme oder Durchsuchung im Bezirke eines anderen als des anordnenden Gerichtes auszuführen sein, so muß dieses nach § 158 GVG. das erstere um die Ausführung ersuchen.

II. Geht der Antrag ein, so hat das Amtsgericht zu prüfen, ob die sämtlichen unter I erwähnten Voraussetzungen zutreffen. Ist dies der Fall, so ist die Beschlagnahme oder Durchsuchung anzuordnen, andernfalls ist der Antrag abzulehnen; gegen diese Entscheidung hat der Vorstand des Stempelsteueramts Beschwerde beim Oberlandesgericht (§ 87 Abs. 2 AGGVG.).

III. Wird dem Antrage stattgegeben, so hat der Amtsrichter mit Rücksicht auf die Dienstvorschr. 29 S. 4 f. den Vorstand des Stempelsteueramts rechtzeitig zu benachrichtigen und ihm namentlich auch seinerseits den Beamten zu bezeichnen, der die angeordnete Maßregel auszuführen hat (vgl. auch oben § 17 Ziff. B II c Anm. 3). Mit diesem hat sich der im Antrage benannte Steuerbeamte (oben I 2 b) ins Benehmen zu setzen. — Unmittelbar vor der Ausführung ist die verdächtige Person zum Ausweis über die gehörige Beobachtung der Stempelgesetze aufzufordern. Daß diese Aufforderung vom Richter erfolgen muß — wie Heinitz, Kommentar zum preuß. Stempelsteuerges. (3. Aufl.) § 31 Anm. III 2 B d meint — ist aus dem Gesetze nicht zu entnehmen, widerlegt sich auch dadurch, daß der Richter bei der Ausführung gar nicht gegenwärtig zu sein braucht. — Die Aufforderung ist vielmehr von dem mitanwesenden Steuerbeamten zu erlassen (vgl. auch § 31_4 S. 1 LStG.). Sie hat nur zu erfolgen, wenn der Verdächtige angetroffen wird, und soll ihm noch einmal die Möglichkeit gewähren, die Ausführung der Beschlagnahme oder Durchsuchung von sich abzuwenden. — Der verlangte Ausweis wird durch Vorlage derjenigen Urkunden geführt, hinsichtlich derer die Stempelhinterziehung begangen sein soll. Ergibt sich, daß diese Urkunden rechtzeitig und ausreichend verstempelt sind, so ist für die weitere Ausführung der angeordneten Beschlagnahme usw. kein Raum; aber auch wenn die Vorlage der Urkunden den Verdacht bestätigt, bedarf es — wie Heinitz a. O. mit Recht bemerkt — keiner Beschlagnahme, da ja der Befund in dem aufzunehmenden Protokoll festgestellt werden kann. — Im übrigen dürfte die hier besprochene Aufforderung praktische Bedeutung nur dann haben, wenn der Verdacht bezüglich bestimmter Urkunden besteht, nicht aber wenn er sich auf eine ungewisse Reihe von Urkunden erstreckt und zur Ermittelung derselben eine Durchsuchung angeordnet wird; denn im letzteren Falle wird die Vorlage einzelner Urkunden zur Klarstellung des Sachverhalts nicht genügen. — Ist die Aufforderung erfolglos geblieben oder bringt sie nicht die nötige Aufklärung, so ist sogleich zur Ausführung der Beschlagnahme oder Durchsuchung zu schreiten. — Nach § 31 Abs. 4 S. 4 LStG. sind bei der Ausführung der Durchsuchung die §§ 104, 105 Abs. 2—110 StPO. zu beachten (vgl. § 17 BStG. Ziff. B I a. E., B II b—h; teilweise abweichend Heinitz a. O. Anm. III 2 B e).

G. Vorläufige Festnahme.[1] [2]

1) Unter „vorläufiger Festnahme" ist in Übereinstimmung mit der StPO. die Ergreifung vor Erlaß eines Haftbefehls zu verstehen. Die eigentliche „Verhaftung" und das sich an sie anschließende Verfahren liegt außer-

halb des Verwaltungsstrafprozesses (AB. 16_1 zu § 19 Anm. 4).

2) Das VStG. regelt die vorläufige Festnahme ebenso wie die StPO. nur, soweit sie zum Zwecke der Strafverfolgung stattfindet. Da die Festnahme eine Maßregel der Untersuchung ist, so gilt § 19 für alle Fälle, in welchen den Verwaltungsbehörden die Untersuchung zusteht, mögen sie auch nach § 2 VStG. zur Sachentscheidung nicht berufen sein; eine vorläufige Festnahme gemäß § 19 kann deshalb auch dann erfolgen, wenn das in Frage stehende Steuerdelikt mit Freiheitsstrafe bedroht ist, oder wenn mit ihm eine Tat des gemeinen Strafrechts ideell konkurriert (vgl. Einl. § 1 III 1, 2). Eine noch weitergehende Bedeutung hat § 19 Abs. 1 S. 2. Wenn hier das Gesetz den Zoll- und Steuerbeamten hinsichtlich der vorläufigen Festnahme in Zoll- und Steuerstrafsachen die gleichen Befugnisse wie den sonstigen Sicherheitsorganen zuweist (§ 19 Anm. 1a I), so gilt diese Bestimmung nicht bloß für eine Festnahme, die zur Einleitung oder im Laufe eines Verwaltungsverfahrens erfolgt. Die Befugnisse der Steuerbeamten bleiben vielmehr in gleicher Weise bestehen, wenn bereits die gerichtliche Strafuntersuchung eröffnet ist, und zwar selbst dann, wenn die Verwaltungsbehörde sich nach § 24 Abs. 3 z. A. im übrigen der Untersuchung ausdrücklich entschlagen hat (vgl. § 19 Anm. 4, Art. 6 VZK.; auch v. Kries, Strafprozeßrecht S. 217).

§ 19.*)

In Betreff der vorläufigen Festnahme wegen einer Zuwiderhandlung greifen die §§ 127 bis 129 der Strafprozeßordnung Platz.[1])[2]) Die Zoll- und Steuerbeamten haben die im § 127 Absatz 2 daselbst vorgesehene Befugniß.[1])

Der Beschuldigte kann zuerst der nächsten Zoll- oder Steuerbehörde behufs seiner Vernehmung zugeführt werden.[3])[4]) Diese hat denselben sofort in Freiheit zu setzen, wenn er sich der Strafe unter Einzahlung des erforderlichen Geldbetrages unterwirft (§ 20) oder für Abgabe, Strafe und Kosten volle Sicherheit bestellt oder sich über seine Person ausweist und eine Sicherheitsleistung nicht erforderlich erscheint.[5–7])

Auf Verlangen ist der Beschuldigte unmittelbar dem zuständigen Amtsrichter vorzuführen.[8])[9])

*) AB. 16 Abs. 1 in Anm. 4, Abs. 2 in Anm. 5.

1) § 127: Wird Jemand auf frischer That betroffen oder verfolgt, so ist, wenn er der Flucht verdächtig ist oder seine Persönlichkeit nicht sofort festgestellt werden kann, Jedermann befugt, ihn auch ohne richterlichen Befehl vorläufig festzunehmen.

Die Staatsanwaltschaft und die Polizei- und Sicherheitsbeamten sind auch dann zur vorläufigen Festnahme befugt, wenn die Voraussetzungen eines Haftbefehls vorliegen und Gefahr im Verzug obwaltet.

Bei strafbaren Handlungen, deren Verfolgung nur auf Antrag eintritt, ist die vorläufige Festnahme von der Stellung eines sochen Antrags nicht abhängig.[a])

a) Nach § 127 und § 19_1 S. 2 VStG. sind zur vorläufigen Festnahme befugt:

I. regelmäßig (vgl. Löwe/Hellweg § 127 Anm. 1 a) die Staatsanwaltschaft, die Polizei- und Sicherheitsbeamten, auch soweit sie nicht Hülfsorgane der Staatsanwaltschaft sind, und die Zoll- und Steuerbeamten jeden Ranges; ihre Befugnis ist aber von zwei Bedingungen abhängig: es müssen *α*) die Voraussetzungen eines Haftbefehls vorliegen und

β) auch Gefahr im Verzuge, d. h. die Besorgnis obwalten, daß der durch das Angehen des Richters bedingte Zeitverlust die Festhaltung des Beschuldigten vereiteln würde.

Zu *α*: Die Voraussetzungen des Haftbefehls ergeben sich aus den §§ 112 f. StPO.:

§ 112. Der Angeschuldigte darf nur dann in Untersuchungshaft genommen werden, wenn dringende Verdachtsgründe gegen ihn vorhanden sind und entweder er der Flucht verdächtig ist oder Thatsachen vorliegen, aus denen zu schließen ist, daß er Spuren der That vernichten oder daß er Zeugen oder Mitschuldige zu einer falschen Aussage oder Zeugen dazu verleiten werde, sich der Zeugnißpflicht zu entziehen. Diese Thatsachen sind aktenkundig zu machen.

Der Verdacht der Flucht bedarf keiner weiteren Begründung:

1. wenn ein Verbrechen den Gegenstand der Untersuchung bildet;
2. wenn der Angeschuldigte ein Heimathloser oder Landstreicher oder nicht im Stande ist, sich über seine Person auszuweisen;
3. wenn der Angeschuldigte ein Ausländer ist und gegründeter Zweifel besteht, daß er sich auf Ladung vor Gericht stellen und dem Urtheile Folge leisten werde.

§ 113. Ist die That nur mit Haft oder mit Geldstrafe bedroht, so darf die Untersuchungshaft nur wegen Verdachts der Flucht und nur dann verhängt werden, wenn der Angeschuldigte zu den im § 112 Nr. 2 oder 3 bezeichneten Personen gehört, oder wenn derselbe unter Polizeiaufsicht steht, oder wenn es sich um eine Uebertretung handelt, wegen deren die Ueberweisung an die Landespolizeibehörde erkannt werden kann.

Zu α: Wie sich aus § 113 ergibt, ist die vorläufige Festnahme bei der Mehrzahl der Steuerdelikte, die doch nicht mit Freiheitsstrafe bedroht sind, an besonders enge Voraussetzungen geknüpft: erforderlich sind dringender Tat- und Fluchtverdacht, und daneben muß der Beschuldigte zu den in § 112 Z. 2 u. 3 aufgezählten Personen gehören oder unter Polizeiaufsicht stehen.

Im übrigen ist die vorläufige Festnahme in den zu I erwähnten Fällen in jedem Stadium der Untersuchung zulässig, anders steht es

II. mit der vorläufigen Festnahme durch jedermann (§ 127_1). Diese setzt voraus, daß der Beschuldigte:

α) bei oder unmittelbar nach Verübung der Tat („auf frischer Tat") betroffen oder verfolgt wird und

β) der Flucht verdächtig ist oder sich über seine Person nicht sofort ausweisen kann.

2) § 128.[a]) Der Festgenommene ist unverzüglich, sofern er nicht wieder in Freiheit gesetzt wird,[b]) dem Amtsrichter des Bezirks, in welchem die Festnahme erfolgt ist, vorzuführen.[c]) Der Amtsrichter hat ihn spätestens am Tage nach der Vorführung zu vernehmen.

Hält der Amtsrichter die Festnahme nicht für gerechtfertigt oder die Gründe derselben für beseitigt, so verordnet er die Freilassung.[d]) Anderenfalls erläßt er einen Haftbefehl, auf welchen die Bestimmungen des § 126 Anwendung finden.[e])

§ 129.[a]) Ist gegen den Festgenommenen bereits die öffentliche Klage erhoben, so ist derselbe entweder sofort, oder auf Verfügung des Amtsrichters, welchem derselbe zunächst vorgeführt worden, dem zuständigen Gericht oder Untersuchungsrichter vorzuführen, und haben diese spätestens am Tage nach der Vorführung über Freilassung oder Verhaftung des Festgenommenen zu entscheiden.

a) Die §§ 128 f. bestimmen die weitere Behandlung des Festgenommenen; dabei enthält § 128 die Regel, während § 129 einige besondere Vorschriften für den

Fall trifft, daß bereits die öffentliche Klage erhoben ist (vgl. Löwe/Hellweg § 128 Anm. 1).

b) Die Freilassung kann alsbald durch den Festnehmenden selbst erfolgen. Dieser ist sogar hierzu verpflichtet, wenn er sich nachträglich davon überzeugt, daß die Voraussetzungen für eine Festnahme nicht vorgelegen haben (Löwe/Hellweg § 128 Anm. 2).

c) Die Vorführung vor den Amtsrichter muß unverzüglich erfolgen; damit ist nicht gesagt, daß der Festnehmende den Arrestanten stets unmittelbar vor den Amtsrichter zu bringen habe (vgl. RG. 29 Nr. 51). Für das Verwaltungsstrafverfahren ist insbesondere § 19 Abs. 2/3 zu beachten (siehe Anm. 3 ff.).

d) Durch die vom Richter verfügte Freilassung wird die Zoll- und Steuerbehörde an der Weiterführung der Verwaltungsuntersuchung selbstredend nicht gehindert.

e) § 126 StPO. wird mit Rücksicht auf die Anm. 1 a. E. zu Abschnitt „G" nicht mit abgedruckt.

3) Die Zuführung zur nächsten Steuerbehörde — es kann dies auch ein Unteramt sein — ist nachgelassen, „weil nicht selten hier die alsbaldige Freilassung wird erfolgen können" (Begründung S. 2667). Die Zuführung ist jedoch nur fakultativ und darf beim Widerspruch des Beschuldigten nicht stattfinden (§ 19 Abs. 3 — Anm. 8). Eine weitere Beschränkung enthält die folg. Anm.

4) **AB. 16** Abs. 1: Die in Abs. 2 des § 19 zugelassene Zuführung des Festgenommenen zur nächsten Zoll- oder Steuerbehörde hat zu unterbleiben, wenn gegen den Festgenommenen bereits die öffentliche Klage erhoben oder ein gerichtlicher Haftbefehl erlassen ist. In diesem Falle ist lediglich nach §§ 128, 129 der Strafprozeßordnung zu verfahren.

5) In den zu Abs. 2 S. 2 erwähnten Fällen muß die alsbaldige Freilassung durch die Steuerbehörde er-

folgen; das Gesetz schließt aber eine Entlassung aus sonstigen Gründen nicht aus. — Die Stelle findet übrigens nur dann Anwendung, wenn lediglich ein mit Vermögensstrafe bedrohtes Steuerdelikt in Frage steht. Denn nur hier ist die Aufnahme einer Unterwerfungsverhandlung statthaft (§§ 2, 20 f. VStG.) (Fall 1), nur hier eine Sicherheitsleistung „für Abgabe, Strafe und Kosten" möglich (Fall 2 u. 3). — Das eben Ausgeführte wird noch ausdrücklich klargestellt durch **AB. 16** Abs. 2: Die Anordnung in Satz 2 des Abs. 2 hinsichtlich der Freilassung des Festgenommenen bezieht sich lediglich auf Straffälle, die nur mit Geldstrafe, allein oder in Verbindung mit Einziehung, bedroht sind. Andererseits wird durch die Vorschrift nicht ausgeschlossen, daß eine Freilassung durch die Zoll- oder Steuerbehörde auch in anderen Fällen erfolgen kann, wenn der Grund der Festnahme sich als unrichtig erweist oder weggefallen ist.

6) Zu den einzelnen im Abs. 2 S. 2 aufgeführten Freilassungsfällen ist noch folgendes zu bemerken:

1. Unterwerfung: Die im § 21 vorgeschriebene Genehmigung der Unterwerfungsverhandlung ist nicht abzuwarten (verb.: „sofort" in Freiheit zu setzen). Anderseits genügt nicht die bloße Beurkundung der Unterwerfung; es muß zugleich auch der „erforderliche Geldbetrag" eingezahlt werden, d. h. diejenige Summe, die zur Deckung der ausgeworfenen Strafe nebst Abgaben und Kosten nötig ist (vgl. § 20 Abs. 1 S. 2). — Im übrigen wird auf § 20 nebst Anm. verwiesen. Nach Abs. 3 das. ist insbesondere auch die hier behandelte Unterwerfung widerruflich. Ein solcher Widerruf führt aber nicht notwendig zur erneuten Festnahme; der eingezahlte Geldbetrag kann vielmehr als Sicherheitsleistung (Ziff. 2) zurückbehalten werden. — Entsprechendes gilt auch, wenn der Festgenommene zu den im § 20 Abs. 2 genannten Personen

gehört und die Zustimmung seines gesetzlichen Vertreters nicht sofort herbeigeführt werden kann, oder wenn die vorgeschriebene Genehmigung nicht erteilt wird.

2. Sicherheitsleistung: Höhe und Art derselben hat die Behörde zu bestimmen, welcher der Festgenommene zugeführt ist. Besondere Schwierigkeit wird die Bemessung der vom Gesetz geforderten „vollen" Sicherheit in jenen Fällen bieten, in denen die Vorführungsbehörde zur Entscheidung in der Sache selbst nicht zuständig ist. Übrigens muß die Sicherheit entsprechend dem Fall 1 nicht bloß Strafe und Kosten, sondern außerdem noch die Abgaben decken (vgl. auch § 13 Anm. 9). — Endlich ist noch zu bemerken, daß die Sicherheitsbeschlagnahme gemäß § 13 Abs. 2 der hier behandelten „vollen" Sicherheitsbestellung nicht gleichsteht; doch kann jene nach AB. 16 Abs. 2 a. E. zur Freilassung führen.

3. Ausweis über die Person: Auch hier entscheidet nur das pflichtmäßige Ermessen der Vorführungsbehörde darüber, ob der Ausweis erbracht, und ob nach der Persönlichkeit des Festgenommenen die Sicherheitsleistung entbehrlich ist.

7) Will die Vorführungsbehörde den Festgenommenen nicht freilassen, so muß sie ihn nunmehr unmittelbar dem nach § 128 StPO. zuständigen Amtsrichter zuführen lassen. Eine Ausantwortung an die Polizei erscheint schon mit Rücksicht auf den hierdurch entstehenden (überflüssigen) Zeitaufwand nicht angemessen (ebenso Bonnenberg § 19 Anm. 10). — Über die Wirkung einer Vorführung vor den Richter vgl. § 2 Abs. 1 a. E.

8) Abs. 3 beruht auf einem Zusatze der Kommission des Abgeordnetenhauses (vgl. deren Bericht S. 2885). — Aus dem Worte „unmittelbar" ist nicht zu schließen, daß der Festnehmende selbst den Beschuldigten vor den Richter bringen muß; er kann diesen vielmehr — wie im ordentlichen Prozesse — an die Polizeibehörde zur

weiteren Veranlassung abliefern (vgl. Löwe/Hellweg § 128 Anm. 2). Jenes „unmittelbar" will nur den Gegensatz zu der in Abs. 2 erwähnten Vorführung zum Ausdruck bringen.

9) § 19 bezieht sich nur auf Festnahmen, die in Preußen erfolgen. Hinsichtlich des Rechts zur Nacheile und Ergreifung im Gebiete anderer deutscher Staaten dürfte trotz des § 2 EGGVG. auch für Zoll- und Steuerdelikte § 168 GVG. maßgebend sein. Dieser bestimmt:

Die Sicherheitsbeamten[a]) eines Bundesstaates sind ermächtigt, die Verfolgung eines Flüchtigen auf das Gebiet eines anderen Bundesstaates fortzusetzen und den Flüchtigen daselbst zu ergreifen.

Der Ergriffene ist unverzüglich an das nächste Gericht oder die nächste Polizeibehörde des Bundesstaates, in welchem er ergriffen wurde, abzuführen.

a) Dazu gehören hier auch die Zoll- und Steuerbeamten (vgl. Art. 6 VZK.).

H. Freiwillige Unterwerfung.[1])[2])

1) Wie schon in der Einleitung § 5 IV betont, stellt die freiw. Unt. eine besonders summarische Prozedur dar. Zu ihrer Rechtfertigung führt die Begründung S. 2660 an: „Das Unterwerfungsverfahren . . . ist namentlich im Grenz-, Schiffs- und Eisenbahnverkehr von Wichtigkeit, weil es hier vielfach eine vorläufige Festnahme des Reisenden oder die Beschlagnahme seines Gepäcks usw. vermeidbar macht, welche sonst gegenüber unbekannten Personen und Ausländern notwendig werden würde."

2) Die „freiwillige Unterwerfung" steht (nach erfolgter Genehmigung — § 21 —) materiell einem Strafbescheide gleich (§ 21 Abs. 1 S. 2). Sie ist daher auch nur zulässig, soweit ein Strafbescheid statthaft sein würde. Formell entspricht sie aber nicht den Erfordernissen des § 459 Abs. 2 StPO. (vgl. Vorb. A vor § 36). Trotz-

dem und obwohl § 459 nach § 6 Ziff. 3 EGStPO. durch Landesrecht nicht geändert werden kann, sind die Bestimmungen über das Unterwerfungsverfahren dennoch für rechtsgültig zu erachten. Zunächst sind die Formvorschriften des § 459 wesentlich nur mit Rücksicht auf die dem Beschuldigten zustehenden Rechtsbehelfe (Einleitung § 5 III 2) gegeben; ihre Beobachtung erscheint daher bei der freiw. Unt. zwecklos, da für dieses Verfahren gerade der Ausschluß jeglichen Rechtsmittels charakteristisch ist (vgl. § 20 Anm. 5). Vor allem stellen aber die §§ 20f. VStG. in ihrem praktisch wichtigsten Anwendungsfall — nämlich gegenüber Zolldelikten — eine Ausführungsvorschrift dar zu Nr. 4 der auf der I. Generalzollkonferenz in München im Jahre 1836 vereinbarten Grundsätze, betr. das Strafverfahren in Zollstrafsachen (vgl. Löbe, Zollstrafrecht S. 20). — Jene Nr. 4 bestimmt:

Es wird Vorkehrung dahin getroffen werden, daß die einer Zollübertretung Angeschuldigten in allen Fällen, in welchen es neben der Konfiskation des defraudirten Gegenstandes nur auf eine Geldstrafe ankommt, die Befugniß erhalten, sich ohne weitere Behandlung der Sache vor den gewöhnlichen Gerichten dem Ausspruche der Zollbehörden zu unterwerfen.

Die „Grundsätze" sind aber nach Art. 3 § 7 des Zollvereinigungsvertrages v. 8. Juli 1867 (BGBl. S. 83) in Verb. m. Art. 40 der Reichsverfassung, Reichsrecht und zwar sogar Reichsverfassungsrecht geworden, daher der Abänderung durch die StPO. entzogen.

§ 20.*)

Wenn der Beschuldigte die Zuwiderhandlung und deren Thatbestand an Amtsstelle vorbehaltlos einräumt, so kann er sich der in dem Protokolle festzusetzenden gesetzlichen Strafe unter Verzicht

auf Erlaß eines Strafbescheides sofort unterwerfen.[1–7] Wird in diesem Falle die Geldstrafe und der etwa an die Stelle der Einziehung tretende Werthbetrag mit den Abgaben und den Kosten des Verfahrens nicht sogleich zur Amtskasse eingezahlt, so ist dem Beschuldigten eine Frist zu bestimmen, binnen welcher er dies bei Vermeidung der Unwirksamkeit der Unterwerfung zu bewerkstelligen hat.[8–11] Verlängerung der Frist ist zulässig.[12])

Ist der Beschuldigte noch nicht 18 Jahre alt, so ist zur Gültigkeit der Unterwerfung, insoweit es sich nicht um Personen handelt, welche außerhalb des Deutschen Reiches wohnen, die Zustimmung des gesetzlichen Vertreters erforderlich.[13]) [14])

Die Unterwerfung kann bis zur Genehmigung durch die zuständige Verwaltungsbehörde (§ 21) widerrufen werden. Der Widerruf muß schriftlich oder zu Protokoll erklärt werden.[15–17])

*) **AB. 17:** Die freiwillige Unterwerfung ist bei allen Zuwiderhandlungen zulässig, zu deren Bestrafung die Verwaltungsbehörden zuständig sind. Insbesondere können im Unterwerfungsverfahren auch Fälle der zweiten oder ferneren Hinterziehung erledigt werden, wenn die letztere nur mit Geldstrafe, allein oder in Verbindung mit Einziehung, bedroht ist.

Die Unterwerfungsverhandlung hat außer den Angaben über die persönlichen Verhältnisse des Beschuldigten, die ihm zur Last gelegte Zuwiderhandlung und das anzuwendende Strafgesetz zu bezeichnen, auch eine genaue Festsetzung der Strafe einschließlich der etwa verwirkten Einziehung oder der an deren Stelle tretenden Werthersatzleistung,[9]) der Kosten des Verfahrens und der zu entrichtenden Abgaben, sowie die ausdrückliche Erklärung des Beschuldigten zu enthalten, daß er die Zuwiderhandlung und deren Thatbestand einräume und sich dieser Festsetzung unter Verzicht auf den Erlaß eines Strafbescheides unterwerfe.[3])[4])[5])

Dem Beschuldigten ist zugleich die Frist zur Zahlung zu bestimmen, wenn er nicht sofort an die Kasse des Amtes eingezahlt und dies erforderlichenfalls durch Vorlegung der Quittung nachgewiesen hat. Dem Beschuldigten kann dabei anheimgestellt werden, den Geldbetrag unmittelbar an das zuständige Hauptamt einzusenden, wenn die Verhandlung bei einem anderen Amte aufgenommen wird.[1])[4])[8])

Die Unterwerfungsverhandlung ist von dem Beschuldigten mitzuunterschreiben oder, wenn er dazu außer Stande ist, mit einem Handzeichen zu versehen. Verweigert der Beschuldigte die Unterschrift oder die Hinzufügung des Handzeichens, so ist der Unterwerfung als solcher keine weitere Folge zu geben.[4])

Beantragt der Beschuldigte, die festgesetzte Strafe bei der Genehmigung zu mildern, so ist seine Bitte unter Angabe der von ihm geltend gemachten Gründe in das Protokoll aufzunehmen.[4])

Bei der Unterwerfung findet § 28 des Gesetzes ebenfalls Anwendung.[2])

1) Die Unterwerfung kann auch vor einem Unteramt (Nebenzoll- oder Steueramt) erklärt werden (vgl. auch § 19 Abs. 2). Dann hat dieses in Abweichung von § 5 die Strafe (wenigstens vorläufig — § 21 —) fest-

zusetzen. Für die örtliche Zuständigkeit ist § 7 maßgebend. Wie sich aus der Vorbemerkung 1 vor § 20 ergibt, wird hauptsächlich der Gerichtsstand der Entdeckung oder der der begangenen Tat in Frage kommen.

2) Die Unterwerfung bezieht sich nicht bloß auf die Strafe, sondern — wie § 20 Abs. 1 S. 2 i. Verb. mit Abs. 2 d. AB. klarstellt — auch noch auf die Kosten und Abgaben (vgl. § 13 Anm. 9). Zu den Kosten gehört auch der nach § 21 Abs. 1 S. 2 zu entrichtende Stempel.

Die Unterwerfung wird regelmäßig von dem Beschuldigten in Person erklärt werden. Doch kann sich dieser auch — falls nicht die den Unterwerfungsakt aufnehmende Behörde sein persönliches Erscheinen angeordnet hat — durch einen mit schriftlicher Vollmacht zu versehenden Beauftragten vertreten lassen (§ 28 u. AB. 17 Abs. 6).

3) Die Erklärung muß nach dem Wortlaut des § 20 „an Amtsstelle" abgegeben werden. Der letztere Ausdruck bildet einen Archaismus (vgl. Bonnenberg § 20 Anm. 4). Es ist nicht nötig, daß die Unterwerfung gerade im Amtszimmer erklärt wird. Amtsstelle ist vielmehr jeder Beamte (der Zoll- oder Steuerverwaltung), der zur Entgegennahme der Unterwerfungserklärung dienstlich bereit ist. — Selbstredend kann dagegen die vorgeordnete Behörde bestimmen, daß nur gewisse Beamte derartige Erklärungen entgegennehmen dürfen. Solche Anordnungen berühren aber nur den inneren Dienstbetrieb und stehen der Rechtsgültigkeit der verbotswidrig vorgenommenen Unterwerfungsverhandlung an sich nicht entgegen (wichtig besonders wegen § 19 Abs. 2).

4) Über die Unterwerfungsverhandlung ist nach Anleitung der AB. 17 Abs. 2—5 ein Protokoll aufzunehmen. Daneben müssen auch die allgemeinen Bestimmungen in AB. 19 (bei § 23) berücksichtigt werden. Das Unterwerfungsprotokoll muß daher auch den Ort und Tag der Verhandlung, die Namen des aufnehmenden

Beamten und des für den Beschuldigten etwa erschienenen Vertreters enthalten; ferner ist das Protokoll vorzulesen oder zur eigenen Durchlesung vorzulegen; wird die Unterzeichnung durch den Beschuldigten (oder seinen Vertreter) verweigert (AB. 17 Abs. 4 S. 2), so ist diese Tatsache im Protokoll festzustellen (AB. 19 Abs. 2 a. E.). — Schließlich ist das Protokoll von dem Beamten unter Beifügung seines Amtscharakters zu unterzeichnen (AB. 19 z. A.).

Im einzelnen ist noch zu bemerken: die Unterwerfungsverhandlung muß nicht bloß die einzelnen Tatbestandsmerkmale der strafbaren Handlung, sondern zugleich auch deren rechtliche Qualifikation angeben (vgl. § 20 a. A. — Zuwiderhandlung und . . . Tatbestand —). Für die Unterzeichnung (AB. 17 Abs. 4) genügt ein bloßes Handzeichen schon dann, wenn der Beschuldigte **erklärt**, nicht schreiben zu können. Der protokollierende Beamte braucht nicht zu prüfen, ob diese Erklärung auch der Wahrheit entspricht; denn eine solche Prüfung wäre regelmäßig — wenn überhaupt — nur mit erheblichen, dem Charakter des Verfahrens widersprechenden Weitläuftigkeiten zu bewirken. Wird die Unterzeichnung überhaupt verweigert, so ist zwar die Unterwerfung „als solche" unwirksam (AB. 17 Abs. 4 a. E.); wohl aber kann im weiteren Verwaltungsverfahren das im Protokoll enthaltene Zugeständnis verwertet werden.

5) Gesetz und AB. verlangen vom Beschuldigten den „Verzicht auf den Erlaß eines Strafbescheides". Dieser Ausdruck ist ungenau: Der Beschuldigte hat kein Recht darauf, daß gegen ihn ein Strafbescheid erlassen werde, kann also auf einen solchen auch nicht „verzichten". — Wohl aber steht dem Täter gegenüber dem Strafausspruch der Verwaltungsbehörden im allgemeinen die Befugnis zu, auf gerichtliche Entscheidung anzutragen; und der Wegfall dieses Rechtes bildet gerade die charakteristische Wirkung der Unterwerfungsverhandlung (Nr. 4

der in Vorb. 2 vor § 20 erwähnten Grundsätze). Daher wird es sich empfehlen, wenn entgegen dem Wortlaut des Gesetzes der Verzicht auf gerichtliche Provokation im Unterwerfungsprotokoll ausdrücklich festgestellt wird.

6) Die Aufnahme einer Unterwerfungsverhandlung ist abzulehnen, wenn die Behörde — trotzdem der Beschuldigte die Zuwiderhandlung einräumt — nicht die Überzeugung von seiner Schuld gewinnt, z. B. weil er strafunmündig ist oder nur bedingt strafmündig, aber nicht die erforderliche Einsicht besitzt. — Hierher gehört auch der Fall, daß ein Dritter in Begünstigungsabsicht die von einem anderen begangene Straftat auf sich nehmen will. — Endlich ist die Unterwerfung unstatthaft, sobald die Strafverfolgung verjährt ist oder ein sonstiger Strafaufhebungsgrund vorliegt.

7) Die Straffestsetzung stellt sich auch im Unterwerfungsverfahren als Ausübung einer richterlichen Funktion dar (vgl. nam. Anm. 6). Bei Straftaten mit nicht festbestimmter Strafe ist daher „gesetzlich“ diejenige Strafe, welche dem festsetzenden Beamten innerhalb des gesetzlichen Strafrahmens nach Lage des Falles als angemessen erscheint. — Dieses (richterliche) Ermessen kann durch Verfügungen der Aufsichtsbehörden nicht beschränkt werden (vgl. Einleitung § 5 III 2; a. M. Bonnenberg § 20 Anm. 7). — Vielmehr zeigt § 21 den Weg, auf welchem etwaige Fehlgriffe des festsetzenden Beamten unschädlich gemacht werden können (vgl. § 21 Anm. 1 B d).

8) Die Bestimmung einer Zahlungsfrist war nach früherem Recht unzulässig, sie wird auch heute — um die nachträgliche Unwirksamkeit der Unterwerfung zu verhüten — nur dann erfolgen dürfen, wenn (ev. durch Beschlagnahme gemäß § 13 Abs. 2) ausreichende Sicherheit beschafft ist oder die Persönlichkeit des Beschuldigten Gewähr für die Einhaltung der Frist bietet. — Einen Fall, in dem auch gegenwärtig noch sofortige Zahlung erfolgen muß, enthält § 19_2. — Wird im übrigen eine

Zahlungsfrist bewilligt, so hat die „Amtsstelle" den Abs. 3 der AB. 17 zu beachten.

9) Über die Fälle, in denen statt der Einziehung Werterſatz zu leisten ist, vgl. § 2 Anm. 3. — Ist dagegen die Einziehung selbst auszusprechen, so darf entsprechend dem Abs. 1 S. 2 des § 20 und der Anm. 8 eine Unterwerfungsverhandlung nur dann aufgenommen werden, wenn entweder der Einziehungsgegenstand bereits (im Wege der Beschlagnahme) in amtlichen Gewahrsam gelangt ist oder doch Sicherheit dafür besteht, daß ihn der Beschuldigte bis zum Ablauf der etwaigen Zahlungsfrist ausliefern wird.

10) Eine Zwangsbeitreibung auf Grund der Unterwerfungsverhandlung ist ausgeschlossen. Dies folgt während des Laufens der Zahlungsfrist aus allgemeinen Grundsätzen, für die spätere Zeit aber aus der alsdann eingetretenen Wirkungslosigkeit der Unterwerfung.

11) Für den Einziehungsbeteiligten und Vertretungspflichtigen ist der Weg der „freiw. Unt." nicht gegeben. Dies ist aber auch nicht erforderlich. Denn entweder liefert der Beschuldigte rechtzeitig den Einziehungsgegenstand aus (Anm. 9) und zahlt Strafe und Kosten, dann fällt auch die Verbindlichkeit der erstgenannten Personen fort; oder er tut das nicht, dann tritt auch dem Beschuldigten gegenüber das gewöhnliche Verfahren ein.

12) Die in Abs. 1 S. 3 vorgesehene Fristverlängerung ist auch nach Ablauf der zuerst gesetzten Frist zulässig (ebenso Bonnenberg § 20 Anm. 12); sie kann auch durch die zur Genehmigung zuständige Verwaltungsbehörde (§ 21) erfolgen. — Eine solche Verlängerung wird sich insbesondere empfehlen, wenn innerhalb der ersten Frist bereits ein Teil der Strafsumme usw. entrichtet ist.

13) Die im Abs. 2 vorgesehene Zustimmung muß gemäß den Grundsätzen des Verwaltungsstrafverfahrens schriftlich oder zu Protokoll erklärt werden. Sie kann nachträglich erfolgen. Dabei ist im Gesetz keine Frist be-

stimmt, binnen der sie nachgeholt werden muß. Abs. 1 S. 2 wird hier dem gesetzlichen Vertreter gegenüber entsprechende Anwendung finden.

14) Als gesetzliche Vertreter kommen in Frage: der Vater, die (eheliche) Mutter in den Fällen der §§ 1684 f. BGB., der Vormund (§ 1773), ev. der für die persönlichen Angelegenheiten bestellte Pfleger (§§ 1628, 1794, 1909). — Die Zustimmung ist nur dann entbehrlich:

1. wenn sowohl der Beschuldigte wie der gesetzliche Vertreter (verb. Personen) außerhalb des Deutschen Reiches wohnen — oder

2. wenn der Beschuldigte bereits das achtzehnte Lebensjahr vollendet hat. — Dabei ist das Alter zur Zeit der Unterwerfungsverhandlung, nicht etwa zur Zeit der Tat maßgebend (a. M. Bonnenberg § 20_{16}). Denn das Erfordernis der Zustimmung soll verhüten, daß der jugendliche Beschuldigte in Übereilung sich der Strafe unterwirft; es hat also strafprozessuale Bedeutung. Dagegen hat die Zustimmung mit der nach materiellem Recht erforderlichen Einsicht nichts zu tun (vgl. auch Anm. 6).

15) Der in Abs. 1 nachgelassene Widerruf der Unterwerfung ist erst durch die Kommission des Abgeordnetenhauses in das Gesetz gebracht worden (Sten. Berichte S. 2885, 2893). — Hinsichtlich der zeitlichen Grenze des Widerrufs kommt in Betracht, daß die im § 21 vorgesehene Genehmigung bereits mit Absetzung des Genehmigungsbeschlusses wirksam wird, eine Zustellung oder sonstige Bekanntmachung des letzteren dagegen nicht erforderlich ist.

16) Der Widerruf muß gegenüber derjenigen Behörde erklärt werden, welche die Unterwerfung entgegengenommen, nicht gegenüber derjenigen, die sie zu genehmigen hat (a. M. Bonnenberg § 20_{18}). — Für die Rechtzeitigkeit des Widerrufs ist daher der Augenblick maßgebend, in

dem bei der erstgenannten Behörde der schriftliche Widerruf eingeht, bzw. das Widerrufsprotokoll abgeschlossen wird.

17) Wie die Unterwerfung selbst wird auch die Zustimmung des gesetzlichen Vertreters (Abs. 2) widerruflich sein.

§ 21.*)[1])

Die Unterwerfung bedarf der Genehmigung durch die zur Entscheidung zuständige Verwaltungsbehörde.[2])[3]) Die Unterwerfungsverhandlung erlangt mit dieser Genehmigung die Wirkung eines vollstreckbaren Strafbescheides[4]) und unterliegt alsdann der für einen solchen vorgeschriebenen Stempelabgabe.[5])

Die Genehmigung kann mit der Maßgabe erfolgen, daß, wo dies nach den bestehenden Vorschriften geboten oder zulässig ist, die festgesetzte Strafe herabgesetzt wird.[6–8])

Wird die Genehmigung versagt, so ist die Unterwerfungsverhandlung unwirksam.[9])

*) AB. 18 in Anm. 8.

1) Zweck des § 21: Die „zur Entscheidung zuständige" Behörde soll die Unterwerfungsverhandlung und die in ihr enthaltene Vorentscheidung (§ 20 Anm. 7) in jeder Beziehung nachprüfen:

A. Ergeben sich hierbei Mängel hinsichtlich der Formalien, so wird es sich unter Umständen empfehlen, nicht einfach die Genehmigung zu versagen, sondern gleichzeitig die Akten zur Aufnahme einer ordnungsmäßigen Unterwerfung zurückzugeben.

B. In materieller Richtung ist auf Grund der Akten festzustellen:

a) ob der Beschuldigte den von ihm zugegebenen Tatbestand verwirklicht hat,

b) ob dieser eine von ihm zu vertretende Zuwiderhandlung darstellt,

c) ob kein Strafaufhebungsgrund vorliegt,

d) ob die festgesetzte Strafe „gesetzlich“ ist (§ 20 Anm. 7 mit der Maßgabe, daß bei nicht festbestimmten Strafen das Ermessen der überprüfenden Behörde entscheidet).

Dabei gilt folgendes:

I. Führt die Prüfung zur Verneinung der Tat- oder Schuldfrage (a und b) oder zur Feststellung eines Strafaufhebungsgrundes (c), so ist mit der Versagung der Genehmigung die Einstellung des Verfahrens auszusprechen und dies dem Beschuldigten mitzuteilen (§ 35).

II. Erscheint hingegen Tat-, Schuld- oder Straffrage noch nicht hinreichend geklärt, so ist nach versagter Genehmigung das ordentliche (Verwaltungs- oder gerichtliche) Verfahren herbeizuführen.

III. Ebenso ist das Regelverfahren einzuleiten, wenn der in der Unterwerfungsverhandlung festgestellte Tatbestand lediglich unter ein nicht zutreffendes Gesetz subsumiert, oder wenn die Straffrage nur in Beziehung auf das Strafmaß unrichtig entschieden ist. In beiden Fällen ist freilich auch die Aufnahme einer neuen Unterwerfungsverhandlung möglich. Doch wird dieser Weg in Hinblick auf § 24 Abs. 2 meist umständlicher sein.

Eine Ausnahme von dem zu III Abs. 1 Bemerkten gilt nur dann, wenn die festgesetzte Strafe zu hoch erscheint. In diesem Falle ist nach Abs. 2 des § 21 die nachprüfende Behörde berechtigt, aber nicht verpflichtet, statt der Verweigerung der Genehmigung die letztere unter entsprechender Strafherabsetzung zu erteilen.

IV. In den Fällen I, II und III Abs. 1 ist die nach § 21 Abs. 1 S. 2 entrichtete Straf- und Kostensumme alsbald zurückzuzahlen. Der Umstand, daß in den Fällen II und III Abs. 1 eine anderweitige Straffestsetzung zu erwarten ist, würde die Zurückbehaltung jener Summe nur dann rechtfertigen, wenn ihre Einzahlung gleichzeitig zur Abwendung der Untersuchungshaft erfolgt wäre (§ 19 Abs. 2 und Anm. 6 das.). — Im übrigen würde für die Einbehaltung ein rechtlicher Grund fehlen.

Wird die Strafe nach III Abs. 2 in Verb. m. Anm. 7 gemildert, so ist entsprechend der freigewordene Teil der Strafsumme zurückzuzahlen (vgl. Anm. 8).

2) Die sachliche und örtliche Zuständigkeit ergibt sich aus den §§ 5ff.; für Erbschaftssteuerdelikte vgl. auch Einl. § 7 II. — Da die Genehmigung materiell einer Sachentscheidung gleichsteht, so kann sie bei den Hauptämtern nur auf Grund eines Kollegialbeschlusses erfolgen (AB. 3 bei § 5 Anm. 2; vgl. auch § 21 Anm. 7 a. E.).

3) Die Genehmigung darf „erst nach Zahlung des vollen Strafbetrages [einschl. der Kosten usw.] erteilt werden" (Begr. S. 2667; vgl. ferner AB. 18_1 S. 2).

4) Da die Unterwerfungsverhandlung niemals zur Zwangsvollstreckung führen kann (§ 20 Anm. 10 und oben Anm. 3), so bewirkt ihre Genehmigung nur den Ausschluß eines Rechtsmittels und den Eintritt einer (beschränkten) materiellen Rechtskraft (vgl. im einzelnen § 53, insbes. Anm. 2 das.).

5) Tarifstelle 62 des LStG. setzt für „Strafbescheide der Finanzbehörden, sofern die Strafe einschließlich des Wertes der eingezogenen Gegenstände 15 Mark übersteigt" einen Stempel von 1,50 Mark fest.

6) Durch die Bestimmungen des Abs. 2 „sollen dem Beschuldigten trotz seiner Unterwerfung alle Vorteile des durchgeführten Verwaltungsverfahrens gesichert werden" (Begründung S. 2667).

7) „Geboten" ist die Strafherabsetzung namentlich dann, wenn die in der Unterwerfungsverhandlung festgestellte Strafe das gesetzliche Höchstmaß übersteigt (vgl. Anm. 1 B III Abs. 2). — Die „Zulässigkeit" einer Herabsetzung regelt sich nach dem Allerh. Erlaß betr. die Über-

tragung von Strafniederschlagungs- usw. Befugnissen in Zoll- und Steuersachen v. 26. Sept. 1897 (GS. S. 402) und der zugehörigen AllgVerf. des Finanzministers v. 6. Okt. 1897 (ZBl. S. 408); nach Nr. 5 der letzterwähnten Verf. sind ganz allgemein

„die Provinzialsteuerbehörden und die Hauptämter sowie die Steuerämter zu Sigmaringen und Hechingen [bei Erbschaftssteuerdelikten jetzt auch nach § 51 ErbStG. die Erbschaftssteuerämter] ermächtigt, in den ihrer Entscheidung unterliegenden Zoll- und Steuerstrafsachen bei Genehmigung der Unterwerfungsverhandlungen im Wege der Nachsicht geringere, als die gesetzlichen Strafen festzusetzen, insbesondere auch von der Anordnung der an sich verwirkten Einziehung abzusehen.“

Nach Nr. 7 a. O. soll aber von einer Strafmilderung abgesehen werden,

„wenn nach den Umständen des Falles nachgewiesen oder anzunehmen ist, daß absichtliche Steuerverkürzungen oder sonstige vorsätzliche Gesetzesübertretungen vorliegen“.

Die Entscheidung über eine etwaige Strafherabsetzung ist bei den Haupt- und Steuerämtern kollegialisch „nach Maßgabe der Nr. 3“ der AB. (oben § 5 Anm. 2) zu treffen (vgl. Nr. 5 Abs. 2 der AllgVerf.).

8) **AB. 18** bestimmt:

Eine von der zuständigen Verwaltungsbehörde verfügte Strafmilderung ist in dem Genehmigungsvermerk hervorzuheben. Auch ist die Rückzahlung des zu viel entrichteten Betrages anzuordnen.

Wird ein Antrag des Beschuldigten auf Strafmilderung bei der Genehmigung nicht berücksichtigt, so ist dieser von der Ablehnung unter kurzer Angabe der Gründe durch portopflichtiges Schreiben in Kenntniß zu setzen.

9) Über das weitere Verfahren, das bei versagter Genehmigung eintritt, vgl. Anm. 1.

II. Verfahren.

A. Erster Angriff.

§ 22.[1])

Die Zoll- und Steuerbeamten haben die Zuwiderhandlungen zu erforschen[2])[3]) und innerhalb ihrer Zuständigkeit alle keinen Aufschub gestattenden Maßregeln zu treffen, um die Verdunkelung der Sache zu verhüten.[4])

1) § 22 entspricht den Bestimmungen, die im § 161_1 StPO. für die Behörden und Beamten des Polizei- und Sicherheitsdienstes getroffen sind (vgl. auch § 3_2 und Anm. 7 das.).

2) Die Erforschungspflicht besteht für sämtliche Beamte der Zoll- und Steuerverwaltung ohne Rücksicht auf ihren Rang, sie erstreckt sich auf alle Finanzdelikte, gleichgültig, ob die Entscheidung den Verwaltungsbehörden oder den ordentlichen Gerichten zusteht (vgl. Einl. § II 2). Ferner ist die Pflicht zur Erforschung nicht durch einen Auftrag der Untersuchungsbehörde (§§ 24ff.) bedingt, und es macht keinen Unterschied, ob die Beamten aus eigener dienstlicher Wahrnehmung oder infolge der Anzeige Dritter von dem Verdacht einer Zuwiderhandlung Kenntnis erlangen.

3) Zum Zweck der Erforschung können die Beamten auch Zeugen und Sachverständige vernehmen, die sich freiwillig ihnen gestellen. Einen Zwang zum Erscheinen können aber die für den ersten Angriff zuständigen Beamten nicht anwenden (arg. e. contr. § 29 und Anm. 2 das. — a. M. Bonnenberg § 22 Anm. 5).

4) Als unaufschiebliche Maßregeln kommen z. B. in Betracht: Vorläufige Festnahmen gemäß § 19, Beschlagnahmen im Falle des § 13 Abs. 3 S. 1 a. E., Durch-

suchungen nach § 126 Abs. 1 S. 3 VZG. (VStG. § 17 Anm. A III).

§ 23.*)

Ueber jede dahin gehörende Ermittelungshandlung ist ohne Verzug ein Protokoll aufzunehmen oder eine schriftliche Anzeige zu erstatten.[1]) Das Protokoll oder die Anzeige ist der zuständigen Untersuchungsbehörde (§ 4) einzureichen.[2])[3])

Letztere ist verpflichtet, bei Beschlagnahmen dem Betroffenen auf Verlangen eine Abschrift des Verzeichnisses der in Verwahrung genommenen Gegenstände auszuhändigen.[4])

*) AB. 19 bestimmt[a]):

Das Protokoll, welches von dem aufnehmenden Beamten[b]) unter Beifügung seines Amtskarakters zu unterzeichnen ist, muß Ort und Tag der Verhandlung sowie die Namen der mitwirkenden oder betheiligten Personen angeben[c])[d]) und den Hergang der Sache kurz und vollständig wiedergeben.

Das Protokoll ist den bei der Verhandlung betheiligten Personen, soweit es dieselben betrifft, behufs der Genehmigung vorzulesen oder zur eigenen Durchlesung vorzulegen. Die erfolgte Genehmigung ist zu vermerken; auch ist das Protokoll von den Betheiligten entweder zu unterschreiben oder es ist in demselben anzugeben, weshalb die Unterschrift unterblieben ist.[e—g])

Die schriftliche Anzeige hat den in Abs. 1 gegebenen Bestimmungen zu entsprechen.

Eine Versicherung der Richtigkeit des Inhalts auf den Diensteid hat zu unterbleiben.[h])

a) Die Formvorschriften der AB. 19 gelten — soweit nicht im Einzelfall besondere Bestimmungen getroffen sind — für sämtliche im Verwaltungsstrafverfahren aufzunehmenden Protokolle (vgl. § 20 Anm. 4, § 24 Anm. 12, § 25 Anm. 2, § 29 Anm. 5, § 37 Anm. 5 u. ä.).

b) Im Gegensatz zu den §§ 166, 185 StPO. braucht bei der Aufnahme von Protokollen im Verwaltungsverfahren durchgehends nur ein Beamter mitzuwirken. Selbst wenn dieser etwa bei umfangreichen Verhandlungen einen Kanzleibeamten als Schreiber zuzieht, so erscheint der letztere als bloßer Gehilfe des aufnehmenden Beamten, so daß das Protokoll weder seinen Namen zu enthalten noch von ihm unterschrieben zu werden braucht.

c) Nach dem Vorbilde des § 186 Abs. 2 StPO. unterscheidet die AB. 19 zwischen „mitwirkenden" und „beteiligten" Personen. Zu jenen gehört der das Protokoll aufnehmende Beamte (Anm. b z. A.) und ein etwa zugezogener Dolmetscher (vgl. entspr. § 272 Nr. 2 StPO., § 159 Abs. 2 Nr. 2 CPO. — ferner unten Anm. d); „beteiligt" sind diejenigen Personen, die als Beschuldigte, Einziehungsbeteiligte usw., als Zeugen und Sachverständige vernommen werden.

d) Für die Zuziehung von Dolmetschern bei administrativen Vernehmungen sind nach § 2 EGGVG. die §§ 187 ff. GVG. nicht anwendbar. Vielmehr wird für jene das (wesentlich gleichlautende) Gesetz, betr. d. Geschäftssprache der Behörden usw. vom 28. August 1876 (GS. S. 389) gelten müssen. Nach diesem „muß ein beeidigter Dolmetscher zugezogen werden", wenn „unter Beteiligung von Personen zu verhandeln [ist], welche der deutschen Sprache nicht mächtig sind" (§ 4 Abs. 1). „Das Protokoll ist . . . in deutscher Sprache aufzunehmen, und falls es einer Genehmigung [seitens des Sprachfremden] . . . bedarf, [diesem] . . . durch den Dolmetscher in der fremden Sprache vorzutragen" (§ 4 Abs. 3). „Die Führung eines Nebenprotokolls in der fremden Sprache findet nicht statt, jedoch können Aussagen und Erklärungen in fremder Sprache, wenn und soweit dies mit Rücksicht auf die Wichtigkeit der Sache für erforderlich erachtet [wird], auch in der fremden Sprache in das Protokoll oder eine Anlage niedergeschrieben werden. In dazu geeigneten Fällen kann dem Protokolle eine durch den Dolmetscher zu beglaubigende Übersetzung beigefügt werden" (§ 4 Abs. 4). „Wird ein Beamter als Dolmetscher angestellt, so ersetzt der Diensteid den Dolmetschereid" (§ 5 Abs. 2). „Die Zuziehung eines Dolmetschers kann unterbleiben, wenn die [mitwirkenden und] beteiligten Personen sämtlich der fremden Sprache mächtig sind" (§ 7 Abs. 1 S. 1).

e) Abs. 2 stimmt fast wörtlich mit § 186_3 StPO. überein.

f) Wird die Genehmigung verweigert, so ist dies gleichfalls unter Angabe der etwaigen Weigerungsgründe zu bemerken; ebenso wird es sich empfehlen, die Vorlesung, bzw. Vorlage zur Durchsicht und die erfolgte Unterschrift (Abs. 2 a. E.) im Protokoll festzustellen.

g) Handzeichen schreibensunfähiger Personen brauchen nicht aufgenommen zu werden (Ausnahme § 20 Anm. 4).

h) Ebenso ist vor der Unterschrift des Beamten der Vermerk: „beglaubigt", „geschehen wie oben" o. ä. nicht erforderlich.

1) Die Zoll- und Steuerbeamten haben im allgemeinen die Wahl, ob sie ihre Ermittelungen in Protokoll- oder Anzeigeform niederlegen wollen. Wird jedoch mit dritten Personen als Beschuldigten, Zeugen usw. verhandelt, so empfiehlt sich in Hinblick auf Abs. 2 u. 3 der AB. die Aufnahme eines Protokolls, weil hier der Vorlesungszwang die Gefahr eines Mißverständnisses verringert. — Im übrigen unterliegt aber — wie die Begründung S. 2667 f. hervorhebt — „der Inhalt des Protokolls und der Anzeige [in jedem Fall] der freien Beweiswürdigung". — Die vorgesetzte Behörde ist daher auch nicht befugt, die entscheidende Instanz im einzelnen Fall anzuweisen, „ein Protokoll oder eine Anzeige als glaub-

würdig oder unglaubwürdig anzunehmen". Die gegenteilige Meinung (Bonnenberg § 28_6, § 34_5) widerspricht nicht nur der Absicht des Gesetzgebers, sondern verkennt auch, daß das Strafverfahren vor den Zoll- und Steuerbehörden ein Rechts- und kein Verwaltungsverfahren ist.

2) Die Einreichung (Abs. 1 S. 2) hat an das nach § 7 örtlich zuständige Hauptamt, in Erbschaftssteuersachen an das Erbschaftssteueramt zu erfolgen. Haben diese Behörden durch allgemeine Anordnung (vgl. § 4 Anm. 6) andere Stellen mit der Untersuchung betraut, so werden die Vorermittelungen an diese zu übersenden sein.

3) Die Steuerbeamten haben ihre Protokolle und Anzeigen auch dann der fiskalischen Untersuchungsbehörde einzureichen, wenn „Zusammentreffen mit andern strafbaren Handlungen oder der Fall der Festnahme vorliegt" (anders nach § 3 Abs. 2 a. E. hinsichtlich der von den Polizei- und Sicherheitsbeamten aufgenommenen Verhandlungen).

4) Abs. 2 gehört nicht hierher, sondern zu § 13, bzw. § 17. — Soweit die Beschlagnahme im Wege der Durchsuchung stattgefunden hat (Vorbemerkung 2 vor § 13), ergibt sich die Pflicht zur Mitteilung des Verzeichnisses schon aus § 17 Abs. 1 S. 2 a. E. u. das. Abs. 2 (vgl. § 17 Ziff. B II e). Die Bedeutung des § 23 Abs. 2 besteht in diesem Falle nur in der Angabe der Behörde, die das Verzeichnis auszuhändigen hat.

B. Weitere Untersuchung im Verwaltungswege.

§ 24.*)

Die Hauptämter haben die bei ihnen eingehenden Anzeigen und Protokolle in der Richtung zu prüfen, ob Anlaß zu strafrechtlichem Einschreiten wegen einer Zuwiderhandlung vorliegt.[1-4])

Ergiebt sich dabei, daß der Thatbestand hinreichend

aufgeklärt und die Sache zur Endentscheidung reif ist, so ist letztere ohne Weiteres zu erlassen oder herbeizuführen.[5)][6)]

Anderenfalls ist, wenn nicht die Sache zum gerichtlichen Verfahren abgegeben wird,[6)] der Sachverhalt in kürzester Form weiter festzustellen.[7)] Zu diesem Zwecke können die Hauptämter von allen öffentlichen Behörden Auskunft verlangen[8)] und, vorbehaltlich der aus den Gesetzen sich ergebenden Beschränkungen, Ermittelungen jeder Art vornehmen oder durch die im § 4 erwähnten Behörden und Beamten vornehmen lassen. Auch können sie die Hülfe der Ortspolizeibehörden in Anspruch nehmen.[9)–11)]

Der § 23 findet auch hier Anwendung.[12)]

*) AB. 19 vgl. Anm. 12; AB. 20 in Anm. 6, AB. 21 in Anm. 11.

1) Die Untersuchung wird regelmäßig — Ausnahmen z. B. § 13 Anm. 18, § 14 Anm. 1 II 2, § 17 Anm. A I 2 — nicht durch das Hauptamt als solches, sondern durch den Dezernenten geführt (Einl. § 6 II).

2) Ergibt die Prüfung, daß Anlaß zum Einschreiten nicht vorliegt, so erfolgt die Einstellung gemäß § 35.

3) In gleicher Weise — Abs. 1 u. Anm. 2 — ist zu verfahren, wenn dem Hauptamt von dritten Personen eine angebliche Zuwiderhandlung angezeigt wird.

4) Für Erbschaftssteuerstrafsachen vgl. Einl. § 7 II. — In den Hohenzollernschen Landen treten ferner an Stelle der Hauptämter die in AB. 3_3 (§ 5 Anm. 16) genannten Behörden.

5) Zu Abs. 2: Die „Herbeiführung" der Entscheidung

erfolgt durch Abgabe an die zuständige Provinzialsteuerbehörde oder die Gerichte, an letztere gemäß AB. 20.

6) **AB. 20:**[a]) Die Abgabe einer Sache zum gerichtlichen Verfahren erfolgt durch das zur Untersuchung zuständige Hauptamt,[b]) welches die erwachsenen Verhandlungen an die zuständige Staatsanwaltschaft[c]) mit dem Antrage übersendet, die öffentliche Klage gegen den Beschuldigten und die sonstigen Betheiligten[d]) zu erheben. Gleichzeitig ist thunlichst ein bestimmter und näher zu begründender Strafantrag zu stellen.[e])

[a]) Die Provinzialsteuerbehörde kann zur Sicherung sachgemäßer Antragstellung anordnen, daß ihr die Uebersendungsschreiben entweder vor dem Abgange in Urschrift oder nach dem Abgange in Abschrift vorgelegt werden.[f])

Lehnt die Staatsanwaltschaft den an sie gerichteten Antrag auf Strafverfolgung ab,[g]) so kann nach den §§ 464 bis 466 der Strafprozeßordnung[h—k]) die Verwaltungsbehörde selbst die Anklage erheben.[l]) Die hierzu zuständige Verwaltungsbehörde ist in den Fällen des § 5 Abs. 1 des Verwaltungsstrafgesetzes das antragstellende Hauptamt, in allen anderen Fällen die Provinzialsteuerbehörde. Die letztere ist jedoch befugt, auch in den ersterwähnten Fällen die Amtsverrichtungen der Anklagebehörde selbst zu übernehmen.[h])

[m]) Die gleichen Zuständigkeitsbestimmungen gelten für den Anschluß der Verwaltungsbehörde an die Strafverfolgung der Staatsanwaltschaft (§§ 467 bis 469 der Strafprozeßordnung).[n—p])

a) AB. 20 Abs. 1/2 regelt die Abgabe zunächst nur für diejenigen Fälle, in denen die Verwaltungsbehörde kraft Gesetzes zur Entscheidung nicht zuständig ist. — Wenn sich dagegen die Finanzbehörde in sonstigen Strafsachen der Entscheidung enthalten will, so ist nach § 3_1 S. 1 i. V. m. AV. 1 (das. Anm. 4) zu verfahren (siehe aber auch Anm. 4b das.).

b) Zur Abgabe ist ordnungsmäßig ein Beschluß des Hauptamts erforderlich, da jene zugleich eine Unzuständigkeitserklärung in sich schließt (Anm. a).

c) Die Bezeichnung „Staatsanwaltschaft" umfaßt auch den Amtsanwalt. — Die sachliche und örtliche Zuständigkeit bestimmt sich nach §§ 27, 73 GVG., §§ 7 ff. StPO.

d) Unter dem Ausdruck „Beteiligte" sind auch hier (ebenso wie im § 7 Anm. 15) nicht bloß die Teilnehmer im engern Sinne (§§ 47 ff. StGB.), sondern außerdem die Einziehungsbeteiligten und Vertretungspflichtigen mit begriffen, obschon von einer Klagerhebung gegen die letzteren kaum gesprochen werden kann (Einl. § 3 III, § 4 III).

e) Unter dem „Strafantrag" ist abweichend von dem gewöhnlichen Sprachgebrauch eine (übrigens unverbindliche) Äußerung der Steuerbehörde über Straftat und Strafmaß zu verstehen. — Stellung und Begründung eines „bestimmten" Strafantrages können unterbleiben, wenn der Tatbestand bei der Abgabe noch nicht genügend aufgeklärt ist (verb. tunlichst).

f) Die Provinzialbehörde kann, wenn sie den ihr vorgelegten Antrag beanstandet, selbst anstatt des Hauptamts einen sachgemäßen Antrag stellen oder den Antrag auf Klagerhebung überhaupt zurücknehmen; sie kann ferner, falls der Antrag der untergebenen Behörde noch nicht abgegangen sein sollte, diese entsprechend anweisen.

g) Die Staatsanwaltschaft ist — wie schon in Anm. e erwähnt — an den „Strafantrag", mag er vom Hauptamt oder der Provinzialbehörde ausgehen, nicht gebunden. Sie hat vielmehr nach § 3_1 VStG., §§ 152_2, 158 StPO. die übersandten Verhandlungen selbständig zu prüfen und nötigenfalls nach weiteren Ermittelungen darüber zu entscheiden, „ob die öffentliche Klage zu erheben sei".

Findet die Staatsanwaltschaft, daß der ihr mitgeteilte Tatbestand keine strafbare Handlung enthält (Löwe/Hellweg § 464 Anm. 2a), oder daß aus sonstigen Gründen gegen den Beschuldigten hinreichender Tatverdacht nicht vorliegt (vgl. § 201 StPO.), so hat sie den Antrag unter Rückgabe der übersandten Verwaltungsakten abzulehnen. — Gegen diesen Bescheid steht der antragstellenden Behörde ein doppelter Rechtsbehelf zu Gebote: zunächst hat sie nach allgemeinen Grundsätzen die (form- und fristlose) Beschwerde an die der ablehnenden Staatsanwaltschaft vorgesetzte Instanz; daneben aber gewähren die §§ 464 bis 466 StPO. i. V. m. AB. 20_3 der Verwaltungsbehörde das außergewöhnliche Recht zur selbständigen Erhebung der Anklage.

h) **§ 464.** Hat die Verwaltungsbehörde einen Strafbescheid nicht erlassen[α]) und lehnt die Staatsanwaltschaft den an sie gerichteten Antrag auf Verfolgung ab, so ist die Verwaltungsbehörde[β]) befugt, selbst die Anklage zu erheben.[γ])

In einem solchen Falle hat sie einen Beamten ihres Verwaltungszweiges oder einen Rechtsanwalt als ihren Vertreter zu bestellen und in der Anklage namhaft zu machen.

α) Es ist gleichgültig, ob der Erlaß des Strafbescheides unterblieben ist, weil die Verwaltungsbehörde nach §§ 1 f. VStG. nur zur Untersuchung zuständig war, oder weil sie sich nach § 3 das. der Entscheidung enthalten hat. — Demgemäß bezieht sich AB. 20_3 auch auf beide Fälle.

β) Zur Klagerhebung zuständig sind das Hauptamt (Erbschaftssteueramt) in denjenigen Fällen, wo diese Behörden auch zum Erlaß eines Strafbescheides befugt gewesen wären (AB. 20_3, Einl. § 7 II); im übrigen hat die Provinzialsteuerbehörde zu klagen. Diese kann auch jederzeit die Verrichtungen der erstgenannten Behörden an deren Stelle übernehmen (AV. 20_3 a. E.; vgl. den entsprechenden Grundsatz im § 146 GVG.).

γ) Für die Erhebung der Anklage gelten die §§ 197f. StPO.; es ist daher „die Anklageschrift mit den Akten, wenn die Sache zur Zuständigkeit des Schöffengerichts gehört, bei dem Amtsrichter, anderenfalls bei dem Landgerichte einzureichen" (§ 197); ferner hat „die Anklageschrift ... die dem Angeschuldigten zur Last gelegte Tat unter Hervorhebung ihrer gesetzlichen Merkmale und des anzuwendenden Strafgesetzes zu bezeichnen, sowie die Beweismittel und das Gericht, vor welchem die Hauptverhandlung stattfinden soll, anzugeben." — „In den vor ... den Landgerichten zu verhandelnden Strafsachen sind außerdem die wesentlichen Ergebnisse der stattgehabten Ermittelungen in die Anklageschrift aufzunehmen" (§ 198).

i) **§ 465.** Die Staatsanwaltschaft ist zu einer Mitwirkung in jeder Lage des Verfahrens berechtigt.

Bei der Hauptverhandlung muß sie vertreten sein; auch hat sie die gerichtlich angeordneten Ladungen zu derselben zu bewirken.

Alle im Laufe des Verfahrens ergehenden Entscheidungen sind ihr bekannt zu machen.

k) **§ 466.** Im Uebrigen regelt sich das Verfahren auf die von der Verwaltungsbehörde erhobene Anklage nach den für die Privatklage gegebenen Bestimmungen. α) β)

α) § 466 setzt die Klagerhebung voraus (verb. „erhobene Anklage"); diese selbst bestimmt sich nach den für die öffentliche Klage geltenden Vorschriften (Anm. γ zu h; Löwe/Hellweg § 466 Anm. 1).

β) Es dürften nur folgende Bestimmungen in Betracht kommen:

§ 417. (Abs. 2) „... die Staatsanwaltschaft [kann] in jeder Lage der Sache bis zum Eintritt der Rechtskraft des Urtheils durch eine ausdrückliche Erklärung die Verfolgung übernehmen. In der Einlegung eines Rechtsmittels ist die Uebernahme der Verfolgung enthalten."

(Abs. 3) „Uebernimmt die Staatsanwaltschaft die Verfolgung, so richtet sich das weitere Verfahren nach den Bestimmungen, welche . . . für den Anschluß des Verletzten als Nebenkläger gegeben sind." (Diese Bestimmungen siehe Anm. n γ).

§ 422. „Ist die Klage vorschriftsmäßig erhoben, so theilt das Gericht dieselbe dem Beschuldigten unter Bestimmung einer Frist zur Erklärung und der Staatsanwaltschaft zur Kenntnißnahme mit."

§ 423. „Nach Eingang der Erklärung des Beschuldigten oder Ablauf der Frist entscheidet das Gericht darüber, ob das Hauptverfahren zu eröffnen oder die Klage zurückzuweisen sei, nach Maßgabe der Bestimmungen, welche bei einer von der Staatsanwaltschaft unmittelbar erhobenen Anklage Anwendung finden." (Wird die Eröffnung des Hauptverfahrens abgelehnt, so hat die Verwaltungsbehörde die sofortige Beschwerde [§ 209 Abs. 2])

§ 424. (Abs. 1) „Das weitere Verfahren richtet sich nach den Bestimmungen, welche für das Verfahren auf erhobene öffentliche Klage gegeben sind." (Abs. 2) „Vor dem Schwurgerichte kann eine Privatklagesache nicht gleichzeitig mit einer auf öffentliche Klage anhängig gemachten Sache verhandelt werden."

§ 425. (Abs. 1) „Insoweit in dem Verfahren auf erhobene öffentliche Klage die Staatsanwaltschaft zuzuziehen und zu hören ist, wird in dem Verfahren auf erhobene Privatklage der Privatkläger zugezogen und gehört. Desgleichen sind alle Entscheidungen, welche dort der Staatsanwaltschaft bekannt gemacht werden, hier dem Privatkläger bekannt zu machen." (Über die Bekanntmachung siehe auch § 468 — unten Anm. o —). (Abs. 3) „Zwischen der Zustellung der Ladung des Privatklägers zur Hauptverhandlung und dem Tage der letzteren muß eine Frist von mindestens einer Woche liegen."

§ 426. (Abs. 1) „Der Vorsitzende des Gerichts bestimmt, welche Personen als Zeugen oder Sachverständige zur Hauptverhandlung geladen werden sollen." (Abs. 2) „Dem Privatkläger wie dem Angeklagten steht das Recht der unmittelbaren Ladung zu."

§ 427. (Abs. 1) „In der Hauptverhandlung kann auch der Angeklagte im Beistand eines Rechtsanwalts erscheinen oder sich auf Grund einer schriftlichen Vollmacht durch solchen vertreten lassen." (Abs. 2 und 3 betreffen das dem Anwalt zustehende Substitutionsrecht und die Befugnisse des Gerichts gegenüber dem ausgebliebenen Angeklagten; sie werden nicht mit abgedruckt.)

§ 429. (Abs. 1) „Findet das Gericht nach verhandelter Sache, daß die für festgestellt zu erachtenden Thatsachen eine solche strafbare Handlung darstellen, auf welche das in diesem Abschnitte vorgeschriebene Verfahren keine Anwendung erleidet [d. h. hier: ergeben die Tatsachen zwar eine strafbare Handlung, aber kein Steuerdelikt im Sinne des § 1 VStG. verb. m. Anm. 4 das., oder aber stellt sich Idealkonkurrenz eines solchen mit einer nicht steuerlichen Straftat heraus (Einl. § 1 III 1)], so hat es durch Urtheil, welches diese Thatsachen hervorheben muß, die Einstellung des Verfahrens auszusprechen." (Abs. 2) „Die Verhandlungen sind in diesem Falle der Staatsanwaltschaft mitzutheilen."

§ 430. (Abs. 1) „Dem Privatkläger [der Verwaltungsbehörde] stehen diejenigen Rechtsmittel zu, welche in dem Verfahren auf erhobene öffentliche Klage der Staatsanwaltschaft zustehen. Dasselbe gilt von dem Antrage auf Wiederaufnahme des Verfahrens in den Fällen des § 402 [Wiederaufnahme zu Ungunsten des Angeklagten]. Die Bestimmung des § 343 findet auf das Rechtsmittel des Privatklägers Anwendung [d. h. auf Grund eines von der Verwaltungsbehörde eingelegten Rechtsmittels kann die Entscheidung auch zu Gunsten des Angeklagten geändert werden]." (Abs. 3) „Die in den §§ 361, 362, 387 angeordnete Vorlage und Einsendung der Akten erfolgt wie im Verfahren auf erhobene öffentliche Klage an und durch die Staatsanwaltschaft. Die Zustellung der Berufungs- und Revisionsschriften an den Gegner des Beschwerdeführers wird durch den Gerichtsschreiber bewirkt."

l) Außer den angeführten §§ 464—466 kommen für den Fall, daß die Verwaltungsbehörde die Anklage erhebt, noch die §§ 468—469 in Betracht. Über diese vgl. Anm. o und p.

m) Der in AB. 20_4 vorgesehene Anschluß der Verwaltungsbehörde wird in der Praxis von erheblich größerer Bedeutung sein, als ihr Recht zur selbständigen Klagerhebung.

n) **§ 467.** Hat der Beschuldigte gegen einen Strafbescheid auf gerichtliche Untersuchung angetragen α), oder hat die Staatsanwaltschaft die Anklage erhoben, so kann die Verwaltungsbehörde sich der Verfolgung anschließen, und sie hat alsdann gleichwie bei einer von ihr erhobenen Anklage einen Vertreter zu bestellen. β)

In diesem Falle kommen die für den Anschluß des Verletzten als Nebenkläger gegebenen Bestimmungen zur Anwendung. γ)

α) Über den Antrag auf gerichtliche Entscheidung vgl. § 8 d. Einl.

β) Der Vertreter ist in der Anschlußerklärung namhaft zu machen (§ 464_2).

γ) Die fraglichen Bestimmungen sind in folgenden Paragraphen enthalten:

§ 436. (Abs. 1) „Die Anschlußerklärung ist bei dem Gerichte schriftlich einzureichen." (Abs. 2) „Das letztere hat über die Berechtigung des Nebenklägers zum Anschlusse nach Anhörung der Staatsanwaltschaft zu entscheiden." (Abs. 3) „Zu einer Sicherheitsleistung ist der Nebenkläger nicht verpflichtet."

§ 437. (Abs. 1) „Der Nebenkläger hat nach erfolgtem Anschlusse die Rechte des Privatklägers." (Abs. 2) „An den Erklärungen über Annahme oder Ablehnung der Geschworenen nimmt der Nebenkläger nicht Theil."

§ 438. (Abs. 1) „Der Fortgang des Verfahrens wird durch den Anschluß nicht aufgehalten.“ (Abs. 2) „Die bereits anberaumte Hauptverhandlung sowie andere Termine finden an den bestimmten Tagen statt, auch wenn der Nebenkläger wegen Kürze der Zeit nicht mehr geladen oder benachrichtigt werden konnte.“ (§ 438 erleidet durch die Sondervorschriften der §§ 468 f. erhebliche Einschränkungen — unten Anm. o und p.)

§ 439. (Abs. 1 ersetzt durch § 468.) (Abs. 2) „Die Anfechtung solcher Entscheidungen [d. h. derjenigen, die schon vor dem Anschluß ergangen und der Staatsanwaltschaft bekannt gemacht waren] steht auch dem Nebenkläger nicht mehr zu, wenn für die Staatsanwaltschaft die Frist zur Anfechtung abgelaufen ist.“ (Abs. 2 erleidet Abänderungen durch §§ 468 f.).

§ 440 (betrifft Urteilszustellung; ersetzt durch § 468).

§ 441. (Abs. 1) „Der Rechtsmittel kann sich der Nebenkläger unabhängig von der Staatsanwaltschaft bedienen.“ (Abs. 2) „Wird auf ein nur von dem Nebenkläger eingelegtes Rechtsmittel die angefochtene Entscheidung aufgehoben, so liegt der Betrieb der Sache wiederum der Staatsanwaltschaft ob.“ (Das Rechtsmittel der Verwaltungsbehörde kann auch hier zu Gunsten des Angeklagten wirken [§ 487$_1$ i. V. m. § 430$_1$ S. 3].)

§ 442. „Die Anschlußerklärung verliert durch Widerruf . . . ihre Wirkung.“

o) **§ 468.** Wenn die Verwaltungsbehörde die Anklage erhoben oder sich der Verfolgung angeschlossen hat, so sind ihr das Urtheil und alle sonstigen Entscheidungen zuzustellen, auch wenn sie bei deren Verkündung vertreten gewesen ist. α)

α) Die Zustellung hat abweichend von § 439$_1$ auch dann zu erfolgen, wenn die Verwaltungsbehörde sich erst angeschlossen hat, nachdem die Entscheidung erlassen und der Staatsanwaltschaft bekannt gemacht war (ebenso Löwe-Hellweg § 468 Anm. 2, a. M. Bonnenberg S. 383 ff.).

Mit dieser Zustellung beginnt dann nach § 469₁ (Anm. p) die Rechtsmittelfrist für die Verwaltungsbehörde. Dabei wird aber vorausgesetzt, daß die Anschlußerklärung erfolgte, bevor die Anfechtungsfrist für die Staatsanwaltschaft abgelaufen war. Diese Einschränkung ergibt sich nicht bloß aus der besonderen Vorschrift im § 439₂, sondern schon aus der allgemeinen Erwägung, daß die Verwaltungsbehörde hier nur als Nebenpartei der Staatsanwaltschaft erscheint, und daß sie daher die Rechtsmittelfrist für sich nicht in Lauf setzen kann, wenn zur Zeit des Beitritts die Hauptpartei bereits das Rechtsmittel verloren hatte.

p) **§ 469.** Die Fristen zur Einlegung von Rechtsmitteln beginnen für die Verwaltungsbehörde erst mit der Zustellung.

Zur Anbringung von Revisionsanträgen und zur Gegenerklärung auf solche steht der Verwaltungsbehörde eine Frist von einem Monate zu.[α)β)]

α) Zu Abs. 2 vgl. §§ 385, 387 StPO. Wie die Revisionsanträge ist auch deren Begründung innerhalb der einmonatigen Frist „anzubringen". Hinsichtlich der im Abs. 2 nicht genannten Rechtsmittelfristen gelten auch für die Verwaltungsbehörde die allgemeinen Vorschriften (§§ 353, 355, 358, 381 — eine Woche).

β) Die Monatsfrist muß der Behörde gewahrt bleiben, selbst wenn infolgedessen (vgl. Anm. o α) der vom Revisionsgericht etwa schon angesetzte Hauptverhandlungstermin verlegt werden muß (Abweichung von § 438).

7) Zu § 24 Abs. 3 S. 2 und 3 vgl. zunächst Einl. § 6 II; dortselbst sind auch eine Reihe „der aus den Gesetzen sich ergebenden Beschränkungen" erwähnt (Unzulässigkeit der zwangsweisen Vorführung des Beschuldigten, sowie der Beeidigung von Zeugen und Sachverständigen usw.). — Bei Untersuchungen in Erbschaftssteuersachen ist ferner Einl. § 7 I zu berücksichtigen.

8) Begründung S. 2668: „Die Verpflichtung der Be-

hörden zur Auskunftserteilung ergänzt die Anzeigepflicht (§ 3) und entspricht der Notwendigkeit des Zusammenwirkens aller Behörden zur Sicherung der Staatseinkünfte" (vgl. hierzu auch § 3 Anm. 8 und 9). — Über eine Beschränkung der Auskunftspflicht siehe § 13 Anm. 6 (insbes. Ziff. f das.).

9) Begründung a. O.: „Die Hilfe der Ortspolizeibehörden ist auch in sonstigen Beziehungen [d. h. abgesehen von der Auskunftserteilung] vielfach unentbehrlich."

10) Neben § 24 Abs. 3 sind Vorschriften über den Beistand, den die Behörden fremder Dienstzweige in einer schwebenden Verwaltungsuntersuchung zu leisten haben, noch in den §§ 17_1 S. 2, 18, 25_2 S. 2, 29_3, 31_2, 32 VStG. enthalten. — Im übrigen gelten alle diese Stellen zunächst nur für preußische Behörden. Die Unterstützung durch die Behörden anderer Bundesstaaten richtet sich dagegen nach den §§ 1 Nr. 2, 2ff. BLG. — Vgl. auch § 3 Anm. 9.

11) Einige allgemeine Grundsätze für die weitere Untersuchung im Verwaltungswege sind enthalten in der

AB. 21: Für die weitere Untersuchung im Verwaltungswege — wie für das Verwaltungsstrafverfahren überhaupt — gilt als Grundsatz, daß Kosten thunlichst zu vermeiden sind.

Die Vernehmung von Beschuldigten[a]), sonstigen Betheiligten[a]) und Zeugen[b]) hat in der Regel bei der nächsten Behörde der Verwaltung der indirekten Steuern, in besonderen geeigneten Fällen bei der nächsten Ortspolizeibehörde zu erfolgen.[c]) Bei Personen, welche in anderen Bundesstaaten wohnen oder sich aufhalten, ist § 1 Nr. 2 des Beistandsleistungsgesetzes zu berücksichtigen.[d]) Ferner findet § 49 der Strafprozeßordnung Anwendung.[e])[f])

Die Vernehmung kann ausnahmsweise aus

Rücksicht auf die persönlichen Verhältnisse des zu Vernehmenden oder andere Umstände durch beauftragte Beamte in der Wohnung des zu Verhörenden oder sonst außerhalb der Amtsstelle erfolgen.[g]) Im Besonderen bleibt auch der § 71 Abs. 1 der Strafprozeßordnung zu beachten.[h])

a) Die AB. 21 läßt die Vorfrage, ob und in welchem Umfange der Beschuldigte zu vernehmen ist, unberührt; über diese ist § 25 nebst Anm., sowie § 28 zu vgl. — Entsprechendes gilt auch für die sonstigen Beteiligten (vgl. hier §§ 26—28).

b) Neben den Zeugen sind die Sachverständigen nicht erwähnt. Doch wird auch ihre Vernehmung (siehe AB. 27 Abs. 2—4 bei § 31 Anm. *) in der Regel bei derjenigen Steuerbehörde erfolgen müssen, die ihrem Wohnsitz oder Aufenthaltsort am „nächsten" ist.

c) Die nächste Polizeibehörde kann z. B. dann angegangen werden, wenn bei der Vernehmung schwierige zoll- oder steuerrechtliche Fragen voraussichtlich nicht zu erörtern sind, und wenn jene für den zu Vernehmenden leichter erreichbar ist als die Steuerbehörde.

d) Die in Abs. 2 S. 2 erwähnten Personen sind (regelmäßig) nicht vor die preußischen Behörden zu laden, sondern es ist die nach §§ 2, 8 BZG. zuständige Behörde des betreffenden Bundesstaates um ihre Vernehmung zu ersuchen.

e) **§ 49 StPO.:** Der Reichskanzler, die Minister eines Bundesstaates, die Mitglieder der Senate der freien Hansestädte, die Vorstände der obersten Reichsbehörden und die Vorstände der Ministerien sind an ihrem Amtssitze oder, wenn sie sich außerhalb desselben aufhalten, an ihrem Aufenthaltsorte zu vernehmen.

Die Mitglieder des Bundesraths sind während ihres Aufenthalts am Sitze des Bundesraths an diesem Sitze, und die Mitglieder einer deutschen gesetzgebenden Versammlung während der Sitzungsperiode und ihres Aufenthalts am Orte der Versammlung an diesem Orte zu vernehmen.

Zu einer Abweichung von den vorstehenden Bestimmungen bedarf es:

in Betreff des Reichskanzlers der Genehmigung des Kaisers,

in Betreff der Minister und der Mitglieder des Bundesraths der Genehmigung des Landesherrn,

in Betreff der Mitglieder der Senate der freien Hansestädte der Genehmigung des Senats,

in Betreff der übrigen vorbezeichneten Beamten der Genehmigung ihres unmittelbaren Vorgesetzten,

in Betreff der Mitglieder einer gesetzgebenden Versammlung der Genehmigung der letzteren.

f) Abs. 2 S. 3 d. AV. bezieht sich anders als S. 1 und 2 das. nur auf zeugenschaftliche Vernehmungen; soweit dagegen die im § 49 StPO. genannten Personen als Beschuldigte oder sonstige Beteiligte in Betracht kommen sollten, gelten die gewöhnlichen Vorschriften (siehe aber auch AV. 21 Abs. 3 S. 1; für Reichs- und Landtagsmitglieder vgl. ferner Art. 31 der Reichs-, bzw. Art. 84 der preuß. Verfassung).

g) Die Vernehmung außerhalb der Amtsstelle setzt nicht notwendig voraus, daß der zu Verhörende am Erscheinen gehindert ist (anders § 222_1 StPO.). Im übrigen geht Abs. 3 S. 1 auch darin weiter, daß er für Vernehmungen jeder Art, nicht bloß für solche von Zeugen und Sachverständigen gilt.

h) **§ 71 Abs. 1 StPO.** Die Landesherren und die Mitglieder der landesherrlichen Familien sowie die Mitglieder der Fürstlichen Familie Hohenzollern sind [als Zeugen oder Sachverständige] in ihrer Wohnung zu vernehmen. Das Gleiche gilt in Ansehung der Mitglieder des vormaligen Hannoverschen Königshauses, des vormaligen Kurhessischen und des vormaligen Herzoglich Nassauischen Fürstenhauses.[a])

α) § 71 gilt jetzt auch für die Mitglieder des Herzoglich Holsteinschen Fürstenhauses (Ges. v. 25. März 1904 — RGBl. S. 149 —).

12) Zu Abs. 4: Neben § 23 ist auch die AV. 19 (das. Anm. *) zu beachten.

Vorbemerkung zu den §§ 25—33:

Die §§ 25ff. stellen sich als Ausführungsbestimmungen zu § 24_3 S. 2 dar. Nach dem letzteren können die Verwaltungsbehörden abgesehen von einigen Beschränkungen „Ermittelungen jeder Art" vornehmen oder vornehmen lassen. Von diesen „Ermittelungen" werden nun einige in den §§ 25ff. näher geregelt, nämlich: Ladung des Beschuldigten (§§ 25, 28), Zuziehung des Einziehungsbeteiligten und Vertretungspflichtigen (§§ 26—28), Vernehmung von Zeugen und Sachverständigen (§§ 29—33). — Vgl. auch AV. 21 bei § 24 Anm. 11. — Dagegen fehlen hier Bestimmungen über die Beweisaufnahme durch Augenschein und Urkunden. Hält die Untersuchungsbehörde die Einnahme des ersteren für geboten, so muß nach § 23 VStG. „der vorgefundene Sachbestand" (vgl. § 86 StPO.) in protokollarischer oder Anzeigeform festgestellt werden. Außerdem dürfte es sich empfehlen, wenn entsprechend dem § 86 (vgl. Löwe/Hellweg das. Anm. 5) angegeben wird, „welche Spuren oder Merkmale, deren Vorhandensein nach der besonderen Beschaffenheit des Falles vermutet werden konnte, gefehlt haben". — Soll endlich Beweis durch Urkunden geführt werden, so müssen diese — wenn nötig — auf dem im § 13 vorgeschriebenen Wege herangezogen und demnächst mit den Akten der entscheidenden Stelle vorgelegt werden. — Befinden sich die Urkunden bereits bei einer anderen Behörde, so wird häufig die Einziehung einer Auskunft nach § 24 Abs. 3 S. 2 (vgl. Anm. 8 das.) genügen.

§ 25.*)

Der Beschuldigte ist erforderlichenfalls zur Vernehmung zu laden.[1][2])

Wenn der Beschuldigte auf die Ladung nicht erscheint, so wird nach dem Ermessen des Hauptamtes oder der Provinzial-Steuerbehörde entweder die Sache zur gerichtlichen Entscheidung abgegeben oder die Untersuchung im Verwaltungswege fortgesetzt.[3]) Ist in letzterem Falle die Vernehmung zur Feststellung des Sachverhalts angezeigt, so ist sie auf Antrag des Hauptamtes durch das Amtsgericht des Wohn- oder Aufenthaltsortes zu bewirken, welches nöthigenfalls die Vorführung anzuordnen hat.[4–6])

*) AV. 22 in Anm. 2, AV. 23 in Anm. 3.

1) Nach den §§ 190, 242 StPO. muß in der Voruntersuchung und der Hauptverhandlung des gewöhnlichen Prozesses der Beschuldigte vernommen werden. Dem schriftlichen Verwaltungsverfahren ist eine solche zwingende Vorschrift fremd. Allerdings kann schon nach allgemeinen Grundsätzen gegen den Beschuldigten kein Strafbescheid erlassen werden, wenn ihm nicht wenigstens Gelegenheit zur Äußerung geboten ist (vgl. auch Einl. § 6 II). Es genügt aber, wenn der Beschuldigte auf Grund schriftlicher Aufforderung sich schriftlich über die ihm zur Last gelegte Tat erklärt. Nur wenn die Umstände es „erfordern", ist die Vernehmung des Beschuldigten anzuordnen. Aber selbst in diesem Falle ist eine förmliche Ladung (§§ 11, 25_2 VStG.) nicht unbedingt erforderlich (AV. 11 bei § 11 Anm. 4); nach Lage der Sache kann hier auch eine formlose Bestellung erfolgen. — Einige nähere Anweisungen über das Verfahren,

welches die Verwaltungsbehörden gegenüber dem Beschuldigten einschlagen sollen, gibt die AllgVerf. d. Finanzminist. v. 13. Juni 1905, betr. die Vorladung in Zoll- und Steuerstraff. (ZBl. 1905 S. 498f.). Hier wird u. a. bestimmt:

„[Es ist] von der . . . schriftlichen Aufforderung des Beschuldigten zur Erklärung in größerem Umfange Gebrauch [zu machen] . . . als dies bisher geschehen zu sein scheint. Außer bei Wechselstempelsachen wird namentlich auch bei sonstigen Stempelsachen, bei Zuwiderhandlungen gegen das Gesetz über die Statistik des Warenverkehrs mit dem Auslande, sowie bei Zoll- und Steuerordnungswidrigkeiten vielfach unbeschadet des Erfolgs der Untersuchung von einer Vorladung und Vernehmung des Beschuldigten Abstand genommen werden können . . . Da bei Zuwiderhandlungen leichterer Art öfter Anstoß daran genommen worden ist, daß die Täter in der förmlichen Vorladung als Beschuldigte und die Untersuchungssachen als „Strafsachen" oder „Straffälle" ausdrücklich bezeichnet worden, so bestimme ich zugleich, daß in solchen Fällen, insbesondere wenn es sich um bloße Ordnungswidrigkeiten und statistische Zuwiderhandlungen handelt oder persönliche Rücksichtnahme irgendwie angezeigt erscheint und wenn die Vernehmung des Beschuldigten nach dem Vorstehenden geboten bleibt, die formlose Bestellung desselben zunächst anzuwenden ist, sobald nicht von vornherein angenommen oder vermutet werden kann, daß der Beschuldigte nur einer förmlichen Vorladung Folge leisten wird . . ."

2) Findet eine Vernehmung statt, so hat die Verwaltungsbehörde folgende AB. zu beachten:

AB. 22: Bei der Vernehmung des Beschuldigten im Verwaltungsverfahren sollen die Vorschriften in § 136 der Strafprozeßordnung gleichmäßig Anwendung finden.[a])

Die Feststellung der persönlichen Verhältnisse des Beschuldigten soll folgende Punkte umfassen:

1. sämmtliche Vornamen (ausgeschrieben, Rufname unterstrichen) und den Zunamen, bei Ehefrauen und Wittwen sowohl die Vornamen und den Geburtsnamen dieser selbst, wie Vornamen und Zunamen ihrer Männer,
2. Stand, Gewerbe (auch bei weiblichen Personen),
3. Tag und Ort der Geburt,
4. Wohnort (Kreis, in größeren Städten Straße und Hausnummer),
5. Familienstand,
6. Vorstrafen wegen Zuwiderhandlungen gegen die Zoll- und Steuergesetze.[b)]

a) § 136 StPO. bestimmt:

Bei Beginn der ersten Vernehmung ist dem Beschuldigten zu eröffnen, welche strafbare Handlung ihm zur Last gelegt wird. Der Beschuldigte ist zu befragen, ob er etwas auf die Beschuldigung erwidern wolle.

Die Vernehmung soll dem Beschuldigten Gelegenheit zur Beseitigung der gegen ihn vorliegenden Verdachtsgründe und zur Geltendmachung der zu seinen Gunsten sprechenden Thatsachen geben.

Bei der ersten Vernehmung des Beschuldigten ist zugleich auf die Ermittelung seiner persönlichen Verhältnisse Bedacht zu nehmen.[α)]

α) In welchem Umfange die persönlichen Verhältnisse zu ermitteln sind, ergibt sich aus Abs. 2 der AB. 22.

b) Die Feststellung der Vorstrafen ist besonders wichtig, weil in Zoll- und Steuersachen der Rückfall eine gegenüber dem sonstigen Strafrecht unverhältnismäßig große Bedeutung hat (vgl. v. Liszt § 199 III 5).

3) Zu Abs. 2 S. 1: Das Ausbleiben des Beschuldigten hat nicht mehr wie nach früherem Recht (vgl. Einl. § 5 I a. E.) die Abgabe an die Gerichte zur

notwendigen Folge; die zuständige Verwaltungsbehörde hat vielmehr die Wahl zwischen dieser und der Fortsetzung des Verwaltungsverfahrens. Das gleiche gilt, wenn der Beschuldigte zwar erscheint, aber sich nicht erklärt. — Im einzelnen bestimmt

AB. 23: Verweigert der Beschuldigte seine Aussage, so findet die Vorschrift in § 25 Abs. 2 Satz 1 des Gesetzes ebenfalls Anwendung.[a]) Zur Anordnung der Abgabe ist in beiden Fällen das Hauptamt nur dann befugt, wenn dieses zur Entscheidung in der Sache zuständig ist. Anderenfalls ist nur die Provinzialsteuerbehörde hierzu ermächtigt.[b])

a) Nur Abs. 2 Satz 1 ist anwendbar, nicht auch Satz 2 das. Wenn also im Fall der Aussageverweigerung die Verwaltungsbehörde sich zur Fortsetzung des Administrativverfahrens entschließt, so kann nicht etwa das Hauptamt nach Satz 2 bei Gericht die Vernehmung des Beschuldigten beantragen; denn es „würde ... keinen Zweck haben, der Verwaltungsbehörde, auch für diesen Fall das Recht auf Beistand durch das Gericht zu geben, da [der Beschuldigte] ... vor letzterem gleichfalls eine Aussage unterlassen darf" (Begründung S. 2668).

b) Die Zuständigkeitsbestimmungen der AB. beziehen sich nur auf die Fälle, in denen an sich die Entscheidungsbefugnis der Verwaltungsbehörden begründet ist (vgl. auch § 3 i. V. m. AB. 1 — das. Anm. 4 —); sind sie lediglich zur Untersuchung berechtigt, so richtet sich die Abgabe nach AB. $20_{1,2}$ (§ 24 Anm. 6). — Für Erbschaftssteuerstrafsachen vgl. auch Einl. § 7 II.

4) Der Antrag des Hauptamtes setzt voraus, daß der Beschuldigte auch der förmlichen Ladung (nicht bloß einer einfachen Bestellung — Anm. 1 —) keine Folge geleistet hat. Das Hauptamt hat daher in dem Antrage den Eintritt dieser Voraussetzung zu bescheinigen oder ihn durch Übersendung der Akten dem Gerichte nachzuweisen.

5) Ladung, Vorführung und Vernehmung durch den Richter erfolgt nach den Vorschriften der §§ 133—136 StPO. Dies ist zum Teil aus den Schlußworten des § 25 zu entnehmen und ergibt sich im übrigen aus der Natur der Sache (vgl. auch AB. 22 1).

6) Abs. 2 S. 2 bezieht sich nur auf die Vernehmung durch ein preuß. Amtsgericht. — Die Gerichte anderer Bundesstaaten sind hingegen nicht verpflichtet, in einem anhängigen Verwaltungsstrafverfahren Beschuldigte zu vernehmen (vgl. §§ 2, 8 BLG.).

§ 26.*)

Der Einziehungsbetheiligte ist zu dem Verfahren zuzuziehen, wenn es zur Ausführung der Einziehung einer Vollstreckungshandlung gegen ihn bedarf oder wenn er sich meldet. Das Gleiche gilt, soweit es ausführbar erscheint, für die Fälle, in denen auf Grund gesetzlicher Bestimmung die Einziehung selbständig verfügt werden soll.[1])[2])

Die Zuziehung hat durch Aufforderung zur Erklärung zu geschehen, wenn nicht die Ladung zur Vernehmung geboten erscheint.[3])[4]) Leistet der Einziehungsbetheiligte der Aufforderung oder der Ladung keine Folge, so ist gleichwohl das Verfahren gegen ihn mit demjenigen gegen den Beschuldigten fortzusetzen.[3])

*) AB. 24 in Anm. 4.

1) Das Gesetz schreibt die Zuziehung des Einziehungsbeteiligten in drei verschiedenen Fällen vor, wenn Vollstreckungsmaßregeln gegen ihn erforderlich sind, wenn er sich meldet, und „soweit es ausführbar erscheint" im sog. objektiven Verfahren. — Zu diesen Voraussetzungen ist

zu bemerken: Einer Vollstreckungshandlung gegen den Einz.-Beteiligten bedarf es zur Ausführung der Einziehung nur dann, wenn jener im Augenblick dieser Ausführung noch im Besitze des einzuziehenden Gegenstandes ist und letzteren nicht freiwillig herausgibt; statt der Worte: „wenn es . . . bedarf" müßte es also richtiger heißen: wenn anzunehmen ist, daß es . . . bedarf.

Was ferner die „Meldung" anbetrifft, so kann sie schriftlich oder zu Protokoll der untersuchenden Behörde geschehen. Sonstige Formen sind nicht vorgeschrieben. Geht eine Meldung ein, so hat der Untersuchungsführer, bevor er nach § 26_2 verfährt, zunächst zu prüfen, ob die sich meldende Person ein Einziehungsbeteiligter im Sinne des § 2_2 VStG. ist (vgl. auch Einl. § 3 I).

Ob endlich im objektiven Verfahren (vgl. § 5 Anm. 11 z. A.) die Zuziehung ausführbar ist, hat die untersuchende Behörde nach pflichtmäßigem Ermessen zu entscheiden. Unterbleibt die Zuziehung, so empfiehlt es sich, die Gründe für die Unausführbarkeit in dem Strafbescheid zu erwähnen oder sonst aktenkundig zu machen.

2) Wie bereits in der Einl. § 3 II ausgeführt, beruht die Zuziehung des Einziehungsbeteiligten auf dem Rechtsgedanken, daß Entscheidungen, die in die Vermögenssphäre einer Person eingreifen, nicht erlassen werden sollen, ohne daß dieser die Möglichkeit rechtlichen Gehörs geboten ist. Demnach hätte § 26_1 folgerichtig vorschreiben müssen, daß der Einziehungsbeteiligte stets zuzuziehen sei; denn die Verhängung der Einziehung enthält in gleicher Weise einen Eingriff in das Recht des Beteiligten, mag zu ihrer Vollziehung noch eine Zwangsmaßregel erforderlich oder z. B. wegen vorheriger Beschlagnahme entbehrlich sein (vgl. v. Kries, Strafprozeßrecht S. 227 Anm. 1). — Gegenüber dem jetzigen Wortlaut des § 26_1 wird man aber nur sagen dürfen, daß auch in den von jenem nicht umfaßten Fällen die Zuziehung des Beteiligten statthaft und sachgemäß ist.

3) Aus der Fassung des Abs. 2 S. 1 ergibt sich, daß das Gesetz die Aufforderung zur Erklärung als Regel ansieht; eine förmliche Vernehmung des Einziehungsbeteiligten darf daher nur dann angeordnet werden, wenn dies aus besonderen Gründen — etwa in rechtlich oder tatsächlich verwickelten Straffällen — angezeigt erscheint. Die Aufforderung muß — falls sich nicht der Beteiligte persönlich an Amtsstelle melden sollte (Bonnenberg § 26 Anm. 10) — schriftlich erfolgen und jenem eine angemessene Frist zur Erklärung setzen. Ihr Lauf beginnt erst mit dem Augenblicke, in dem die Aufforderung dem Beteiligten zugeht; es ist daher Zustellung erforderlich. — Innerhalb der Frist ist die Erklärung gegenüber der untersuchenden Behörde schriftlich oder zu Protokoll abzugeben. Bis zum Ablauf der erstern muß, solange nicht die Erklärung des Einziehungsbeteiligten eingegangen ist, mit dem Verfahren gegen diesen innegehalten werden (Abs. 2 S. 2). Später darf zwar die Untersuchung ihren Fortgang nehmen. Da aber die Verwaltungsbehörde die Verbindlichkeit des Beteiligten zur Duldung der Einziehung nur dann aussprechen darf, wenn sie deren Voraussetzungen für f e s t g e s t e l l t erachtet (vgl. Einl. § 5 III 2 b), so darf sie auch verspätete Erklärungen nicht schlechthin unberücksichtigt lassen, falls diese nur vor Erlaß der Entscheidung eingehen.

4) **AB. 24:** Bei der Aufforderung zur Erklärung oder der Vernehmung ist dem Einziehungsbetheiligten mitzutheilen, welche Zuwiderhandlung in Frage steht und wem dieselbe zur Last gelegt wird; alsdann ist er zu befragen, ob er die Schuld des Bezichtigten und die Verwirkung der Einziehung anerkenne oder welche Einwendungen er in der einen oder der anderen Beziehung vorzubringen habe.[a)] [b)]

a) Die Einwendungen des Einziehungsbeteiligten hinsichtlich der Schuldfrage können betreffen:

1. den äußeren Tathergang: der Beteiligte kann in

dieser Beziehung ausführen, daß der Tatbestand nicht vom Beschuldigten verwirklicht, oder daß er nicht deliktischer Natur sei;

2. ferner kann der Beteiligte auch geltend machen, daß jener Tathergang dem Beschuldigten nicht zur Schuld angerechnet werden könne (§§ 51 ff. StGB.) oder

3. daß die Strafverfolgung verjährt sei.

b) Einwendungen gegen die Verwirkung der Einziehung: Der Beteiligte kann ausführen, daß die vom Beschuldigten verübte Straftat überhaupt nicht mit Einziehung bedroht sei, oder daß einer der Ausnahmefälle (vgl. §§ 154 S. 2, 3, 155 VZG.) vorliege, in denen die der Regel nach verwirkte Einziehung nicht ausgesprochen werden dürfe.

§ 27.*)

Soweit nicht reichsgesetzlich die Zuständigkeit der Gerichte eintritt,[1]) ist auch die Zuziehung des Vertretungspflichtigen erforderlich,[2])[3]) für welche § 26 Absatz 2 gleichfalls maßgebend ist.[4])

*) AV. 25 in Anm. 4.

1) Zu den Eingangsworten vgl. Einl. § 4 III; mit Recht hebt die Begründung S. 2668 hervor, daß die Anhörung des Vertretungspflichtigen im Verwaltungswege auch „dann nicht ausgeschlossen [ist], wenn über seine Verpflichtung die Gerichte zu befinden haben".

2) Abgesehen von den in Anm. 1 erwähnten Fällen ist der Vertretungspflichtige stets zuzuziehen, einerlei ob er sich gemeldet hat oder nicht (anders § 26).

3) Ist der Vertretungspflichtige eine juristische Person (Einl. § 4 II), so ist für diese der gesetzliche Vertreter zuzuziehen (RG. JW. 1901$_{498}$).

4) Vgl. § 26 Anm. 3, 4; entsprechend bestimmt auch die **AV. 25:** Die Vorschriften in Nr. 24 finden auf die Aufforderung oder die Vernehmung des Ver-

tretungspflichtigen mit der Maßgabe Anwendung, daß die Befragung sich an Stelle der Verwirkung der Einziehung auf die Anerkennung oder Nichtanerkennung der Vertretungspflicht zu erstrecken hat.[a])

a) Die Frage nach der Anerkennung oder Nichtanerkennung der „Schuld des Bezichtigten" muß auch hier gestellt werden; hinsichtlich der möglichen Gegenausführungen vgl. § 26 Anm. 4a; außer den dort erwähnten Einwendungen kann der Vertretungspflichtige auch noch Umstände anführen, die eine mildere Strafe angezeigt erscheinen lassen.

§ 28.

Beschuldigte, Einziehungsbetheiligte und Vertretungspflichtige können sich durch einen mit schriftlicher Vollmacht versehenen Beauftragten vertreten lassen.[1—3])

Die Verwaltungsbehörde ist jedoch befugt, das persönliche Erscheinen des Beschuldigten anzuordnen.[4])

1) Die Vertretung ist zulässig, einerlei ob der Vertretene zur Vernehmung geladen oder zur Erklärung schriftlich aufgefordert ist (für den ersten Fall siehe aber Abs. 2). — Der „Beauftragte" muß im ersten Fall spätestens bei der Vernehmung, sonst zugleich mit der Erklärung eine schriftliche Vollmacht einreichen, d. h. eine Vollmachtsurkunde, die vom Aussteller unterschrieben oder mittels gerichtlich oder notariell beglaubigten Handzeichens unterzeichnet ist (§ 126_1 BGB.). — Mangel der Vollmacht oder der Schriftlichkeit hat die Zurückweisung des Vertreters zur Folge. Einstweilige Zulassung — wie im § 89 CPO. — ist dem Verwaltungsverfahren unbekannt.

2) Zum „Beauftragten" kann jede beliebige Person bestellt werden (vgl. Bonnenberg § 28 Anm. 4); mehrere Beteiligte können sich auch durch die gleiche Person vertreten lassen (siehe AV. 36, S. 2 bei § 37 Anm. 5). Ist der Beauftragte ein Rechtsanwalt, so regeln sich seine Gebührenansprüche nach Art. 2 Abs. 1 Nr. 6, Abs. 2 des Gesetzes, enthaltend die landesgesetzlichen Vorschriften über die Gebühren d. Rechtsanwälte u. d. Gerichtsvollz. vom 27. Sept. 1899 (GS. S. 317). — Über die Frage, inwieweit Zustellungen an den Beauftragten statthaft sind, vgl. AV. 9 Ziff. c u. e nebst Anm. (§ 9 Anm. 3).

3) Über die Verstempelung der Vollmachtsurkunde ist schließlich noch folgendes zu bemerken: Die Stempelpflicht regelt sich nach verschiedenen Grundsätzen, je nachdem der „Auftrag" vom Beschuldigten oder vom Einziehungsbeteiligten und Vertretungspflichtigen erteilt ist. Für jenen bringt die Strafverhängung nicht nur vermögensrechtliche, sondern regelmäßig auch ideelle Nachteile mit sich. Der Stempel beträgt daher hier stets 1,50 Mk. da „der Wert des Gegenstandes der Vollmacht nicht schätzbar ist" (LStG. Tarifstelle 73 Ziff. 3). — Bei Einziehungsbeteiligten und Vertretungspflichtigen dürfte dagegen lediglich die drohende Vermögenseinbuße zu berücksichtigen sein (vgl. Einl. § 3 I, § 4 II; a. M. anscheinend Bonnenberg § 28 Anm. 3). Hier bemißt sich also der Stempelsatz nach Tarifstelle 73 Ziff. 1. „Wert des Gegenstandes" ist dabei für den Einziehungsbeteiligten der Wert des Rechtes, das ihm an dem mit Einziehung bedrohten Gegenstande zusteht, für den Vertretungspflichtigen die Höhe der in Aussicht stehenden Subsidiarhaftung. Die letztere läßt sich freilich zur Zeit der Vollmachtserteilung noch nicht ziffernmäßig berechnen. — Da aber die Strafdrohungen der Zoll- und Steuergesetze meist absolut bestimmt sind (d. h. in Vielfachen des Wertes der kontrebandierten Gegenstände oder der hinterzogenen Ab-

gaben usw.) bestehen, so wird sich der Haftungsbetrag wenigstens „annähernd“ feststellen lassen (vgl. Ziff. 8 d. Bekanntmachung betr. d. Ausführ. d. StempStG. vom 13. Febr. 1896). Sofern dies allerdings im Einzelfall unmöglich ist, muß wieder der Feststempel von 1,50 Mk. eintreten; § 8 LStG. dürfte hier unanwendbar sein.

4) Persönliches Erscheinen kann die Verwaltungsbehörde nur von dem Beschuldigten, nicht auch von den sonstigen Beteiligten fordern (vgl. Einl. § 3 III, § 4 III). Die Anordnung kann gleich bei der ersten Ladung zur Vernehmung, sie kann aber auch unter Erneuerung der Vorladung dann getroffen werden, wenn zunächst für den Beschuldigten ein Beauftragter erschienen war und sich eine Verhandlung mit diesem nicht als sachgemäß erwiesen hatte. — Meldet sich trotz jener Anordnung ein Vertreter, so kann die Behörde dessen Vernehmung ablehnen; das weitere Verfahren bestimmt sich dann nach § 25 Abs. 2.

§ 29.*)[1]

Zeugen sind verpflichtet, den an sie von den Zoll- und Steuerstellen ergehenden ordnungsmäßigen Ladungen Folge zu leisten und sich, sofern ihnen nicht gesetzliche Gründe zur Verweigerung des Zeugnisses zur Seite stehen, von diesen Stellen über ihre Wissenschaft zur Sache zu Protokoll vernehmen zu lassen.[2—6])

Wenn ein Zeuge seiner Pflicht nicht nachkommt, so gelangen die Bestimmungen der §§ 50 und 69 der Strafprozeßordnung mit der Einschränkung zur Anwendung, daß eine zwangsweise Vorführung des Zeugen und die in § 69 Absatz 2 da-

selbst vorgesehene Erzwingung des Zeugnisses durch Haft nicht stattfindet.[7][8])

Zur Festsetzung und Vollstreckung der Strafe gegen eine Civilperson ist das Amtsgericht zuständig, in dessen Bezirk der Zeuge wohnt oder sich aufhält.[8])

*) AV. 26 in Anm. 6.

1) Zu §§ 29 ff.: Die StPO. gibt ihre Bestimmungen über die Erhebung des Zeugenbeweises zusammenhängend und nahezu erschöpfend im 6. Abschnitt ihres ersten Buches (§§ 48/71). Fast alle diese Vorschriften sind durch das VStG. und die AV.en auch für das Verfahren vor den Verwaltungsbehörden übernommen, soweit sich jene nicht auf die hier unzulässige Beeidigung beziehen (§§ 56—57, 59—66, 71_2) oder den Gegensatz zwischen der Hauptverhandlung und dem vorangegangenen Verfahren zur Voraussetzung haben (§§ 58_2, 71_3). Die Übernahme ist teils inhaltlich, teils durch einfache Verweisung erfolgt, die Anordnung des Stoffes aber wenig systematisch: Im einzelnen ist

§ 48 StPO. gedeckt durch die allgemeine Vorschrift des § 11 VStG. i. m. AV. 11 (das. Anm. 4),

§ 49 StPO. enthalten in AV. 21_2 S. 3 (§ 24 VStG. Anm. 11),

§ 50 StPO. enthalten in § $29_{2,3}$ VStG.,

§§ 51—55 StPO. enthalten in § 30 VStG.,

§ 58_1 StPO. enthalten in AV. 26_1 (§ 29 VStG. Anm. 6),

§§ 67, 68 StPO. enthalten in AV. 26_1 (§ 29 VStG. Anm. 6),

§ 69 StPO. enthalten in § $29_{2,3}$ VStG.,

§ 70 StPO. enthalten in § 33 VStG.,

§ 71_1 StPO. enthalten in AV. 21_3 S. 2 (§ 24 VStG. Anm. 11).

2) § 29 bezieht sich — wie schon seine Stellung ergibt — nur auf den Fall der weiteren Untersuchung im Verwaltungswege, nicht auch auf den sog. ersten Angriff. Unter den „Zoll- und Steuerstellen" sind daher das Haupt-(Erbschaftssteuer-)Amt und die von ihm nach §§ 4, 24_3 beauftragten oder ersuchten Steuerbehörden zu verstehen. Gegenüber alle diesen Behörden wird dem Zeugen durch § 29 eine doppelte Pflicht — zum Erscheinen und zur Aussage — auferlegt. Jene setzt voraus, daß der Zeuge ordnungsgemäß, d. h. unter Beobachtung der §§ 11, 8, 9 i. V. m. § 29_2, geladen ist; diese entfällt, wenn einer der im § 30 erwähnten Befreiungsgründe vorliegt.

3) Verletzt der Zeuge eine der in Anm. 2 genannten Pflichten, so ist gegen ihn nach Abs. 2 u. 3 des § 29 zu verfahren (vgl. Anm. 7, 8). — Wurde dagegen eine (preußische) Ortspolizeibehörde gemäß § 24_3 a. E., AB. 21_2 S. 1 — das. Anm. 11 — um die Vernehmung des Zeugen ersucht und erweist er sich dieser gegenüber als ungehorsam, so kommt nicht § $29_{2,3}$, sondern § 132 d. Ges. über d. allg. Landesverwaltung v. 30. Juli 1883 zur Anwendung (vgl. Löwe/Hellweg § 161 Anm. 1 b). — Über Zeugenvernehmungen durch die ordentlichen Gerichte vgl. § 32 nebst Anm.

4) § 29 will ebensowenig wie § 25 vorschreiben, daß stets eine förmliche Ladung zur Vernehmung erfolgen müsse (vgl. auch AB. 11 bei § 11 Anm. 4). Es bestimmt daher die in § 25 Anm. 1 erwähnte Allg. Verf., daß „auch bei Zeugenladungen in geeigneten Fällen die formlose Bestellung der förmlichen Ladung vorzuziehen [sei], wenn vorausgesetzt werden [dürfe], daß der Zeuge auch ohne letztere an Amtsstelle erscheinen werde".

5) Über die Zeugenaussage ist im Falle des § 29 stets ein Protokoll aufzunehmen (vgl. Abs. 1 a. E.; Abweichung von § 24_4 i. V. m. § 23 „schriftliche An-

zeige"). — Über die äußere Form des Protokolls vgl. AB. 19 bei § 23 Anm. *). — Der Beschuldigte wird weder von den Terminen zur Zeugenvernehmung benachrichtigt, noch hat er das Recht ihnen beizuwohnen. — Die Verwaltungsbehörde kann aber den Beschuldigten mitladen, wenn sie dies für sachgemäß erachtet (vgl. AB. 26_3 i. d. nächst. Anm.).

6) **AB. 26:** Bei Vernehmung von Zeugen sollen[a]) die §§ 58 Abs. 1, 67, 68 der Strafprozeßordnung[b—d]) beachtet werden.

Der Zeuge soll[a]) vor der Vernehmung eine Versicherung dahin abgeben, daß er nach bestem Wissen die reine Wahrheit sagen, nichts verschweigen und nichts hinzusetzen werde.[e])

Eine Gegenüberstellung des Zeugen mit anderen Zeugen oder mit dem Beschuldigten oder sonstigen Betheiligten ist vorzunehmen, wenn davon eine Aufklärung der Sachlage zu erwarten ist.

a) Nichtbeobachtung der in Abs. 1 u. 2 enthaltenen „Soll"vorschriften ist unschädlich.

b) § 58 Abs. 1: Jeder Zeuge ist einzeln und in Abwesenheit der später abzuhörenden Zeugen zu vernehmen.

c) § 67: Die Vernehmung beginnt damit, daß der Zeuge über Vornamen und Zunamen, Alter, Religionsbekenntniß, Stand oder Gewerbe und Wohnort befragt wird. Erforderlichenfalls sind dem Zeugen Fragen über solche Umstände, welche seine Glaubwürdigkeit in der vorliegenden Sache betreffen, insbesondere über seine Beziehungen zu dem Beschuldigten . . ., vorzulegen.

d) § 68: Der Zeuge ist zu veranlassen, dasjenige, was ihm von dem Gegenstande seiner Vernehmung bekannt ist, im Zusammenhange anzugeben. Vor seiner Vernehmung ist dem Zeugen der Gegenstand der Untersuchung und die Person des Beschuldigten, sofern ein solcher vorhanden ist, zu bezeichnen.

Zur Aufklärung und zur Vervollständigung der Aussage sowie zur Erforschung des Grundes, auf welchem die Wissenschaft des Zeugen beruht, sind nöthigenfalls weitere Fragen zu stellen.

e) Die Abgabe der in Abs. 2 erwähnten Versicherung kann nicht erzwungen werden; ein solcher Zwang ist auch nach dem zu Anm. a Bemerkten entbehrlich. — Über eine etwaige Beeidigung vgl. § 32 VStG.

7) Die §§ 50 und 69 StPO. setzen teils Kostenfolgen und Strafen fest, die den Zeugen treffen, weil er der Erscheinungs-, Aussage-(oder Beeidigungs-)Pflicht nicht genügt **hat**, teils ordnen sie „Zwangsmaßregeln an, um seinen Ungehorsam **in Zukunft** zu brechen. Die letztgedachten Bestimmungen sind nach § 29₂ im Verfahren vor den Steuerbehörden für unanwendbar erklärt, weil nach der Begründung S. 2668 „für die Zwecke der Verwaltung schon die in den §§ 50 und 69 . . . vorgesehenen Bestrafungen" genügen. — Soweit nach dem eben Gesagten die §§ 50 und 69 in Betracht kommen, sind sie in Anm. 8 enthalten.

8) § 50 StPO.[a]): Ein ordnungsmäßig geladener Zeuge, welcher nicht erscheint, ist in die durch das Ausbleiben verursachten Kosten,[b—d]) sowie zu einer Geldstrafe bis zu dreihundert Mark, und für den Fall, daß diese nicht beigetrieben werden kann, zur Strafe der Haft bis zu sechs Wochen zu verurtheilen[e—h]) . . . Im Falle wiederholten Ausbleibens kann die Strafe noch einmal erkannt werden.[i])

Die Verurtheilung in Strafe und Kosten unterbleibt, wenn das Ausbleiben des Zeugen genügend entschuldigt ist. Erfolgt nachträglich genügende Entschuldigung, so werden die gegen den Zeugen getroffenen Anordnungen wieder aufgehoben.[e])

(Abs. 3 ersetzt durch § 29 Abs. 3 VStG.)

Die Festsetzung und die Vollstreckung der Strafe[b]) gegen eine dem aktiven Heere oder der aktiven Marine angehörende Militärperson erfolgt auf Ersuchen durch das Militärgericht . . .[e] [g] [h])

§ 69 StPO.[a]): Wird das Zeugniß . . . ohne gesetzlichen Grund verweigert, so ist der Zeuge in die durch die Weigerung verursachten Kosten[b—d]) sowie zu einer Geldstrafe bis zu dreihundert Mark und für den Fall, daß diese nicht beigetrieben werden kann, zur Strafe der Haft bis zu sechs Wochen zu verurtheilen.[e—h])

(Abs. 2 entfällt; vgl. § 29 Abs. 2 VStG.)

(Abs. 3 ersetzt durch § 29 Abs. 3 das.).

Sind die Maßregeln erschöpft, so können sie in demselben oder in einem anderen Verfahren, welches dieselbe That zum Gegenstande hat, nicht wiederholt werden.[i])

Die Festsetzung und die Vollstreckung der Strafe[b]) gegen eine dem aktiven Heere oder der aktiven Marine angehörende Militärperson erfolgt auf Ersuchen durch das Militärgericht.[e] [g] [h])

a) Wie schon in Anm. 7 angedeutet, zieht im Verwaltungsstrafverfahren der Ungehorsam des Zeugen Kosten- und Straffolgen nach sich; jene sind in den Anm. b—d behandelt, über diese vgl. Ziff. e—h.

b) Die Verurteilung in die Kosten erfolgt stets durch die vorladende Administrativbehörde. Dies gilt auch dann, wenn der Zeuge eine Militärperson ist (vgl. § 29_3 VStG.; Löwe/Hellweg § 50 Anm. 22, § 69 Anm. 11). Jedoch kann eine Verurteilung in die Kosten erst erfolgen, wenn die Strafe durch die berufene Stelle (§ 29_3 VStG., §§ 50_4, 69_5 StPO.) festgesetzt ist (Löwe/Hellweg a. O.); sie fällt ferner von selbst wieder hinweg, sobald der ergangene Strafbeschluß nach Anm. e a. E. beseitigt ist.

c) Zu den Kosten, welche durch den Ungehorsam veranlaßt sind, gehören z. B. die Auslagen für die Neuladung des Zeugen (vgl. § 45 VStG.). Sollte der Zeuge andern Personen gegenübergestellt werden, so hat er auch diejenigen Kosten zu tragen, welche durch deren erneute

Beiladung und eine nach § 33 für den vereitelten Termin ausgezahlte Vergütung erwachsen sind.

d) Da die Verurteilung in die Kosten nur die (notwendige) Folge der Straffestsetzung ist (Anm. b a. E.), so ist sie als solche nicht selbständig durch ein Rechtsmittel anfechtbar; wohl aber muß dem ungehorsamen Zeugen, wenn er die von ihm auf Grund der Verurteilung eingeforderten Kostenbeträge der Höhe nach bemängelt, entsprechend den §§ 33_2, 46_2 VStG. die Beschwerde an die Provinzialsteuerbehörde zustehen.

e) Die Strafe wird auf Ersuchen der Verwaltungsbehörde gegenüber einer „Zivilperson" durch das nach § 29_3 zuständige Amtsgericht, gegen eine dem aktiven Heere oder der aktiven Marine angehörende Militärperson (Person des Soldatenstandes oder Militärbeamten) durch den zuständigen Gerichtsherrn nach Maßgabe des § 19 EGMilStGO. festgesetzt und vollstreckt. — Die ersuchte Stelle hat dabei selbständig zu prüfen, ob die Erscheinungs- oder Aussagepflicht (oben Anm. 2) von dem Zeugen verletzt, und ob namentlich auch im ersteren Falle das Ausbleiben nicht etwa genügend entschuldigt ist (§ 50_2 StPO.). Die Verwaltungsbehörden haben daher die in Betracht kommenden Aktenstücke — Ladungs- und Zustellungsurkunde, Entschuldigungsschreiben, Vernehmungsprotokoll usw. — dem Ersuchen beizufügen. Findet die angegangene Stelle, daß ein Rechtsgrund zur Straffestsetzung fehlt, so hat sie das Ersuchen abzulehnen. Ebenso muß sie, wenn der Zeuge sein Ausbleiben erst nach Verhängung der Strafe ihr gegenüber entschuldigt (§ 50_2 a. E.) den Strafbeschluß wieder aufheben.

f) Wird das Ersuchen durch ein preußisches Amtsgericht abgelehnt, so steht der Verwaltungsbehörde die Beschwerde an das Oberlandesgericht zu, das endgültig entscheidet (§ 87_2 AGGVG.); entsprechendes wird gelten müssen, wenn die Straffestsetzung nach Anm. e a. E. wieder aufgehoben wird.

g) Will die angerufene Stelle dem Ersuchen stattgeben, so hat sie die Strafe in der ihr angemessen erscheinenden Höhe festzusetzen. An einen von der Verwaltungsbehörde vorgeschlagenen Strafsatz ist sie rechtlich nicht gebunden. — Der Zeuge braucht vor der Entscheidung nicht gehört zu werden.

h) Gegen die Straffestsetzung ist kein Rechtsmittel gegeben. Dies gilt ohne weiteres, sofern die Strafe gegenüber einer Militärperson verhängt ist (vgl. § 373 MilStGO.). Aber auch dem bürgerlichen Zeugen steht kein Rechtsbehelf zu Gebote, da neben § 50 StPO. der § 346 das. nicht für entsprechend anwendbar erklärt ist (a. M. Bonnenberg § 29 Anm. 10). Die gegenteilige Ansicht würde auch, wenn die Strafkammer der Beschwerde des Zeugen stattgegeben hätte, zu unlöslichen Widersprüchen zwischen § 352 StPO. und § 87_2 AGGVG. führen. — Endlich kann sich auch die Verwaltungsbehörde nicht beschweren, wenn das Gericht hinter dem von ihr vorgeschlagenen Strafmaß zurückgeblieben ist. Insbesondere kann eine solche Beschwerde nicht auf § 87_2 AGGVG. gestützt werden, da eine „Verweigerung" der Beistandsleistung nicht stattgefunden hat (a. M. Bonnenberg a. O.).

i) Im Falle des § 50 kann bei erneutem Ungehorsam eine nochmalige Verurteilung in (Kosten und) Strafe eintreten (das. Abs. 1 a. E.). Hingegen darf die Strafe aus § 69 — solange das Zeugnis in Beziehung auf dieselbe Tat verweigert wird — nicht von neuem verhängt werden; dies gilt selbst dann, wenn die zunächst erkannte Strafe den gesetzlichen Höchstbetrag nicht erreicht hat (Löwe/Hellweg § 69 Anm. 5 e). — Statt der Worte: „Sind die Maßregeln erschöpft . . ." (§ 69_4) muß also im Verwaltungsverfahren gelesen werden: „Hat eine Bestrafung stattgefunden . . ."

§ 30.

Die Berechtigung zur Verweigerung des Zeugnisses richtet sich nach den §§ 51 bis 55 der Strafprozeßordnung.[1—5])

1) § 51: Zur Verweigerung des Zeugnisses sind berechtigt:

1. der Verlobte des Beschuldigten;[a])

2. der Ehegatte des Beschuldigten, auch wenn die Ehe nicht mehr besteht;[b])

3. diejenigen, welche mit dem Beschuldigten in gerader Linie verwandt, verschwägert oder durch Adoption verbunden, oder in der Seitenlinie bis zum dritten Grade verwandt oder bis zum zweiten Grade verschwägert sind, auch wenn die Ehe, durch welche die Schwägerschaft begründet ist, nicht mehr besteht.[c])[d])

Die bezeichneten Personen sind vor jeder Vernehmung über ihr Recht zur Verweigerung des Zeugnisses zu belehren. Sie können den Verzicht auf dieses Recht auch während der Vernehmung widerrufen.[e])

a) Das Verlöbnis muß zur Zeit der Vernehmung bestehen.

b) Zur Anwendung der Nr. 2 genügt es, wenn eine formell gültige Eheschließung (§ 1317 BGB.) stattgefunden hat (Löwe/Hellweg § 51 Anm. 7); ob im übrigen die Ehe nichtig oder anfechtbar ist, bleibt außer Betracht.

c) Die in Nr. 3 erwähnten familienrechtlichen Beziehungen bestimmen sich gemäß Art. 33 EGBGB. jetzt nach den Vorschriften des BGB. (insbes. §§ 1589 f., 1741 ff.).

d) Richtet sich die Verwaltungsuntersuchung gleichzeitig gegen mehrere Beschuldigte, so genügt es, wenn der Zeuge zu einem von ihnen in einen unter § 51 fallenden Verhältnis steht (Löwe/Hellweg § 51 Anm. 3 a).

e) Die in $§ 51_2$ vorgeschriebene **Belehrung** braucht nach dem strengen Wortlaut des § 30 BStG. im Abministrativverfahren nicht notwendig zu erfolgen; angemessen ist sie jedenfalls.

2) § 52: Zur Verweigerung des Zeugnisses sind ferner berechtigt:

1. Geistliche in Ansehung desjenigen, was ihnen bei Ausübung der Seelsorge anvertraut ist;[a])

2. Vertheidiger des Beschuldigten in Ansehung desjenigen, was ihnen in dieser ihrer Eigenschaft anvertraut ist;[a])

3. Rechtsanwälte und Aerzte in Ansehung desjenigen, was ihnen bei Ausübung ihres Berufs anvertraut ist.[a])

Die unter Nr. 2, 3 bezeichneten Personen dürfen das Zeugniß nicht verweigern, wenn sie von der Verpflichtung zur Verschwiegenheit entbunden sind.[b])

a) Unter „Anvertrauen" ist jede Mitteilung zu verstehen, die den im § 52 erwähnten Personen bei Ausübung der in Nr. 1—3 bezeichneten beruflichen Tätigkeit gemacht wurde (Löwe/Hellweg § 52 Anm. 2).

b) Zur Entbindung ist nur der „Anvertrauende" berechtigt.

3) § 53: Oeffentliche Beamte, auch wenn sie nicht mehr im Dienste sind, dürfen über Umstände, auf welche sich ihre Pflicht zur Amtsverschwiegenheit bezieht, als Zeugen nur mit Genehmigung ihrer vorgesetzten Dienstbehörde oder der ihnen zuletzt vorgesetzt gewesenen Dienstbehörde vernommen werden. Für den Reichskanzler bedarf es der Genehmigung des Kaisers, für die Minister der Genehmigung des Landesherrn, für die Mitglieder der Senate der freien Hansestädte der Genehmigung des Senats.

Die Genehmigung darf nur versagt werden, wenn die Ablegung des Zeugnisses dem Wohle des Reichs oder eines Bundesstaates Nachtheil bereiten würde.

4) § 54: Jeder Zeuge kann die Auskunft auf solche Fragen verweigern, deren Beantwortung ihm selbst oder

einem der in § 51 Nr. 1—3 bezeichneten Angehörigen die Gefahr strafgerichtlicher Verfolgung zuziehen würde.[a])

a) Unter „strafgerichtlicher Verfolgung“ ist jedes Verfahren zu verstehen, das „zum Zwecke der Verhängung einer kriminellen Strafe stattfindet“ (Löwe/Hellweg § 54 Anm. 2b). Es genügt also auch die Gefahr einer Untersuchung im Verwaltungswege.

5) § 55: Die Thatsache, auf welche der Zeuge die Verweigerung des Zeugnisses in den Fällen der §§ 51, 52, 54 stützt, ist auf Verlangen glaubhaft zu machen. Es genügt die eidliche Versicherung des Zeugen.[a])

a) Die Glaubhaftmachung hat gegenüber der Verwaltungsbehörde zu erfolgen. Da diese aber zur Abnahme von Eiden nicht zuständig ist, so kann sie selbst die im § 55 Satz 2 erwähnte Versicherung von dem Zeugen nicht fordern (vgl. auch Löwe/Hellweg § 55 Anm. 3 z. A.), sondern muß gegebenenfalls das ordentliche Gericht (§ 8 VLG., § 32_2 VStG.) um deren Abnahme ersuchen (ebenso Bonnenberg § 30 Anm. 8).

§ 31.*)

Für Sachverständige,[1]) deren Auswahl und Ernennung durch das untersuchende Hauptamt erfolgt,[2—7]) sind die Vorschriften der §§ 75 bis 77 der Strafprozeßordnung maßgebend.[8—10]) Zur Erstattung des Gutachtens ist auch derjenige verpflichtet, welcher sich vor der Verwaltungsbehörde zu derselben bereit erklärt hat.[11])

Der § 29 Absatz 3 ist entsprechend anwendbar.[12])

*) **AB. 27:** Bei Auswahl der Sachverständigen sind die Bestimmungen in Ziffer 43 der Ausführungsvorschriften A zum Reichsstempelgesetze vom 27. April 1894[4]) und in § 7 Abs. 3 des Stempel-

steuergesetzes vom 31. Juli 1895[5]) zu befolgen. Außerdem ist auf die §§ 73 Abs. 2, 74 Abs. 1 der Strafprozeßordnung[6])[7]) die geeignete Rücksicht zu nehmen.

Der Sachverständige soll vor Erstattung des Gutachtens eine Versicherung dahin abgeben,

daß er das von ihm erforderte Gutachten unparteiisch und nach bestem Wissen und Gewissen erstatten werde.[13])

Wegen Ermittelung der persönlichen Verhältnisse des Sachverständigen sind die entsprechenden Vorschriften für Zeugen maßgebend.[14])

Dem Sachverständigen steht es frei, sein Gutachten schriftlich oder zu Protokoll abzugeben.[15])[16])

1) Der Sachverständigenbeweis ist im VStG. §§ 31—33 nebst AV.en nur sehr dürftig geregelt. Daher müssen neben den eben erwähnten Bestimmungen noch folgende Vorschriften der StPO. als entsprechend anwendbar bezeichnet werden:

a) § 72: Nach dieser Stelle gelten für den Sachverständigenbeweis, soweit sich nicht aus seiner Natur oder den §§ 31—33 VStG. abweichendes ergibt, auch die für den Beweis durch Zeugen getroffenen Bestimmungen (siehe die Zusammenstellung ders. in § 29 Anm. 1; vgl. ferner unten Anm. 10b).

b) Ebenso gilt § 78, wonach der „Richter" — hier also der untersuchungführende Beamte — „soweit ihm dies erforderlich erscheint, die Tätigkeit des Sachverständigen zu leiten" hat.

c) In Betracht kommt ferner § 80, welcher bestimmt: Dem Sachverständigen kann auf sein Verlangen zur Vorbereitung des Gutachtens durch Vernehmung von Zeugen oder des Beschuldigten weitere Aufklärung verschafft werden.

Zu demselben Zwecke kann ihm gestattet werden, die Akten einzusehen, der Vernehmung von Zeugen oder des

Beschuldigten beizuwohnen und an dieselben unmittelbar Fragen zu stellen.[a])

[a]) § 80 hat jedenfalls im Verwaltungsstrafverfahren nur instruktionelle Bedeutung. Das Ermessen der untersuchenden Behörde entscheidet, ob und in welchem Umfange die im § 80 vorgesehenen Maßregeln zur Anwendung gelangen sollen. Insbesondere hat sie zu bestimmen, ob eine etwaige Akteneinsicht nur an Amtsstelle stattzufinden hat, oder ob die Akten zu diesem Zwecke dem Sachverständigen in die Wohnung verabfolgt werden dürfen.

d) Weiter ist hier der gleichfalls instruktionelle § 83 anzuführen:

Der Richter kann eine neue Begutachtung durch dieselben oder durch andere Sachverständige anordnen, wenn er das Gutachten für ungenügend erachtet.

Der Richter kann die Begutachtung durch einen anderen Sachverständigen anordnen, wenn ein Sachverständiger nach Erstattung des Gutachtens mit Erfolg abgelehnt ist.[a])

In wichtigeren Fällen kann das Gutachten einer Fachbehörde eingeholt werden.

[a]) Vgl. hierzu unten Anm. 7.

e) Endlich gilt auch für das Verwaltungsstrafverfahren der Grundsatz des § 85 StPO. oder mit anderen Worten: Werden Personen vernommen, die nicht wie die Sachverständigen ein auf besonderer Sachkunde beruhendes Urteil (Gutachten) abgeben, sondern über Tatsachen oder Zustände berichten sollen, die sie wahrgenommen haben, so finden die Regeln über den Zeugenbeweis selbst dann Anwendung, wenn zu der Wahrnehmung eine besondere Sachkunde erforderlich war (sog. sachverständige Zeugen).

2) Hält das untersuchende Hauptamt eine Begutachtung durch Sachverständige für erforderlich, so hat es eine, geeignetenfalls auch mehrere Personen als Sachverständige auszuwählen und zu ernennen (vgl. § 73_1 StPO.).

Wie sich aus der Fassung des § 31 im Gegensatz zu § 24_3 und § 29_1 ergibt, steht Wahl und Ernennung nur dem hauptamtlichen Untersuchungsführer zu; dagegen braucht die Vernehmung des Sachverständigen nicht notwendig durch diesen Beamten zu erfolgen, hier greift vielmehr wieder die allgemeine Vorschrift des § 24_3 ein.

3) Bei der Bestellung des Sachverständigen hat das Hauptamt unter den Personen, welche die erforderliche Sachkunde besitzen, grundsätzlich die freie Wahl. Einige Beschränkungen dieses Grundsatzes sind in den folgenden Anm. aufgeführt.

4) An Stelle der Ziff. 43 der AB. A tritt jetzt § 137 d. „Ausführungsbestimmungen z. Reichsstempelgesetze v. 3. Juni 1906" (ZBl. S. 1217 ff.). Dieser lautet:

Wenn im Laufe eines Verwaltungsstrafverfahrens die kaufmännischen Geschäftsformen zu Zweifeln in betreff der Beurteilung des Sachverhältnisses Anlaß geben oder für die Anwendung der Tarifnummer 4 b Zweifel darüber bestehen, ob das Geschäft als ein solches anzusehen ist, das unter Zugrundelegung der Usancen einer Börse abgeschlossen ist, oder ob es sich um börsenmäßig gehandelte Waren handelt, so sind über die zweifelhaften Fragen geeignete Sachverständige zu hören. In Bezirken, für welche Handelsvorstände bestehen, haben diese der Steuerbehörde für die verschiedenen Geschäftszweige Sachverständige zu bezeichnen.[a]) [b])

a) Als Handelsvorstände bestehen in Preußen regelmäßig die Handelskammern (Gesetz v. 22. Aug. 1897).

b) Die Bezeichnung kann entweder für einen bestimmten Straffall oder ein für allemal erfolgen. Sind hinsichtlich eines Geschäftszweiges mehrere Sachverständige bezeichnet, so hat das Hauptamt unter diesen die Wahl (vgl. auch Anm. 2 z. A.). Eine nicht bezeichnete Person kann dagegen nur aus besonderen dringenden Gründen zum Sachverständigen ernannt werden (Anm. 6).

5) § 7 Abs. 3 LStG. bezieht sich zunächst nur auf die im Verstempelungsverfahren erforderliche Ermittelung des Wertes des steuerpflichtigen Gegenstandes. Da nun die Stelle nach AB. 27 im Stempelstrafverfahren nur bezüglich der „Auswahl der Sachverständigen" zur Anwendung kommt, so gilt aus ihr auch bloß die Bestimmung, daß „bei [der] . . . Auswahl etwaige Vorschläge . . . des [Beschuldigten] mit zu berücksichtigen sind".

6) § 73 Abs. 2 StPO.: Sind für gewisse Arten von Gutachten Sachverständige öffentlich bestellt, so sollen andere Personen nur dann gewählt werden, wenn besondere Umstände es erfordern.

7) § 74 Abs. 1 StPO.: Ein Sachverständiger kann aus denselben Gründen, welche zur Ablehnung eines Richters berechtigen, abgelehnt werden. Ein Ablehnungsgrund kann jedoch nicht daraus entnommen werden, daß der Sachverständige als Zeuge vernommen worden ist.[a—c)]

a) Nach AB. 27 ist auf § 74 Abs. 1 „die geeignete Rücksicht zu nehmen". Schon hieraus ergibt sich, daß die letztere Stelle im Verwaltungsstrafverfahren bloß instruktionelle Bedeutung besitzt. Dementsprechend hat der Beschuldigte auch kein prozessuales „Recht" zur Ablehnung (§ 74 Abs. 2 S. 1 StPO.). Er würde übrigens von einem solchen Rechte kaum Gebrauch machen können, denn die Verwaltungsbehörde ist nicht verpflichtet, die ernannten Sachverständigen dem Beschuldigten namhaft zu machen (anders § 74 Abs. 2 S. 2 StPO.); dieser wird also — zumal der Administrativprozeß ein geheimes und schriftliches Verfahren darstellt — regelmäßig überhaupt nicht wissen, ob und wer als Sachverständiger vernommen wird. — Wenn trotzdem die AB. 27 eine Berücksichtigung des § 74 Abs. 1 anordnet, so will sie damit nur besagen, daß die Verwaltungsbehörden zum Sachverständigen nicht eine Person bestellen sollen, die der Beschuldigte im ordentlichen Verfahren würde ablehnen können. —

Die Personen, welche hiernach nicht ernannt werden sollen, ergeben sich aus § 24 StPO. i. V. m. §§ 22, 74 Abs. 1 S. 2 das. (siehe auch Anm. b).

b) § 24 StPO.: (Abs. 1.) Ein Richter kann sowohl in den Fällen, in denen er von der Ausübung des Richteramts kraft Gesetzes ausgeschlossen ist, als auch wegen Besorgniß der Befangenheit abgelehnt werden.

(Abs. 2.) Wegen Besorgniß der Befangenheit findet die Ablehnung statt, wenn ein Grund vorliegt, welcher geeignet ist, Mißtrauen gegen die Unparteilichkeit eines Richters zu rechtfertigen.[a])

α) Zum Sachverständigen soll also nicht bestellt werden:

I. Wer im ordentlichen Prozesse von der Ausübung des Richteramts kraft Gesetzes ausgeschlossen wäre. Die einzelnen Ausschließungsgründe sind in den §§ 22/23 StPO. enthalten. Für das Verwaltungsverfahren kommen (vgl. auch § 74_1 S. 2) nur folgende Bestimmungen des § 22 in Betracht:

Ein Richter ist von der Ausübung des Richteramts kraft Gesetzes ausgeschlossen:

1. . . .

2. wenn er Ehemann oder Vormund der beschuldigten . . . Person ist oder gewesen ist;

3. wenn er mit dem Beschuldigten . . . in gerader Linie verwandt, verschwägert oder durch Adoption verbunden, in der Seitenlinie bis zum dritten Grade verwandt oder bis zum zweiten Grade verschwägert ist, auch wenn die Ehe, durch welche die Schwägerschaft begründet ist, nicht mehr besteht;

4. wenn er in der Sache als Beamter der Staatsanwaltschaft, als Polizeibeamter . . . oder als Vertheidiger tätig gewesen ist;

5. . . .

II. Ferner sollen die Verwaltungsbehörden zum Sachverständigen nicht eine Person ernennen, gegen deren Unparteilichkeit begründetes Mißtrauen besteht.

c) Ergibt sich erst nach Erstattung des Gutachtens, daß der Sachverständige zu den in Anm. b erwähnten Personen gehört, so kann die Verwaltungsbehörde die Begutachtung durch einen anderen Sachverständigen anordnen (§ 83_2 StPO. — oben Anm. 1 d).

8) Für Zeugen stellt § 29 VStG. eine allgemeine Pflicht zum Erscheinen und zur Aussage fest (vgl. auch Anm. 2 das.). Auf Sachverständige ist diese Bestimmung nicht anwendbar. Hier besteht jene Pflicht vielmehr nur für gewisse Personenklassen, die § 31_1 VStG. wesentlich im Anschluß an die Vorschriften der StPO. bestimmt. Danach gilt zunächst § 75 StPO.:

(Abs. 1.) Der zum Sachverständigen Ernannte hat der Ernennung Folge zu leisten, wenn er zur Erstattung von Gutachten der erforderten Art öffentlich bestellt ist, oder wenn er die Wissenschaft, die Kunst oder das Gewerbe, deren Kenntniß Voraussetzung der Begutachtung ist, öffentlich zum Erwerbe ausübt, oder wenn er zur Ausübung derselben öffentlich bestellt oder ermächtigt ist.

[Abs. 2 — Verpflichtung kraft Bereiterklärung vor Gericht — ist im Verwaltungsverfahren durch § 31_1 S. 2 ersetzt (siehe unten Anm. 11).]

9) § 76 StPO.[a]): Dieselben Gründe, welche einen Zeugen berechtigen, das Zeugniß zu verweigern, berechtigen einen Sachverständigen zur Verweigerung des Gutachtens.[b]) Auch aus anderen Gründen kann ein Sachverständiger von der Verpflichtung zur Erstattung des Gutachtens entbunden werden.

Die Vernehmung eines öffentlichen Beamten als Sachverständigen findet nicht statt, wenn die vorgesetzte Behörde des Beamten erklärt, daß die Vernehmung den dienstlichen Interessen Nachtheil bereiten würde.

a) § 76 bezieht sich nur auf solche Sachverständige, die an sich (Anm. 8 und 11) zur Erstattung des Gutachtens verpflichtet wären.

b) Über die Gründe zur Zeugnisverweigerung vgl. § 30 VStG. m. Anm.

10) § 77 StPO.: Im Falle des Nichterscheinens oder der Weigerung eines zur Erstattung des Gutachtens verpflichteten Sachverständigen wird dieser zum Ersatze der Kosten und zu einer Geldstrafe bis zu dreihundert Mark verurtheilt. Im Falle wiederholten Ungehorsams kann noch einmal eine Geldstrafe bis zu sechshundert Mark erkannt werden.

Die Festsetzung und die Vollstreckung der Strafe gegen eine dem aktiven Heere oder der aktiven Marine angehörende Militärperson erfolgt auf Ersuchen durch das Militärgericht.[a]) [b])

a) § 77 regelt die Folgen, welche der Ungehorsam eines zur Erstattung des Gutachtens verpflichteten Sachverständigen (§ 75) nach sich zieht. Nichterscheinen und Verweigerung des Gutachtens werden dabei anders als beim Zeugen (§ 29 VStG. Anm. 8) vollkommen gleich behandelt, so sehr daß eine Bestrafung des Sachverständigen nicht öfter als zweimal erfolgen darf, selbst wenn sein Ungehorsam zunächst im Ausbleiben und dann in der Verweigerung des Gutachtens bestanden hat (Löwe-Hellweg § 77 Anm. 4).

b) Wie gegenüber dem Zeugen werden an den Ungehorsam des Sachverständigen Straf- und Kostenfolgen geknüpft. Die Strafe besteht jedoch nur in Geld; Haft darf nicht einmal für den Fall der Uneinziehbarkeit der Geldstrafe ausgesprochen werden. — Über die Behörden, welche die Ungehorsamsfolgen festzusetzen haben und das von ihnen zu beobachtende Verfahren sind die Ausführungen bei § 29 Anm. 8 b—h zu vergleichen (§ 31 2 VStG., § 77 2 StPO.). Insbesondere kann auch hier eine Verurteilung nicht erfolgen, wenn das Ausbleiben des Sachverständigen genügend entschuldigt ist (vgl. oben Anm. 1 a). — Über einen weiteren Fall, in dem das Nichterscheinen ohne Straffolgen bleibt, siehe Anm. 16 a. E.

11) Die in § 31 Abs. 1 S. 2 vorgesehene Bereiterklärung hat mündlich oder schriftlich gegenüber dem zur Ernennung zuständigen Hauptamt zu erfolgen. Sie kann mit verbindlicher Kraft nur in Rücksicht auf das gerade in Frage stehende Gutachten abgegeben werden. Eine *allgemeine* Erklärung, einschlägige Gutachten erstatten zu wollen, würde den Erklärenden nicht verpflichten (ebenso Löwe/Hellweg für § 75_2 StPO. mit der herrschenden Ansicht — a. O. Anm. 8).

12) Zu Abs. 2 vgl. oben Anm. 10b.

13) Die in AV. 27 Abs. 2 gegebene Vorschrift ist nur instruktionell (verb. „soll").

14) Die Ermittelung der persönlichen Verhältnisse bestimmt sich nach AV. 26_1 i. V. m. § 67 StPO. (vgl. § 29 VStG. Anm. 6). — Von den weiteren Bestimmungen der StPO., welche in AV. 26_1 angeführt werden, kommt auch § 68 gegenüber dem Sachverständigen zur Anwendung, in vollem Umfange freilich nur, wenn dieser sein Gutachten zu Protokoll erklärt (siehe die folg. Anm). Dagegen gilt § 58_1 hier nicht.

15) Die AV. 27_4 stellt anders als § 82 StPO. die Frage, ob das Gutachten zu Protokoll erklärt oder schriftlich eingereicht werden soll, nicht in das Ermessen des Richters (der Verwaltungsbehörde), sondern gibt dem Sachverständigen die freie Wahl zwischen der einen und der anderen Art der Begutachtung. In jedem Falle muß dieser aber — wenn er überhaupt zur Erstattung des Gutachtens verpflichtet ist (oben Anm. 8) — zunächst vor der vernehmenden Behörde erscheinen, damit den Erfordernissen der AV. 27 Abs. 2/3 genügt werden kann. Ist der Sachverständige dann zur Person vernommen, so kann er entweder sein Gutachten sofort zu Protokoll geben oder sich auf die Erklärung beschränken, daß er solches schriftlich einreichen werde. Im letzteren Falle wird es sich empfehlen, dem Sachverständigen eine angemessene Frist zur Abfassung des Gutachtens zu setzen,

mit der Androhung, daß nach fruchtlosem Ablauf der ersteren die Erstattung des Gutachtens als verweigert angesehen und die gesetzlichen Ungehorsamsfolgen verhängt würden. Geht dann das Gutachten innerhalb der Frist nicht ein, so ist gemäß Anm. 10 zu verfahren.

16) Erachtet die Verwaltungsbehörde das schriftlich eingereichte Gutachten für ungenügend, so kann sie nach §§ 68_2, 83_1 StPO. (vgl. oben Anm. 14 und 1 d) dem Sachverständigen eine entsprechende „Vervollständigung" des Gutachtens aufgeben. Aber auch hier hat der Sachverständige wiederum das ihm durch AB. 27_4 eingeräumte Wahlrecht. Die Behörde kann daher nicht verlangen, daß er vor ihr erscheint, um sein Gutachten zu Protokoll zu erläutern; und wenn trotzdem der Sachverständige zu diesem Behufe geladen wird, so darf er entbleiben, ohne daß eine Ungehorsamsstrafe gegen ihn verhängt werden kann.

§ 32.*)

Eine Beeidigung der Zeugen und der Sachverständigen findet bei ihrer Vernehmung vor der Verwaltungsbehörde nicht statt.

Erachtet die Verwaltungsbehörde die Beeidigung eines Zeugen oder eines Sachverständigen für erforderlich, so ist gemäß § 8 des Reichsgesetzes über den Beistand bei Einziehung von Abgaben und Vollstreckung von Vermögensstrafen vom 9. Juni 1895 (Reichs-Gesetzbl. S. 256) das Amtsgericht des Wohn- oder Aufenthaltsortes des Zeugen oder des Sachverständigen um dessen eidliche Vernehmung zu ersuchen.**)[1–5]

*) AB. 28 in Anm. 3.

**) § 8 BLG.: [1]) In dem Verwaltungsstrafverfahren ... haben die Amtsgerichte auf Ersuchen Zeugen und Sachverständige eidlich zu vernehmen.[4]) Hinsichtlich der Vernehmung und Beeidigung finden die Vorschriften der Strafprozeßordnung Buch I, Abschnitt 6 und 7 Anwendung.[6])[7])

1) Durch § 8 VLG. ist den Amtsgerichten reichsrechtlich die im § 32 VStG. erwähnte Beistandsleistung zur Pflicht gemacht. Die selbständige Bedeutnng dieser Stelle besteht daher nur in folgendem:

a) Zunächst wird den Verwaltungsbehörden die eidliche Vernehmung untersagt (§ 32_1), obwohl ein reichsgesetzlicher Zwang zu einem solchen Verbot nicht vorlag;

b) ferner wird ausdrücklich bestimmt, welches Gericht im Einzelfalle zur Erledigung des Ersuchens örtlich zuständig ist;

c) endlich läßt sich auch aus § 32 entnehmen, von welcher Stelle das Ersuchen jeweils auszugehen hat. Da nämlich das Gesetz hier allgemein von der „Verwaltungsbehörde" spricht, so kann jede Amtsstelle, der im Einzelfalle, sei es kraft eigenen Rechts oder kraft Auftrags oder Ersuchens die Untersuchung obliegt, die Beeidigung des Zeugen oder Sachverständigen herbeiführen.

2) Das Ersuchen wird regelmäßig erst ergehen, wenn der Zeuge oder Sachverständige bereits vor der Verwaltungsbehörde gehört ist; notwendig ist dies aber nicht.

3) Über den Inhalt des Ersuchungsschreibens bestimmt

AV. 28:

In dem Ersuchungsschreiben sind kurz die Gründe anzugeben, welche die eidliche Vernehmung des Zeugen oder des Sachverständigen erforderlich oder wünschenswerth machen.[a])

a) Die eben angeführte Stelle enthält lediglich eine Zweckmäßigkeitsvorschrift. Die Angabe der Gründe des Ersuchens soll das Gericht schnell und sicher über die Sachlage aufklären und ihm die Möglichkeit erleichtern, geeignete Vorhalte zu machen. — Die Nichtbeachtung der AB. 28 gibt aber dem angegangenen Gerichte nicht das Recht zur Ablehnung des Ersuchens (siehe auch Anm. 4).

4) Wie sich aus den allgemeinen Grundsätzen über das Verhältnis zwischen ersuchender und ersuchter Behörde und der Fassung des § 8 S. 1 BLG. ergibt, dürfen die Amtsgerichte das Ersuchen der Verwaltungsstelle nicht auf die Angemessenheit oder Zweckmäßigkeit hin nachprüfen. Sie „haben" vielmehr den Zeugen oder Sachverständigen „eidlich zu vernehmen", falls sie örtlich zuständig sind und nicht der Vernehmung oder Beeidigung im Einzelfall ein gesetzliches Hindernis entgegensteht (§§ 51—56, 57 Abs. 2, 76 Abs. 1 S. 1, Abs. 2 StPO.). Dabei ist noch zu bemerken, daß die Gerichte das hier fragliche Ersuchen nicht deshalb von vornherein ablehnen dürfen, weil dem Zeugen (Sachverständigen) ein Recht zur Verweigerung der Aussage (Begutachtung) oder der Beeidigung derselben zusteht. Sie haben vielmehr die im Ersuchen bezeichnete Person zunächst vorzuladen, um festzustellen, ob sie von jenem Rechte Gebrauch machen will. Erklärt sich dann der Zeuge zur Aussage und (im Falle des § 57 Abs. 2 StPO.) zur Beeidigung bereit, so ist das Ersuchen zu erledigen; § 57 Abs. 1, der die Beeidigung unter den dort angegebenen Voraussetzungen in das richterliche Ermessen stellt, ist hier nicht anwendbar.

5) Wird das Ersuchen von einem preußischen Amtsgericht abgelehnt, so hat die Verwaltungsbehörde die Beschwerde an das Oberlandesgericht (§ 87_2 AGGBG.).

6) § 8 S. 2 BLG. ist nicht sehr genau gefaßt; die dort bezeichneten Abschnitte der StPO. kommen auch hinsichtlich der Ladung und der Ungehorsamsfolgen zur Anwendung; sie entfallen nur soweit, als sie sich auf Wahl und Ablehnung des Sachverständigen beziehen oder (wie §§ 58_2, 65) den im Verwaltungsprozesse unbekannten Gegensatz zwischen Vor- und Hauptverfahren zur Voraussetzung haben.

7) Von dem gerichtlichen Vernehmungstermin braucht der Beschuldigte nicht benachrichtigt zu werden.

§ 33.*)

Zeugen und Sachverständige erhalten auf Verlangen eine Entschädigung nach Maßgabe der §§ 70 und 84 der Strafprozeßordnung.[1])

Die Festsetzung der zu gewährenden Beträge erfolgt durch die Verwaltungsbehörde, vor der die Verhandlung stattgefunden hat.[2]) Gegen die Festsetzung ist nur Beschwerde an die Provinzialsteuerbehörde zulässig.[3])[4])

*) AB. 29 in Anm. 2.

1) § 70 StPO.: Jeder . . . Zeuge hat nach Maßgabe der Gebührenordnung Anspruch auf Entschädigung aus der Staatskasse für Zeitversäumniß und, wenn sein Erscheinen eine Reise erforderlich macht, auf Erstattung der Kosten, welche durch die Reise und den Aufenthalt am Orte der Vernehmung verursacht werden.[a])

§ 84 StPO.: Der Sachverständige hat nach Maßgabe der Gebührenordnung Anspruch auf Entschädigung für Zeitversäumniß, auf Erstattung der ihm verursachten Kosten und außerdem auf angemessene Vergütung für seine Mühewaltung.[a])

a) Unterschied zwischen § 70 und § 84: Der Zeuge erhält nur Entschädigung für Zeitversäumnis (§§ 2, 5 GO. — unten Anm. 2) und Erstattung der Reise- und Aufenthaltskosten (§§ 6—11 das.). — Der Sachverständige bekommt dagegen außer der Zeitversäumnis (§§ $3_{1,2}$, 4, 5 GO.) sämtliche Kosten nach Maßgabe der §§ 3_3, 6—11 das. ersetzt und erhält außerdem seine Mühewaltung nach §§ $3_{1,2}$, 4 vergütet.

2) **AB. 29** bestimmt:

Die Festsetzung und Anweisung der zu gewährenden Entschädigung erfolgt bei den Hauptämtern durch den Oberinspektor.

Für die Berechnung der Entschädigung ist gegenwärtig die Gebührenordnung für Zeugen und Sachverständige vom 30. Juni 1878 (Reichs-Gesetzbl. S. 173) maßgebend.[a])

a) Die erwähnte GO. gilt jetzt in der Fassung der Bekanntmachung des Reichskanzlers v. 20. Mai 1898 (RGBl. S. 689). Für das Verwaltungsstrafverfahren kommen aus ihr folgende Bestimmungen in Betracht:

§ 2. Der Zeuge erhält eine Entschädigung für die erforderliche Zeitversäumniß im Betrage von zehn Pfennig bis zu einer Mark auf jede angefangene Stunde.

Die Entschädigung ist unter Berücksichtigung des von dem Zeugen versäumten Erwerbes zu bemessen und für jeden Tag auf nicht mehr als zehn Stunden zu gewähren.

Personen, welche durch gemeine Handarbeit, Handwerksarbeit oder geringeren Gewerbebetrieb ihren Unterhalt suchen, oder sich in gleichen Verhältnissen mit solchen Personen befinden, erhalten die nach dem geringsten Satze zu bemessende Entschädigung auch dann, wenn die Versäumniß eines Erwerbes nicht stattgefunden hat.

§ 3. Der Sachverständige erhält für seine Leistungen eine Vergütung nach Maßgabe der erforderlichen Zeitversäumniß im Betrage bis zu zwei Mark auf jede angefangene Stunde.

Die Vergütung ist unter Berücksichtigung der Erwerbsverhältnisse des Sachverständigen zu bemessen und für jeden Tag auf nicht mehr als zehn Stunden zu gewähren.

Außerdem sind dem Sachverständigen die auf die Vorbereitung des Gutachtens verwendeten Kosten, sowie die für eine Untersuchung verbrauchten Stoffe und Werkzeuge zu vergüten.

§ 4. Bei schwierigen Untersuchungen und Sachprüfungen ist dem Sachverständigen auf Verlangen für die aufgetragene Leistung eine Vergütung nach dem üblichen Preise derselben und für die außerdem stattfindende Theilnahme an Terminen die im § 3 bestimmte Vergütung zu gewähren.

§ 5. Als versäumt gilt für den Zeugen oder Sachverständigen auch die Zeit, während welcher er seine gewöhnliche Beschäftigung nicht wieder aufnehmen kann.

§ 6. Mußte der Zeuge oder Sachverständige außerhalb seines Aufenthaltsortes einen Weg bis zur Entfernung von mehr als zwei Kilometer zurücklegen, so ist ihm außer den nach §§ 2 bis 5 zu bestimmenden Beträgen eine Entschädigung für die Reise und für den durch die Abwesenheit von dem Aufenthaltsorte verursachten Aufwand nach Maßgabe der folgenden Bestimmungen zu gewähren.

§ 7. Soweit nach den persönlichen Verhältnissen des Zeugen oder Sachverständigen oder nach äußeren Umständen die Benutzung von Transportmitteln für angemessen zu erachten ist, sind als Reiseentschädigung die nach billigem Ermessen in dem einzelnen Falle erforderlichen Kosten zu gewähren. In anderen Fällen beträgt die Reiseentschädigung für jedes angefangene Kilometer des Hinweges und des Rückweges fünf Pfennig.

§ 8. Die Entschädigung für den durch Abwesenheit von dem Aufenthaltsorte verursachten Aufwand ist nach den persönlichen Verhältnissen des Zeugen oder Sachverständigen zu bemessen, soll jedoch den Betrag von fünf Mark für jeden Tag, an welchem der Zeuge oder Sachverständige abwesend gewesen ist, und von drei Mark für jedes außerhalb genommene Nachtquartier nicht überschreiten.

§ 9. Mußte der Zeuge oder Sachverständige innerhalb seines Aufenthaltsortes einen Weg bis zu einer Entfernung von mehr als zwei Kilometer zurücklegen, so ist ihm für den ganzen zurückgelegten Weg eine

Reiseentschädigung nach den Vorschriften des § 7 zu gewähren.

§ 10. Konnte der Zeuge oder Sachverständige den erforderlichen Weg ohne Benutzung von Transportmitteln nicht zurücklegen, so sind die nach billigem Ermessen erforderlichen Kosten auch außer den in den §§ 6, 9 bestimmten Fällen zu gewähren.

§ 11. Abgaben für die erforderliche Benutzung eines Weges sind in jedem Falle zu erstatten.

§ 12. Bedarf der Zeuge wegen jugendlichen Alters oder wegen Gebrechen eines Begleiters, so sind die bestimmten Entschädigungen für Beide zu gewähren.

§ 13. Soweit für gewisse Arten von Sachverständigen besondere Taxvorschriften bestehen, welche an dem Orte des Gerichts, vor welches die Ladung erfolgt, und an dem Aufenthaltsorte des Sachverständigen gelten, kommen lediglich diese Vorschriften in Anwendung. Gelten solche Taxvorschriften nur an einem dieser Orte, oder gelten an demselben verschiedene Taxvorschriften, so kann der Sachverständige die Anwendung der ihm günstigeren Bedingungen verlangen.

Dolmetscher erhalten Entschädigung als Sachverständige nach den Vorschriften dieses Gesetzes, sofern nicht ihre Leistungen zu den Pflichten eines von ihnen versehenen Amtes gehören.

§ 14. Oeffentliche Beamte erhalten Tagegelder und Erstattung von Reisekosten nach Maßgabe der für Dienstreisen geltenden Vorschriften, falls sie zugezogen werden:

1. als Zeugen über Umstände, von denen sie in Ausübung ihres Amtes Kenntniß erhalten haben;

2. als Sachverständige, wenn sie aus Veranlassung ihres Amtes zugezogen werden und die Ausübung der Wissenschaft, der Kunst oder des Gewerbes, deren Kenntniß Voraussetzung der Begutachtung ist, zu den Pflichten des von ihnen versehenen Amtes gehört.

Werden nach den Vorschriften dieses Paragraphen Tagegelder und Reisekosten gewährt, so findet eine weitere Vergütung an den Zeugen oder Sachverständigen nicht statt.

Die vorstehenden Bestimmungen finden auf Personen des Soldatenstandes entsprechende Anwendung.

§ 15. Ist ein Sachverständiger für die Erstattung von Gutachten im allgemeinen beeidigt, so können die Gebühren für die bei bestimmten Gerichten vorkommenden Geschäfte durch Uebereinkommen bestimmt werden.

§ 16. Die Gebühren der Zeugen und Sachverständigen werden nur auf Verlangen derselben gewährt. Der Anspruch erlischt, wenn das Verlangen binnen drei Monaten nach Beendigung der Zuziehung oder Abgabe des Gutachtens bei dem zuständigen Gerichte [im Verwaltungsstrafverfahren also bei der nach § 33 Abs. 2 S. 1 und AB. 29 Abs. 1 zuständigen Stelle] nicht angebracht wird.

3) Die in Abs. 2 S 2 vorgesehene Beschwerde geht an die Provinzialsteuerbehörde, einerlei ob die Vernehmung vor dem Hauptamt oder einer diesem untergeordneten Stelle erfolgt ist. Die Provinzialbehörde entscheidet endgültig.

4) Beschwerdeberechtigt ist zunächst nur derjenige Zeuge oder Sachverständige, der die Festsetzung (Abs. 2 S. 1) begehrt hat; hinsichtlich des verurteilten Beschuldigten, der wegen seiner Kostenerstattungspflicht unter Umständen auch ein Interesse an einer anderweitigen (niedrigeren) Festsetzung hat, vgl. § 46 Abs. 2.

C. Entscheidung.

§ 34.*)

[1])Nach Abschluß der Untersuchung im Verwaltungswege[2]) sind in den zur Zuständigkeit der Gerichte gehörigen oder diesen zur Entscheidung

zu überlassenden Strafsachen die Verhandlungen an die zuständige Staatsanwaltschaft abzugeben.[3][4])

Anderenfalls erfolgt die Entscheidung im Verwaltungswege.[5–7])

*) AV. 30 in Anm. 4, AV. 31 in Anm. 6, AV. 32 in Anm. 7.

1) Zu Abs. 1 vgl. zunächst §§ 2, 3 nebst Anm.

2) Schon in der Einl. § 5 I Z. 2 und 3 ist hervorgehoben, daß die Verwaltungsbehörden in den Fällen des § 34 Abs. 1 von der weiteren Untersuchung jederzeit absehen können. Die Worte „nach Abschluß der Untersuchung" sind daher nur in diesem (formellen) Sinne zu verstehen.

3) Hinsichtlich der „zuständigen Staatsanwaltschaft" vgl. § 24 Anm. 6c.

4) **AV. 30:** Ergiebt sich in den zur Zuständigkeit der Gerichte gehörigen Sachen die völlige Grundlosigkeit der Beschuldigung, so bedarf es einer Uebersendung der Akten an die Staatsanwaltschaft nicht.[a]) Anderenfalls ist deren Entschließung herbeizuführen und geeignetenfalls nach Nr. 20 zu verfahren.[b])

a) Zu S. 1 siehe Einl. § 6 III z. A.

b) AV. 20 bei § 24 Anm. 6; nach Maßgabe dieser AV. ist nur „geeignetenfalls" zu verfahren, d. h. nur dann wenn die Sachlage soweit aufgeklärt ist, um Klag- und Strafantrag stellen zu können (vgl. § 24 Anm. 6e und g). Liegt diese Voraussetzung nicht vor, so übersendet das Hauptamt, falls nicht S. 1 der AV. zutrifft, die Akten an die Staatsanwaltschaft, indem es ihr die weitere Entschließung anheimgibt (Bonnenberg § 34 Anm. 3).

5) Die „Entscheidung im Verwaltungswege" im Sinne des § 34_2 lautet entweder auf Einstellung (§ 35) oder

auf Erlaß eines Strafbescheides (§§ 36/37) — vgl. Einl. § 5 III 2 —).

6) **AB. 31:** In denjenigen Fällen, in denen zur Entscheidung die Provinzialsteuerbehörde berufen ist,[a]) haben die Hauptämter nach Abschluß der Untersuchung die Verhandlungen dieser Behörde, und zwar stets mit gutachtlichem Bericht, vorzulegen.[b]) [c])

a) Über die Zuständigkeit der Provinzialbehörde vgl. § 5 Abs. 2/3.

b) Die in AB. 31 angeordnete Vorlage hat auch dann zu erfolgen, wenn das Hauptamt die Beschuldigung für „völlig grundlos" (AB. 30 S. 1) erachtet.

c) In Erbschaftssteuersachen erfolgt die Vorlage durch das Erbschaftssteueramt (Einl. § 7 II).

7) **AB. 32:** Bei Untersuchungen, welche auf Ersuchen der Stempel- oder Erbschaftssteuerämter eingeleitet worden sind, ist diesen alsbald nach endgültiger Entscheidung von dem Ergebniß Mittheilung zu machen.[a]) Die Einstellung des Verfahrens soll [von einem Hauptamte] erst verfügt werden, wenn sich das betheiligte Stempel- oder Erbschaftssteueramt damit einverstanden erklärt hat.[b]) Nöthigenfalls ist die Bestimmung der Provinzialsteuerbehörde einzuholen.[c])

a) AB. 32 gilt gegenwärtig nur noch für die Stempelsteuerämter; hinsichtlich der Stellung der Erbschaftssteuerämter vgl. Einl. § 7.

b) Beabsichtigt also das Hauptamt die Einstellung, so muß es die Akten zunächst dem Stempelsteueramt zur Erklärung vorlegen.

c) Die Einstellung bleibt rechtswirksam, auch wenn sie unter Nichtbeobachtung der in S. 2 und 3 enthaltenen Vorschriften verfügt ist.

§ 35.[1])

Findet die zuständige Verwaltungsbehörde die Anwendung einer Strafe nicht begründet, so verfügt sie die Einstellung des Verfahrens[2]) und setzt hiervon den Beschuldigten in Kenntniß, wenn er als solcher vernommen ist.[3])[4])

1) Die Begründung bemerkt S. 2669: „Eine Freisprechung kennt das Verwaltungsstrafverfahren nicht, weil dasselbe bei aller Sorgfalt der Ermittelungen doch nicht so wie die gerichtliche Untersuchung die Gewähr dafür bietet, daß alle Beweismittel erschöpft sind. Es wird daher lediglich die Einstellung des Verfahrens verfügt."

2) Die Einstellungsverfügung ergeht durch die „zuständige", d. h. sachlich und örtlich zur Entscheidung berufene Verwaltungsbehörde (vgl. AB. 1 zu Anf. — § 3 Anm. 4 —). — Über ihre materielle Wirkung vgl. Einl. §. 5 III 2a.

3) Die Benachrichtigung von der Einstellung geschieht durch schriftliche Mitteilung; Zustellung derselben ist nicht erforderlich. — Die Mitteilung muß auch dann erfolgen, wenn nach § 28 statt des Beschuldigten „als solchen" ein „Beauftragter" vernommen ist. — Stets wird aber vorausgesetzt, daß eine Vernehmung und nicht bloß eine schriftliche Anhörung stattgefunden hat.

4) § 35 wird entsprechende Anwendung finden müssen, wenn die Verbindlichkeit einer Person, die nach §§ 26 ff. als angeblicher Einziehungsbeteiligter oder Vertretungspflichtiger vernommen ist, nicht festgestellt werden kann. Dabei macht es keinen Unterschied, ob gegen den Beschuldigten auf Einstellung oder Strafe erkannt wird.

Vorbemerkungen zu § 36.

A. Der Inhalt des Strafbescheides: § 459 Abs. 2 StPO. bestimmt:

Der Strafbescheid muß ... die strafbare Handlung, das angewendete Strafgesetz und die Beweismittel bezeichnen, auch die Eröffnung enthalten, daß der Beschuldigte, sofern er nicht eine nach den Gesetzen zugelassene Beschwerde an die höhere Verwaltungsbehörde ergreife, gegen den Strafbescheid binnen einer Woche nach der Bekanntmachung bei der Verwaltungsbehörde, welche denselben erlassen, oder bei derjenigen, welche ihn bekannt gemacht hat, auf gerichtliche Entscheidung antragen könne.

Nach dieser Vorschrift verbunden mit § 36_1 VStG. sind in jedem Strafbescheide drei Hauptteile zu unterscheiden: die eigentliche Entscheidung, die Entscheidungsgründe und die Rechtsmittelbelehrung.

In diese Hauptabschnitte sind die einzelnen Bestandteile des Strafbescheides, die sich teils aus positiver Vorschrift (§ 459 StPO., §§ 36, 46 VStG. usw.), teils aus der Natur der Sache ergeben, einzuordnen. Hierbei gelangen wir unter entsprechender Berücksichtigung des § 266 StPO. zu folgender Gruppierung.

I. Die eigentliche Entscheidung muß als staatlicher Schuld- und Strafausspruch notwendig angeben:

1. die entscheidende Behörde;

2. die Person des Beschuldigten in einer die Identität sichernden Individualisierung;

3. „das angewendete Strafgesetz" (§ 459_2), das entweder nach dem Gesetzesparagraphen oder mit seinem technischen Namen (z. B. Zolldefraude) zu bezeichnen ist;

4. die erkannte Strafe (§ 459_1 StPO., § 36_1 VStG.). In Betracht kommt nach § 459_1 nur Geldstrafe und Einziehung (vgl. Einl. § 1 III 2). Nach dem Sprachgebrauch der Reichsjustizgesetze ist unter „Einziehung" auch der „Werterſatz" mit begriffen, der in gewissen Fällen (z. B. §§ 154 f. VZG.) an Stelle jener tritt. — Gegenüber Jugendlichen kann „in besonders leichten Fällen" (§ 57 Z. 4 StGB.) auf Verweis erkannt werden (so mit

Recht Bonnenberg § 36 Anm. 16 gegen den Wortlaut des § 459₁);

5. die Auferlegung der Kosten des Verfahrens (§§ 46 ff. VStG.);

6. unter besonderen Umständen (vgl. § 36₂,₃ nebst Anm.) muß die Entscheidung noch über die Verbindlichkeit des Einziehungsbeteiligten und Vertretungspflichtigen Bestimmung treffen; für die Bezeichnung der letzteren gilt dann entsprechend das zu I 2 Bemerkte.

Anm. Die Ziff. 2—4 können fehlen, wenn es sich um einen Nachtragsstrafbescheid im Sinne des § 36 Abs. 4 handelt. Dann muß aber deutlich angegeben werden, in welchem Hauptstrafbescheid die Einziehung festgesetzt ist, die der Einziehungsbeteiligte gegen sich gelten lassen, bzw. die Strafe bestimmt ist, für die der Vertretungspflichtige haften soll. Es würde also für den Nachtragsstrafbescheid etwa folgende Fassung genügen:

Der Kaufmann Emil Lehmann in Hannover Schiffgraben 63 hat die Einziehung der im Strafbescheid des Königl. Hauptsteueramts Hannover v. 13. Juni 1905 — Str. 120[10] f. 1905 — bezeichneten Weinfässer gegen sich gelten zu lassen.

II. In den „Entscheidungsgründen" ist

1. die dem Beschuldigten zur Last gelegte strafbare Handlung (§ 459₂) festzustellen. Hierbei genügt es nicht, wenn diese einfach mit den Worten des Gesetzes angeführt wird, wenn also z. B. bei einfacher Defraude der Bescheid sich auf die Feststellung beschränkt, daß der Beschuldigte es unternommen habe, Eingangsabgaben zu hinterziehen; vielmehr müssen auch die einzelnen Tatsachen, in denen die entscheidende Behörde die Verwirklichung des deliktischen Tatbestandes erblickt, unter Hervorhebung von Ort und Zeit angegeben werden. — Im Falle einer Defraude müßten also die Entscheidungsgründe etwa folgendermaßen beginnen:

Am 30. November 1906 überschritt der Beschuldigte bei

dem Hauptzollamt zu X. die Zollgrenze. Auf besonderes Befragen erklärte er an der Zollstätte, zollpflichtige Gegenstände nicht mit sich zu führen. Eine sofort angestellte körperliche Visitation ergab aber, daß er unter seinem Arbeitskittel ein Paket gestickte Spitzen aus Seide im Gewicht von 1 Kilo, also einen zollpflichtigen Gegenstand, verborgen hatte. Demnach hat der Beschuldigte es unternommen, eine Eingangsabgabe zu hinterziehen (Vergehen gegen § 135 VZG.).

An die Anführung der strafbaren Handlung wird man logischerweise — allerdings im Gegensatz zum amtlichen Formular — zunächst

2. die Beweismittel anschließen müssen. Ihre Aufzählung soll dem Beschuldigten und der nachprüfenden Gerichts- oder Verwaltungsbehörde zeigen, auf welchem Wege die straffestsetzende Instanz zum Schuldspruche gekommen ist; die Angabe der Beweismittel wird daher häufig den Beschuldigten von ungerechtfertigten Beschwerden zurückschrecken, während sie ihm einen begründeten Angriff und dem Gericht, bezw. der höheren Verwaltungsbehörde die Nachprüfung des Strafbescheides erleichtern kann. — Deshalb müssen auch die Beweismittel konkret und genau bezeichnet werden; insbesondere sind die einzelnen Zeugen und Sachverständigen namentlich aufzuführen. Bei verwickelten Fällen wird es sich sogar empfehlen, die Beweismittel nicht bloß im Anschluß an den festgestellten Tatbestand hintereinander aufzuzählen, sondern bei jeder einzelnen Tatsache die zugehörigen Beweise anzuführen.

3. Ferner wird die erkannte Strafe (I 4) zu rechtfertigen sein. In dem oben zu II 1 benutzten Beispiele müßte diese Rechtfertigung — wenn man den allgemeinen Tarif als anwendbar unterstellt — etwa folgendermaßen lauten:

Nach Tarifstelle 410 des allg. Tarifs v. 25. Dez. 1902 unterliegen gestickte Spitzen aus Seide einem Zoll von

800 Mk. für den Doppelzentner, mithin ist für 1 Kilo der Betrag von 8 Mk. zu entrichten. Da nun nach § 135 VZG. die Defraude neben der „Konfiskation der Gegenstände, in Bezug auf welche das Vergehen verübt worden ist", „zugleich eine dem vierfachen Betrage der vorenthaltenen Abgaben gleichkommende Geldbuße" nach sich zieht, so war die Einziehung der Spitzen und zugleich eine Geldstrafe in Höhe von 32 Mk. gegen den Beschuldigten auszusprechen. Die Kosten waren ihm nach § 47 VStG. aufzuerlegen.

4) Liegen endlich die Voraussetzungen der Abs. 2—4 des § 36 vor, so müssen entsprechend dem zu 1 Bemerkten auch die Tatsachen festgestellt werden, durch die der Ausspruch gegen den Einziehungsbeteiligten und den Vertretungspflichtigen gerechtfertigt wird. Zu diesen Tatsachen müssen gleichfalls die zugehörigen Beweismittel angegeben werden.

III. Der notwendige Inhalt der Rechtsmittelbelehrung ergibt sich aus § 38 VStG. und § 459 2 StPO. Zu berücksichtigen ist, daß entgegen dem Wortlaut der letzterwähnten Stelle der Antrag auf gerichtliche Entscheidung ebenso wie die Beschwerde nicht bloß dem Beschuldigten, sondern auch den sonstigen Beteiligten zusteht (vgl. Einl. § 3 III, § 4 III), und daß die gesetzlichen Vertreter dieser Personen zwar ein eigenes Recht zur Beschwerde, aber nicht zum Antrage auf gerichtliche Entscheidung haben (Einl. § 8 II).

IV. Neben dem bisher behandelten Inhalt ist nach §§ 6 Abs. 1, 7 Abs. 5 der „Anweisung zur Buchführung in Strafsachen" v. 18. März 1898 in den Bescheid auch Nummer und Jahrgang der Strafsachennachweisung aufzunehmen. Das amtliche Formular sieht ferner aus praktischen Gründen die Bezeichnung der Kasse vor, an welche die Strafsumme zu zahlen ist, und droht die Zwangsbeitreibung an, falls nach fruchtlosem Ablauf der Rechtsmittelfrist die Zahlung nicht binnen einer bestimmten Nachfrist erfolgt. — Ebenso ist in jenem Formular dem eigentlichen Strafbescheid eine Straf- und Kostenberechnung angehängt. Alle diese Angaben sind selbstredend für den Strafbescheid als solchen ohne rechtliche Bedeutung.

V. Der Strafbescheid beendigt ein geheimes schriftliches Verfahren; er kommt also mit der Absetzung der Strafbescheidsurkunde zustande, ohne daß er noch wie ein Urteil durch Verkündung in die Öffentlichkeit zu treten braucht; jene Absetzung ist aber mit dem Zeitpunkt vollendet, in dem die Urschrift von der entscheidenden Behörde (sämtlichen Mitgliedern des Hauptamts, Vorstand des Erbschaftssteueramts, bzw. Provinzialsteuerdirektor) unterschrieben (oder signiert) ist. Daher ist schon mit diesem Augenblick gemäß § 459_3 StPO. die Verjährung unterbrochen (ebenso Bonnenberg § 36 Anm. 17). — Vom Tage der letzten Unterschrift (Signatur) ist daher auch der Strafbescheid zu datieren (so auch die AllgVerf. v. 6. Dez. 1902 — III 12 760 — ZBl. S. 293).

B. Der fertig gestellte Strafbescheid bleibt bis zur Bekanntmachung ein Internum der entscheidenden Behörde; diese kann ihn also bis zu dem angegebenen Zeitpunkt beliebig ändern. Ebenso ist auch solange noch die Abgabe der Akten zum gerichtlichen Verfahren (unter gleichzeitiger ausdrücklicher oder stillschweigender Rücknahme des Strafbescheides) zulässig (AB. 1_2 bei § 3 Anm. 4).

C. Mängel des Strafbescheides: I. Der Strafbescheid ist ein strenger Formakt. Man könnte daraus schließen, daß ein gültiger Strafbescheid nur dann vorliegt, wenn die sämtlichen unter A I—III und V aufgeführten Erfordernisse erfüllt sind. Diese Auffassung ist nun auch insoweit richtig, als von einem Strafbescheid gegen den Beschuldigten jedenfalls dann nicht die Rede sein kann, wenn die sich Strafbescheid nennende Urkunde entweder die entscheidende Behörde oder die Person des Beschuldigten oder die Strafe (A I 1, 2 und 4) nicht angibt. Denn in diesen Fällen ist ein staatlicher Strafausspruch überhaupt nicht erfolgt. Ebenso liegt ein Strafbescheid gegen den Einziehungsbeteiligten oder Vertretungspflichtigen dann nicht vor, wenn in der Urkunde die unter A I 6 erwähnte Bestimmung nicht getroffen ist. — Endlich muß die zu A V erwähnte Zeichnung des Strafbescheides erfolgt sein, da erst mit ihr der Strafbescheid zustande kommt, während die daselbst gleichfalls aufgeführte Datierung nur ordnungshalber erfolgen soll.

II. Im Gegensatze zu den eben behandelten begriffsnotwendigen Erfordernissen des Strafbescheides muß sein übriger Inhalt, muß insbesondere auch die Angabe der Entscheidungsgründe und die Einspruchsbelehrung nur als eine für die Gültigkeit des Strafbescheides unerhebliche Form angesehen werden. Dem läßt sich auch nicht entgegenhalten, daß die Gesetze (§ 459_2 StPO. „muß . . . bezeichnen, § 36_1 VStG. „muß . . . enthalten") die Beobachtung jener Form für notwendig erklären. Denn die Tragweite einer notwendigen Formvorschrift ist grundsätzlich eine andere auf dem Gebiete des Zivil-, eine andere auf dem Gebiete des öffentlichen (insbesondere des Prozeß-) Rechts. Dort macht ihre Nichtbeobachtung den mangelhaften Rechtsakt nichtig, hier gibt sie nur einen Beschwerdegrund. — Denn der Staatswille, wie er z. B. in einem Strafbescheide verkörpert ist, läßt sich vermöge seiner überwiegenden Bedeutung nicht einfach ignorieren, weil seine Kundgebung nicht in gehöriger Form erfolgt ist. Daß dieser Satz jedenfalls für das ordentliche Strafverfahren gilt, ergibt sich m. E. ohne weiteres aus § 377 StPO. Allerdings ist hier bestimmt, daß bei einer Reihe schwerer Formverstöße stets die Revision zulässig sein soll. Aber indem die StPO. dies vorschreibt, bringt sie gleichzeitig zum Ausdruck, daß sie derartige Mängel — insbesondere auch das Fehlen der Entscheidungsgründe (§ 377 Z. 7) — nur dann berücksichtigt wissen will, wenn sie im Wege des Rechtsmittels geltend gemacht werden, daß sie aber im übrigen solch mangelhafte Erkenntnisse als (gültige und auch der Rechtskraft fähige) Urteile betrachtet. — Würden dagegen jene Formverstöße die Entscheidung nichtig machen, also die Entstehung eines Strafausspruches überhaupt verhindern, so würde der Revision jede Grundlage fehlen, und es wäre nicht zu verstehen, weshalb ein nicht vorhandenes Urteil nach Feststellung des Mangels durch die Revisionsinstanz aufgehoben werden muß (§ 393 StPO. — a. M. Beling, Strafprozeßrecht S. 295f.).

Bewirkt also das Fehlen der Entscheidungsgründe bei einem Urteil keine Nichtigkeit, so ist nicht einzusehen, weshalb für den Strafbescheid etwas anderes gelten sollte. Der gleiche Gesichtspunkt trifft aber auch für die übrigen hier behandelten Formmängel zu, insbesondere für das Fehlen der Rechtsmittelbelehrung (A III), zumal die letztere unter einer Gesetzgebung, die allgemeine Rechtskenntnis voraussetzt, eigentlich überflüssig erscheint (im Ergebnis übereinstimmend Bonnenberg § 36 Anm. 6, vgl. auch RG. 17 Nr. 64 auf S. 251).[1]

III. Ein nichtiger Strafbescheid in dem zu C I erörterten Sinne ist schlechthin unbeachtlich; er kann, selbst wenn er im einzelnen Falle zugestellt werden sollte, niemals vollstreckt werden, gegen ihn ist weder Antrag auf gerichtliche Entscheidung noch Rechtsbeschwerde an die höhere Verwaltungsbehörde zulässig. — Genau das Gegenteil gilt von einem nach C II mangelhaften Strafbescheid.

---

[1]) Teilweise abweichend das Kammergericht bezüglich der polizeilichen Strafverfügungen (vgl. DJZ. 1904 S. 269, 1906 S. 373). Nach diesem soll das Fehlen der Beweismittel die Verfügung insoweit wirkungslos machen, daß eine Unterbrechung der Verjährung (§ 453 Abs. 4, § 459 Abs. 3 StPO.) nicht eintrete. — Für die Annahme einer solchen teilweisen Nichtigkeit fehlt aber m. E. ein innerer Grund.

Insbesondere ist gegen ihn der doppelte Rechtsmittelzug (Einl. § 8 I) gegeben. Dabei ist aber noch zu erwähnen, daß die Bedeutung der Formmängel zum Teil verschieden ist je nach dem Rechtsbehelfe, dessen sich der Beschuldigte bedient:

a) Der Antrag auf gerichtliche Entscheidung beseitigt, wenn er nicht zurückgenommen wird, in jedem Falle den vorangegangenen Strafbescheid (vgl. Einl. a. O.); für das richterliche Nachverfahren muß es also gleichgültig sein, ob der letztere den gesetzlichen Formvorschriften genügte oder nicht.

b) Wählt der Beschuldigte die Beschwerde an die höhere Verwaltungsbehörde, so ist zu unterscheiden, ob der Mangel sich auf die unter A I 3, 5 aufgezählten Erfordernisse und die Entscheidungsgründe (A II) oder die Rechtsmittelbelehrung (A III) bezieht. Im ersten Falle muß der Verstoß zur Aufhebung des Strafbescheides und zur Zurückweisung an die untere Verwaltungsbehörde führen. Das Gesetz kennt zwar eine solche *Zurück*weisung nicht; sie muß aber entsprechend der im § 43_2 S. 1 erwähnten *Überweisung* zulässig sein. Denn die Nichtangabe des angewendeten Strafgesetzes (A I 3) oder gar das Fehlen der Gründe macht dem Beschuldigten die Rechtfertigung seiner Beschwerde in *materieller* Hinsicht nahezu unmöglich und erschwert jedenfalls auch der höheren Verwaltungsbehörde in erheblichem Umfange eine sachliche Nachprüfung; die übergangene Kostenentscheidung endlich kann mit Rücksicht auf § 43 Abs. 1 a. E. ohne eine Zurückweisung nicht nachgeholt werden. — Dagegen ist das Fehlen der Rechtsmittelbelehrung für die Beschwerdeinstanz gleichgültig. Denn entweder hat der Beschuldigte das Rechtsmittel nicht formgerecht oder verspätet eingelegt: dann muß er — wie in allen übrigen Rechtsbeziehungen — die Folgen seiner Rechtsunkenntnis tragen; oder aber die Beschwerde ist trotz der fehlenden Belehrung ordnungsmäßig erhoben: dann ist nicht einzusehen, wie jener

Mangel die Rechtfertigung der Beschwerde und deren Prüfung irgendwie beeinflussen sollte.

§ 36.*)

Der Strafbescheid muß außer der Festsetzung der Strafe und den im § 459 der Strafprozeßordnung vorgesehenen Erfordernissen die Entscheidungsgründe und die Belehrung über das Rechtsmittel im Verwaltungswege enthalten.[1][2])

Im Falle des § 26[3]) ist in dem Strafbescheid zugleich über die Verpflichtung des Einziehungsbetheiligten, die von dem Beschuldigten verwirkte Einziehung gegen sich gelten zu lassen, zu befinden.[4][5])

Ebenso hat sich der Strafbescheid in den zulässigen Fällen über die Vertretungsverbindlichkeit auszusprechen.[6])

Ist die Zuziehung des Einziehungsbetheiligten oder des Vertretungspflichtigen im Verwaltungs- oder gerichtlichen Verfahren unterblieben, so kann die Entscheidung gegen sie, soweit nicht reichsgesetzlich die Zuständigkeit der Gerichte Platz greift, nachträglich, nöthigenfalls nach weiterer Erörterung der Sachlage, durch besonderen Strafbescheid getroffen werden.[7–11])

*) AV. 33 in Anm. 2, AV. 34 in Anm. 4.

1) Zu Abs. 1 vgl. Ziff. A der Vorbemerkungen vor § 36.

2) **AV. 33:** Die Verpflichtung zur Nachentrichtung der Abgaben ist in der Entscheidungsformel des Strafbescheides nicht auszusprechen.[a])

a) AB. 33 bringt zum Ausdruck, daß grundsätzlich (vgl. § 56 Anm. 1) Einziehung der Abgabe und Beitreibung der Strafe voneinander getrennt sind.

3) Die Worte: „Im Falle des § 26" können entweder bedeuten: „wenn die im § 26 erwähnten **Voraussetzungen** für die Zuziehung des Einziehungsbeteiligten vorliegen" oder: „wenn der Einziehungsbeteiligte gemäß dieser Stelle **tatsächlich** zum Verfahren **zugezogen** ist". Die erste Auslegung vertritt anscheinend AB. 34 (vgl. unten Anm. 4a); aber zu Unrecht: Der Zweck des § 26 (das. Anm. 2) und der Zusammenhang zwischen Abs. 2 des § 36 und Abs. 4 z. A. führen zu der zweiterwähnten Auffassung. — Ist daher die Zuziehung zu Unrecht unterblieben, so kann zwar gegen den Beschuldigten auf Einziehung erkannt, die in § 36 Abs. 2 bezeichnete Verpflichtung des Einziehungsbeteiligten aber nicht festgestellt werden. Vielmehr kann dies dann nur auf dem im Abs. 4 angegebenen Wege erfolgen.

4) **AB. 34:** Die Verpflichtung des Einziehungsbetheiligten zur Anerkennung der Einziehung ist im Falle des § 26 des Gesetzes, d. h. wenn es zur Ausführung der Einziehung einer Vollstreckungshandlung gegen den Einziehungsbetheiligten bedarf oder wenn der letztere sich gemeldet hat oder wenn die Einziehung selbständig verfügt werden soll, in dem Strafbescheide selbst dann auszusprechen, wenn dieser nach § 24 Abs. 2 des Gesetzes auf Grund der eingegangenen Anzeigen und Protokolle ohne weitere Untersuchung erlassen wird.[a])

a) Voraussetzung ist aber, daß der Einziehungsbeteiligte jedenfalls im Stadium des ersten Angriffs (§§ 22 f.) zugezogen ist; ohne diese Einschränkung würde die AB. einer zwingenden gesetzlichen Vorschrift widersprechen.

5) Wie ist es zu halten, wenn ein Einziehungsbeteiligter zum Verfahren zugezogen ist, obgleich die Voraussetzungen

des § 26 nicht vorgelegen haben? (vgl. Anm. 2 das.). Nach dem Wortlaut des § 36_2 wäre in diesem Falle eine besondere Entscheidung gegenüber dem Beteiligten nicht erforderlich. Indessen dürfte dieses Ergebnis unzutreffend sein: Ist einmal der Einziehungsbeteiligte als Nebenpartei behandelt, so muß auch ein besonderer Ausspruch über seine Verpflichtung ergehen. — Mit anderen Worten: Ein Strafbescheid, der nur den im § 36 Abs. 1 vorgesehenen Inhalt hat, ist dem Einziehungsbeteiligten gegenüber nur dann wirksam (vgl. auch Anm. 3), wenn seine Zuziehung weder rechtlich geboten noch tatsächlich erfolgt war.

6) Zu Abs. 3 „in den zulässigen Fällen": Der in Abs. 3 vorgesehene Ausspruch muß erfolgen, wenn die materiellen Voraussetzungen für die Feststellung der Vertretungspflicht gegeben und formell die Verwaltungsbehörden zu dieser Feststellung zuständig sind (vgl. Einl. § 4 III). — Bedingung ist aber auch hier, daß der Vertretungspflichtige vor Erlaß des Strafbescheides nach § 27 zugezogen ist. War die Zuziehung aus Versehen oder sonstigen Gründen unterblieben, so kann ebenso wie in dem oben Anm. 3 erwähnten Falle ein Ausspruch nach § 36_3 nicht erfolgen, vielmehr bleibt nur die Möglichkeit eines nachträglichen Strafbescheides (Abs. 4).

7) Der Nachtragsstrafbescheid ist der StPO. unbekannt; nichtsdestoweniger dürfte seiner Zulässigkeit vom Standpunkt des Reichsrechts aus kein Hindernis entgegenstehen. Schon in der Einl. § 3 II, § 4 III wurde festgestellt, daß § 459 StPO. trotz seiner engern Wortfassung eine Entscheidung durch Strafbescheid gegenüber dem Einziehungsbeteiligten und Vertretungspflichtigen nicht ausschließt. Erwägt man nun, daß die Verbindlichkeit dieser Personen auf einem wesentlich andern Rechtsgrunde als der staatliche Strafanspruch gegen den Täter beruht, so ist nicht einzusehen, weshalb jene Entscheidung stets notwendig

zugleich mit dem Strafausspruch in demselben Bescheide getroffen werden müßte.

8) Selbstverständlich kann — wie Abs. 4 noch besonders hervorhebt — ein Nachtragsstrafbescheid gegen den Vertretungspflichtigen nicht ergehen, wenn kraft Reichsrechts nur die ordentlichen Gerichte zur Feststellung der Haftpflicht zuständig sind. — Über hierher gehörige Fälle vgl. Einl. § 4 III.

9) Da — wie in Anm. 7 erwähnt — Haupt- und Nachtragsstrafbescheid in ihrem Rechtsgrunde voneinander unabhängig sind, so ist die in jenem enthaltene Entscheidung für diesen formell von keiner Bedeutung; vielmehr muß an sich „die Tat- und Rechtsfrage" in bezug auf den Einziehungsbeteiligten oder Vertretungspflichtigen im Nachtragsverfahren „völlig neu" geprüft werden (Begründung S. 2669). — Diese formelle Selbständigkeit findet aber folgende Schranken:

a) Soweit der Nachtragsstrafbescheid den Einziehungsbeteiligten betrifft, setzt er voraus, daß im Hauptstrafbescheid gegen den Täter die Einziehung verhängt ist. Wurde letzteres unterlassen, so kann wegen der Rechtskraftwirkung des Hauptbescheides (Verneinung eines auf Einziehung gerichteten Strafanspruches) auch von einer Verbindlichkeit des Einziehungsbeteiligten nicht mehr die Rede sein.

b) Hinsichtlich des Vertretungspflichtigen kommt in Betracht, daß er jedenfalls für keine höhere Strafe einzustehen hat als diejenige, welche gegen den Beschuldigten erkannt ist. Daher kann zwar der Pflichtige — wenn etwa gegen den Täter eine Defraudationsstrafe festgesetzt ist — im Nachverfahren einwenden, daß nur eine bloße Ordnungswidrigkeit vorgelegen habe, nicht aber kann umgekehrt die Verwaltungsbehörde, falls der Hauptbescheid nur eine Ordnungsstrafe enthält, den Vertretungspflichtigen für die Strafe der Defraude haftbar machen.

10) Aus den Anführungen zu Anm. 9a u. b ergibt

sich, daß das Nachtragsverfahren zweckmäßig erst nach rechtskräftiger Erledigung der Hauptsache einzuleiten ist.

11) Von dem Nachtragsstrafbescheid gegen den Einziehungsbeteiligten ist scharf der Strafbescheid im sog. objektiven Verfahren (vgl. § 5 Anm. 11 z. A.) zu unterscheiden. Der letztere ist ein wirklicher Hauptbescheid; allerdings lautet er gleichfalls nur auf Einziehung, setzt aber diese zunächst gegen den (unbekannten oder aus anderen Gründen nicht verfolgbaren) Täter fest. Daher kann mit einem solchen Hauptbescheid auch ein Ausspruch gemäß § 36 Abs. 2 verbunden werden, dagegen kann ohne jene objektive Entscheidung ein Nachtragsbescheid gemäß Abs. 4 nicht ergehen.

§ 37.*)[1])

Der Strafbescheid ist dem Beschuldigten, in den Fällen der Absätze 2, 3, 4 des § 36 auch den sonstigen bei der Entscheidung betheiligten Personen durch Zustellung oder durch Verkündung (Eröffnung zu Protokoll) bekannt zu machen.[2—5])

In den Fällen des § 20 Absatz 2 hat die Bekanntmachung außer an den Beschuldigten an den gesetzlichen Vertreter desselben zu erfolgen.[6]) Bei Einziehungsbetheiligten und Vertretungspflichtigen kommen die in § 157 der Civilprozeßordnung für die Zustellung gegebenen Vorschriften auch für die Verkündung zur Anwendung.[7—9])

*) AB. 35 in Anm. 4, AB. 36 in Anm. 5.

1) § 37 bestimmt, in welcher Weise der Strafbescheid bekannt zu machen ist; er gibt hiermit eine notwendige Ergänzung zu § 459 StPO., da die StPO. nur über die Bekanntmachung gerichtlicher Entscheidungen Bestimmung trifft (§§ 33 ff. das.).

2) Nach Abs. 1 stellt das Gesetz zwei Arten der Bekanntmachung (Zustellung und Verkündung) gleichberechtigt nebeneinander. Jene entspricht eigentlich mehr dem Charakter des Administrativprozesses als eines schriftlichen Verfahrens und wird auch von AV. 35 als Regel angesehen (vgl. Anm. 4). — Nach der Wortfassung des Abs. 1 (verb. „auch" den ... beteiligten ...) könnte es ferner erscheinen, als ob jeder Strafbescheid dem Beschuldigten kundzugeben sei. Mit Recht bemerkt aber Bonnenberg § 37 Anm. 8, daß im Falle des § 36_4 eine Bekanntmachung nur an den Einziehungsbeteiligten oder Vertretungspflichtigen zu erfolgen habe.

3) Über die Zustellung vgl. noch AV. 9 bei § 9 Anm. 3. Insbesondere ist nach AV. 9b jedem Beschuldigten und Vertretungspflichtigen eine Ausfertigung, dem Einziehungsbeteiligten dagegen nur eine einfache Abschrift zuzustellen. Die Ausfertigung ist mit 1,50 Mk. zu verstempeln, wenn die Strafe einschließlich des Wertes des Einziehungsgegenstandes 15 Mk. übersteigt; die Abschrift ist nicht stempelpflichtig (vgl. AV. 44 Abs. 1 bei § 45 Anm. 1).

4) **AV. 35** bestimmt:

Die Bekanntmachung des Strafbescheides erfolgt in der Regel durch Zustellung.[a]) Nur ausnahmsweise, wenn die Verkündung mit geringeren Kosten oder Umständen für den Beschuldigten oder sonstigen Betheiligten, welche sich dabei durch Beauftragte mit schriftlicher Vollmacht vertreten lassen dürfen,[b]) verknüpft ist, kann diese Bekanntmachungsart gewählt werden.[a])[c])

a) Die Bekanntmachung braucht nicht durch die Behörde zu erfolgen, welche den Strafbescheid erlassen hat (vgl. § 459_2 StPO. in der Vorb. vor § 36). Insbesondere wird sich, wenn die Provinzialbehörde entschieden hat, im Interesse der Beteiligten — um ihnen nämlich die Einlegung eines Rechtsmittels zu erleichtern — häufig die

Übersendung der erforderlichen Ausfertigungen und Abschriften (Anm. 3) an das nächste Unter- oder Hauptamt empfehlen, damit dieses den Strafbescheid zustellt oder gegebenenfalls durch Verkündung bekannt macht.

b) Die Zulassung von Vertretern bei der Verkündung enthält eine Ergänzung zu § 28 Abs. 1. Vgl. auch Anm. 1—3 das.

c) Da die Bekanntmachung durch Verkündung nur dann gewählt werden soll, wenn dies im Interesse der Beteiligten liegt, so ist weder ein Zwang zum Erscheinen noch die Zurückweisung eines „Beauftragten" statthaft (anders § 28 $_2$).

5) **AB. 36:** Wie bei der Zustellung, so ist auch bei der Verkündung jedem Beschuldigten und jedem Vertretungspflichtigen eine Ausfertigung des Strafbescheides, dem Einziehungsbetheiligten eine Abschrift desselben zu übergeben.[a]) Einem Bevollmächtigten mehrerer Betheiligter sind so viele Ausfertigungen oder Abschriften zu übergeben, als Betheiligte von ihm vertreten werden.

Bei der Verkündung ist in dem Protokolle, auf welches im Uebrigen die Vorschriften in Nr. 19[b]) ebenfalls Anwendung finden, zu bezeugen, daß dem Beschuldigten oder dem sonstigen Betheiligten beziehungsweise ihrem Vertreter der Strafbescheid vorgelesen oder zur eigenen Durchlesung hingegeben sei.

Der Strafbescheid ist, je nachdem er von dem Hauptamte oder von der Provinzialsteuerbehörde erlassen ist, in der Urschrift oder einer vollständigen Abschrift zu den Untersuchungsverhandlungen zu bringen.

a) Vgl. zu Abs. 1 S. 1 d. AB. oben Anm. 3.

b) Vgl. Anm. *) bei § 23.

6) Zu Abs. 2 S. 1: Die Bekanntmachung hat auch an den gesetzlichen Vertreter des Beschuldigten zu erfolgen,

wenn der letztere zur Zeit der Bekanntmachung des Strafbescheides (vgl. § 20 Anm. 14) noch nicht achtzehn Jahre alt ist und er sowohl wie sein gesetzlicher Vertreter im Deutschen Reiche wohnen. In allen übrigen Fällen ist der Strafbescheid nur dem Beschuldigten selbst bekannt zu machen (anders hinsichtlich der Einziehungsbeteiligten und Vertretungspflichtigen — AB. 9d und unt. Anm. 8 —). — Der gesetzliche Vertreter erhält ebenso wie der Beschuldigte den Strafbescheid in Ausfertigung (Anm. 3, 5; vgl. auch AB. 9b und c — § 9 Anm. 3 —).

Bei mehreren gesetzlichen Vertretern (Mitvormündern) genügt die Bekanntmachung an einen von ihnen (vgl. entsprechend AB. 9d und § 37_3 S. 2).

7) Abs. 2 S. 2 bezieht sich nur auf die Bekanntmachung durch Verkündung; für die Zustellung des Strafbescheides an den Einziehungsbeteiligten oder Vertretungspflichtigen gilt AB. 9d — § 9 Anm. 3 —, die inhaltlich und fast wörtlich mit § 157 (neue Fassung § 171) CPO. übereinstimmt.

8) § 157 (jetzt 171) CPO. lautet folgendermaßen:

Die Zustellungen, welche an eine Partei bewirkt werden sollen, erfolgen für die nicht prozeßfähigen Personen an die gesetzlichen Vertreter derselben.

Bei Behörden, Gemeinden und Korporationen, sowie bei Vereinen, welche als solche klagen und verklagt werden können, genügt die Zustellung an die Vorsteher.

Bei mehreren gesetzlichen Vertretern, sowie bei mehreren Vorstehern genügt die Zustellung an einen derselben.

9) Die Bekanntmachung eines Strafbescheides im Wege der **öffentlichen** Zustellung ist nur in beschränktem Umfange zulässig (vgl. des näh. AB. 9n).

D. Rechtsmittel.

Vorbemerkungen zu § 38.

1) Zu § 38 sind die AB. 37—41 ergangen; sie werden der besseren Übersicht halber schon in den Vorbemerkungen

behandelt und zwar AB. 37 zu Ziff. 2, AB. 38 zu Ziff. 3, AB. 39, 40, 41 zu Ziff. 5, 6, 7.

2) Bereits in der Einl. § 5 III ist erwähnt, daß nach §§ 36 I, 38 I BStG. und 459 2 StPO. gegen den Strafbescheid ein doppelter Rechtszug gegeben ist: die Beschwerde und der Antrag auf gerichtliche Entscheidung. Die Ergreifung des einen Rechtsbehelfes hat für den einzelnen Rechtsmittelberechtigten (vgl. Vorb. 3) den Verlust des anderen zur Folge (§ 38 I, § 459 2). Die von dem einzelnen Beteiligten getroffene Wahl unter den Rechtsmitteln ist für ihn endgültig; er kann also nicht etwa das eine Rechtsmittel zurücknehmen und dafür das andere einlegen (Bonnenberg § 38 Anm. 3). Der Zeitpunkt, mit dem bereits jener Verlust eintritt, wird in AB. 37 näher bestimmt; diese Stelle, welche als bloß erläuternde Vorschrift auch dem Reichsrecht gegenüber gültig ist, hat folgenden Inhalt:

AB. 37: Schon die Anbringung des Antrages a) auf gerichtliche Entscheidung durch einen Betheiligten hat für denselben den Ausschluß der Beschwerde zur Folge. Ebenso schließt die Ergreifung der Beschwerde b) den Antrag auf gerichtliche Entscheidung aus. c)

a) Über die Frist, in der und die Behörde, bei welcher der Antrag „anzubringen" ist, vgl. Vorb. vor § 36 z. A. — Die Anbringung selbst kann formlos, also auch mündlich erfolgen; ein „Beauftragter" muß sich aber durch eine schriftliche Vollmacht des Rechtsmittelberechtigten ausweisen (§ 28 BStG.). — Der mündlich gestellte Antrag ist ordnungshalber zu protokollieren oder mindestens durch Registraturvermerk zu beurkunden (Löwe/Hellweg § 460 Anm. 1). — Wird eine schriftliche Eingabe gewählt, so gilt der Antrag mit dem Augenblick als angebracht, in welchem das Schriftstück bei der zur Entgegennahme des Antrags zuständigen Behörde eingeht. Im übrigen muß aus der Eingabe deutlich hervorgehen, ob auf Entscheidung des Gerichts oder der höheren Verwaltungsbehörde angetragen werden soll. Ein undeutlich gefaßtes Schriftstück kann mit der Aufforderung zur näheren Erklärung zurückgegeben werden, sofern noch anzunehmen ist, daß die Rückäußerung innerhalb der Beschwerdefrist bei der Behörde wieder eingehen kann. Dagegen ist der Satz, daß eine schriftliche Remonstration im Zweifel als Antrag auf gerichtliche Entscheidung aufzufassen sei (so Bonnenberg § 38 Anm. 5), dem Gesetze fremd.

b) Über die „Ergreifung der Beschwerde" vgl. § 39 mit Anm.

c) AV. 37 bezieht sich nur auf die einzelne konkrete Tat. Sind also mehrere selbständige Handlungen in einem Strafbescheide abgeurteilt, so kann der Beschuldigte wegen der einen auf gerichtliche Entscheidung antragen, wegen der anderen Beschwerde ergreifen oder überhaupt auf ein Rechtsmittel verzichten (ebenso Bonnenberg § 38 Anm. 12).

3) Schon in der Einl. §§ 3 III, 4 a. E., 5 III ist wiederholt hervorgehoben, daß die zulässigen Rechtsbehelfe nicht bloß dem Beschuldigten, sondern auch jedem anderen Beteiligten zustehen. Dazu kommt, daß § 38 auch dem gesetzlichen Vertreter ein selbständiges Recht zur Einlegung der Beschwerde gewährt. Jede von diesen Personen ist nach allgemeinen Grundsätzen und dem Wortlaut des § 38 bei der Einlegung der ihr zustehenden Rechtsmittel von der anderen unabhängig: Wählt der Beschuldigte den Antrag auf gerichtliche Entscheidung, so ist der Einziehungsbeteiligte nicht gehindert, seinerseits die Beschwerde bei der höheren Verwaltungsbehörde einzulegen usw. — Infolgedessen sind Kollisionen zwischen dem gerichtlichen und dem ferneren Verwaltungsverfahren möglich. Soweit sich diese im Verhältnis zwischen dem gesetzlichen Vertreter und dem von ihm Vertretenen zeigen können, trifft § 38 Abs. 2 Vorsorge. Es wird deshalb hier auf die Anm. zu dieser Stelle verwiesen. — Im übrigen

sucht die AV. 38 jenen Zwiespalt mit der Regel zu schlichten, daß zunächst der Ausgang des gerichtlichen Verfahrens abzuwarten ist.

AV. 38: Hat von mehreren Betheiligten ein Theil auf gerichtliche Entscheidung angetragen, während der andere Teil Beschwerde eingelegt hat, so ist über die letztere in der Regel erst nach rechtskräftiger Erledigung des gerichtlichen Verfahrens zu befinden.

Die hier getroffene Regelung ist jedoch weder richtig noch erschöpfend. — Vielmehr gelangen wir bei einer Betrachtung der verschiedenen vom Gesetz (§ 38_1 VStG., § 459_2 StPO.) eröffneten Möglichkeiten zu folgenden Ergebnissen:

I. Mehrere Beschuldigte sind in dem gleichen Strafbescheid verurteilt:

a) Einer von ihnen bringt Beschwerde oder Antrag auf gerichtliche Entscheidung an, die übrigen legen keine Rechtsmittel ein. Hier ist im weiteren Verfahren nur zu prüfen, ob und in welchem Umfange gegen den ersten Beschuldigten ein Strafanspruch besteht; die übrigen werden durch das Verfahren vor der höheren Verwaltungsbehörde oder dem Gericht in keiner Weise berührt. Insbesondere ist eine Erstreckung des Rechtsmittels zugunsten der übrigen Beschuldigten — wie sie § 397 in gewissem Umfange für die Revision zuläßt — dem Strafbescheidsverfahren unbekannt.

b) Einer der Beschuldigten legt Beschwerde ein, der andere beantragt gerichtliche Entscheidung: Gericht und Verwaltungsbehörde sind in der rechtlichen Beurteilung *grundsätzlich* voneinander unabhängig (vgl. §§ 260f. StPO. — auch Löwe/Hellweg § 261 Anm. 9 —, ferner RG. 12 Nr. 1). Würde deshalb auch die höhere Verwaltungsbehörde nach der Regel der AV. 38 mit dem Erlaß eines „Beschwerdebescheides" bis zur rechtskräftigen Erledigung des gerichtlichen Verfahrens warten, so wäre sie doch an den endgültigen richterlichen Ausspruch rechtlich nicht gebunden, sondern zur selbständigen Nachprüfung der Beschwerde verpflichtet. Es ist daher sehr wohl möglich, daß der eine Beschuldigte auf Grund seines Antrages freigesprochen, gegenüber der Beschwerde des anderen aber der Strafbescheid aufrecht erhalten wird, wie auch entsprechend der umgekehrte Fall eintreten kann. — Für die geschäftliche Behandlung ist also die Sachlage so anzusehen, als ob nicht ein, sondern mehrere selbständige Strafbescheide vorliegen.

II. Der Strafbescheid ist außer gegen den Beschuldigten, auch gegen einen Einziehungsbeteiligten oder Vertretungspflichtigen ergangen:

a) der Beschuldigte beruhigt sich bei dem Strafbescheide, Einziehungsbeteiligter und Vertretungspflichtiger machen von einem der ihnen zustehenden Rechtsbehelfe Gebrauch. Hier erwächst allerdings der Strafbescheid, soweit er den Beschuldigten betrifft, in Rechtskraft. Diese Rechtskraft kann aber weder im gerichtlichen noch im Verwaltungsverfahren den übrigen Beteiligten entgegengesetzt werden (vgl. auch Einl. § 8 I). — Findet daher die vom Einziehungsbeteiligten angerufene Instanz, daß auf Einziehung nicht hätte erkannt werden dürfen, so kann sie nicht etwa insoweit den Strafbescheid aufheben. Denn die Einziehung als solche richtet sich gegen den Täter, und dieser hat den Bescheid nicht angefochten. Vielmehr hat sich die Rechtsmittelinstanz auf den (im gerichtlichen Verfahren freilich ungewöhnlichen) Ausspruch zu beschränken: daß der Einziehungsbeteiligte die durch den Strafbescheid festgesetzte Einziehung nicht gegen sich gelten zu lassen brauche. In diesem Falle kann die Einziehung, wenn der Beteiligte an dem Einziehungsgegenstande den Nießbrauch oder ein Pfandrecht hat, nur unbeschadet dieses dinglichen Rechtes, falls jener aber den Gegenstand eigentümlich besitzt, überhaupt nicht vollzogen werden. — Was den Vertretungspflichtigen betrifft, so kann zwar die angerufene

Instanz seine Haftpflicht verneinen oder ermäßigen, je nachdem sie findet, daß die Voraussetzungen für die Vertretungsverbindlichkeit überhaupt nicht vorgelegen haben, oder daß irrig eine zu hohe Strafe gegen den Täter festgesetzt ist. Denn die Vertretungspflicht ist, wenn überhaupt, nur in Höhe des tatsächlich bestehenden Strafanspruches gegeben. Dagegen kann die höhere Verwaltungs- oder die Gerichtsbehörde, wenn sie findet, daß der Strafbescheid sich zugunsten des Beschuldigten und des Vertretungspflichtigen geirrt habe, nicht etwa die Haftpflicht des letzteren auf den Betrag der von ihr als angemessen erachteten Strafe erhöhen. Denn die Höhe der Haftpflicht kann — wie bereits in Anm. 8b zu § 36 bemerkt wurde — niemals den Betrag der verhängten Strafe übersteigen.

b) Der Beschuldigte legt Beschwerde bei der höheren Verwaltungsbehörde ein:

α) Einziehungsbeteiligter und Vertretungspflichtiger beruhigen sich bei dem ergangenen Strafbescheide: Gelangt hier die Beschwerdebehörde zur Aufhebung der Einziehung, so kommt diese Entscheidung dem Einziehungsbeteiligten von selbst zustatten. Denn mit dem Wegfall der Einziehung ist eine wesentliche Voraussetzung für seine Verbindlichkeit beseitigt. Entsprechendes gilt aus den zu a erwähnten Gründen für den Vertretungspflichtigen, wenn die höhere Behörde die festgesetzte Strafe aufhebt oder mildert. — Eine Strafschärfung ist nach § 43₁ ausgeschlossen.

β) Einziehungsbeteiligter und Vertretungspflichtiger ergreifen ebenfalls die Beschwerde: Dieser Fall bietet keine Besonderheiten, da sich hier eine einheitliche Entscheidung ermöglichen läßt.

γ) Einziehungsbeteiligter und Vertretungspflichtiger tragen auf gerichtliche Entscheidung an: Wie schon zu Ib festgestellt, sind Gericht und Verwaltungsbehörde grundsätzlich unabhängig voneinander. Es wäre also auch hier z. B. möglich, daß die Verwaltungsbehörde es bei dem auf Einziehung lautenden Strafbescheide beläßt, während das Gericht findet, daß nicht auf Einziehung hätte erkannt werden dürfen. Dann muß das letztere wie zu II a erwähnt tenorieren. — Jener Grundsatz der Unabhängigkeit erleidet aber eine erhebliche, aus dem Wesen der Einziehungsbeteiligung und Vertretungspflicht fließende Beschränkung: Denn schon mehrfach (II a, II b α) haben wir hervorgehoben, daß, wenn nicht auf Einziehung erkannt ist, auch von einer Verbindlichkeit des Einziehungsbeteiligten keine Rede sein kann, und daß die Haftpflicht entfällt, wenn und insoweit gegen den Täter keine Strafe festgesetzt ist. Hebt also die Verwaltungsbehörde auf die Beschwerde des Beschuldigten den Strafbescheid auf, so ist für ein gerichtliches Verfahren gegen den Einziehungsbeteiligten oder den Vertretungspflichtigen kein Raum. Das Gericht muß vielmehr sofort, möglicherweise noch vor Beginn der Hauptverhandlung, das Verfahren als durch die Aufhebung des Strafbescheides erledigt einstellen. — Gelangt die höhere Verwaltungsbehörde nur zur Milderung der festgesetzten Strafe, so ist damit freilich der Antrag des Vertretungspflichtigen auf gerichtliche Entscheidung noch nicht erledigt, da das Gericht möglicherweise zur völligen Freistellung des letzteren gelangen kann. Aber jedenfalls kann das Gericht (ebenso wie im Falle II a) nur zugunsten des Haftpflichtigen von dem Standpunkt der Verwaltungsbehörde abweichen. — Aus dem Gesagten folgt, daß es sich unter den zu II b γ angenommenen Voraussetzungen entgegen der Regel in AB. 38 für das Gericht stets empfiehlt, die Verhandlung über den Antrag des Einziehungsbeteiligten und Vertretungspflichtigen bis zum Erlaß des Beschwerdebescheides auszusetzen (vgl. auch Löwe/Hellweg § 261 Anm. 9).

c) Der Beschuldigte stellt den Antrag auf gerichtliche Entscheidung:

α) Einziehungsbeteiligter und Vertretungspflichtiger legen kein Rechtsmittel ein: In der Einl. § 8 I und III a. E. ist bereits ausgeführt, daß der Antrag des Beschuldigten — wenn er nicht rechtzeitig wieder zurückgenommen wird — den Strafbescheid seinem ganzen materiellen Inhalt nach, mithin auch insofern beseitigt, als er gegen den Einziehungsbeteiligten und Vertretungspflichtigen gerichtet ist. Die Verwaltungsbehörde steht daher vor der Wahl, entweder den Ausgang des gerichtlichen Verfahrens gegen den Beschuldigten abzuwarten und gegebenenfalls demnächst einen neuen (Nachtrags-) Strafbescheid gegen die sonstigen Beteiligten zu erlassen (§ 36_4 VStG.) oder aber darauf hinzuwirken, daß die letzteren zum gerichtlichen Verfahren zugezogen werden. Die Zuziehung selbst erfolgt durch Ladung nach Maßgabe des analog anwendbaren § 478_2 StPO. Diese Analogie hat jedenfalls gegenüber dem Einziehungsbeteiligten kein Bedenken (vgl. RG. 5 S. 372ff. – insbes. S. 375); sie muß aber auch für den Vertretungspflichtigen gelten, zumal wenn man — wie wir dies in der Einl. § 4 II getan haben — seine Verbindlichkeit nicht als strafrechtliche auffaßt (ebenso RG. JW. Jahrg. 1901 S. 498; vgl. auch Bonnenberg § 77 Anm. 25).

β) Einziehungsbeteiligter und Vertretungspflichtiger ergreifen die Beschwerde im Verwaltungswege: Die Rechtslage ist hier die gleiche wie zu c α, da die Beschwerde infolge der Vernichtung des Strafbescheides gegenstandslos geworden ist; die in AB. 38 aufgestellte Regel versagt also auch hier, die Beschwerde ist vielmehr, wenn sie nicht auf geschehene Belehrung hin zurückgenommen wird, alsbald als unzulässig zu verwerfen.

γ) Einziehungsbeteiligter und Vertretungspflichtiger tragen gleichfalls auf gerichtliche Entscheidung an. Hier gilt entsprechendes wie zu b β.

4) Hat der Beschuldigte oder ein sonstiger Beteiligter auf gerichtliche Entscheidung angetragen, so sind für die

weitere geschäftliche Behandlung der Sache die AB. 39 bis 41 zu beachten (vgl. Vorb. 5—7).

5) **AB. 39:** Wenn der Strafbescheid von der Provinzialsteuerbehörde erlassen ist, so ist ein Antrag auf gerichtliche Entscheidung, welcher nicht bei dieser selbst angebracht ist, derselben ohne Aeußerung zur Sache zur Kenntnißnahme und weiteren Anordnung[a]) vorzulegen.[b])

a) Die Anordnung besteht entweder in Rücknahme des Strafbescheides (Anm. 6) oder Anweisung zur Weitergabe der Akten (Anm. 7b).

b) Hat das Hauptamt den Strafbescheid erlassen, so muß entsprechend der bei einer anderen Stelle angebrachte Antrag ihm übermittelt werden (vgl. auch AB. 41_1 und Vorb. 7).

6) **AB. 40:**[a]) Ist frist- und formgerecht auf gerichtliche Entscheidung angetragen,[b]) so ist die Verwaltungsbehörde, welche den Strafbescheid erlassen hat, befugt, den letzteren, wenn er sich als unbegründet erweist, hinsichtlich des Antragstellers zurückzunehmen (§ 460 der Strafprozeßordnnng).[c])[d]) Von der Zurücknahme ist der Antragsteller in Kenntniß zu setzen.[e])

a) AB. 40 stellt sich in Verb. mit AB. $41_{1, 2}$ (folg. Anm.) als eine Erläuterung und Umschreibung des § 460 StPO. dar, welcher folgendes bestimmt:

§ 460: Wird auf gerichtliche Entscheidung angetragen, so übersendet die Verwaltungsbehörde, falls sie nicht den Strafbescheid zurücknimmt, die Akten an die zuständige Staatsanwaltschaft, welche sie dem Gerichte vorlegt.

b) Über die Antragsfrist vgl. Vorb. § 36 z. A., über die Form oben Vorb. 2a. Frist- und Formgerechtigkeit haben die Verwaltungsbehörden nur in dem Falle zu prüfen, wenn sie sich über eine Rücknahme des Strafbescheides schlüssig machen wollen. Im übrigen obliegt aber jene Prüfung den ordentlichen Gerichten; daher haben die Verwaltungsbehörden einen Antrag auch dann weiterzugeben, wenn sie ihn für verspätet erachten (vgl. § 462 — unten Vorb. 7 f. —, Löwe/Hellweg § 461 Anm. 2 i. V. m. § 454 Anm. 4).

c) Hinsichtlich der Tragweite der Rücknahme siehe Einl. § 8 III. — Die Worte: „wenn er (d. Strafbescheid) sich als unbegründet erweist" enthalten nur eine instruktionelle Vorschrift. Die Rücknahme wird z. B. auch angezeigt sein, wenn die Verwaltungsbehörde auf Grund nachträglich ermittelter Tatsachen zur sachgemäßen Durchführung des Falles die Einleitung des Regelverfahrens für erforderlich erachtet (vgl. Einl. § 8 II, § 462 StPO. — Vorb. 7 —).

d) Das Recht zur Rücknahme steht zunächst der Behörde zu, welche den Strafbescheid erlassen hat. Doch kann die vorgesetzte Instanz sie gegebenenfalls entsprechend anweisen, da es sich hier um eine bloße Opportunitätsfrage handelt (vgl. entspr. Einl. § 5 Anm. 2). — Bei den Hauptämtern setzt die Rücknahme ebenso wie der Erlaß des Strafbescheides einen Kollegialbeschluß voraus.

e) Die Benachrichtigung von der Rücknahme kann formlos erfolgen; Zustellung ist nicht vorgeschrieben.

7) **AB. 41:** Die Uebersendung der Akten an die Staatsanwaltschaft in dem Falle des § 460 der Strafprozessordnung[a]) erfolgt, wie in Nr. 20 vorgeschrieben.[b])

Statt des Antrages auf Erhebung der öffentlichen Klage, ist das Ersuchen um Herbeiführung der gerichtlichen Entscheidung zu stellen.[c]) Hinsichtlich des Strafantrages kann auf den Strafbescheid Bezug genommen werden.[d])

In gleicher Weise ist ein bei der Verwaltungsbehörde eingelegtes Gesuch um Wiedereinsetzung in den vorigen Stand gegen die Versäumung der Frist für den Antrag auf gerichtliche Entscheidung

(§ 461 a. a. O.) der Staatsanwaltschaft zu übermitteln.[e])

Das weitere gerichtliche Verfahren bestimmt sich nach § 462 daselbst.[f])

a) § 460 StPO. siehe oben Anm. 6a.

b) Vgl. § 24 Anm. 6. — Die Übersendung erfolgt also stets (auch im Falle der AB. 39) durch das untersuchende Hauptamt, weil sich bei diesem die miteinzureichenden Untersuchungsakten befinden (für Erbschaftssteuersachen vgl. Einl. § 7 II).

c) Die Staatsanwaltschaft kann das Ersuchen nicht ablehnen, sie hat vielmehr das Verfahren weiterzubetreiben, auch wenn sie eine strafbare Handlung nicht für vorliegend erachtet (§ 460 a. E., Löwe/Hellweg § 460 Anm. 2 i. V. m. § 454 Anm. 7). — Die Verwaltungsbehörde kann sich nach §§ 467/469 StPO. der weitern Verfolgung anschließen (vgl. oben § 24 Anm. 6n—p; Einl. § 8 III).

d) Zu Abs. 2 S. 2 vgl. § 24 Anm. 6e.

e) § 461 StPO.: In Betreff der Wiedereinsetzung in den vorigen Stand finden die Bestimmungen des § 455 entsprechende Anwendung.*) [α])

*) § 455: Gegen die Versäumung der Antragsfrist ist unter den in den §§ 44, 45 bezeichneten Voraussetzungen Wiedereinsetzung in den vorigen Stand zulässig. Das Gesuch ist bei einer der im § 454 Abs. 1 genannten Behörden anzubringen.

Ueber das Gesuch entscheidet der Amtsrichter.

Die Bestimmungen des § 46 Abs. 2, 3 finden hier gleichfalls Anwendung.

α) Die entsprechende Anwendung des § 455 führt in Verb. mit AB. 41 Abs. 3 zu folgenden Ergebnissen:

Voraussetzung für das Gesuch ist, daß „der Antragsteller durch Naturereignisse oder andere unabwendbare Zufälle an der Einhaltung der Frist verhindert worden ist. Als unabwendbarer Zufall ist es anzusehen, wenn der Antragsteller von [der] . . . Zustellung [des Strafbescheides] ohne sein Verschulden keine Kenntnis erlangt hat." (§ 44 StPO.; vgl. § 40 VStG. Anm. 2). — Das Gesuch ist „binnen einer Woche nach Beseitigung des Hindernisses ... unter Angabe und Glaubhaftmachung der Versäumungsgründe" bei derjenigen Verwaltungsbehörde anzubringen, bei der der Antrag auf gerichtliche Entscheidung selbst hätte gestellt werden müssen (vgl. § 454 Abs. 1), mit anderen Worten bei der Behörde, die den Strafbescheid erlassen oder derjenigen, die ihn bekannt gemacht hat. „Mit dem Gesuch ist zugleich ... [der Antrag] nachzuholen" (§§ 45 Abs. 2, 455 Abs. 1 StPO.). — Ist das Gesuch um Wiedereinsetzung bei dem untersuchenden Hauptamt angebracht, so übersendet dieses das erstere unter Berücksichtigung der AB. 41 Abs. 1—2 an die Staatsanwaltschaft desjenigen Gerichts, das bei rechtzeitig gestelltem Antrage zur Entscheidung in der Sache selbst zuständig gewesen wäre (vgl. entspr. § 455_2). War hingegen das Gesuch bei einer andern Verwaltungsbehörde eingelaufen, so hat diese es zunächst dem eben bezeichneten Hauptamte zur ferneren Veranlassung zu übermitteln.

Die Staatsanwaltschaft hat das Gesuch dem Gericht zur Entscheidung vorzulegen. „Die dem Gesuche stattgebende Entscheidung unterliegt keiner Anfechtung" (§§ 46_2, 455_3 StPO.). „Gegen die das Gesuch verwerfende Entscheidung findet sofortige Beschwerde statt" (§ 46_3 das.).

f) § 462 StPO.: Ist der Antrag rechtzeitig angebracht, so wird zur Hauptverhandlung vor dem zuständigen Gerichte geschritten, ohne daß es der Einreichung einer Anklageschrift oder einer Entscheidung über die Eröffnung des Hauptverfahrens bedarf.$^{\alpha}$)

Bis zum Beginn der Hauptverhandlung$^{\beta}$) kann der Antrag zurückgenommen werden.$^{\gamma}$)

α) Ist der Antrag verspätet oder von einem nicht gehörig legitimierten Vertreter (oben Vorb. 2a) angebracht, so ist er alsbald durch Beschluß, und wenn der Mangel erst nach durchgeführter Hauptverhandlung bemerkt wird, durch Urteil als unzulässig zu verwerfen.

β) Hinsichtlich des Beginns der Hauptverhandlung siehe § 242_1 StPO.

γ) Im übrigen sind zu § 462 die Ausführungen in § 8 II, III d. Einl. zu vgl.

8) Die Teilbeschwerde.

I. Allgemeines: Ist eine teilweise Anfechtung des Strafbescheides möglich? — Diese Frage ist ohne weiteres zu bejahen, soweit mehrere selbständige Delikte in einem Bescheide mit Strafe belegt sind; denn hier liegen materiell mehrere Strafbescheide vor (vgl. auch Löwe/Hellweg § 368 Anm. 2). — Hinsichtlich des einzelnen Vergehens ist dagegen zwischen dem Antrag auf gerichtliche Entscheidung und der Verwaltungsbeschwerde zu unterscheiden. Dort ist — wie bereits in der Einl. § 8 II hervorgehoben — aus prinziellen Gründen eine teilweise Anfechtung unzulässig; hier muß sie für statthaft erachtet werden. Allerdings spricht das VStG. die Zulässigkeit einer teilweisen Anfechtung anders als die StPO. (§§ 359, 368) nicht besonders aus. Sie dürfte sich aber aus allgemeinen Erwägungen ergeben: Hat der Beschuldigte oder sonst Beteiligte die Wahl, ob er die Entscheidung in ihrer Gesamtheit anfechten oder sich ihr lediglich unterwerfen will, so muß es ihm auch freistehen, einen Teil des Spruches anzugreifen und damit im übrigen die Entscheidung als richtig hinzunehmen. Die Zulassung einer solchen teilweisen Anfechtung entspricht auch dem Interesse des Beschwerdeberechtigten (so mit Recht Löwe/Hellweg a. O.; a. M. v. Kries, Strafprozeßrecht S. 661). Man unterstelle folgende Beispiele: Das Strafverfahren ist wegen mehrerer Steuerdelikte eingeleitet; hinsichtlich einiger erfolgt die Einstellung, bezüglich der übrigen ergeht ein Strafbescheid; in diesem werden unter Verletzung des § 47_3 VStG. die **gesamten** Kosten des Strafverfahrens dem Beschuldigten auferlegt. Der letztere ist nun vielleicht selbst der Meinung, daß der Schuldausspruch als solcher zu Recht erfolgt sei, er fühlt sich nur durch die irrige Kostenentscheidung benachteiligt; wäre ihm jetzt nicht eine beschränkte Beschwerde gestattet, so müßte er einen Spruch angreifen, den er in der Hauptsache selbst für gerechtfertigt hält und würde, auch wenn die Beschwerdeinstanz die falsche Kostenentscheidung verbesserte, nach § 49 die Rechtsmittelkosten mindestens teilweise zu tragen haben. — Ebenso ist die Lage des Vertretungspflichtigen, wenn er etwa in einem Fall, wo solches unzulässig war, auch für die Untersuchungskosten haftbar erklärt ist (vgl. Einl. § 4 I zu Anm. 1, § 48_2 VStG.). — Von besonderer Bedeutung ist ferner die Möglichkeit teilweiser Anfechtung in den zu § 43 Anm. 4 ff. erwähnten Fällen (siehe namentl. Anm. 11 das.).

II. Im einzelnen ist über die Möglichkeit einer Teilbeschwerde folgendes zu bemerken:

a) hinsichtlich des Beschuldigten: Die gegen ihn ergangene Entscheidung läßt sich in Schuld-, Straf- und Kostenfeststellung zerlegen (vgl. die äußerliche Aufzählung der Entscheidungsbestandteile in der Vorb. A I vor § 36 Ziff. 3, 4, 5). Demnach ist es statthaft, daß der Beschuldigte sich bei dem Schuldspruche beruhigt, das „angewendete Strafgesetz" als richtig annimmt und sich nur über die erkannte Strafe — sei es über die Hauptstrafe oder eine neben ihr verhängte Einziehung — oder endlich nur über die Entscheidung im Kostenpunkt beschwert. Dann erwächst der nicht angefochtene Teil der Entscheidung in formelle Rechtskraft. Die höhere Verwaltungsbehörde darf also z. B. bei einer bloß auf den Strafpunkt beschränkten Beschwerde nur prüfen, ob die Strafe richtig bemessen ist, wenn man das angewendete Strafgesetz als zutreffend unterstellt. Ihre Aufgabe ist daher hier eine ähnliche wie die der Richterbank im Schwurgericht (a. M. v. Kries, Strafprozeßrecht S. 659 Anm. 1).

b) Ebenso wie der Beschuldigte kann auch der Einziehungsbeteiligte den Strafbescheid seinem ganzen Umfange nach anfechten, etwa unter Berufung darauf, daß eine strafbare Handlung überhaupt nicht vorgelegen habe; er kann sich aber auch lediglich darauf beschränken, die Verhängung der Einziehung zu rügen, indem er etwa geltend macht, daß einer der im § 154 S. 2, 3 VZG. vorgesehenen Ausnahmefälle vorliegt.

Entsprechend kann

c) der Vertretungspflichtige den Strafbescheid nur hinsichtlich der ausgeworfenen Strafe oder nur insoweit anfechten, als er seine Haftpflicht überhaupt oder gar nur seine Haftpflicht bezüglich der Kosten (vgl. oben zu I) ausspricht.

III. Die teilweise Anfechtung hat — zumal sie ja vom Gesetz nicht einmal besonders erwähnt wird — als Ausnahme zu gelten; sie ist deshalb nur dann als vorliegend anzunehmen, wenn der Beschwerdeführer mit bestimmten Worten seine Anfechtung auf einen Teil der Entscheidung beschränkt hat. Die Tatsache allein, daß die etwaige Rechtfertigung (§ 41) sich z. B. nur mit der Straffrage befaßt, reicht zur Annahme einer teilweisen Beschwerde nicht aus, zumal ja eine Rechtfertigung überhaupt fehlen kann (ebenso Löwe/Hellweg § 359 Anm. 2. [hinsichtlich der Berufung]).

IV. Die Teilbarkeit der Beschwerde leidet endlich eine Beschränkung aus allgemein-logischen Gründen: Ist ein Entscheidungselement Bedingung für die Feststellung eines andern, so kann sich der Beschwerdeführer nicht auf die Anfechtung des bedingenden Elementes beschränken und etwa erklären, daß er sich dem bedingten Teil des Spruches unterwerfe (vgl. Löwe/Hellweg § 368 Anm. 3). Es kann deshalb z. B. der Beschuldigte nicht anführen, daß er die erkannte Strafe in ihrer Höhe nicht bemängele, dagegen sich über das angewendete Strafgesetz beschwere; vielmehr wäre eine Anfechtung, die sich nur auf die Schuldfrage bezöge, notwendig als gegen die Entscheidung im Straf- und Kostenpunkt mitgerichtet anzusehen.

Ebenso kann der Vertretungspflichtige nicht erklären, daß er sich der Haftpflicht bezüglich der Kosten unterwerfe und seinen Angriff nur auf die gegen den Beschuldigten ergangene Sachentscheidung richte.

§ 38.*)

[1])Der Beschuldigte, der Einziehungsbetheiligte und der Vertretungspflichtige, sowie die gesetzlichen Vertreter dieser Personen können gegen den Strafbescheid, wenn sie nicht auf gerichtliche Entscheidung antragen,[2]) die Beschwerde im Verwaltungswege ergreifen.[3])[4])

Hat der gesetzliche Vertreter die Beschwerde und der von ihm Vertretene den Antrag auf gerichtliche Entscheidung rechtzeitig und formgerecht angebracht oder ist das Umgekehrte der Fall,[2]) so ist die Beschwerde wirkungslos, wenn nicht der Antrag auf gerichtliche Entscheidung zurückgenommen wird.[5])

*) AB. 37—41 siehe Vorb. vor § 38 Ziff. 1.

1) Zu Abs. 1 vgl. die Vorb. 2 und 3 z. A.

2) Wie schon in der Einl. § 8 II ausgeführt, gewährt das Reichsrecht dem gesetzlichen Vertreter kein eigenes Recht zum Antrag auf gerichtliche Entscheidung (vgl. auch Anm. 5 das.). Wenn § 38 von einer entgegengesetzten Auffassung ausgeht, so kann diese Ansicht des Landesgesetzgebers keine maßgebende Bedeutung beanspruchen. Der Satz: „wenn sie . . . antragen" (Abs. 1) ist also, soweit er sich auf den gesetzlichen Vertreter bezieht, unrichtig. Ebenso unzutreffend sind die Worte: „oder ist das Umgekehrte der Fall" (Abs. 2 des § 38).

3) Die Beschwerde — ebenso auch der Antrag auf gerichtliche Entscheidung — steht entgegen dem Wortlaut des § 38 nur demjenigen Beteiligten zu, der im Einzelfall von dem Strafbescheide „betroffen" ist, im Falle des § 36_1 also dem Beschuldigten (ausnahmsweise — § 36 Anm. 5 a. E. — auch dem Einziehungsbeteiligten), beim Nachtragsstrafbescheide (§ 36_4) nur dem Einziehungsbeteiligten oder Vertretungspflichtigen.

Der gesetzliche Vertreter hat das Beschwerderecht im gleichen Umfange wie der von ihm Vertretene.

4) Auf Einlegung der Rechtsmittel kann verzichtet, das eingelegte Rechtsmittel kann zurückgenommen werden (vgl. im einzelnen: hinsichtlich des Antrages auf gerichtliche Entscheidung Einl. § 8 II zu Anm. 4, § 8 III a. E.; bezüglich der Beschwerde § 52 nebst Anm.).

5) Zu Abs. 2: Beantragt der Vertretene gerichtliche Entscheidung, so wird der Strafbescheid hinfällig, soweit er ihn betrifft (Einl. § 8 I). In diesem Augenblick muß daher auch die etwaige Beschwerde des gesetzlichen Vertreters gegenstandslos werden (vgl. entspr. Vorb. 3 II c β). Nimmt aber der Vertretene den Antrag rechtzeitig zurück, so daß der Strafbescheid wieder in Kraft tritt (Einl. § 8 III a. E.), dann muß auch die ordnungsmäßig eingelegte Beschwerde des gesetzlichen Vertreters weiteren Fortgang haben gemäß dem Grundsatze, daß jeder Rechtsmittelberechtigte in der Wahl der ihm zustehenden Rechtsbehelfe von den Entschließungen der übrigen Beteiligten unabhängig ist (Vorb. 3 z. A.). — Im übrigen vgl. hinsichtlich der Form- und Fristgerechtigkeit der Beschwerde § 39 VStG., des Antrages auf gerichtliche Entscheidung § 459_2 StPO. und Vorb. 2a.

§ 39.*)

Die Beschwerde ist binnen einer Woche nach der Bekanntmachung des Strafbescheides bei der

Behörde, welche den Strafbescheid erlassen, oder bei derjenigen, welche ihn bekannt gemacht hat, schriftlich oder zu Protokoll anzubringen.[1]) Die Einlegung bei der Beschwerdebehörde genügt zur Wahrung der Frist.[1–6])

*) AB. 42 in Anm. 6.

1) S. 1 regelt Form und Frist der Beschwerde im wesentlichen Anschluß an das Verfahren beim Antrage auf gerichtliche Entscheidung (§ 459_2 StPO.). S. 2 aber enthält eine Erweiterung gegenüber den Zuständigkeitsbestimmungen der StPO., „weil erfahrungsmäßig das Rechtsmittel vielfach bei ... [der Beschwerdebehörde] angebracht wird" (Begründung S. 2669).

2) Über die im Einzelfall zuständige „Beschwerdebehörde" vgl. § 6 und Einl. § 7 I.

3) Wie der Antrag kann auch die Beschwerde von einem nach Maßgabe des § 28 „Beauftragten" angebracht werden.

4) Für die Berechnung der einwöchigen Beschwerdefrist gilt § 12 VStG. nebst den dort angeführten §§ 42, 43 StPO. — Sie setzt voraus, daß der Strafbescheid gemäß § 37 VStG. bekannt gemacht ist, beginnt also für jeden Beteiligten, an den nach dieser Stelle eine besondere Bekanntmachung ergehen muß, erst mit dem Augenblick, wo sie erfolgt. — Dagegen läuft, soweit nicht der Fall des § 37_2 S. 1 vorliegt, für den gesetzlichen Vertreter des Beschuldigten dieselbe Frist wie für den Beschuldigten selbst. Das gleiche gilt vom Einziehungsbeteiligten unter den im § 36 Anm. 5 a. E. angegebenen Voraussetzungen (im wesentlichen übereinstimmend Bonnenberg § 39 Anm. 7).

5) Die Frist des § 39 ist gewahrt, wenn die schriftliche, d. h. von dem Beschwerdeberechtigten oder dessen „Beauftragten" (Anm. 3) unterschriebene, Beschwerde vor Ablauf des letzten Tages an eine Person gelangt, „die

zu der Empfangnahme in Vertretung der [Einlegungsbehörde] . . . befugt [ist]" (RG. 31 Nr. 3 auf S. 5). Ob dies erst nach Ablauf der Dienststunden geschieht, ist unerheblich (RG. a. O., Löwe/Hellweg Anm. 5a zu Buch I Abschn. 5; a. M. Bonnenberg § 39 Anm. 9). Nur ist nach jenem Zeitpunkte der Beamte zur Entgegennahme des Schriftstückes nicht mehr verpflichtet. — Entsprechendes gilt auch für die zu Protokoll (AB. 19 bei § 23 Anm. *) erklärte Beschwerde.

6) Über die weitere geschäftliche Behandlung der Beschwerden bestimmt AB. 42, die zugleich auch zu den §§ 40—42 ergangen ist, das folgende:

AB. 42: Beschwerden, Gesuche um Wiedereinsetzung in den vorigen Stand gegen die Versäumung der Beschwerdefrist[a]) und Beschwerderechtfertigungsschriften[b]) oder die in diesen Beziehungen aufgenommenen Protokolle[c]) sind von der Einlegungsbehörde dem untersuchungführenden Hauptamte, wenn dieses nicht selbst Einlegungsbehörde ist, zur Einverleibung in die Untersuchungsverhandlungen zuzusenden.[d])

Letztere werden, nach Umständen nach selbständiger Ergänzung der früheren Ermittelungen,[e]) von dem Hauptamte mit gutachtlichem Bericht der Provinzialsteuerbehörde vorgelegt,[f]) welche ihrerseits in den nicht zu ihrer Zuständigkeit gehörenden Fällen dem Finanzminister unter Beifügung derselben Bericht erstattet.

a) Vgl. § 40.

b) Siehe hierüber § 41.

c) D. h. die Protokolle, in denen die Beschwerde, das Gesuch oder die Rechtfertigung erklärt sind.

d) Die Zusendung muß auch dann erfolgen, wenn die Beschwerde usw. bei der Beschwerdebehörde selbst eingelegt ist. — Für Erbschaftssteuersachen vgl. § 7 I der Einl.

e) Vgl. § 42 Anm. 3.

f) Über den Zeitpunkt der Vorlage vgl. § 42[1].

§ 40.*)[1])

Gegen die Versäumung der Beschwerdefrist ist unter den in § 44 der Strafprozeßordnung bezeichneten Voraussetzungen Wiedereinsetzung in den vorigen Stand zulässig.[2])

Dieselbe ist bei einer der in § 39 bezeichneten Behörden nachzusuchen. Im Uebrigen findet § 45 der Strafprozeßordnung Anwendung.[3])

Ueber das Gesuch um Wiedereinsetzung entscheidet die Beschwerdebehörde.[4–6])

*) AB. 42 bei § 39 Anm. 6.

1) Aus der Vergleichung zwischen § 461 (455) StPO. (Vorb. 7e vor § 38) und § 40 VStG. ergibt sich, daß für die Wiedereinsetzung die nämlichen Voraussetzungen gelten, einerlei ob der Antrag auf gerichtliche Entscheidung oder die Beschwerde nicht rechtzeitig angebracht ist. Hat also ein Beteiligter die einwöchige Rechtsmittelfrist versäumt, so hat er beim Vorliegen eines Wiedereinsetzungsgrundes die Wahl, ob er nach § 461 (455) den Antrag oder nach § 40 die Beschwerde nachbringen will.

2) § 44 StPO.: Gegen die Versäumung einer Frist kann die Wiedereinsetzung in den vorigen Stand beansprucht werden, wenn der Antragsteller durch Naturereignisse oder andere unabwendbare Zufälle[a]) an der Einhaltung der Frist verhindert worden ist. Als unabwendbarer Zufall ist es anzusehen, wenn der Antragsteller von einer Zustellung ohne sein Verschulden keine Kenntniß erlangt hat.[b])

a) Die Versäumung beruht auf einem unabwendbaren Zufall, wenn sie trotz Aufwendung pflichtmäßiger Sorgfalt von dem Säumigen nicht vermieden werden konnte.

b) Dies kann namentlich im Falle der Ersatzzustellung vorkommen (AB. 9f bei § 9 Anm. 3).

3) Unter Berücksichtigung der aus § 40_2 S. 1 VStG. sich ergebenden Abweichung würde § 45 StPO. folgendermaßen lauten:

Das Gesuch um Wiedereinsetzung in den vorigen Stand muß binnen einer Woche nach Beseitigung des Hindernisses[a]) bei . . . [der Behörde, welche den Strafbescheid erlassen, oder bei derjenigen, welche ihn bekannt gemacht hat, oder bei der Beschwerdebehörde] . . . unter Angabe und Glaubhaftmachung[b]) der Versäumungsgründe angebracht werden.

Mit dem Gesuch ist zugleich die versäumte Handlung selbst nachzuholen.[c])

a) Hindernis ist derjenige Umstand, der die Fristversäumung veranlaßt hat (vgl. Löwe/Hellweg § 45 Anm. 2). — Hinsichtlich der Berechnung der Frist vgl. § 12 VStG. und § 39 Anm. 4.

b) Zur Glaubhaftmachung genügt jedes Mittel, das geeignet ist, der Beschwerdebehörde den angegebenen Versäumungsgrund wahrscheinlich zu machen. Insbesondere ist auch die eidesstattliche Versicherung nicht ausgeschlossen. Es ist dabei gleichgültig, ob die Verwaltungsbehörde zur Entgegennahme einer solchen im allgemeinen zuständig ist oder nicht, und ob daher eine solche Versicherung rechtliche, insbesondere nach § 156 StGB. strafrechtliche Wirkungen hat, in jedem Fall begründet eine derartige feierliche Erklärung eine tatsächliche Vermutung für die Richtigkeit ihres Inhalts (a. M. Bonnenberg § 40 Anm. 5).

c) Aus Abs. 2 ergibt sich, daß das Gesuch ebenso wie „die versäumte Handlung" (die Beschwerde) schriftlich oder zu Protokoll anzubringen ist.

4) Die Entscheidung der Beschwerdebehörde ist endgültig (ebenso Bonnenberg § 40 Anm. 8).

5) Durch ein Wiedereinsetzungsgesuch — mag es wegen Versäumung der Beschwerde oder des Antrages auf gerichtliche Entscheidung angebracht sein — wird die Voll-

streckbarkeit des Strafbescheides (§ 52) nicht gehemmt. — Siehe aber § 52 Anm. 10.

6) Gegen Versäumung der sonstigen im VStG. vorkommenden Fristen (vgl. § 12 Anm. 1a und b) ist ein Anspruch auf Wiedereinsetzung nicht gewährt, insbesondere kann auch wegen Nichtinnehaltung der Restitutionsfrist selbst bei den Verwaltungsbehörden Wiedereinsetzung nicht verlangt werden.

E. Verfahren bei Beschwerden.

§ 41.*)

Die Beschwerde kann binnen einer weiteren Woche nach Ablauf der Frist zur Einlegung des Rechtsmittels bei einer der in § 39 bezeichneten Behörden schriftlich oder zu Protokoll gerechtfertigt werden.[1][2]

*) AV. 42 bei § 39 Anm. 6.

1) Die Rechtfertigung ist nur fakultativ; ihr Unterbleiben hat also für den Beschwerdeführer prozessuale Nachteile nicht zur Folge.

2) Wie im Falle der Berufung (§ 358 StPO.) beginnt die Rechtfertigungsfrist nicht schon mit dem Tage, an dem die Beschwerde tatsächlich eingelegt ist, sondern erst mit demjenigen, an welchem dies spätestens hätte geschehen müssen. — Kann wegen Versäumung der Beschwerdefrist Wiedereinsetzung begehrt werden, so wird entsprechend die Frist zur Rechtfertigung erst mit dem Ablauf der Restitutionsfrist (§ 40 Anm. 3) beginnen.

Im übrigen will aber § 41 nicht besagen, daß die Rechtfertigung nur innerhalb der von ihm umschriebenen Frist erfolgen dürfe. Vielmehr ist es zunächst statthaft, daß die erstere vor Eintritt der Frist — etwa gleichzeitig mit der Beschwerde selbst — eingereicht wird (vgl.

Löwe/Hellweg § 358 Anm. 2). — Aber ebenso muß die Beschwerdebehörde, da sie die materielle Wahrheit festzustellen hat, auch eine nach Fristablauf eingehende Rechtfertigung bei Erlaß des Beschwerdebescheides berücksichtigen. — Somit äußert sich die Bedeutung der Fristbestimmung nur darin, daß die Vorlage der Akten bei der Beschwerdebehörde erst „nach Eingang der Rechtfertigungsschrift oder *Ablauf der Rechtfertigungsfrist*" erfolgen darf (§ 42_1, AB. 42_2 — bei § 39 Anm. 6 —).

§ 42.*)

Die Verhandlungen werden nach Eingang der Rechtfertigungsschrift[1]) oder Ablauf der Rechtfertigungsfrist der zur Entscheidung zuständigen Behörde vorgelegt.[2])

Vor der Entscheidung können neue Ermittelungen angestellt werden.[3])[4]) In Betreff des Verfahrens finden die §§ 24 bis 33 entsprechende Anwendung.[5])

*) AB. 42 bei § 39 Anm. 6.

1) Unter „Rechtfertigungsschrift" ist selbstverständlich auch die zu Protokoll erklärte Rechtfertigung (§ 41) mitinbegriffen.

2) Die Vorlage erfolgt gemäß AB. 42 (Einl. § 7 I) durch das untersuchungführende Haupt-(Erbschaftssteuer)-Amt. Sie darf nicht etwa unterbleiben, weil das letztere die Beschwerde für verspätet oder nicht formgerecht erachtet. Hierüber hat nur die Beschwerdebehörde zu befinden (ebenso Bonnenberg § 42 Anm. 6). Die vorlegende Behörde muß sich aber nach AB. 42_2 über ihre Bedenken äußern.

3) Die neuen Ermittelungen können entweder vor der Aktenvorlage aus eigener Entschließung des untersuchungführenden Amtes oder nachher auf Anweisung der Beschwerdebehörde angestellt werden (vgl. AB. 42_2 z. A.).

In Erbschaftssteuersachen wird auch die letzterwähnte Behörde unter entsprechender Anwendung der in Einl. § 7 I angeführten AllgVerf. (Nr. 11) befugt sein, ihre Anweisungen unmittelbar dem Hauptamt zu erteilen.

4) Bei etwaigen neuen Ermittelungen ist zunächst auf die Beweisanträge in der Beschwerderechtfertigung Rücksicht zu nehmen (vgl. § 364_4 StPO.). Die Verwaltungsbehörde ist aber weder auf diese beschränkt noch umgekehrt etwa zur Erhebung sämtlicher angebotenen Beweise verpflichtet (vgl. entsprechend Einl. § 6 II).

5) Wie sich aus Abs. 2 S. 2 ergibt, wird auch die weitere Untersuchung im Beschwerdeverfahren von den Haupt-(Erbschaftssteuer-)Ämtern geleitet, unbeschadet der in Anm. 3 erwähnten Anweisungsbefugnis der demnächst entscheidenden Behörde.

§ 43.

Der Beschwerdebescheid kann den Strafbescheid aufrechterhalten, aufheben oder zu Gunsten des Beschwerdeführers abändern.[1][2]

Eine Verschärfung der Strafe ist nicht zulässig.[3] Jedoch kann die Sache, wenn sich die sachliche Unzuständigkeit der vorentscheidenden Behörde zur Straffestsetzung ergiebt, unter Aufhebung des Strafbescheides[4] an die zuständige Behörde zur anderweiten Verhandlung und Entscheidung verwiesen werden.[5–9] Ist die Beschwerdebehörde selbst zur Entscheidung zuständig, so hat sie letztere, nöthigenfalls nach weiterer Untersuchung, besonders zu erlassen.[10][11]

1) Die in Abs. 1 enthaltenen Entscheidungsformeln sind nicht in dem Sinne sakrosankt, daß der Gebrauch eines gleichbedeutenden Wortes (z. B. „bestätigen“ statt

„aufrechterhalten") unzulässig wäre; ebenso ist die in Abs. 1 gegebene Aufzählung nicht erschöpfend: zu den einzelnen Formeln ist vielmehr folgendes zu bemerken:

a) Die Aufrechterhaltung des Strafbescheides ist auszusprechen, wenn die Beschwerde sich aus materiellen Gründen als hinfällig erweist, oder wenn die untere Instanz sich lediglich zugunsten des Beschwerdeführers geirrt hat (vgl. Abs. 1 a. E., Abs. 2 S. 1). War im letzten Falle auch ein unzutreffendes Strafgesetz angewandt, so muß die Aufrechterhaltung mit der Maßgabe erfolgen, daß der Beschuldigte (und Beschwerdeführer) des nach Ansicht der höheren Instanz vorliegenden Vergehens schuldig erklärt wird (vgl. Anm. 3 a. E.).

War die Beschwerde verspätet oder nicht formgerecht eingelegt, so empfiehlt es sich, nicht auf Aufrechterhaltung des Strafbescheides zu erkennen, sondern jene nach dem Vorbilde der §§ 363, 389 StPO. als unzulässig zu verwerfen. Die eben erwähnte Fassung muß gewählt werden, wenn die Beschwerde aus dem Grunde wirkungslos ist, weil ein anderer Beteiligter auf gerichtliche Entscheidung angetragen hat (vgl. Vorb. 3 II c β vor § 38 und § 38 Abs. 2).

b) Auf einfache Aufhebung des Strafbescheides ist zu erkennen, wenn die Beschwerdebehörde aus Rechtsgründen das Vorliegen einer strafrechtlich verfolgbaren Handlung verneint. Entsprechendes gilt für den im Strafbescheid enthaltenen Ausspruch über die Erziehungs- oder Vertretungsverbindlichkeit, wenn die höhere Instanz die Beschwerde des Einziehungsbeteiligten oder Haftpflichtigen für rechtlich begründet erachtet. — Will dagegen die Beschwerdebehörde im Wege der Nachsicht den Beschuldigten straffrei lassen oder von einer Inanspruchnahme des Haftpflichtigen absehen, so darf sie den Strafbescheid nicht einfach aufheben, sondern hat die Niederschlagung der „verwirkten Strafe" oder Vertretungsverbindlichkeit zu verfügen (vgl. den in Einl. § 5 I 1 angeführten Allerh. Erlaß nebst der dort erwähnten AllgVerf. Nr. 1).

Bisweilen darf die Beschwerdebehörde sich nicht bloß auf die Aufhebung beschränken, sondern hat mit dieser noch einen weiteren Ausspruch zu verbinden; hierher gehören: Aufhebung und Zurückweisung (bei gewissen Mängeln in der Form des Strafbescheides — Vorb. C III b vor § 36 —), Aufhebung und Verweisung (wenn nach Auffassung der Beschwerdeinstanz weder die untere Verwaltungsbehörde noch sie selbst zur Entscheidung sachlich zuständig ist — § 43 Abs. 2 S. 2 — unt. Anm. 5ff.), endlich Aufhebung und eigene Entscheidung (falls sich ergibt, daß die Beschwerdebehörde an sich in erster Instanz hätte erkennen müssen — § 43 Abs. 2 S. 3 — Anm. 10).

c) Die Abänderung darf nur zugunsten des Beschwerdeführers erfolgen; für sie, aber auch nur für sie (vgl. Anm. 4) gilt also das sog. Verbot der reformatio in pejus. — Im übrigen kann diese Abänderung sowohl aus Rechtsgründen, wie auch im Wege der Nachsicht (vgl. Nr. 6 der zu 1 b erwähnten AllgVerf.) erfolgen. Wird im ersten Fall ein anderes Strafgesetz angewendet, so ist auch dieses in der Entscheidungsformel anzugeben (vgl. Anm. 1 a).

2) Ein Beschwerdebescheid, der den Strafbescheid aufrechterhält oder mildert, ist in gewissem Umfange materieller Rechtskraft fähig (§ 53). Dagegen kann ein die Aufhebung aussprechender Bescheid nicht weiter wirken als die Einstellungsverfügung der ersten Instanz (§ 35); in einem solchen Falle kann also wegen der gleichen Tat ein neues richterliches oder Verwaltungsverfahren eingeleitet werden (vgl. Einl. § 5 III 2 a).

3) Zu Abs. 2 S. 1: Diese Stelle enthält zunächst nur eine Erläuterung der Schlußworte des Abs. 1. Es wird aber m. E. hierdurch noch deutlicher als in dem entsprechenden § 372 StPO. klargestellt, daß sich das Verbot der reformatio in pejus nicht auf die rechtliche Quali-

fikation, sondern nur auf die erkannte Strafe bezieht (vgl. Löwe/Hellweg § 372 Anm. 2). Insbesondere kann also statt der in erster Instanz angenommenen Ordnungswidrigkeit eine Defraude oder Kontrebande festgestellt werden. Eine solche Feststellung kann dann freilich beim Strafausmaß dem Beschwerdeführer nicht zum Nachteil gereichen, wohl aber würde sie beim nächsten Defraudationsfall zur Anwendung der Rückfallsstrafe führen.

4) Hat die Vorinstanz gegen die Bestimmungen über die sachliche Zuständigkeit verstoßen, so kann und muß die Beschwerdebehörde zunächst die „Aufhebung des Strafbescheides" (und zwar je nach der Person des Beschwerdeführers: des Straferkenntnisses, der Feststellung der Einziehungsbeteiligung oder der Vertretungspflicht) aussprechen. Das nunmehr einzuleitende Verfahren steht dem vorangegangenen selbständig gegenüber; in Bezug auf den Beschwerdeführer gilt der Strafbescheid als nicht erlassen. Wenn daher das neue Verfahren vor einer Verwaltungsbehörde stattfinden soll (vgl. Anm. 5, 8 und 10), so kann diese im gleichen Umfange wie die erstentscheidende Stelle die Strafsache an die ordentlichen Gerichte abgeben (vgl. § 3 Abs. 1 S. 1 a. E.). Geschieht dies nicht, so hat bei Beschwerden des Einziehungsbeteiligten oder Vertretungspflichtigen die Verwaltungsbehörde die neue Entscheidung in der Form eines Nachtragsstrafbescheides (§ 36_4) zu erlassen. — Erfolgt die Aufhebung auf Beschwerde des Beschuldigten, so kann in jedem Falle — einerlei ob das neue Erkenntnis durch gerichtliche oder Verwaltungsbehörden erfolgt — eine härtere Strafe festgesetzt werden (ebenso Bonnenberg § 43 Anm. 4; vgl. auch § 43 Abs. 2 S. 2 z. A: „Jedoch kann . . ."; hinsichtlich der Einziehungsbeteiligten und Vertretungspflichtigen siehe noch Vorb. 3 II c α vor § 38, die entsprechend anwendbar ist).

An die Aufhebung des Strafbescheides schließt sich — wie schon in Anm. 1 b (zweit. Abs.) erwähnt — entweder die Verweisung an die zuständige Stelle (Anm. 5 ff.) oder die eigene Entscheidung durch die aufhebende Behörde (Anm. 10).

5) Die Verweisung hat auch dann zu erfolgen, wenn in erster Instanz die Provinzialbehörde entschieden hat, während nach § 5 (Einl. § 7 I) die Zuständigkeit des Haupt-(Erbschaftssteuer-)Amtes begründet gewesen wäre. Der Grundsatz, daß die größere sachliche Zuständigkeit die geringere in sich schließt (§ 269 StPO.; § 11 CPO.), ist dem Verwaltungsstrafgesetz fremd (vgl. auch § 5 Anm. 5d und 10).

6) Abs. 2 S. 2 erwähnt nur die „Unzuständigkeit ... zur Straffestsetzung". Es ist aber auch möglich, daß die vorentscheidende Behörde bei der Straffestsetzung selbst sich in den Grenzen ihrer Zuständigkeit gehalten hat, während der Ausspruch über die Vertretungsverbindlichkeit nicht ihr, sondern den ordentlichen Gerichten obgelegen hätte (Einl. § 4 III). In einem solchen Falle muß auf die Beschwerde des Haftpflichtigen die hier besprochene Stelle ebenfalls zur Anwendung gelangen.

7) Erfolgt die Verweisung, weil die Beschwerdebehörde ein der gerichtlichen Zuständigkeit unterfallendes Steuervergehen als vorliegend erachtet, so wird die Ausführung des Verweisungsbeschlusses durch das Hauptamt nach Maßgabe der AB. 20 geschehen müssen (vgl. auch § 24 Anm. 6a). Wenn dagegen nach Auffassung der Beschwerdeinstanz nur ein Delikt des allgemeinen Strafrechts in Frage steht, so kann sie mit dem Überweisungsbeschlusse ihre Akten formlos der zuständigen Staatsanwaltschaft übermitteln.

8) Der Verweisungsbeschluß ist im allgemeinen für die Behörde, an welche verwiesen wird, nicht bindend. Eine Ausnahme macht der in Anm. 5 erwähnte Fall, da hier die verweisende Instanz (der Finanzminister) dem Haupt-(Erbschaftssteuer-)Amt als höheres Administrativgericht gegenübersteht. — Liegt ferner nach Ansicht der Beschwerdebehörde ein zur gerichtlichen Zuständigkeit gehörendes

Steuerdelikt vor und erfolgt aus diesem Grunde die Verweisung an die Staatsanwaltschaft, so darf die letztere mit Rücksicht auf § 3 Abs. 1 S. 1 a. E. und § 152 StPO. die Einleitung der Strafverfolgung dann nicht ablehnen, wenn sie nur ein mit Geldstrafe oder Einziehung bedrohtes Delikt als gegeben erachtet. Lehnt sie dagegen ab, weil überhaupt keine strafbare Handlung in Frage komme, so steht der Steuerbehörde das selbständige Klagerecht nach §§ 464 ff. StPO. zu (vgl. § 24 Anm. 6 g—k).

9) Im Gegensatz zu den entsprechenden §§ 369_3 und 395 StPO. beschränkt sich Abs. 2 S. 2 nur auf die sachliche Unzuständigkeit. Bei Verletzung der Vorschriften über die örtliche Unzuständigkeit (§ 7) ist mithin Aufhebung des Strafbescheides und Verweisung ausgeschlossen (§ 7 Anm. 7).

10) Zu Abs. 2 S. 3: Die Entscheidung kann, wenn nicht die Abgabe zum gerichtlichen Verfahren erfolgt, in Erlaß eines Strafbescheides oder Einstellung bestehen (vgl. Anm. 4, sowie §§ 34—36). Aufhebung und Endentscheidung können geeignetenfalls miteinander verbunden werden. Die Schlußworte der Stelle („besonders zu erlassen") stehen dem nicht entgegen, sondern wollen nur hervorheben, daß neben der Endentscheidung die Aufhebung des angefochtenen Strafbescheides ausdrücklich auszusprechen ist. — Ist vor der Schlußentscheidung noch eine „weitere Untersuchung" erforderlich, so ist für diese § 42 Abs. 2 maßgebend (vgl. Anm. 3—5 das.).

11) Die Vorschriften im Abs. 2 S. 2/3 erleiden eine erhebliche Einschränkung im Fall der Teilbeschwerde (Vorb. 8 vor § 38): Bereits zu Ziff. II a der erwähnten Vorb. haben wir ausgeführt, daß der nicht angegriffene Teil des Srafbescheides in Rechtskraft erwachse und daher von der Beschwerdebehörde als zutreffend unterstellt werden müsse. Die letztere darf deshalb die Frage, ob die vorentscheidende Stelle ihre Zuständigkeit überschritten

habe, nicht nach dem ganzen Inhalt des Strafbescheides, sondern nur mit Beziehung auf den angefochtenen Teil desselben prüfen. Richtet sich also z. B. die Beschwerde ausdrücklich nur gegen die Entscheidung im Strafpunkte, so kann die Aufhebung wegen Unzuständigkeit nur dann erfolgen, wenn das vom Hauptamt angewendete Strafgesetz eine höhere Strafe als 300 Mk. vorsieht (§ 5 Ziff. 2), oder wenn bei richtiger Berechnung des Strafmaßes — immer unter Zugrundelegung der rechtskräftig feststehenden Tatfrage — die im § 5 Ziff. 3 für die Zuständigkeit des Hauptamts gezogene Grenze überschritten würde. Gleichzeitig wirkt aber eine solche Aufhebung nur gegenüber der eigentlichen Strafentscheidung. Die Beschwerdebehörde kann daher wohl nach Abs. 2 S. 3 demnächst eine härtere Strafe verhängen; an die einmal feststehende rechtliche Qualifikation bleibt sie dagegen auch weiterhin gebunden. — Etwas Abweichendes gilt nur, wenn die Voraussetzungen des § 53 Abs. 1 a. E. vorliegen. Dieser Satz enthält aber keine Ausnahme von den Grundsätzen der Teilbeschwerde, sondern ist nur eine Folge der beschränkten Rechtskraft des Strafbescheides (Einl. § 5 III 2).

§ 44.*)

Der Beschwerdebescheid ist mit Gründen zu versehen und dem Beschwerdeführer durch Zustellung oder Verkündung bekannt zu machen.[1][2])

*) AB. 43 in Anm. 2.

1) Über den Inhalt des Beschwerdebescheides enthält das Gesetz nur dürftige Bestimmungen (vgl. §§ 43, 44, 46 1). — In der Vorb. A zu § 36 haben wir ausgeführt, daß in dem erstinstanzlichen Strafbescheid drei Hauptteile enthalten sind: die eigentliche Entscheidung, die Entscheidungsgründe und die Rechtsmittelbelehrung. Die beiden ersten müssen nach der Natur der Sache auch im Beschwerdebescheid wiederkehren, von dem letzten kann

schon mit Rücksicht auf § 6 Anm. 1, § 52_2 keine Rede sein:

I. Die eigentliche Entscheidung (vgl. entspr. auch Vorb. A I zu § 36) umfaßt folgende Angaben:

1. die entscheidende Beschwerdebehörde;
2. die Person des Beschwerdeführers;
3. die genaue Bezeichnung der angegriffenen Entscheidung und der Behörde, welche sie erlassen hat;
4. den Ausspruch der Beschwerdebehörde (§ 43 Anm. 1);
5. die Entscheidung im Kostenpunkte (§ 46 Abs. 1).

II. Die Entscheidungsgründe: Anders als beim Strafbescheid (§ 459_2 StPO.) sind nähere Vorschriften über den Inhalt der Gründe des Beschwerdebescheides nicht gegeben. Das nobile officium der höheren Instanz erfordert aber selbst bei Zurückweisung der Beschwerde, daß jedenfalls eine etwaige Beschwerderechtfertigung oder die nach Erlaß des Strafbescheides neu angestellten Ermittelungen in den Gründen gewürdigt werden. Eine bloße Bezugnahme auf die Gründe der Vorinstanz wird nur ausnahmsweise genügen. Andernfalls hätte ja auch die hier besprochene Vorschrift des § 44 keine **praktische** Bedeutung.

2) Die Art und Weise der Bekanntmachung ist näher geregelt in

AB. 43: Der Beschwerdebescheid wird in der erforderlichen Anzahl von Ausfertigungen[a])[b]) dem untersuchungführenden Hauptamte[c]) zugesandt, welches alsdann die Bekanntmachung nach Nr. 35 und 36[d]) zu veranlassen hat.

Den Untersuchungsverhandlungen ist eine vollständige Abschrift des Beschwerdebescheides einzuverleiben.[e])

a) Über die Frage, in welchem Umfange die Ausfertigungen zu verstempeln sind, vgl. § 45 Anm. 1.

b) Hat nur der Einziehungsbeteiligte oder sein gesetzlicher Vertreter Beschwerde eingelegt, so unterbleibt die Zusendung einer Ausfertignng (vgl. AB. 9b bei § 9

Anm. 3); in diesem Falle wird das Hauptamt nach der den Untersuchungsverhandlungen beigefügten Abschrift (Abs. 2 d. AB.) eine weitere Abschrift herzustellen haben.

c) In Erbschaftssteuersachen wird die Zusendung an das Erbschaftssteueramt erfolgen müssen.

d) Vgl. Anm. 4 und 5 zu § 37.

e) Die Untersuchungsverhandlungen sind mit dieser Abschrift dem Haupt-(Erbschaftssteuer-)Amt wieder zu übersenden.

III. Kosten des Verfahrens.[1])

1) Der dritte Abschnitt des VStG. ist folgendermaßen geordnet:

I. § 45 bestimmt den Umfang der Kosten des Verwaltungsverfahrens; es werden unterschieden:

1. Stempelabgaben, und
2. bare Auslagen.

Dagegen werden abweichend vom ordentlichen Strafverfahren (§§ 59 ff. RGKG.) für die Tätigkeit der Verwaltungsbehörden als solche Gebühren nicht erhoben.

Hinsichtlich der Stempelabgaben vgl. § 45 Anm. 1.

Bare Auslagen sind nur nach Maßgabe der §§ 113, 114 des Preuß. GKG. (§ 45 Anm. 3) und auch nur insoweit zu ersetzen, als sie durch das konkrete Strafverfahren vor den Verwaltungs- und den von ihnen requirierten Gerichts- und sonstigen Behörden (vgl. §§ 4, 24_3, 25_2, 29, 31, 32), sowie durch die Strafvollstreckung (§ 47_1) entstanden und zwar notwendig entstanden sind (§ 46_2).

II. Im übrigen wird das formelle Kostenrecht (d. h. die formelle Behandlung des Kostenpunktes in den Entscheidungen einschl. der Rechtsmittel gegen gewisse Kostenerkenntnisse) in den §§ 46, 47 Abs. 4 S. 2, 3, 50 Abs. 2 geregelt, während die §§ 47 Abs. 1—4 S. 1, 48—50

Abs. 1, 51 Bestimmungen über das materielle Kostenrecht, d. h. über die Frage treffen, wer im Einzelfalle die Kosten zu tragen hat.

§ 45.*)

Für das Verfahren im Verwaltungswege kommen außer den Stempelabgaben[1]) nur baare Auslagen nach Maßgabe der §§ 108, 109 des Preußischen Gerichtskostengesetzes vom 25. Juni 1895 (Gesetz-Samml. S. 203) zum Ansatz.[2–4])

*) AB. 44 Abs. 1 in Anm. 1, Abs. 2 in Anm. 3a, Abs. 3 in Anm. 3c.

1) **AB. 44** Abs. 1: Die Stempelabgaben sind für Ausfertigungen von Strafbescheiden nach Maßgabe der Tarifstellen 62[a]) und 16[b]), für solche von Beschwerdebescheiden nach Maßgabe der Tarifstellen 10[c]) und 16[b]) sowie des § 4a des Stempelsteuergesetzes vom 31. Juli 1895[d]) zu verwenden.[e–h])

a) Tarifstelle 62: „Strafbescheide der Finanzbehörden, sofern die Strafe einschließlich des Werthes der eingezogenen Gegenstände 15 Mk. übersteigt . . . [Steuersatz] 1,50 Mk."

b) Tarifstelle 16: „Duplikate von stempelpflichtigen Urkunden . . . [Steuersatz] 1,50 Mk." — Abschriften für die Einziehungsbeteiligten (AB. 9b bei § 9 Anm. 3) sind keine Duplikate im Sinne des Stempelrechts (vgl. Tarifstelle 1 und § 9 LStG.), daher nicht stempelpflichtig.

c) Tarifstelle 10: „Ausfertigungen von Schriftstücken der Behörden . . ., sofern für die Schriftstücke nicht ein durch . . . [den] Tarif [zum LStG.] bestimmter Stempel zu entrichten ist (Steuersatz) 1,50 Mk." — Hinsichtlich der Abschriften für die Einziehungsbeteiligten vgl. entspr. Anm. b.

d) Nach § 4 Ziff. a LStG. sind von der Stempelsteuer befreit:

„Urkunden über Gegenstände, deren Werth nach Geld geschätzt werden kann, wenn dieser Wert 150 Mark nicht übersteigt,α) insoweit nicht der Tarif entgegenstehende Bestimmungen enthält."β)

α) Der Wert des Gegenstandes eines Beschwerdebescheides ist vom Standpunkt des Beschwerdeführers, als des möglicherweise Stempelpflichtigen (§ 49), zu bestimmen. Dabei kommen die Ausführungen, die wir in Anm. 3 zu § 28 hinsichtlich der Vollmacht des „Beauftragten" gemacht haben, zur entsprechenden Anwendung. Es bleibt also der Vertretungspflichtige frei, wenn der im Beschwerdebescheid bestimmte Betrag seiner Verbindlichkeit nicht höher als 150 Mk. ist; denn für ihn steht nur ein vermögensrechtliches Interesse in Frage. Dagegen ist die Ausfertigung eines wider den Beschuldigten ergehenden Beschwerdebescheides stets (Ausnahme Anm. e) stempelpflichtig, da die Verurteilung ihm einen ideellen, unschätzbaren Nachteil bringt.

β) Entgegenstehende Bestimmungen gelten z. B. für die Strafbescheidsurkunde und die von ihr erteilten Ausfertigungen (oben Anm. a und b).

e) In den Fällen einer begründeten Beschwerde wird von einer Verstempelung der Ausfertigungen des Beschwerdebescheides abzusehen sein, da die Stempelkosten doch nur dem Fiskus — und zwar endgültig — zur Last fallen würden (vgl. § 49 mit Anm. 3). Aus dem gleichen Grunde ist, wenn die Beschwerdekosten gemäß § 49 S. 2 nach Quoten verteilt sind, der Stempel nur in einer der Quote des Beschwerdeführers entsprechenden Höhe anzusetzen.

f) Wie sich aus einer Vergleichung der Anm. a—c in Verb. m. § 9 Abs. 1 LStG. ergibt, erstreckt sich bei Strafbescheiden die Stempelpflicht auf die Originalurkunde und die Ausfertigungen, bei Beschwerdebescheiden nur auf letztere.

g) Soweit nach den bisherigen Bemerkungen Straf-

und Beschwerdebescheide stempelpflichtig sind, ist der Stempel vor der Bekanntmachung und zwar zunächst auf Rechnung der Staatskasse zu verwenden (vgl. § 15 Abs. 1 S. 1 LStG. — verb.: vor der . . . Aushändigung — und § 12 Abs. 1 StVFA.). Die Beitreibung der verauslagten Beträge erfolgt aber nicht etwa nach § 15 Abs. 1 S. 2 LStG., sondern gemäß § 52 ff. VStG. Der Strafbescheidsstempel kann daher erst dann von dem Beschuldigten (Vertretungspflichtigen) eingezogen werden, wenn der Strafbescheid nach § 52 Abs. 1 vollstreckbar geworden oder die Beschwerde erfolglos geblieben (bzw. die Strafe durch den Beschwerdebescheid nicht unter den in Tarifstelle 62 bestimmten Betrag festgesetzt), oder wenn endlich nach den §§ 50, 54 eine vollstreckbare Kostenentscheidung erlassen ist. In allen anderen Fällen (also namentlich dann wenn die angerufene Gerichts- oder höhere Verwaltungsbehörde den Beschuldigten von Strafe freistellt oder die Vertretungspflicht verneint) ist der Strafbescheidsstempel endgültig aus Staatsmitteln zu tragen (§ 47 Anm. 6, StVFA. § 19 Abs. 7).

h) Dem Strafbescheid steht nach § 21 Abs. 1 die genehmigte Unterwerfungsverhandlung auch hinsichtlich der Stempelpflicht gleich. — Bezüglich des Vollmachtsstempels in den Fällen des § 28 und der AB. 35 zu § 37 siehe dagegen Anm. 6 zu § 47.

2) An Stelle der §§ 108, 109 Preuß. GKG. sind die §§ 113, 114 in der Fassung der Bekanntmachung vom 6. Oktober 1899 (GS. S. 326) getreten. Sie werden, soweit sie im Verwaltungsstrafverfahren überhaupt in Betracht kommen können, in den Anm. 3 und 4 wiedergegeben.

3) § 113 Preuß. GKG.:

An baaren Auslagen werden erhoben:

1. die Schreibgebühren; a) b)
2. die Postgebühren einschließlich der Telegraphengebühren; c)

3. die durch Einrückung einer Bekanntmachung in öffentliche Blätter entstehenden Kosten;[d])
4. die an Zeugen und Sachverständige zu zahlenden Gebühren;[e])
5. die bei Geschäften außerhalb der Gerichtsstelle den Gerichtsbeamten zustehenden Tagegelder, Reisekosten und . . .;[f])
6. die an andere Behörden oder Beamte . . . für deren Thätigkeit zu zahlenden Beträge . . .;
7. . . .
8. die Kosten eines Transports von Personen oder Sachen;[g)][h])
9. die Haftkosten.[g])

a) **AB. 44** Abs. 2: Schreibgebühren sind insbesondere für Ausfertigungen und Abschriften von Straf- und Beschwerdebescheiden sowie für Abschriften von Ladungsverfügungen, Zustellungsurkunden der Steuerbeamten,[α]) Postübergabebescheinigungen[α]) und den in § 23 Abs. 2 des Gesetzes erwähnten Verzeichnissen[β]) zu erheben.

α) Abschriften von Zustellungsurkunden und Postübergabebescheinigungen kommen nach der Neuordnung des Zustellungswesens (vgl. § 9 Anm. 2) nicht mehr vor (siehe auch AB. 9h und 9i Abs. 3).

β) Betrifft Abschriften des Verzeichnisses der beschlagnahmten Gegenstände (vgl. auch § 23 Anm. 4).

b) Vgl. auch § 8 StVFA.

c) **AB. 44** Abs. 3: Postgebühren, welche durch Zahlung eines Pauschbetrages vergütet werden, sind zu den tarifmäßigen Sätzen zu berechnen.

d) Vgl. insbes. AB. 9n.

e) Siehe § 33; sind die Gebühren bei den ordentlichen Gerichten durch eine Vernehmung gemäß § 32 entstanden, so werden sie im Fall der Wiedereinziehung an diese abzuführen sein (ebenso Bonnenberg § 45 Anm. 5).

f) § 113 Ziff. 5 kann unmittelbare Anwendung nur

auf Dienstreisen finden, die zur Ausführung der im § 25 Abs. 2 S. 2 und § 32 vorgesehenen Vernehmungen erforderlich waren. Entsprechend gilt die Bestimmung aber auch für Dienstreisen, welche von Steuerbeamten zu Zwecken der Untersuchung (z. B. behufs Augenscheinseinnahme) gemacht sind.

g) Auch Kosten des Transportes von Personen und Haftkosten können im Verwaltungsverfahren vorkommen (vgl. § 2 Abs. 1 a. E., § 19 Abs. 2 S. 1).

h) Nur Transportkosten sind erstattungsfähig, andere Aufwendungen (z. B. Fütterungskosten für beschlagnahmtes Vieh) sind auch dann nicht zu ersetzen, wenn die Beschlagnahme aufgehoben wird (§ 14 Anm. 4 — a. M. Bonnenberg § 45 Anm. 7).

4) § 114 preuß. GKG.:

Schreibgebühren werden für Ausfertigungen und Abschriften erhoben.

Die Schreibgebühr beträgt für die Seite, welche mindestens zwanzig Zeilen von durchschnittlich zwölf Silben enthält, zehn Pfennig, auch wenn die Herstellung auf mechanischem Wege stattgefunden hat. Jede angefangene Seite wird voll berechnet . . . [Abs. 2 S. 3 betrifft Kosten einer besonderen „Ausstattung einer Urkunde" und kommt für das Verwaltungsstrafverfahren nicht in Betracht; das gleiche gilt von den in Abs. 3 gegebenen besonderen Vorschriften über die Verstempelung von gerichtlichen Ausfertigungen und beglaubigten Abschriften; insbesondere würde die Bestimmung des Abs. 3 S. 1, nach der die Stempelpflicht nur eintritt, „falls die Ausfertigungen . . . infolge eines auf die Erteilung gerichteten Antrags erteilt werden," mit den Grundsätzen des Administrativprozesses im Widerspruch stehen (vgl. § 45 verb. „Stempelabgaben" und AB. 44 Abs. 1).]

§ 46.

Jeder Strafbescheid[1]) und jeder Beschwerdebescheid[2]) muß darüber Bestimmung treffen, von wem die Kosten des Verfahrens zu tragen sind.[3])

Wenn über die Höhe oder die Nothwendigkeit der Auslagen Streit entsteht, so erfolgt hierüber besondere Entscheidung durch das untersuchende Hauptamt, gegen welche nur Beschwerde an die Provinzialsteuerbehörde zulässig ist.[4])

1) Die Einstellungsverfügung (§ 35) enthält als solche keine Kostenentscheidung; sollen dem nicht bestraften Beschuldigten Kosten auferlegt werden (vgl. § 47_4), so ist hierfür eine besondere Verfügung nötig.

2) Der Beschwerdebescheid muß abweichend von dem für die erste Instanz geltenden Grundsatz (Anm. 1) eine Kostenentscheidung auch dann treffen, wenn er den Beschuldigten von Strafe freistellt.

3) § 46 Abs. 1 bezieht sich nur auf den Kostenpunkt als solchen; die einzelnen Beträge, welche der Kostenpflichtige zu entrichten hat, sind in besonderer Rechnung anzusetzen. Ihre Aufstellung liegt dem untersuchenden Haupt-(Erbschaftssteuer-)Amt ob, auch soweit Kosten der Beschwerdeinstanz in Frage stehen (vgl. Bonnenberg § 46 Anm. 1). — Über die Verbindung der Kostenrechnung und des Strafbescheides im amtlichen Formular vgl. Vorb. A IV vor § 36.

4) Zu Abs. 2: Der Beteiligte, dem die Kosten des Verfahrens — entweder primär als Beschuldigten oder subsidiär als Haftpflichtigen — auferlegt sind, kann zunächst die Kostenentscheidung als solche angreifen, indem er in der Hauptsache gerichtliche Entscheidung beantragt (vgl. Einl. § 8 I, II) oder die Verwaltungsbeschwerde in der Hauptsache oder nur wegen des Kostenpunktes einlegt (siehe Vorb. 8 vor § 38). — Ebenso wie § 496 Abs. 2 StPO. sieht aber auch das VStG. den Fall vor, daß der Beteiligte nur den Kostenansatz (Anm. 3) be-

mängelt. Hierbei ist zwischen Auslagen und Stempelabgaben zu unterscheiden:

a) Wendet der Kostenschuldner ein, daß die von ihm erforderten Auslagen in der Höhe nicht entstanden oder daß sie zur Durchführung des Strafverfahrens nicht notwendig gewesen seien, so hat die Behörde, welche die Kostenrechnung aufgestellt hat, über jenen Einwand durch besonderen Beschluß zu entscheiden. — Der Einwand selbst ist an keine Form gebunden; es genügt eine irgendwie gegenüber jener Behörde abgegebene Erklärung des Kostenschuldners, daß er ihre Rechnung (im ganzen oder bezüglich bestimmter Posten) nach Höhe oder Notwendigkeit der angesetzten Auslagen bemängele.

Gegen den Beschluß des Haupt-(Erbschaftssteuer-)Amts findet nur Beschwerde an die Provinzialsteuerbehörde statt, die Anrufung der ordentlichen Gerichte ist ausgeschlossen. Die Beschwerde ist fristlos; für die Form der Einlegung wird § 39 und für die Befugnis des gesetzlichen Vertreters zur selbständigen Beschwerde § 38 anwendbar sein. Die weitere geschäftliche Behandlung richtet sich nach AB. 42 (bei § 39 Anm. 6). Dabei hat die Übersendung der Akten an die Beschwerdebehörde zu erfolgen, ohne daß der Eingang einer Rechtfertigungsschrift abgewartet zu werden braucht (anders § 42). — Richtet sich die Beschwerde gegen die Notwendigkeit bestimmter Auslagen, so ist zu berücksichtigen, daß die Art und Weise der Untersuchung stets in erheblichem Umfange von dem diskretionären Ermessen der untersuchenden Stelle abhängt. Die Provinzialsteuerbehörde wird daher einer solchen Beschwerde nur dann stattgeben können, wenn sie feststellt, daß der Untersuchungszweck durch die in Frage kommende Untersuchungshandlung nicht gefördert ist, und daß die untersuchende Behörde dies bei Anwendung pflichtmäßiger Sorgfalt vor der Vornahme der betreffenden Handlung hätte voraussehen müssen.

Gegen die Entscheidung der Provinzialbehörde ist ein weiteres Rechtsmittel nicht gegeben.

b) Möglich ist auch, daß der Kostenschuldner durch den eingeforderten Stempel beschwert ist, sei es daß ein höherer als der gesetzlich vorgeschriebene Stempel verwandt ist oder daß die Verstempelung in einem Falle stattgefunden hat, in dem sie gesetzlich nicht zulässig war (etwa bei einer dem Einziehungsbeteiligten behändigten Abschrift). — Das RStG. sieht diese Möglichkeit nicht vor; es kommt daher hier das LStG. mit seinen Ausführungsbestimmungen zur Anwendung. Danach kann der irrige Stempelansatz sowohl im Verwaltungs-, wie im ordentlichen Rechtswege gerügt werden:

α) Für die Verwaltungsbeschwerde kommen folgende Vorschriften in Betracht:

§ 25 Abs. 1 LStG.: „Die entrichtete Stempelsteuer wird erstattet:

a) wenn ein gesetzlich nicht erforderlicher Stempel verwendet und der Erstattungsantrag innerhalb zweier Jahre nach der Entrichtung des Stempels angebracht worden ist; . . ."

Dazu bestimmt die Bekanntmachung betr. die Ausführung d. Stempelsteuerges. v. 13. Febr. 1896 (ZBl. S. 53ff.) in

Ziff. 18: „Anträge auf Erstattung verwendeter, gesetzlich nicht erforderlicher Stempel sind innerhalb der vorgeschriebenen Frist an den Vorstand desjenigen Stempelsteueramtes, in dessen Bezirk der Stempel verwendet worden ist, zu richten und zwar in der Regel unter Beifügung der Urkunden, auf welchen die zu erstattenden Stempel entwerthet worden sind . . ."

Diese Bestimmung wird ergänzt durch die Dienstvorschriften betr. die Ausführung d. Stempelsteuerges. v. 14. Febr. 1896 (ZBl. S. 93ff.):

Ziff. 17: (Abs. 1) „Die Vorstände der Stempelsteuerämter haben die bei ihnen eingegangenen Anträge auf Erstattung verwendeter Stempel zu prüfen und sie unter Beifügung einer mit Gründen versehenen Erstattungs=Nachweisung in einfacher Ausfertigung über diejenigen Beträge, deren Erstattung sie für zulässig halten, dem Provinzial=Steuerdirektor vorzulegen . . ."

(Abs. 2) „Der Provinzial=Steuerdirektor erteilt unter der Ausfertigung die Anweisung zur Zahlung des festgestellten Betrages auf das dem Antragsteller zunächst belegene Hauptamt. Der Zahlungsanweisung sind die dem Antragsteller wieder zurückzugebenden Urkunden beizufügen, nachdem die auf ihnen befindlichen Stempelwerthzeichen von einem Beamten der Provinzial=Steuerdirektion mit einem Vermerk in blauer Tinte über die Höhe des zur Erstattung angewiesenen Stempels durchschrieben sind. Der Vermerk hat beispielsweise zu lauten:

Dreihundertundfünfzig Mark
am 1. Juli 1896 Nr. 17189 erstattet.
Unterschrift des Beamten. Amtsbezeichnung.

In der Zahlungsanweisung ist zu erwähnen, daß die Erstattung auf den Urkunden in der vorgeschriebenen Art vermerkt ist."

(Abs. 4) „Auf zum Theil oder gänzlich unzulässige Erstattungsanträge sind die Betheiligten unter Angabe der Gründe durch den Provinzial=Steuerdirektor entsprechend zu bescheiden."

β) Der ordentliche Rechtsweg wird abweichend von den Grundsätzen des BStG. nicht durch einen bei den Strafgerichten gestellten Antrag auf Entscheidung, sondern durch die Zivilklage eröffnet, für die nach § 39 Abs. 1 Z. 4 AGGVG. die Landgerichte ausschließlich zuständig sind. — Im einzelnen bestimmt § 26 LStG.:

„In Beziehung auf die Verpflichtung zur Entrichtung einer Stempelabgabe ist der Rechtsweg zulässig. Die Klage ist bei Verlust des Klagerechts binnen sechs Monaten nach erfolgter Beitreibung oder geleisteter

Zahlung gegen diejenige Provinzialsteuerbehörde zu richten, in deren Verwaltungsbezirk die Steuer erfordert worden ist . . ."

§ 47.*)

Die Kosten des Verfahrens, mit Einschluß der durch die Strafvollstreckung entstehenden, hat der Beschuldigte zu tragen, wenn er im Verwaltungswege in Strafe genommen wird.[1])

Mehrere Beschuldigte haften als Gesammtschuldner. Dies gilt indessen nicht von den Stempelbeträgen und den durch die Strafvollstreckung entstehenden Kosten.[2])

Handelt es sich bei einem Verwaltungsstrafverfahren um mehrere Zuwiderhandlungen, während nur in Ansehung eines Theils Straffestsetzung erfolgt, so ist der Beschuldigte, wenn durch die übrigen Straffälle besondere Auslagen entstanden sind, von deren Tragung zu entbinden.[3–5])

Einem nicht bestraften Beschuldigten sind nur solche Kosten aufzuerlegen, welche er durch sein grobes Verschulden verursacht hat.[6–9]) Die Auferlegung erfolgt durch Verfügung des untersuchenden Hauptamts,[10]) gegen welche die Beschwerde an die Provinzialsteuerbehörde zulässig ist, wenn nicht auf gerichtliche Entscheidung angetragen wird.[11–13]) Auf die gerichtliche Entscheidung finden die Bestimmungen im § 501 Absatz 2, 3 der Strafprozeßordnung entsprechende Anwendung.[13])[14])

*) AB. 45 Abs. 1 in Anm. 8, Abs. 2 in Anm. 11.

1) Vgl. Vorb. vor § 45. — Über den Fall, daß die Strafe durch die ordentlichen Gerichte verhängt wird, siehe § 50 nebst Anm.

2) Zu Abs. 2: Der Begriff der Gesamtschuld ergibt sich aus § 421 BGB.; nach dieser Stelle kann der Fiskus die unter S. 1 fallenden Kosten zwar „nur einmal", aber nach seinem Belieben von jedem der mehreren Beschuldigten „ganz oder zu einem Teile fordern", und bis zur Tilgung der ganzen Kostenschuld bleiben ihm sämtliche Beschuldigte verhaftet. — Im Verhältnis zu einander werden die Beschuldigten entsprechend dem § 426 BGB. „zu gleichen Anteilen verpflichtet" sein. — Die Gesamtschuldhaft tritt übrigens nur dann ein, wenn die mehreren Beschuldigten „in bezug auf dieselbe Tat" in Strafe genommen sind (vgl. Begründung S. 2669, § 498 Abs. 2 StPO. und Löwe/Hellweg das. Anm. 5); es macht aber dann keinen Unterschied, ob gegen die sämtlichen Beschuldigten ein gemeinschaftlicher oder gegen jeden von ihnen ein besonderer Strafbescheid erlassen ist (Löwe/Hellweg a. O. Anm. 8).

3) Abs. 3 setzt voraus, daß die Zuwiderhandlungen in realer Konkurrenz stehen. War dagegen das Verfahren wegen mehrerer einheitlich zusammentreffender Steuerdelikte eingeleitet, so muß der Beschuldigte — wenn auch nur wegen eines von ihnen die Bestrafung erfolgt — sämtliche Auslagen tragen.

4) Als Beispiel für die „besonderen Auslagen", von denen Abs. 3 spricht, sind die Gebühren solcher Zeugen zu nennen, welche nur über einen durch Einstellung erledigten Straffall gehört sind (vgl. Löwe/Hellweg a. O. Anm. 2).

5) Die Entbindung ist in der Entscheidungsformel im Anschluß an das Kostenerkenntnis (Vorb. A I 5 vor § 36) auszusprechen, etwa in folgender Form:

„Der Beschuldigte trägt die Kosten des Verfahrens,

abgesehen von denjenigen besonderen Auslagen, welche durch die Straffälle entstanden sind, hinsichtlich derer das Verfahren durch die Verfügung vom . . . eingestellt ist."

Die einzelnen Auslageposten, von denen der Beschuldigte durch diese Entscheidung entbunden ist, sind erst bei Aufstellung der Kostenrechnung (§ 46 Anm. 3) zu ermitteln. Im Streitfall gelangt § 46_2 zur entsprechenden Anwendung.

6) Abs. 4 S. 1 geht von dem Grundsatze aus, daß dem straflos gebliebenen Beschuldigten Kosten des Verfahrens im Sinne der §§ 45ff. nicht zur Last fallen dürfen. Diese Kosten sind also von der Staatskasse zu bestreiten. Für andere Kosten gilt aber jener Grundsatz nicht. Daher hat der Beschuldigte eigene Auslagen (z. B. Kosten eines Vertreters, insbesondere auch die Verstempelung seiner Vollmacht — § 28, AB. 35 bei § 37 Anm. 4 —) stets selbst zu tragen.

7) Der Grundsatz der Kostenfreiheit kommt auch dann zur Anwendung, wenn erst die Rechtsmittelinstanz — sei es die höhere Verwaltungsbehörde oder das Gericht — von einer Bestrafung absieht (vgl. § 45 Anm. 1g). Dagegen entfällt er nach Abs. 4 S. 1 hinsichtlich solcher Kosten, die der Beschuldigte durch grobes Verschulden (Anm. 8) verursacht hat. Diese können und müssen auch dem nicht bestraften Beschuldigten zur Last gelegt werden (es sei denn, daß die Steuerbehörde im Einzelfall von ihrer Befugnis zur Nachsicht Gebrauch macht). — Die eben erwähnte Bestimmung des Abs. 4 gilt nur gegenüber dem Beschuldigten; eine entsprechende Anwendung auf den Einziehungsbeteiligten und Vertretungspflichtigen wäre zwar an sich denkbar, ist aber durch § 48 ausgeschlossen.

8) Zu den Worten: grobes Verschulden. — Der Zusatz „grob" beruht auf einem vom Abgeordnetenhaus in zweiter Lesung gefaßten Beschlusse (vgl. Stenographische

Berichte S. 3061). — Hier wie sonst schließt das grobe Verschulden auch den bösen Vorsatz in sich.

Als Beispiele nennt die AV. 45 Abs. 1 folgende Fälle:

AV. 45 Abs. 1: Die Auferlegung der Kosten an einen nicht bestraften Beschuldigten hat namentlich dann zu erfolgen, wenn der letztere an sich straffällig ist, aber im Wege der Nachsicht von der Strafe freigelassen wird, oder wenn er in Landesstempelsachen durch unrichtige Angabe des Ortes oder Tages der Ausstellung unter einer Urkunde zu Erhebungen Veranlassung gegeben hat.

Die beiden von der AV. gegebenen Beispiele fallen aber m. E. nicht unter Abs. 4 S. 1.

a) Wie es der Gnadeninstanz frei steht, ob sie von ihren Befugnissen überhaupt Gebrauch machen will oder nicht, so darf sie auch den Umfang der zu gewährenden Nachsicht nach eigenem Ermessen bestimmen. Daher wäre sie auch ohne den § 47 Abs. 4 und trotz des im Wortlaut abweichenden Abs. 1 das. berechtigt, zwar in der Hauptsache Nachsicht zu üben, dagegen hinsichtlich der Kosten die gesetzlichen Folgen der festgestellten Schuld eintreten zu lassen. — Überhaupt hat die Ausübung der Gnadenbefugnisse mit der nach Abs. 4 von Rechts wegen eintretenden Kostenpflicht nichts zu schaffen.

b) Beim zweiten Beispiel liegt die Handlung, die dem Beschuldigten als grobes Verschulden angerechnet werden soll, außerhalb des Strafprozesses. Es kann aber mangels einer ausdrücklich abweichenden Vorschrift nicht angenommen werden, daß das VStG. als ein das Verfahren regelndes Gesetz auch ein Verhalten des Beschuldigten berücksichtigt, welches der Strafuntersuchung zeitlich vorhergeht. Außerdem würde das zweite Beispiel — folgerichtig weitergebildet — zur Anwendung des Abs. 4 in alle den Fällen führen, in denen der Beschuldigte mutwillig den (irrigen) Verdacht strafbaren Tuns auf sich gelenkt hat. Abs. 4 S. 1 enthielte also eine Art subsidiärer Verdachtsstrafe. — Endlich spricht noch gegen die AB., daß in ihrem zweiten Beispiel die sämtlichen Kosten des Verfahrens dem Beschuldigten auferlegt werden müßten, während das Gesetz nach seiner Fassung (verb. solche Kosten) nur an die Kosten bestimmter Prozeßakte denkt.

Mithin bezieht sich Abs. 4 S. 1 nur auf ein Verhalten des Beschuldigten während des Strafverfahrens, und zwar setzt die Stelle eine Handlung oder Unterlassung voraus, von der der Beschuldigte wußte oder doch bei Anwendung auch nur geringer Sorgfalt wissen mußte, daß sie der Durchführung, dem Zweck der Untersuchung abträglich sei und lediglich Kosten verursache. Mit dieser Maßgabe fallen unter Abs. 4: ungerechtfertigtes Ausbleiben des Beschuldigten auf ergangene Ladung oder die Stellung frivoler Beweisanträge (vgl. auch Löwe/Hellweg § 499 Anm. 1).

9) Abs. 4 S. 1 gilt auch dann, wenn erst die zweite Instanz den Beschuldigten straffrei läßt. Auch in diesem Falle muß aber nach S. 2 die Auferlegung der Kosten durch das untersuchende Haupt-(Erbschaftssteuer-)Amt und nicht etwa durch das Gericht oder die höhere Verwaltungsbehörde erfolgen. Die Anwendung dieses Satzes erleidet keine Schwierigkeiten, wenn auf gerichtliche Entscheidung angetragen war. Denn das administrative und das gerichtliche Verfahren stehen — wie schon wiederholt bemerkt — selbständig nebeneinander; das Gericht hat in keinem Falle (vgl. § 50 und Einl. § 8 II) über die Kosten des erstern zu entscheiden. Daher kann das eben erwähnte Amt dem vom Gericht freigesprochenen Beschuldigten noch nachträglich die unter Abs. 4 fallenden Kosten des Verwaltungsverfahrens auferlegen. Dieser Befugnis steht auch der abweichende Wortlaut des § 50 (verb. Strafe . . . festgesetzt) nicht entgegen; denn jedenfalls geht § 47 Abs. 4 als Spezialvorschrift vor. — Etwas verwickelter gestaltet sich die Sachlage, wenn die höhere Verwaltungsbehörde zwar auf die Beschwerde des

Beschuldigten hin den Strafbescheid aufheben will, aber anderseits die Anwendung des Abs. 4 als möglich ansieht. Hier ergeben sich allerdings auf den ersten Blick Kollisionen zwischen S. 2 das. und § 46 Abs. 1. Um diese zu vermeiden, wird die Kostenentscheidung der Beschwerdebehörde sich auf den Ausspruch beschränken müssen:

Die Staatskasse trägt die Kosten des Verfahrens, soweit sie nicht durch grobes Verschulden des Beschuldigten verursacht sein sollten. Über diesen Punkt bleibt die Entscheidung dem untersuchenden Haupt-(Erbschaftssteuer-)Amt vorbehalten.

Auf Grund dieser Entscheidung hat dann die eben bezeichnete Behörde nach freiem pflichtmäßigem Ermessen festzustellen, ob und hinsichtlich welcher Kosten die Voraussetzungen des Abs. 4 S. 1 vorliegen.

10) Die Verfügung nach S. 2 wird abweichend von der in § 46 Abs. 1 erwähnten Kostenentscheidung (vgl. Anm. 3 das.) zweckmäßig sogleich die einzelnen Posten aufführen, die der Beschuldigte zu entrichten hat (ebenso AB. 45 Abs. 2 z. A. — siehe Anm. 11 —).

11) Abs. 4 S. 2 lautete in der Regierungsvorlage: „Die Auferlegung erfolgt durch Verfügung, auf welche der § 45 [jetzt 46] Abs. 2 Anwendung findet." — Der gegenwärtige Wortlaut beruht im wesentlichen auf einem Beschlusse, den das Abgeordnetenhaus in zweiter Lesung zu dem Zwecke gefaßt hat, um auch gegenüber der hier fraglichen Kostenentscheidung „die Möglichkeit des gerichtlichen Instanzenzuges zu gewähren" (Stenographische Berichte S. 3060). — Zur Ergänzung der hier behandelten Stelle bestimmt die **AB. 45**:

Abs. 2: In der Verfügung ist dem Betroffenen bei Angabe des Betrages der Kosten zu eröffnen, daß die Vollstreckung erfolgen werde, wenn er nicht binnen einer Woche nach Zustellung bei dem Hauptamte Beschwerde eingelegt oder gerichtliche Entscheidung beantragt habe. Wird das

eine oder das andere Rechtsmittel — auch nach Ablauf der gestellten Frist — angebracht, so ist die Vollstreckung bis zur rechtskräftigen Entscheidung auszusetzen.[a])

a) Außer dem doppelten Rechtsmittelzug hat die „Verfügung" mit einem Strafbescheid nichts gemeinsam. Für sie gelten die besondern Formvorschriften der §§ 459 StPO. und 36_1 VStG. nicht. Ihre Bekanntmachung erfolgt durch Zustellung an den Beschuldigten und nur an ihn (AV. 9c im Gegensatz zu § 37). Die Einlegung des Rechtsmittels ist an eine Frist nicht gebunden. Abs. 2 S. 1 der AV. will — wie ein Vergleich mit S. 2 ergibt — nur besagen, daß die Vollstreckung keinesfalls vor Ablauf einer Woche seit Zustellung beginnen dürfe.

12) Wählt der Beschuldigte die Beschwerde an die Provinzialsteuerbehörde, so entscheidet diese endgültig.

13) Zu S. 2 u. 3: Es kann auf den ersten Blick zweifelhaft erscheinen, ob das Landesrecht befugt ist, gegen Kostenentscheidungen der hier fraglichen Art den Antrag auf gerichtliche Entscheidung freizustellen und das auf den Antrag hin eintretende Verfahren nach Maßgabe der in Satz 3 enthaltenen Vorschriften zu regeln. Indes wird man diese Frage bejahen müssen. Denn die Landesgesetzgebung kann allgemein Bestimmungen darüber treffen, in welchen Fällen und unter welchen Formen der Rechtsweg gegen Entscheidungen der Verwaltungsbehörden statthaft ist. Diese Befugnis erleidet nur insoweit Ausnahmen, als der Eintritt des gerichtlichen Verfahrens reichsgesetzlich geordnet ist. Letzteres ist jedoch nur bezüglich des Strafbescheides, nicht aber für die von ihm verschiedene Kostenverfügung geschehen.

14) Die StPO. bestimmt im

§ 501: (Abs. 2) War noch kein Gericht mit der Sache befaßt, so erfolgt die Entscheidung auf den Antrag der Staatsanwaltschaft durch dasjenige Gericht, welches für die Eröffnung des Hauptverfahrens zuständig gewesen wäre.

(Abs. 3.) Gegen die Entscheidung findet sofortige Beschwerde statt.a) b)

a) Die entsprechende Anwendung des § 501 führt zu folgenden Ergebnissen: Wird gegen die Kostenverfügung auf gerichtliche Entscheidung angetragen, so übersendet die Verwaltungsbehörde gemäß § 460 StPO. und AV. 41 (Vorb. 7 vor § 38) die Akten an die Staatsanwaltschaft desjenigen Gerichts, das zur Eröffnung des Hauptverfahrens zuständig gewesen wäre, wenn der Beschuldigte die Tat, wegen der das Verfahren eingestellt ist, begangen hätte. Diese legt sie dem Gericht zur Entscheidung vor; einen besonderen Antrag braucht sie dabei nicht zu stellen; § 501 ist ja nur „entsprechend" anwendbar (a. M. Bonnenberg § 47 Anm. 8). — Das Gericht entscheidet durch Beschluß, der vom Beschuldigten, der Staatsanwaltschaft und der Verwaltungsbehörde mittels sofortiger Beschwerde angefochten werden kann (§§ 338, 346 Abs. 2 StPO.). — Das Beschwerdegericht entscheidet endgültig.

b) Wie bereits in Anm. 9 erwähnt wurde, ist es auch möglich, daß die Kostenverfügung nach § 47_4 erst ergeht, nachdem bereits in der Hauptsache das um Entscheidung angegangene Gericht den Beschuldigten freigesprochen hat. In diesem Fall versagt die Zuständigkeitsbestimmung des § 501 Abs. 2. Hier wird vielmehr nach Abs. 1 das. der gegen die Kostenverfügung gerichtete Antrag an die Staatsanwaltschaft desjenigen Gerichts abzugeben sein, das in der Hauptsache als erste Instanz erkannt hat.

§ 48.

Der Einziehungsbetheiligte als solcher hat Kosten nicht zu zahlen, soweit nicht § 49 anwendbar wird.1)

Die Verpflichtung zur Kostentragung für den Vertretungspflichtigen richtet sich nach den Zoll- und Steuergesetzen.2)

Sind durch das Verfahren gegen einen Vertretungspflichtigen besondere Kosten erwachsen, so fallen diese ihm bei Festsetzung seiner Verbindlichkeit zur Last.[3])

1) Soweit abgesehen von § 49 durch das Verfahren gegen den Einziehungsbeteiligten besondere Kosten entstehen (etwa Schreibgebühren für die in § 26_3 erwähnte Aufforderung), muß sie die Staatskasse tragen; dem Beschuldigten können sie nicht auferlegt werden, da ihm nur die notwendigen Kosten des gegen ihn gerichteten Verfahrens zur Last fallen (§§ 46_2, 48_3; vgl. auch Bonnenberg § 48 Anm. 2).

2) Schon in § 41 der Einl. ist erwähnt, daß die Vertretungspflicht sich nach den einschlägigen Gesetzen bald nur auf die vom Beschuldigten verwirkte Strafe, bald auch auf die ihm auferlegten Kosten erstreckt (vgl. im einzelnen die Aufzählung in Anm. 1 das.). — Im übrigen haftet (wie gegen die Begründung S. 2670 bemerkt werden muß) auch im letzten Falle der Vertretungspflichtige für die Kosten bloß subsidiarisch, nicht etwa als Gesamtschuldner mit dem Beschuldigten.

3) Die in Abs. 3 erwähnte Kostenpflicht hat mit der auf materiellem Recht beruhenden Subsidiarhaft für die unter Abs. 2 fallenden Kosten nichts zu tun. Die erste trifft daher den Vertretungspflichtigen auch in solchen Fällen, in denen er für die vom Beschuldigten verwirkten Kosten nicht einzustehen braucht, sie liegt ihm ferner auch dann ob, wenn er aus der gegen ihn festgesetzten Subsidiarverbindlichkeit nicht in Anspruch genommen werden sollte.

Das Kostenerkenntnis gemäß Abs. 3 erfolgt in der Entscheidungsformel des Strafbescheides (verb. bei Festsetzung seiner Verbindlichkeit); die Berechnung der einzelnen unter Abs. 3 fallenden Beträge geschieht nach Anm. 3 zu § 46, die Anfechtung dieser Rechnung nach § 46 Abs. 2.

§ 49.*)[1])

Die Kosten einer zurückgenommenen oder erfolglos eingelegten Beschwerde treffen den Beschwerdeführer.[2])[3]) Hatte die Beschwerde theilweisen Erfolg, so kann die entscheidende Behörde die Kosten angemessen vertheilen.[3—5])

*) AB. 46 in Anm. 5.

1) Zu § 49 vgl. § 505 Abs. 1 S. 1 u. 3 StPO.

2) Hatte der gesetzliche Vertreter kraft eigenen Rechts (vgl. Vorb. 3 z. A. vor § 38) die Beschwerde eingelegt, so treffen im Falle des S. 1 die Kosten ihn und nicht den Vertretenen (siehe Löwe/Hellweg § 505 Anm. 3b).

3) Erzielte der Beschwerdeführer den erstrebten Erfolg im vollen Umfange, so sind die Kosten des Rechtsmittels dem Fiskus aufzuerlegen (vgl. § 47 Abs. 4 und für den Fall der Teilbeschwerde Vorb. 8 I vor § 38).

4) Die Verteilung der Kosten kann entweder nach Quoten oder so erfolgen, daß gewisse Kostenbeträge (z. B. die Stempel) der Staatskasse, andere dem Beschwerdeführer zur Last gelegt werden (vgl. § 45 Anm. 1e).

5) Ob und wie die Kosten verteilt werden, steht im Ermessen der Beschwerdebehörde; eine scheinbare Ausnahme von diesem Grundsatz enthält die

AB. 46: Die Kosten sind dem Beschwerdeführer stets ganz zur Last zu legen, wenn die Beschwerde bloß deshalb Erfolg hatte, weil von dem Strafmilderungs- oder Strafniederschlagungsrechte Gebrauch gemacht ist.[a])

a) Wie schon bemerkt, stellt sich die AB. bloß als eine scheinbare Ausnahme von den Bestimmungen des § 49 dar: Wenn die Beschwerdebehörde als Gnadeninstanz tätig wird, kann von einem Erfolg des Rechtsmittels füglich nicht gesprochen werden; die materielle Rechtfertigung der AB. ergibt sich indes aus den Bemerkungen in Anm. 8 Ziff. a zu § 47.

§ 50.*)

Der Beschuldigte oder der Vertretungspflichtige, gegen welchen eine Strafe oder die Vertretungspflicht gerichtlich rechtskräftig festgesetzt wird, hat die durch das Verfahren im Verwaltungswege entstandenen Kosten nach Maßgabe der §§ 47, 48 ebenfalls zu tragen.[1])

Die Festsetzung der letzteren erfolgt gemäß § 46 Absatz 2.[2])[3])

*) AB. 47 in Anm. 3.

1) Durch den Antrag auf gerichtliche Entscheidung ist der Strafbescheid und damit der in ihm enthaltene Kostenausspruch beseitigt (Einl. § 8 I, II; a. M. Havenstein im Juristischen Literaturblatt Bd. XI S. 216). Im gerichtlichen Verfahren ist für eine Entscheidung über die im Verwaltungswege erwachsenen Kosten kein Raum, da sie nicht „durch die Vorbereitung der öffentlichen Klage" (§ 497 StPO.), d. h. durch ein (staatsanwaltschaftliches) Vorbereitungsverfahren, entstanden sind. Es bedarf daher noch der durch § 50 geregelten nachträglichen Kostenfestsetzung. — Eine solche ist ferner auch dann nötig, wenn die Verwaltungsbehörden — ohne einen Strafbescheid zu erlassen — eigene, d. h. nicht durch die gerichtlichen Behörden veranlaßte Erhebungen angestellt haben (vgl. Bonnenberg § 50 Anm. 2).

2) § 46 Abs. 2 ist nur entsprechend anwendbar; denn im vorliegenden Falle wird ein Streit über Höhe und Notwendigkeit der Kosten nicht vorausgesetzt. Vielmehr hat das untersuchende Haupt-(Erbschaftssteuer-)Amt, sobald es von der Rechtskraft des Strafurteils Kenntnis erlangt, durch Verfügung die einzelnen im Verwaltungsverfahren erwachsenen Kostenbeträge gegen den Beschuldigten oder Haftpflichtigen festzusetzen.

3) AB. 47 bestimmt:

Auf die Kostenfestsetzungsverfügung finden die Vorschriften in Nr. 45 Abs. 2[a]) entsprechende Anwendung.[b])

a) Siehe Anm. 11 zu § 47.

b) Die in AB. 45 Abs. 2 S. 1 vorgeschriebene Eröffnung kann nicht wörtlich, sondern nur „entsprechend" übernommen werden, da gegen die hier fragliche Verfügung gemäß § 50_2 in Verb. mit § 46_2 der Antrag auf gerichtliche Entscheidung nicht gegeben ist (vgl. § 46 Anm. 4).

§ 51.

Stirbt ein Kostenpflichtiger vor eingetretener Vollstreckbarkeit der Entscheidung, so haftet sein Nachlaß nicht für die Kosten.[1])[2])

1) § 51 entspricht dem § 497_2 StPO.; für die Geldstrafe selbst gilt der gleiche Grundsatz nach § 30 RStGB.

2) Über die Vollstreckbarkeit der Straf- und Beschwerdebescheide vgl. § 52; die selbständigen Kostenentscheidungen nach §§ 47_4, 50 sind rechtlich sofort vollstreckbar; die in AB. 45 Abs. 2 gesetzte Frist beruht nur auf einem Entgegenkommen der Verwaltung.

IV. Strafvollstreckung.

§ 52.

Strafbescheide werden, wenn auf die Einlegung der zulässigen Rechtsmittel verzichtet oder die formgerechte Einlegung innerhalb der gesetzlichen Frist unterlassen oder das angebrachte Rechtsmittel zurückgenommen ist, vollstreckbar.[1–11])

Beschwerdebescheide sind ohne Weiteres vollstreckbar.[12])

1) Die Vollstreckbarkeit der Strafbescheide tritt ein:

a) beim Rechtsmittelverzicht oder

b) bei Versäumung der Frist oder bei einem Verstoß gegen die Form des Rechtsmittels oder endlich

c) bei Rechtsmittelrücknahme.

Zu a und c sind die Anm. 2—7, zu b die Anm. 8—10 zu vgl.

2) Verzicht und Rücknahme müssen gegenüber derjenigen Behörde erklärt werden, bei der das Rechtsmittel anzubringen war (§ 459_2 StPO., § 39 VStG.); eine Ausnahme gilt nur, wenn die Rücknahme des Antrages auf gerichtliche Entscheidung erst erfolgt, nachdem die Akten bereits nach AV. 41 (Vorb. 7 vor § 38) und § 460 StPO. an das Gericht gesandt sind; hier muß die Rücknahmeerklärung gegenüber dem letzteren abgegeben werden (vgl. § 462_2 StPO.).

3) Verzicht und Rücknahme müssen ausdrücklich erklärt werden (ebenso Bonnenberg § 52 Anm. 4; vgl. auch Löwe/Hellweg § 344 Anm. 4b); insbesondere muß auch die Verzichtserklärung erkennen lassen, ob sie sich auf die beiden zulässigen Rechtsbehelfe oder nur auf einen von ihnen erstreckt. — Im übrigen sind die erwähnten Rechtsakte an keine Form gebunden; die betreffenden Erklärungen können schriftlich eingereicht oder mündlich gegenüber der zuständigen Behörde (Anm. 2) abgegeben werden; im letzten Falle sind sie durch ein Protokoll oder wenigstens eine Registratur festzuhalten.

4) Ein Verzicht kann nur während des Verlaufes der Rechtsmittelfrist in Frage kommen. Die Rücknahme darf — wenn es sich um eine Beschwerde handelt — nur bis zum Erlaß des Beschwerdebescheides, nicht etwa bis zu dessen Bekanntmachung erfolgen (vgl. entspr. Vorb. A V vor § 36, a. M. Bonnenberg § 52 Anm. 6); der Antrag auf gerichtliche Entscheidung kann bis zum Beginn der Hauptverhandlung gültig zurückgenommen werden (Einl. § 8 III, Vorb. 7f vor § 38).

5) Verzicht und Rücknahme können nicht an Bedingungen geknüpft werden und sind unwiderruflich (vgl. des Verfassers richterliches Strafmandat S. 245 f.).

6) Ein Minderjähriger bedarf zum Verzicht und zur Rücknahme nicht der Zustimmung seines gesetzlichen Vertreters.

7) Wie die einzelnen Beteiligten in der Einlegung von Rechtsmiteln grundsätzlich unabhängig nebeneinander stehen (Vorb. 3 z. A. vor § 38), so wirkt auch der Verzicht und die Rücknahme nur gegenüber demjenigen Rechtsmittelberechtigten, der sie erklärt hat (vgl. insbes. § 38 Abs. 2). — Mithin kann an sich auch die Vollstreckbarkeit des Strafbescheides gegenüber dem Beschuldigten, Einziehungsbeteiligten und Vertretungspflichtigen zu verschiedenen Zeitpunkten eintreten. Aus den Ausführungen in der Vorb. 3 II zu § 38 ergibt sich jedoch, daß die tatsächliche Vollstreckung gegenüber den beiden letzterwähnten Beteiligten erst dann stattfinden darf, wenn auch der Ausspruch gegenüber dem Beschuldigten vollstreckbar geworden ist.

8) Ob ein Rechtsmittel form- oder fristwidrig eingelegt ist, hat nur die angerufene höhere Verwaltungs- oder Gerichtsbehörde zu prüfen (vgl. Vorb. 6 b vor § 38). Die Vollstreckungsinstanz (§ 54) hat daher jedenfalls in allen Fällen, in denen die Entscheidung der ersteren nicht unzweifelhaft sein kann, bis zum Erlaß derselben die Vollstreckung auszusetzen.

9) Ein Verstoß gegen die Form der Rechtsmitteleinlegung kann bis zum Ablauf der Rechtsmittelfrist geheilt werden.

10) Wenn ein Beteiligter gegen die Versäumung der Antrags- oder Beschwerdefrist die Wiedereinsetzung in den vorigen Stand nachgesucht hat, so empfiehlt es sich, mit der Vollstreckung bis zur Erledigung des Gesuchs zu warten (vgl. auch § 40 Anm. 5).

11) Stirbt der Beschuldigte vor Eintritt der Voll-

streckbarkeit, so kann der Strafbescheid auch hinsichtlich der Einziehungsbeteiligten und Vertretungspflichtigen nicht zur Vollstreckung gelangen (vgl. oben Anm. 7 und § 51 Anm. 1); dagegen hemmt der Tod des Einziehungsbeteiligten oder Haftpflichtigen die Vollstreckbarkeit des Strafbescheides nur hinsichtlich der Einziehungs- oder der Subsidiarverbindlichkeit. In einem solchen Falle kann aber gegen den Erben des Einziehungsbeteiligten ein besonderer Nachtragsstrafbescheid (§ 37 Abs. 4) erlassen werden, da ja seine Verbindlichkeit nur aus einer privatrechtlichen Beziehung zu dem Einziehungsgegenstande sich ergibt. Anders steht es mit den Erben des Vertretungspflichtigen; zugunsten dieser kommt der Grundsatz zur Anwendung, daß öffentlich-rechtliche Verbindlichkeiten unvererblich sind (übereinstimmend Bonnenberg § 54 Anm. 10 in Verb. mit § 36 Anm. 18).

12) Über die Vollstreckbarkeit der in den §§ 47_4, 50 erwähnten Kostenentscheidungen vgl. § 47 Anm. 11, § 50 Anm. 3 und § 51 Anm. 3. Der Kostenbeschluß nach § 46 Abs. 2 wird zugleich mit der Hauptentscheidung vollstreckbar.

§ 53.[1])

Ein vollstreckbarer Strafbescheid oder Beschwerdebescheid hat die Wirkung eines rechtskräftigen Urtheils,[2]) insbesondere findet wegen derselben That eine fernere Anschuldigung nicht statt, wenn nicht die That eine strafbare Handlung darstellt, zu deren Bestrafung die Verwaltungsbehörden nicht zuständig sind.[2])[3])

In letzterem Falle ist die Vollstreckung des Straf- oder des Beschwerdebescheides während des gerichtlichen Verfahrens einzustellen.[4]) Nimmt in diesem Verfahren das Gericht rechtskräftig seine Zuständigkeit an, so tritt der Straf- oder der Beschwerdebescheid außer Kraft.[5—7])

1) § 53 entspricht dem § 10 des Gesetzes, betr. den Erlaß polizeilicher Strafverfügungen vom 23. April 1883 (GS. S. 65).

2) Die Wirkungen eines rechtskräftigen Urteils bestehen in der Vollstreckbarkeit, Unanfechtbarkeit und dem Ausschluß einer nochmaligen strafrechtlichen Verfolgung „einer ferneren Anschuldigung" wegen der bereits abgeurteilten Tat (Grundsatz des ne bis in idem, materielle Rechtskraft). Die beiden ersten Wirkungen sind für die in § 53 Abs. 1 behandelten Entscheidungen selbstverständlich. Dagegen wird der Grundsatz des ne bis in idem durch die Schlußworte jener Stelle beschränkt: Ein nochmaliges Verfahren ist hiernach zulässig, wenn die Tat bei richtiger Qualifizierung nicht unter die im § 2 Abs. 1 geregelte abstrakte Zuständigkeit der Verwaltungsbehörden fallen würde. Gleichgültig ist also, unter welchen Deliktsbegriff der Strafbescheid die fragliche Tat gebracht hat, gleichgültig ferner, ob die im Einzelfall entscheidende Behörde örtlich oder sachlich unzuständig war (ebenso Bonnenberg § 53 Anm. 3). — Die Einleitung eines neuen Verfahrens ist daher unstatthaft, wenn sie nur eine Änderung des Strafmaßes oder die Feststellung eines anderen (auch in die Kompetenz der Verwaltungsbehörden) fallenden Vergehens bezweckt.

Die Regel ne bis in idem wirkt aber in ihrem eben umschriebenen Geltungsbereich nicht nur für, sondern auch gegen den Beschuldigten; eine Wiederaufnahme zu seinen Gunsten ist dem Verwaltungsverfahren fremd.

3) Abs. 1 entspricht mit der Zulassung einer beschränkten materiellen Rechtskraft den Grundsätzen, die das Reichsgericht bezüglich der Bescheide der Verwaltungsbehörden in ständiger Rechtsprechung vertritt (vgl. RG. 34 Nr. 49 S. 167 und dort angeführte Entscheid., neuerdings noch RG. 39 Nr. 122 auf S. 375; ferner Löwe/Hellweg

Anm. 29a zum 2. Buche 1. Abschn. — Diese Grundsätze sind jedoch in der Literatur lebhaft bekämpft:

a) Der einen Ansicht geht § 53 Abs. 1 zu weit; sie behauptet, daß die Landesgesetzgebung den Eintritt eines neuen gerichtlichen Verfahrens auch nicht einmal in dem beschränkten Umfange der erwähnten Stelle ausschließen dürfe, sondern nur die Unzulässigkeit eines neuen Administrativprozesses anordnen könne (Beling, Strafprozeßrecht S. 671 f. in Verb. m. S. 667 f.). Zur Rechtfertigung dieses Satzes beruft man sich darauf, daß die RStPO. wohl dem unangefochtenen Strafbefehl des Amtsrichters die Wirkungen eines rechtskräftigen Urteils beilege (§ 450), für die polizeilichen Strafverfügungen und die Strafbescheide aber eine ähnliche Vorschrift nicht aufgenommen habe. Indessen erklärt sich diese verschiedene Behandlung dadurch, daß dort ein reichsrechtlich geordnetes, hier bloß ein zugelassenes Verfahren in Frage kommt. Im ersten Fall mußte also die RStPO. selbst die materielle Wirkung der ergehenden Entscheidung bestimmen, in den anderen konnte sie dies stillschweigend dem Landesrecht überlassen (RG. a. O.).

b) Das gerade Gegenteil der Belingschen Ansicht vertritt v. Kries, Strafprozeßrecht S. 597 f.; er schreibt dem unangefochtenen Strafbescheid die gleiche Wirkung zu wie dem rechtskräftigen Urteil und hält eine landesgesetzliche Beschränkung für unstatthaft. Zur Begründung dieser Auffassung führt er aus, „daß die StPO., indem sie die polizeiliche Strafverfügung und die Strafbescheide der Verwaltungsbehörde als Methoden anerkannte, wie Strafsachen erledigt werden können, zugleich auch stillschweigend die Wirkung festsetzte, welche diese Verfahren für das ganze Reich besitzen“. Dem ist aber entgegenzuhalten, daß bei dem ausdrücklichen landesrechtlichen Vorbehalt in § 6 Ziff. 3 EGStPO. die Annahme einer stillschweigenden reichsgesetzlichen Regelung unzulässig erscheint; es kommt weiter in Betracht, daß eine Wiederaufnahme des Verfahrens im Sinne der §§ 399 ff. StPO. gegenüber dem vollstreckbaren Bescheiden unstatthaft ist (vgl. oben Anm. 2 a. E., sowie des Verfassers richterliches Strafmandat S. 235 f.) und daher nach der hier bekämpften Auffassung die Entscheidung der Verwaltungsbehörde in noch höherem Maße unantastbar sein würde als das im ordentlichen Verfahren ergangene Urteil.

4) Zu Abs. 2 S. 1: Wie sich aus S. 2 ergibt, ist die Vollstreckung des Bescheides bereits dann einzustellen, wenn ein gerichtliches Verfahren zu dem Zwecke eingeleitet wird, um den im Bescheide abgeurteilten tatsächlichen Vorgang unter ein Strafgesetz zu bringen, zu dessen Anwendung die Verwaltungsbehörden nicht befugt sind. Das gerichtliche Verfahren im Sinne dieser Stelle umfaßt auch die zugehörigen staatsanwaltschaftlichen Vorermittelungen.

Ob die Voraussetzungen zur Einstellung vorliegen, hat nur die Vollstreckungsinstanz (§ 54), bzw. die ihr vorgesetzte Verwaltungsbehörde zu entscheiden.

Die unterbrochene Vollstreckung ist fortzusetzen, sobald das gerichtliche Verfahren rechtskräftig eingestellt wird, weil die Voraussetzungen für die Zulässigkeit „einer ferneren Anschuldigung" (Abs. 1 a. E.) nicht vorliegen.

5) Im Falle des Abs. 2 S. 2 tritt der Bescheid der Verwaltungsbehörde von Rechts wegen — also ohne daß es eines weiteren Ausspruches bedarf — außer Kraft. Da sich nunmehr ergibt, daß der Bescheid nicht erlassen werden durfte, so ist die Sachlage auch so anzusehen, als ob er niemals vorhanden gewesen wäre (Wirkung ex tunc); mithin ist auch die Verjährung durch einen solchen Bescheid nicht unterbrochen (§ 459 Abs. 3 StPO.). Daher kann es geschehen, daß das Gericht zwar seine Zuständigkeit annimmt, aber gleichzeitig wegen eingetretener Verjährung die Unzulässigkeit der Strafverfolgung ausspricht.

6) Es ist nicht erforderlich, daß das Gericht aus-

drücklich sich für zuständig erklärt. Vielmehr genügt es, wenn die Entscheidungsgründe das Vorhandensein einer unter Abs. 1 a. E. fallenden strafbaren Handlung feststellen, mag auch das Gericht wegen Vorliegens eines persönlichen Straffreiheitsgrundes (v. Liszt § 44 II) oder des Strafaufhebungsgrundes der Verjährung eine Verurteilung nicht aussprechen.

7) Der Wegfall des Bescheides hat zur Folge, daß die in ihm festgesetzte Strafe nicht mehr vollstreckt, die bereits beigetriebene Strafsumme (nebst Kosten) erstattet werden muß. Die Rückzahlung kann im ordentlichen Rechtswege begehrt werden (§§ 812 ff. BGB. und Erkenntnis d. Gerichtsh. z. Entsch. d. Kompetenzkonflikte v. 27. Okt. 1906 (ZBl. S. 1514). — Lautet das strafrichterliche Urteil auch auf Geldstrafe, so ist allerdings die Staatskasse befugt, gegen die eben erwähnte Erstattungsforderung in Höhe ihres nunmehrigen Strafanspruches aufzurechnen. Im übrigen ist aber eine Anrechnung der im Bescheid festgesetzten Strafe auf die vom Gericht normierte mit Rücksicht auf die Schlußworte des § 53 ausgeschlossen (vgl. auch Recht 1905 Nr. 1646 — Reichsgerichtsentscheidung —).

§ 54.*)

Die Vollstreckung der Straf- und der Beschwerdebescheide sowie der Kostenentscheidungen liegt den Hauptämtern ob,[1])[2]) welche dabei nach Maßgabe der Bestimmungen über das Verwaltungszwangsverfahren zu verfahren haben.[3-7])

Zur Beitreibung von Geldstrafen darf ohne Zustimmung des Bestraften, insofern dieser ein Deutscher ist, kein Grundstück versteigert werden.[8])[9]) Die zwangsweise Eintragung der Geldstrafen im

Grund- oder Hypothekenbuche ist jedoch zulässig.10–12)

*) AB. 48 in Anm. 2.

1) Abs. 1 regelt in seiner ersten Hälfte die sachliche Zuständigkeit zur Vollstreckung im Verwaltungswege. Örtlich ist dasjenige Hauptamt berufen, welches im gegebenen Falle die Untersuchung geführt hat. — In Erbschaftssteuersachen treten auch hinsichtlich der Strafvollstreckung an Stelle der Hauptämter die Erbschaftssteuerämter (§ 51 ErbStG.).

2) Die Zuständigkeit nach Anm. 1 umfaßt in gleicher Weise die Beitreibung der Geldstrafe sowie der festgesetzten Haftsumme, die Vollstreckung der Einziehung (bzw. des Wertersatzes) und endlich auch die Beitreibung der nach dem Bescheide zu tragenden Kosten. — Außerdem obliegt den Verwaltungsbehörden die Vollstreckung der „selbständigen" Kostenentscheidungen (§§ 46_2, 47_4, 50). Hinsichtlich dieser bestimmt die **AB. 48:**

Wegen der Vollstreckung der Kostenentscheidungen sind die Bestimmungen in Nr. 45 und Nr. 47 zu beachten.a)

a) Von AB. 45 kommt nur Abs. 2 in Betracht; siehe über diesen Anm. 11 zu § 47; vgl. ferner § 50 Anm. 3b, § 51 Anm. 2.

3) Ist die Straf-, Vertretungs- oder Kostenpflicht durch richterliches Urteil ausgesprochen, so erfolgt die Vollstreckung durch die Gerichte nach Maßgabe der StPO. (vgl. aber auch § 55 Anm. 1).

4) Aus Anm. 2 und 3 ergibt sich in Verb. mit Vorb. 3 vor § 38, daß in der gleichen Strafsache ein Vollstreckungsverfahren nach § 55 und ein solches nach Maßgabe der StPO. nebeneinander laufen können, so z. B. wenn der eine von mehreren Beschuldigten sich bei dem Strafbescheid beruhigt, der andere hingegen erfolglos auf gerichtliche Entscheidung angetragen hat. — Dieses doppelte Verfahren bietet in dem angeführten Beispiel wohl kaum

Schwierigkeiten, da hier mehrere selbständige Strafaussprüche zu verwirklichen sind. Etwas verwickelter gestaltet sich die Sachlage, wenn die Strafe im Verwaltungswege, die Vertretungspflicht dagegen durch richterliches Erkenntnis festgesetzt ist, oder wenn — was ja auch möglich — der umgekehrte Fall vorliegt. Hier ist zu berücksichtigen, daß die festgesetzte Haftsumme nur dann und nur in der Höhe beigetrieben werden darf, in der die Geldstrafe und die Kosten von dem Beschuldigten nicht eingezogen werden konnten. Daher wird im ersten Fall die gerichtliche Strafvollstreckungsbehörde erst auf Grund eines entsprechenden Ersuchens des vollstreckenden Hauptamts gegen den Haftpflichtigen vorgehen dürfen. Im zweiten Falle kann freilich das Gericht (oder die Staatsanwaltschaft) alsbald den Versuch zur Beitreibung der Geldstrafe machen; die substituierte Freiheitsstrafe darf aber erst dann vollstreckt werden, wenn die Verwaltungsbehörde auf die Geltendmachung der Vertretungsverbindlichkeit verzichtet hat (§ 57 Abs. 1 a. E.), oder wenn und insoweit sie bei der Geltendmachung ausgefallen ist.

5) Über das Verfahren bei Verwaltungsvollstreckungen gibt das Gesetz nur wenige besondere Vorschriften: vgl. § 54_2 (Beschränkung der Immobiliarvollstreckung), § 56 (Anrechnung der beigetriebenen Summen), endlich auch § 57 (Verfahren bei Uneinziehbarkeit der Geldstrafe). — Über § 55 siehe das. Anm. 1. — Im übrigen verweist das Gesetz auf die „Bestimmungen über das Verwaltungszwangsverfahren". Diese sind jetzt in erster Reihe enthalten in der „Verordnung, betr. das Verwaltungszwangsverfahren wegen Beitreibung von Geldbeträgen" v. 15. Nov. 1899 (GS. S. 545) mit der Novelle v. 18. März 1904 (GS. S. 36). Dazu tritt die Anweisung v. 28. Nov. 1899 z. Ausführ. d. Verordnung v. 15. Nov. 1899 (ZBl. 1900 S. 44 ff.). Ein Abdruck dieser umfangreichen Vorschriften kann hier nicht erfolgen.

6) Über die Vollstreckungsorgane vgl. zunächst die Allg.

Verf. d. Finanz-Min., betr. d. Ausführung von Zwangsvollstreckungen im Bereiche d. Verwalt. d. indirekten Steuern v. 28. Nov. 1900 (ZBl. S. 589 ff.). Nach dieser sind mit der Vornahme der Vollstreckungshandlungen zu beauftragen:

„... in der Regel geeignete Steueraufseher oder Amtsdiener, letztere unter Beschränkung auf die an ihrem Wohnort oder in dessen nächster Umgebung zu bewirkenden Vollstreckungen.

Auch den mit der Grenzbewachung betrauten Aufsehern können Zwangsbeitreibungen aufgetragen werden, aber nur dann, wenn sie in ihrem Dienstbezirke zugleich die Dienstobliegenheiten von Steueraufsehern auszuüben haben oder wenn sie die Aufträge zur Zwangsvollstreckung in der Ausübung ihres Grenzaufsichtsdienstes ohne dessen Beeinträchtignng ausführen können oder auch dann, wenn die Dringlichkeit der Sache es erfordert.

In geeigneten Fällen, besonders wenn es sich um hohe Beträge handelt, ist die Leitung und Beaufsichtigung der von einem Aufseher oder Amtsdiener zu bewirkenden Vollstreckung dem Bezirksoberkontroleur oder einem andern höheren Beamten der Steuerverwaltung zu übertragen.

Soweit die Ausführung der notwendigen Zwangsvollstreckungen durch einen Beamten der Verwaltung der indirekten Steuern nicht angängig ist, sind die Beitreibungen ausschließlich Gerichtsvollziehern zu übertragen ..."

Handelt es sich um eine Zwangsvollstreckung in das unbewegliche Vermögen (§ 54 Abs. 2), so hat die Vollstreckungsbehörde „die erforderlichen Anträge" bei demjenigen Amtsgericht zu stellen, in dessen Bezirk das von der Vollstreckung betroffene Grundstück belegen ist (vgl. § 51 Abs. 1 der in Anm. 5 erwähnten Verordnung).

7) Die Vorschriften der in Anm. 5 erwähnten Verordnung passen — wie schon ihr Titel (verb. „Geld-

beträge") besagt — nicht auf die Vollstreckung der Einziehung. Die Anwendung des für die Vollstreckung gerichtlicher Urteile geltenden § 495 StPO. ist ausgeschlossen. — Beim Schweigen des Gesetzes wird man von folgenden Erwägungen ausgehen müssen: Die Verhängung der Einziehung bedeutet, daß dem Staate die volle rechtliche und tatsächliche Herrschaft über den Einziehungsgegenstand zufallen soll. Hierbei kann es dahingestellt bleiben, ob mit der Rechtskraft (Vollstreckbarkeit) des Einziehungserkenntnisses unmittelbar das Eigentum an der Einziehungssache auf den Staat übergeht (so Olshausen § 40 Anm. 4), oder ob das Erkenntnis nur den Anspruch auf Übertragung des Eigentums für den Staat begründet (Frank RStGB. § 40 Anm. V 3; RG. 21 S. 54). In jedem Falle schließt sich an das Recht aus dem Eigentum oder auf Eigentum die Befugnis an, zwecks Ausübung der vollen tatsächlichen Herrschaft die Einräumung des Besitzes am Einziehungsgegenstande zu verlangen. Daraus ergibt sich für die Vollstreckung der Einziehung folgende Rechtslage:

a) Der Gegenstand ist bereits im Laufe des Verfahrens in den Besitz des Staates übergegangen. Dies wird regelmäßig — obgleich nicht immer (§ 13 Anm. 4) — der Fall sein, wenn eine Beschlagnahme stattgefunden hat. Hier bedarf es einer Vollstreckungshandlung nicht mehr; die tatsächliche Herrschaft des Staates ist durch den Besitz, die rechtliche durch das Einziehungserkenntnis gewährleistet.

b) Eine Besitzergreifung hat während des Verfahrens nicht stattgefunden. Dann erfolgt die Vollstreckung der Einziehung in der Weise, daß das Vollstreckungsorgan (Anm. 6) im Auftrage der zuständigen Vollstreckungsbehörde (Anm. 1 u. § 13 d. in Anm. 5 erwähnten Verordnung) den Einziehungsgegenstand zwecks Ablieferung an jene dem Inhaber fortnimmt.

8) Abs. 2 S. 1 enthält — wie schon in Anm. 5 angedeutet — eine Beschränkung der Immobiliarvollstreckung. Nach ihrem Wortlaut bezieht sich die Stelle nur auf „Geldstrafen"; sie muß aber auch hinsichtlich der Kosten und der Haftsumme entsprechende Anwendung finden. — Gleiche Bestimmungen hat das Reichsrecht in den §§ 15 Abs. 3 WStG., 74 RStG. und 52 ErbStG. gegeben. Diese Vorschriften beziehen sich jedoch nicht bloß auf die Verwaltungs-, sondern auch auf die gerichtliche Strafvollstreckung. § 54 Abs. 2 VStG. gilt dagegen nur für die erstere, wird aber hier auch gegenüber den sonstigen Reichssteuergesetzen durch § 6 Ziff. 3 EGStPO. gedeckt.

9) Durch Abs. 2 ist nur die Zwangsversteigerung von der Zustimmung des Vollstreckungsschuldners (des Beschuldigten oder Vertretungspflichtigen) abhängig gemacht. — Die Zustimmung ist der Vollstreckungsbehörde gegenüber zu erklären; sie ist nur dann erforderlich, wenn der im gegebenen Fall Beteiligte die deutsche Reichsangehörigkeit besitzt. Die erfolgte Zustimmung oder die Tatsache, daß der Beteiligte Ausländer ist, muß dem Vollstreckungsgericht (Anm. 6 a. E.) nachgewiesen werden (arg. e contr. § 51 Abs. 3 d. Verordnung v. 15. Nov. 1899). — Über eine weitere Beschränkung der Zwangsversteigerung vgl. Anm. 11.

10) Neben der Zwangsversteigerung sind nach § 51 Abs. 1 d. Verordnung, § 866 CPO. und § 54 Abs. 2 S. 2 VStG. als weitere Arten der Immobiliarvollstreckung noch die Zwangsverwaltung und die Eintragung einer Sicherungshypothek (Anm. 11 u. 12) statthaft. Aus § 54 Abs. 2 S. 1 VStG. in Verb. mit S. 2 das. könnte man freilich auf den ersten Blick schließen, daß die Zwangsverwaltung im administrativen Strafverfahren unzulässig sei. Wenn indessen S. 2 die Zwangshypothek ausdrücklich für statthaft erklärt, so ist dies nur geschehen, um klar zu stellen, daß die Befriedigung aus der Hypothek — falls sie im Wege der Zwangsversteigernng erfolgt —

nicht an die in Abs. 2 S. 1 erwähnten Schranken gebunden ist (vgl. endlich auch Art. 8 d. AG. z. Reichsgesetze v. 17. Mai 1898 betr. Änderungen d. CPO. — v. 22. Sept 1899 — [GS. S. 284]).

11) Die Zwangsverwaltung ist auch ohne Zustimmung des Beteiligten statthaft (vgl. Anm. 9 z. A.). — Sie ist aber ebenso wie die Zwangsversteigerung nach § 51 Abs. 2 d. Verordnung v. 15. Nov. 1899 nur zulässig, „sobald feststeht, daß durch Pfändung die Beitreibung des Geldbetrags nicht erfolgen kann". Dies letztere Erfordernis braucht jedoch dem Vollstreckungsgericht nicht nachgewiesen zu werden.

12) Die Eintragung einer Sicherungshypothek darf nur erfolgen, wenn die beizutreibende Geldstrafe oder Haftsumme (ungerechnet der Kosten) den Betrag von 300 Mk. übersteigt (§ 51 Abs. 1 d. Verordnung i. Verb. m. § 866 CPO., Art. 80 d. in Anm. 5 erwähnten Ausführungsanweisung).

§ 55.*)

Die Veräußerung der Einziehungsgegenstände wird ohne Unterschied, ob die Entscheidung im Verwaltungswege oder im gerichtlichen Verfahren erfolgt ist,[1]) von den Hauptämtern[2]) nach den Vorschriften über das Verwaltungszwangsverfahren bewirkt.[3—6])

*) AB. 49 in Anm. 4.

1) Die Veräußerung des Einziehungsgegenstandes gehört nicht mehr zur Vollstreckung (vgl. § 54 Anm. 7); sie steht also strenggenommen außerhalb des (Verwaltungs-) Strafverfahrens (Einl. § 6 III a. E., Bonnenberg § 55 Anm. 3). Aber noch in einer andern Beziehung greift § 55 über den Rahmen des Gesetzes hinaus (Einl. § 2 I): Auch dann wenn die Einziehung durch die Behörden des ordentlichen Strafprozesses vollstreckt ist (vgl. § 54 Anm. 3),

soll die Veräußerung des Gegenstandes durch die Hauptämter erfolgen. Die gerichtlichen Strafvollstreckungsbehörden müssen daher die eingezogenen Gegenstände an die Hauptämter abliefern.

2) Örtlich zuständig zur Veräußerung ist das untersuchende Hauptamt, und wenn eine Untersuchung im Verwaltungswege nicht stattgefunden hat (vgl. Anm. 1 a. E.), dasjenige Amt, das zu einer Untersuchung nach § 7 zuständig gewesen wäre.

3) Wie schon im § 54 Anm. 7 erwähnt ist, bezieht sich die Verordnung v. 15. Nov. 1899 nicht auf Einziehungen; sie enthält daher auch keine Bestimmungen über den Verkauf eingezogener Gegenstände. Wenn trotzdem § 55 auf die Verordnung verweist, so können aus dieser nur die Vorschriften über die Veräußerung gepfändeter Sachen in Betracht kommen. Bei dem wesentlichen Unterschied aber, der zwischen gepfändeten — für (Staats-) Forderungen in Beschlag genommenen, **fremden** — Sachen und eingezogenen — in das **Staatseigentum übergegangenen** — Gegenständen besteht, dürften neben den Vorschriften über die Protokollführung (§ 14 d. Verordnung, § 762 CPO. und unten Anm. 5) nur folgende Bestimmungen der Verordnung entsprechend anwendbar sein.

a) § 26 S. 1: Die gepfändeten Sachen sind auf schriftliche Anordnung der Vollstreckungsbehörde α) und zwar in der Regel durch den Vollziehungsbeamten β) öffentlich zu versteigern; Kostbarkeiten sind vor der Versteigerung durch einen Sachverständigen abzuschätzen ...

α) Hier stets durch das in Anm. 2 genannte Hauptamt.

β) Geändert durch die in Anm. 5 abgedruckte Bestimmung (vgl. auch § 33 d. Verordnung — unten e —).

b) § 27 **Abs. 2 S. 2/3**: Zeit und Ort der Versteigerung sind unter allgemeiner Bezeichnung der zu versteigernden Sachen öffentlich bekannt zu machen. Auf Ersuchen der Vollstreckungsbehörde ist der Ortsvorsteher verpflichtet, der Versteigerung beizuwohnen oder einen Gemeinde- oder Polizeibeamten mit der Beiwohnung zu beauftragen.

c) § 28 Abs. 1: Bei der Versteigerung ist nach den Vorschriften der §§ 816 Abs. 4, 817 Abs. 1 bis 3, 818 der Civilprozeßordnung zu verfahren.[a]

a) Die §§ 816 Abs. 4, 818 passen nur auf gepfändete Sachen; für Einziehungsgegenstände kommt somit lediglich § 817 Abs. 1—3 in Betracht; dieser bestimmt:

Dem Zuschlag an den Meistbietenden soll ein dreimaliger Aufruf vorausgehen; die Vorschriften des § 156 des Bürgerlichen Gesetzbuchs finden Anwendung. [D. h. . . . „der Vertrag [kommt] erst durch den Zuschlag zu Stande. Ein Gebot erlischt, wenn ein Übergebot abgegeben oder die Versteigerung ohne Erteilung des Zuschlags geschlossen wird."]

Die Ablieferung einer zugeschlagenen Sache darf nur gegen baare Zahlung geschehen.

Hat der Meistbietende nicht zu der in den Versteigerungsbedingungen bestimmten Zeit oder in Ermangelung einer solchen Bestimmung nicht vor dem Schlusse des Versteigerungstermins die Ablieferung gegen Zahlung des Kaufgeldes verlangt, so wird die Sache anderweit versteigert. Der Meistbietende wird zu einem weiteren Gebote nicht zugelassen; er haftet für den Ausfall, auf den Mehrerlös hat er keinen Anspruch.

d) § 29. Gold- und Silbersachen dürfen nicht unter ihrem Gold- oder Silberwerthe zugeschlagen werden. Wird ein den Zuschlag gestattendes Gebot nicht abgegeben, so kann der Verkauf aus freier Hand zu dem Preise bewirkt werden, welcher den Gold- oder Silberwerth erreicht.

e) § 33. . . . aus besonderen Zweckmäßigkeitsgründen kann die Vollstreckungsbehörde anordnen, daß die Verwerthung einer gepfändeten Sache in anderer Weise . . ., als in den vorstehenden Paragraphen bestimmt ist, stattzufinden habe oder daß die Versteigerung durch eine andere Person als den Vollziehungsbeamten vorzunehmen sei.

4) Bei der Verwertung der eingezogenen Sachen ist ferner zu beobachten die **AB. 49:**

Bei der Veräußerung von Einziehungsgegenständen sind die zur Wahrung des Zoll- und Steuereinkommens getroffenen Anordnungen, gegenwärtig insbesondere die Vorschrift 36 der Anweisung zur Ausführung des Vereinszollgesetzes zu berücksichtigen.[a])

Zollpflichtige Gegenstände dürfen indessen, wenn in Folge der in Abs. 1 erwähnten Vorschrift der Zuschlag zu der Versteigerungsverhandlung versagt ist oder eine Versteigerung zum freien Verkehr schon von vornherein aussichtslos erscheint, auch unter der Bedingung der zu beaufsichtigenden Wiederausfuhr verkauft werden. Führt dies ebenfalls thatsächlich oder voraussichtlich nicht zum Ziele oder ist der Gegenstand verdorben, so ist von dem Hauptamte die Vernichtung anzuordnen. Zu derselben ist die Genehmigung der Provinzialsteuerbehörde einzuholen, wenn der ausländische Werth der Waare 50 Mark übersteigt.

Wenn der Uebergang der eingezogenen Gegenstände in den freien Verkehr aus gesundheitspolizeilichen oder sonstigen Gründen verboten ist, so bleibt das Verbot und Nr. 13 Abs. 2 zu befolgen.[b])

a) Ziff. 36: Konfiskate aus Zollprozessen dürfen nur dann in den freien Verkehr gesetzt werden, wenn durch den Verkauf derselben der volle tarifmäßige Eingangszoll[α]) zur Verrechnung gelangt.[β])

α) Maßgebend ist der Bruttoerlös (Vonnenberg § 55 Anm. 7).

β) Die Vorschrift gilt nur für den Fall, daß der Zoll noch nicht freiwillig gezahlt oder anderweit beigetrieben ist (vgl. § 7 VZG.; § 56 VStG. Anm. 2a).

b) Zu Abs. 3 vgl. AB. 13 Abs. 2 bei § 14 Anm. 5.

5) Für das Versteigerungsverfahren kommt schließlich noch § 22 Ziff. d StBFA. in Betracht, welcher bestimmt:

Die Versteigerungen zum Zwecke des Verkaufs der Einziehungsgegenstände müssen bei den Hauptämtern unbedingt, bei den übrigen Aemtern in der Regel von 2 Beamten bewirkt werden.[a]) Ist bei letzteren Aemtern kein zweiter Beamter zugegen, so muß der Grund in der Verhandlung bemerkt sein. Den Verhandlungen, welche von den betheiligten Beamten und den Meistbietenden zu vollziehen sind, muß die Verhandlung über die Abschätzung,[b]) wenn eine solche vorangegangen ist, beigefügt sein.[c])

a) § 22 Ziff. d spricht nur von „Einziehungsgegenständen". Er muß aber auch auf die im §§ 15 (16) VStG. vorgesehenen Veräußerungen sonstiger beschlagnahmter Sachen entsprechende Anwendung finden (§ 15 Anm. 6).

b) Über die Fälle, in denen eine Abschätzung erforderlich ist, vgl. oben Anm. 3a.

c) Die Bestimmungen des § 22 Ziff. d haben nur instruktionelle Bedeutung; eine unter Verletzung der ersteren vorgenommene Versteigerung bleibt rechtswirksam; der zuwiderhandelnde Beamte macht sich jedoch disziplinarisch verantwortlich.

6) Wenngleich § 55 nicht — wie die §§ 15, 16 — bestimmt, daß die Versteigerung „auf Anordnung des zuständigen Hauptamtes" zu erfolgen hat, sondern vorschreibt, daß sie „von den Hauptämtern bewirkt" werden soll, so darf doch auch hier das zunächst berufene Hauptamt die Versteigerung einem nachgeordneten Amte übertragen. Dies wird insbesondere geschehen müssen, wenn die Veräußerung durch das letztere ein günstigeres Ergebnis erwarten läßt (vgl. oben Anm. 3e, 5).

§ 56.*)[1][2])

Beigetriebene oder eingezahlte Beträge werden zunächst auf die verwirkte Strafe, alsdann auf die Kosten des Verfahrens verrechnet.[3–5])

*) AB. 50 in Anm. 2.

1) Der Regierungsentwurf wollte die eingehenden Beträge zunächst auf die „vorenthaltenen Abgaben" zur Anrechnung bringen. Die gegenwärtige Fassung des Gesetzes beruht auf einem Beschlusse der Kommission des Abgeordnetenhauses. Damit ist „das Verfahren zur Beitreibung der hinterzogenen Abgaben und das Verwaltungsstrafverfahren . . . getrennt" (Kommissionsbericht S. 2886) — vgl. AB. 33 bei § 36 Anm. 2; anderseits aber auch § 13 Anm. 9, § 19 Anm. 6, § 20 Anm. 2).

2) Entsprechend dem in Anm. 1 erwähnten Grundsatz der Trennung bestimmt die **AB. 50:**

Die Erhebung der vorenthaltenen Zoll- und Steuerbeträge erfolgt unabhängig vom Strafverfahren. Der Ausgang der Untersuchung ist zu derselben nicht abzuwarten, sondern es sind sogleich nach Entdeckung der Zuwiderhandlung die Abgaben — nöthigenfalls schätzungsweise, unter Vorbehalt der Erstattung des etwa überhobenen Betrages — von der hierzu zuständigen Verwaltungsbehörde festzustellen und einzuziehen.[a–c])

a) Noch weiter als die AB. geht § 10 Abs. 1 StBFA., der folgendermaßen lautet:

Die fälligen Abgaben sind von den Hauptämtern oder den sonst zur Einziehung derselben berufenen Steuerbehörden nach Maßgabe der Nr. 50 der Ausführungsvorschriften zu dem Verwaltungsstrafgesetze unabhängig vom Strafverfahren, ohne den Ausgang desselben abzuwarten, und jedenfalls besonders und vor allen anderen Schuldbeträgen einzuziehen.

b) Zu AB. 50 ist ferner noch die Allgemeine Verfügung d. Finanzministers, betr. die Bewilligung v. Zahlungsausstand und Teilzahlungen in Zoll- und Steuerstrafsachen v. 28. Mai 1903 (ZBl. S. 215) zu vergleichen. Nach dieser ist bei Teilzahlungsbewilligungen die Anrechnung der eingehenden Beträge nach Maßgabe der gesetzlichen Reihenfolge (§ 56) zu vereinbaren; jedoch muß in Reichs- und Schlachtsteuerstrafsachen zunächst für die Tilgung der schuldigen Gefälle gesorgt werden: es ist hier

„die Bedingung zu stellen, daß vor dem Beginn der Zahlung auf die Geldstrafe, der nötigenfalls bei der Stundungsbewilligung entsprechend hinauszuschieben ist, die rückständigen Abgaben voll an die Steuerbehörde zu entrichten seien, und es ist auch für den Fall der Nichtinnehaltung dieser Bedingung die Zulässigkeit der zwangsweisen Einziehung des ganzen Restes der Schuld ausdrücklich vorzubehalten."

c) Zahlt der Beschuldigte freiwillig und ohne Stundungsvereinbarung (Ziff. b) und reicht das Gezahlte zur Deckung von Strafe und Abgaben nicht aus, so hat er sich infolge der Trennung von Strafe- und Abgabeneinziehung darüber zu erklären, auf welchen Posten er zahlen will. Wählt er Anrechnung auf die Strafe, so ist die Verwaltungsbehörde nicht befugt, das Gezahlte auf die Abgabenschuld gut zu bringen. Und noch viel weniger darf sie die Annahme der Strafschuld unter Berufung auf StBFA. § 10 Abs. 1 a. E. verweigern (a. M. Bonnenberg S. 510 Anm. 1). Denn die Vorschrift, daß die Abgaben „vor allen anderen Schuldbeträgen" einzuziehen sind, enthält zwar eine Anweisung an die Verwaltungsbehörden, die letztere im Vollstreckungsfalle beobachten müssen; sie läßt sich aber aus dem Gesetze selbst nicht ableiten und kann daher gegenüber dem freiwillig zahlenden Täter nicht maßgebend sein (anders der in Anm. 3 Abs. 2 erwähnte Fall).

3) Die Anrechnungsvorschriften des § 56 sind lediglich im Interesse des Beschuldigten gegeben (Anm. 5f); sie

kommen aber auch auf Zahlungen des Vertretungspflichtigen zur Anwendung. Gleichgültig ist ferner, ob die eingehenden Beträge zwangsweise „beigetrieben“ oder freiwillig „eingezahlt“ werden.

Obwohl § 56 öffentliches Recht enthält, wird man doch eine Abänderung der gesetzlichen Reihenfolge für zulässig erachten dürfen, falls jene durch Vereinbarung (etwa bei Gelegenheit einer Stundung oder Strafermäßigung) erfolgt (siehe auch Anm. 5). Dagegen reicht eine einseitige Erklärung des Schuldners zu einer solchen Abweichung nicht aus, da es sich hier anders als im Falle der Anm. 2c um ein einheitliches Einziehungsverfahren handelt. Dies gilt selbst dann, wenn jener freiwillig zahlt und wenn er — was beim Haftpflichtigen vorkommen kann — ein Interesse daran hat, daß zunächst die Kostenschuld getilgt werde. Zur Widerlegung unserer Ansicht kann man sich auch nicht auf § 366 BGB. berufen, weil dieser sich nur auf privatrechtliche Verbindlichkeiten bezieht.

4) Nach § 47 Abs. 1 gehören zu den Kosten des Verfahrens auch die Kosten der Strafvollstreckung. Trotzdem gilt für diese die im § 56 vorgeschriebene Reihenfolge nicht (Anm. 5d).

5) § 56 wird ergänzt durch StVFA. § 19 Abs. 6; dieser bestimmt:

Reicht der von einem Bestraften eingegangene Geldbetrag nach Beendigung der Einziehungsmaßregeln [a]) zur Deckung seiner ganzen Schuld, abgesehen von den besonders behandelten Abgaben, [b]) nicht aus, so ist derselbe — gegebenenfalls nach Berücksichtigung der Zwangsvollstreckungsgebühren, [c]) für welche die §§ 23 und 57 der Verordnung über das Verwaltungszwangsverfahren maßgebend geblieben sind [d]) — soweit nicht etwa bei Bewilligung von Stundungen oder Theilzahlungen etwas Anderes ausbedungen ist, [e]) zunächst auf die Geldstrafe, alsdann auf den Werthersatz [f]) (wenn hierfür nicht zugleich ein Zweiter haftbar ist)g) und zuletzt auf die Kosten anzurechnen. Unter den Kosten werden wieder zunächst die Straf- und die Beschwerdebescheidstempel, alsdann die Post- und die Schreibgebühren und zuletzt die übrigen Kosten, und zwar in vorstehender Reihenfolge, berichtigt. Der Erlös für eingezogen erklärte Gegenstände tritt nach Abzug der etwa noch auf ihnen ruhenden Abgaben stets an die Stelle der Gegenstände selbst.h)

a) Der (nicht gerade geschickte) Ausdruck „Einziehungsmaßregeln" ist offenbar gewählt, um sowohl die Zwangsbeitreibung wie die freiwillige Zahlung zu umfassen.

b) Bezüglich der Abgaben vgl. Anm. 2.

c) Zu „berücksichtigen" sind nicht bloß die Zwangsvollstreckungsgebühren, sondern auch die sonstigen Kosten der Zwangsvollstreckung.

d) Die StVFA. geht noch von der Verordnung, betr. das Verwaltungszwangsverfahren v. 7. Sept. 1879 aus. An Stelle der letzteren ist jetzt die Verordnung v. 15. Nov. 1899 getreten (§ 54 Anm. 5 und Art. 8 d. in § 54 Anm. 10 erwähnten Ausführungsgesetzes). In Betracht kommen nunmehr die §§ 16 und 55 das. Aus diesen ergibt sich, daß die Zwangsvollstreckungskosten „zugleich mit dem zur Zwangsvollstreckung stehenden Anspruche beizutreiben" sind (§ 16), bei der Verrechnung jedoch abweichend vom § 56 VStG. sogar noch vor der Hauptschuld angesetzt werden müssen (§ 55 Abs. 1 d. Verordnung, auch § 17 Abs. 2 das.).

e) Über die Zulässigkeit einer vereinbarten Abweichung von den Bestimmungen des § 56 siehe Anm. 3 Abs. 2.

f) Der Wertersatz bildet, da er an die Stelle der Einziehung tritt, gleich dieser einen Teil der Strafe. Wenn man ihn trotzdem der eigentlichen Strafe nachgesetzt hat, so ist dies im Interesse des Beschuldigten geschehen, da möglicherweise die unbeibringliche Geldstrafe (vgl. § 57 Anm. 3), niemals aber die Ersatzsumme in Freiheitsstrafe umgewandelt werden kann.

g) Zu den Worten: wenn — haftbar ist: Der eingeklammerte Zusatz erscheint rechtlich unerheblich. Zunächst ist eine subsidiäre Haftung für den Wertersatz ausgeschlossen (Löbe, Zollstrafrecht § 153 Anm. 2, RG. 27 Nr. 118 auf S. 329f.); eine prinzipale Haftung mehrerer ist nur möglich, wenn diese als Teilnehmer im Sinne der §§ 47/50 StGB. zur „Erlegung des Werts" verurteilt sind (Löbe a. O. § 155 Anm. 1). In einem solchen Falle ist es aber mit Rücksicht auf die im § 47 Abs. 2 VStG. festgesetzte Solidarhaft ziemlich gleichgültig, ob die von den einzelnen Beschuldigten beigetriebenen Summen zunächst auf die Wertersatz- und dann erst auf die Kostenschuld angerechnet werden.

Nun könnte man freilich die eingeklammerte Stelle auch auf die subsidiäre Haftung für die Geldstrafe beziehen. In diesem Fall würde es allerdings unter Umständen im Interesse der Staatskasse liegen, wenn die vom Beschuldigten eingezogenen Beträge zunächst auf die Kosten verrechnet würden. Eine solche Berechnung wäre nämlich dann für den Fiskus vorteilhafter, wenn der Vertretungspflichtige ausschließlich für die Geldstrafe einzustehen hätte (Einl. § 4 Anm. 1). Indessen rechtfertigt der fiskalische Nutzen nicht die Abweichung von der gesetzlichen Regel des § 56.

h) Durch den Schlußsatz wird klargestellt, daß der Einziehungserlös niemals auf die Geldstrafe oder die Kosten des Verfahrens angerechnet werden darf.

§ 57.*)

[1])Kann die in einem vollstreckbaren Straf- oder Beschwerdebescheide festgesetzte Geldstrafe von dem Beschuldigten nicht beigetrieben werden, so hat das Hauptamt die Umwandlung der Strafe gemäß § 463 der Strafprozeßordnung herbeizuführen,[2]) wenn diese Umwandlung nach den gesetzlichen

Bestimmungen statthaft[3]) und gegebenenfalls auf die Geltendmachung der Vertretungsverbindlichkeit verzichtet ist.[4])[5])

Außerhalb des Deutsches Reichs wohnende Personen, von welchen eine Geldstrafe nicht eingezogen werden kann, dürfen, wenn nicht die Umwandlung in Freiheitsstrafe unzulässig ist, beim Betreffen im Inlande von den Zoll- oder Steuerbeamten festgenommen, müssen aber ohne Verzug der gerichtlichen Strafvollstreckungsbehörde zur Vollstreckung der an die Stelle tretenden Freiheitsstrafe vorgeführt werden. Die gerichtliche Strafvollstreckungsbehörde kann den Festgenommenen, sofern die Umwandlung der Geldstrafe noch nicht stattgefunden hat, bis zur Rechtskraft der alsdann sofort herbeizuführenden Entscheidung über dieselbe in Haft behalten, welche letztere auf die festzusetzende Freiheitsstrafe unverkürzt anzurechnen ist.[6])

*) AB. 51 in Anm. 4.

1) Abs. 1 gibt allgemeine Bestimmungen über das Verfahren, das bei Umwandlung einer unbeitreiblichen Geldstrafe einzutreten hat, und stellt sich so als eine (statthafte) landesgesetzliche Ausführungsanweisung zu § 463 StPO. dar.

2) Die Herbeiführung der Strafumwandlung liegt dem untersuchenden Hauptamt ob. Dieses wird hierbei entsprechend der AB. 20 Abs. 1—2 (§ 24 Anm. 6) verfahren müssen. Insbesondere hat danach das Amt „die erwachsenen Verhandlungen an die zuständige Staatsanwaltschaft (Anm. 5c) mit dem Antrage“ zu übersenden,

eine Entscheidung über die Strafumwandlung zu veranlassen. Gleichzeitig ist „tunlichst" die Verhängung einer „bestimmten" Freiheitsstrafe zu beantragen.

3) Die Umwandlung kann nur wegen der eigentlichen Geldstrafe, nicht auch für die etwa unbeitreibliche Haft- oder Werterſatzſumme verlangt werden (§ 56 Anm. 5f). — Sie ist überhaupt unzulässig in Wechselstempel-, Erbschaftssteuer-, Reichs- und Landesstempelstrafsachen (§ 15_3 WStG., § 52 ErbStG., § 74 RStG., § 22 LStG.), und zwar hinsichtlich der letzterwähnten nicht bloß bei den im zweiten Abschnitt des LStG. erwähnten Delikten, sondern — wie sich aus der allgemeinen Fassung des § 22 LStG. ergibt — auch bei Zuwiderhandlungen gegen § 33 das. (a. M. Heinitz, LStG. § 22 Anm. 2). — Ist endlich ein Vertretungspflichtiger vorhanden, so kann die Umwandlung erst dann beantragt werden, wenn und soweit die Haftsumme von ihm nicht beizutreiben war (vgl. Bonnenberg § 57 Anm. 8), oder wenn die Verwaltungsbehörde auf die Geltendmachung der Haftpflicht verzichtet hat (vgl. auch Anm. 4).

4) **AB. 51** bestimmt:

Zum Verzicht auf die Geltendmachung der Vertretungspflicht ist in den Fällen des § 5 Abs. 1 des Gesetzes das Hauptamt zuständig. In anderen Fällen befindet die Provinzialsteuerbehörde.a) b)

a) Zum Verzicht auf die Geltendmachung der Vertretungspflicht ist diejenige Verwaltungsstelle befugt, die zur Bestrafung des Täters zuständig wäre. — Auch in den Fällen, wo nach § 4 zu Anm. 3 b. Einl. der Ausspruch der Haftpflicht nur durch die ordentlichen Gerichte erfolgen kann, steht der Verzicht bloß den Administrativbehörden zu.

b) Ist die Haftpflicht bereits durch Strafbescheid festgesetzt, so muß der Verzicht aktenkundig gemacht werden (vgl. Anm. 5b). Wenn dagegen eine solche Festsetzung noch nicht erfolgt ist, so liegt in der Unterlassung ein stillschweigender Verzicht; es genügt daher, wenn das Hauptamt bei Übersendung der Akten (Anm. 2) den Nichterlaß eines solchen Strafbescheides bescheinigt.

5) Für das bei den gerichtlichen Behörden eintretende Verfahren gilt § 463 StPO.:

Ist die in einem vollstreckbaren Strafbescheide festgesetzte Geldstrafe von dem Beschuldigten nicht beizutreiben und deshalb ihre Umwandlung in eine Freiheitsstrafe erforderlich, so ist diese Umwandlung nach Anhörung der Staatsanwaltschaft und des Beschuldigten durch gerichtliche Entscheidung auszusprechen, ohne daß der Strafbescheid einer Prüfung des Gerichts unterliegt.[a)][b)]

Die Entscheidung über die Umwandlung erfolgt, wenn für eine Urtheilsfällung das Schöffengericht zuständig gewesen wäre, durch Verfügung des Amtsrichters, in den übrigen Fällen durch Beschluß des Landgerichts.[c)][d)]

Gegen die Entscheidung findet sofortige Beschwerde statt.[e)—h)]

a) Sind die vom Hauptamt übersandten Akten bei der Staatsanwaltschaft eingegangen (Anm. 2), so legt die letztere sie mit ihren Anträgen dem Gerichte vor. In diesem Falle bedarf es einer besonderen „Anhörung der Staatsanwaltschaft" nicht mehr; es genügt, wenn das Gericht jetzt noch dem Beschuldigten Gelegenheit zur (schriftlichen) Äußerung binnen bestimmter Frist gibt. Nach Eingang der Äußerung oder fruchtlosem Ablauf der Frist erfolgt die gerichtliche Entscheidung, ohne daß es einer mündlichen Verhandlung bedarf.

b) Wie sich aus den Schlußworten des Abs. 1 ergibt, ist für die richterliche Entscheidung der im (Straf- oder Beschwerde-) Bescheide enthaltene Straf- und Schuldausspruch schlechthin maßgebend. Insbesondere kann die Umwandlung nicht aus dem Grunde abgelehnt werden, weil die Verwaltungsbehörden ihre sachliche Zuständigkeit überschritten hätten (§ 53 Abs. 1 a. E.; ebenso v. Kries, Strafprozeßrecht S. 753). Die gegenteilige Meinung

(Bonnenberg § 57 Anm. 2, Löwe/Hellweg § 463 Anm. 3) übersieht, daß das Nachtragsverfahren nach seinem Aufbau (Anm. a) keine Gewähr für eine ausreichende Prüfung der Zuständigkeitsfrage bietet, ja daß diese Frage nach dem Gesetze (§ 53 Abs. 2) nur in einem förmlichen gerichtlichen Hauptverfahren erörtert werden kann.

Dagegen hat das Gericht vor Erlaß der Entscheidung neben seiner sachlichen und örtlichen Zuständigkeit (Anm. 5c) zu prüfen:

1. ob ein vollstreckbarer Bescheid vorliegt (§ 52); durch eine mitübersandte Vollstreckbarkeitsbescheinigung des Hauptamts wird das Gericht der selbständigen Nachprüfung nicht enthoben (a. M. Bonnenberg § 57 Anm. 9);

2. ob das von der Verwaltungsbehörde angewandte Strafgesetz überhaupt die Umwandlung in eine Freiheitsstrafe zuläßt (Anm. 3);

3. ob die Beitreibung der Geldstrafe ganz oder teilweise fruchtlos ausgefallen ist; bei der Verrechnung von Teilleistungen hat das Gericht den § 56 zu beachten (vgl. auch die Anm. das.);

4. ob auf die Heranziehung eines Vertretungspflichtigen verzichtet, oder ob auch sie ergebnislos geblieben ist (Anm. 3 a. E., 4b).

c) Für die Bestimmung der sachlichen Zuständigkeit ist nach dem in Anm. b Abs. 1 Ausgeführten der Inhalt des Bescheides maßgebend; die örtliche richtet sich nach den §§ 7—9 StPO.

d) Bei der Umwandlung sind die §§ 28, 29 StGB., im Falle realer Konkurrenz auch § 78 Abs. 2 das. zu beachten; für Strafsachen wegen Zollkontrebande oder Zolldefraude ist außerdem § 162 Abs. 1 VZG. zu berücksichtigen.

e) Die sofortige Beschwerde nach Abs. 3 findet nur statt, wenn eine Umwandlungsentscheidung erfolgt ist; lehnt dagegen das Gericht den Erlaß einer solchen über=

haupt ab — etwa weil die in Anm. b Ziff. 2 erwähnte Voraussetzung nicht zutreffe —, so steht gegen diesen Beschluß der Staatsanwaltschaft und der Verwaltungsbehörde die einfache Beschwerde aus § 346 StPO. zu (vgl. v. Kries, Strafprozeßrecht S. 753).

f) Zur sofortigen Beschwerde ist zunächst die Staatsanwaltschaft und der Beschuldigte befugt. Wenn aber das Gesetz selbst im ordentlichen Verfahren der Verwaltungsbehörde das Recht zum Anschluß und damit zur Einlegung von Rechtsmitteln gegeben hat (vgl. oben § 24 Anm. 6n), so muß ihr die gleiche Befugnis auch für das Nachtragsverfahren zugestanden werden (a. M. die herrschende Lehre — vgl. Löwe/Hellweg § 463 Anm. 4 und dort Angeführte). Hat daher die Behörde rechtzeitig (§ 24 Anm. 6 o α) ihren Anschluß erklärt, so ist ihr der Beschluß nach § 468 StPO. gleichfalls zuzustellen; von der Zustellung an läuft dann für sie die einwöchige Beschwerdefrist (§ 24 Anm. 6 p α).

g) Das Beschwerdegericht entscheidet endgültig (§ 352 StPO.).

h) Die Vollstreckung der Umwandlungsentscheidung erfolgt nach den allgemeinen Vorschriften (§§ 481 ff. StPO.).

6) Abs. 2 kann selbständige Gültigkeit nicht beanspruchen. § 6 Ziff. 3 EGStPO. gibt der Landesgesetzgebung nur das Verfahren im Verwaltungswege frei. Letzteres ist aber beendigt, sobald die Beitreibung der festgesetzten Geldstrafe ergebnislos ausgefallen ist. Das nunmehr eintretende Umwandlungsverfahren unterliegt im wesentlichen (vgl. oben Anm. 1) den Normen der StPO. Diese gewähren aber schon selbst die Möglichkeit, den von § 57 Abs. 2 verfolgten Zweck zu verwirklichen. Es sind hierbei zwei Fälle zu unterscheiden (vgl. auch Abs. 2 S. 2):

a) Die Umwandlungsentscheidung ist bereits rechtskräftig: Dann kann die Strafvollstreckungsbehörde unter den Voraussetzungen des § 489 Abs. 1 StPO. (erfolglose Ladung zum Strafantritt oder Fluchtverdacht) einen Haftbefehl und gegebenenfalls nach § 489 Abs. 2 einen Steckbrief erlassen. — Auf Grund derselben kann dann der Verurteilte beim Betreffen im Inlande — ebenso wie im § 57 Abs. 2 S. 1 bestimmt — festgenommen und der gerichtlichen Strafvollstreckungsbehörde vorgeführt werden. — Aber auch ohne Haftbefehl oder Steckbrief sind nach § 127 Abs. 2 StPO. die Polizei- und Sicherheitsorgane zur vorläufigen Festnahme eines Verurteilten befugt, „wenn die Voraussetzungen des Haftbefehls vorliegen und Gefahr im Verzuge obwaltet". Ist die Verurteilung durch Strafbescheid und Umwandlungsentscheidung erfolgt, so steht die gleiche Befugnis auch den Zoll- und Steuerbeamten zu (Vorb. 2 a. E. zu § 19). Die Bedingungen einer vorläufigen Festnahme werden nun wohl stets gegeben sein, wenn der Verurteilte ein im Auslande wohnender Ausländer ist (vgl. auch § 112 Abs. 2 Ziff. 3 StPO.). Ja, in der Mehrzahl der Fälle wird das gleiche auch gegenüber einem im Auslande wohnhaften Deutschen gelten müssen. Der vorläufig Festgenommene ist gleichfalls der gerichtlichen Strafvollstreckungsbehörde zu überliefern.

b) Die Umwandlungsentscheidung ist noch nicht rechtskräftig (oder überhaupt noch nicht erlassen). In diesem Fall ist ein Einschreiten der Strafvollstreckungsbehörde und insbesondere die vorweggenommene Strafvollstreckungshaft — wie sie § 57 Abs. 2 S. 2 vorsieht — durch § 481 StPO. ausgeschlossen. Zulässig ist aber die Verhängung der Untersuchungshaft, wenn deren Voraussetzungen vorliegen (vgl. insbes. § 112 Abs. 2 Ziff. 3 StPO.; Löwe/Hellweg § 112 Anm. 6), und zulässig ist auch unter den zu a) erwähnten Bedingungen die vorläufige Festnahme; nur muß hier die Ablieferung an den zuständigen Richter (§§ 124 Abs. 1, 463 Abs. 2 StPO.) erfolgen. — Die notwendige Anrechnung der

Untersuchungshaft kann ferner im Falle b entsprechend dem § 482 StPO. erst mit dem Augenblick beginnen, in dem die Nachtragsentscheidung über „die zu vollstreckende Freiheitsstrafe" für den Beschuldigten unanfechtbar geworden ist.

V. Schlußbestimmungen.

§ 58.[1])

Die Vorschriften dieses Gesetzes sind gleichmäßig anwendbar auf Zuwiderhandlungen gegen die Bestimmungen über die Schlachtsteuer, welche nach Maßgabe des Gesetzes über die Aufhebung der Mahl- und Schlachtsteuer vom 25. Mai 1873 (Gesetz-Samml. S. 222) als Gemeindesteuer forterhoben wird, und über die Wildpretsteuer in schlachtsteuerpflichtigen Städten, insoweit nicht die Verwaltung dieser Steuern von den Gemeinden selbst übernommen ist. In letzterem Falle finden, insofern nicht § 82 des Kommunalabgabengesetzes vom 14. Juli 1893 (Gesetz-Samml. S. 152) Platz greift, bezüglich des Verfahrens sowie der Zuständigkeit zur Straffestsetzung und Anordnung von Einziehung die Vorschriften in § 81 Absatz 2 und 3 daselbst Anwendung.[2])

1) § 58 hat gegenwärtig eine sehr untergeordnete Bedeutung. Zur Zeit des Inkrafttretens des VStG. wurde die Schlacht(und Wildpret)steuer nur noch in den Städten Aachen und Burtscheid, Breslau, Coblenz und Ehrenbreitstein, Gnesen, Posen und Potsdam erhoben (Begründung S. 2670). Von diesen Gemeinden

haben jetzt bloß Breslau und Posen die Verwaltung der fraglichen Steuern noch nicht selbst übernommen; nur auf Zuwiderhandlungen, die in den beiden eben genannten Städten begangen werden, können daher die Bestimmungen des VStG. Anwendung finden (S. 1 a. E.); bezüglich der Durchsuchungen vgl. auch noch Vorb. II 1 vor § 17 und § 17 Ziff. A IX. — In den übrigen Gemeinden regelt sich dagegen das Verfahren in Schlacht- und Wildpretsteuerstrafsachen nach den in § 58 S. 2 angeführten Bestimmungen des KAG. (siehe Anm. 2).

Vom 1. April 1910 an wird § 58 überhaupt bedeutungslos werden, da nach § 13 Abs. 1 d. Zolltarifgesetzes v. 25. Dez. 1902 die Gemeindeschlacht- und -wildpretsteuer spätestens mit diesem Zeitpunkt außer Hebung gesetzt werden muß.

2) Zu S. 2: Die hier erwähnten Vorschriften des KAG. bestimmen folgendes:

§ 81 (Abs. 2): Die Untersuchung und Entscheidung ... steht dem Gerichte zu, wenn nicht der Beschuldigte die von dem Gemeindevorstande vorläufig festgesetzte Geldstrafe nebst den durch das Verfahren gegen ihn entstandenen Kosten binnen einer ihm bekannt gemachten Frist freiwillig an die Gemeindekasse zahlt.

(Abs. 3.) Hat der Beschuldigte in Preußen keinen Wohnsitz, so erfolgt das Einschreiten des Gerichts ohne vorläufige Festsetzung der Strafe durch den Gemeindevorstand. Dasselbe findet statt, wenn der Gemeindevorstand aus sonstigen Gründen von der vorläufigen Festsetzung der Strafe Abstand zu nehmen erklärt oder der Angeschuldigte hierauf verzichtet.[a)] [b)]

§ 82. In den Steuerordnungen können Strafen gegen Zuwiderhandlungen bis zur Höhe von dreißig Mark angedroht werden.

Die Strafen sind durch den Gemeindevorstand festzusetzen und nach eingetretener Rechtskraft (§ 459 der Strafprozeßordnung vom 1. Februar 1877, Reichs-Gesetzbl. S. 253) im Verwaltungszwangsverfahren beizutreiben.[a)][b)]

a) Unterschied zwischen § 81 und § 82: Dieser betrifft das Verfahren bei Zuwiderhandlungen gegen die gesetzlichen Vorschriften über die Schlacht- und Wildpretsteuer [vgl. Gesetz wegen Entrichtung einer Mahl- und Schlachtsteuer v. 30. Mai 1820 (GS. S. 143) u. Allerh. Erlaß wegen Einführung einer Wildpretsteuer . . . vom 24. April 1848 (GS. S. 131)]; § 82 bezieht sich dagegen auf die Verletzung solcher Bestimmungen, die in den städtischen Steuerordnungen (vgl. § 2 d. Ges. v. 25. Mai 1873) zur Sicherstellung einer ordnungsmäßigen Erhebung und Verwaltung der gedachten Steuern getroffen sind.

b) Im Falle des § 81 ist unter den in Abs. 3 das. erwähnten Voraussetzungen ein Verwaltungsstrafverfahren überhaupt ausgeschlossen; sonst ist es nur in der Art einer freiwilligen Unterwerfung statthaft, deren Regelung allerdings von den Vorschriften der §§ 20, 21 VStG. erheblich abweicht.

Dagegen sind die Ordnungswidrigkeiten nach § 82 im Wege des Administrativprozesses zu erledigen, ohne daß die zuständige Verwaltungsbehörde befugt ist, „die Sache zum gerichtlichen Verfahren abzugeben" (anders § 3 Abs. 1 S. 1 VStG.). — Im übrigen dürften die Vorschriften des VStG. entsprechend anwendbar sein; nur ist eine Verwaltungsbeschwerde (§§ 38 ff. das.) ausgeschlossen; die Vollstreckung des „rechtskräftigen" Strafbescheides liegt ferner der Gemeinde ob.

§ 59.*)

Das Verfahren in den Fällen der §§ 17 und 22 des Gesetzes zum Schutze der Waarenbezeichnungen vom 12. Mai 1894 (Reichs-Gesetzbl. S. 441)[1)][2)] richtet sich ebenfalls nach den Vorschriften dieses Gesetzes.[3)–6)]

*) AB. 52 in Anm. 4, 53 in Anm. 5 und 54 in Anm. 6.

1) § 17: Ausländische Waaren, welche mit einer deutschen Firma und Ortsbezeichnung, oder mit einem in die Zeichenrolle eingetragenen Waarenzeichen widerrechtlich versehen sind, unterliegen bei ihrem Eingang nach Deutschland zur Einfuhr oder Durchfuhr auf Antrag des Verletzten und gegen Sicherheitsleistung der Beschlagnahme und Einziehung. Die Beschlagnahme erfolgt durch die Zoll- und Steuerbehörden, die Festsetzung der Einziehung durch Strafbescheid der Verwaltungsbehörden (§ 459 der Strafprozeßordnung).[a—c])

a) § 17 richtet sich gegen denjenigen, der im Auslande hergestellte Waren „unter falscher Flagge" nach Deutschland ein- oder auch nur durchführen will (vgl. AB. 52 Abs. 3). Die falsche Bezeichnung muß darin bestehen, daß entweder

α) eine deutsche (im Handelsregister eingetragene) Firma unter Angabe ihres deutschen Niederlassungsortes oder

β) widerrechtlich ein deutsches Warenzeichen angewandt ist. Die Bezeichnung muß auf der Ware selbst erfolgt sein; Anbringung auf der „Verpackung oder Umhüllung" reicht anders als in den Fällen der §§ 14 ff. WarZG. nicht aus.

b) Behauptet der Inhaber einer deutschen Firma oder eines deutschen Warenzeichens, daß sein Firmen- oder Zeichenrecht auf die in Anm. a angegebene Weise verletzt werde, so sind die von ihm zu bezeichnenden Warensendungen bei ihrem Eingange zu beschlagnahmen, sofern er dies bei der zuständigen Verwaltungsbehörde (§ 13_3 VStG. — unten Anm. 3 —) beantragt und die erforderliche Sicherheit leistet (AB. 53 in Anm. 5). Die Worte „bei ihrem Eingange" sind nicht streng auszulegen. Die Beschlagnahme ist statthaft, solange die Ware dem im Inland wohnenden Empfänger nicht ausgehändigt ist oder sich noch zum Zwecke der Durchfuhr im Deutschen Reiche befindet.

c) Nach erfolgter Beschlagnahme ist gegen den Einsender der Ware ein Verwaltungsstrafverfahren einzuleiten. Ergibt sich in diesem, daß die Behauptungen des Antragstellers zutreffen, so ist die Einziehung der beschlagnahmten Waren auszusprechen. Ist das Einziehungserkenntnis „rechtskräftig" geworden, so ist die geleistete Sicherheit zurückzugeben, soweit sie nicht zur Deckung der Kosten zu verwenden ist (vgl. Anm. 3 a. E.).

2) § 22. Wenn deutsche Waaren im Auslande bei der Einfuhr oder Durchfuhr der Verpflichtung unterliegen, eine Bezeichnung zu tragen, welche ihre deutsche Herkunft erkennen läßt, oder wenn dieselben bei der Zollabfertigung in Beziehung auf die Waarenbezeichnungen ungünstiger als die Waaren anderer Länder behandelt werden, so ist der Bundesrath ermächtigt, den fremden Waaren bei ihrem Eingang nach Deutschland zur Einfuhr oder Durchfuhr eine entsprechende Auflage zu machen, und anzuordnen, daß für den Fall der Zuwiderhandlung die Beschlagnahme und Einziehung der Waaren erfolge. Die Beschlagnahme erfolgt durch die Zoll- und Steuerbehörden, die Festsetzung der Einziehung durch Strafbescheid der Verwaltungsbehörden (§ 459 der Strafprozeßordnung).[a]

a) Die Stelle ist mit Rücksicht auf die englische Merchandise Marks Act von 1887 in das WarZG. aufgenommen. Von ihrer Erörterung wird abgesehen, da der Bundesrat von der ihm erteilten Ermächtigung bislang keinen Gebrauch gemacht hat.

3) Die im § 59 vorgeschriebene Anwendung der Bestimmungen des VStG. erleidet eine erhebliche Ausnahme: Während im sonstigen Geltungsbereich dieses Gesetzes das Administrativverfahren nur reichsrechtlich zugelassen ist, wird es in den §§ 17, 22 WarZG. reichsgesetzlich angeordnet. Daraus folgt, daß die Verwaltungsbehörde sich nicht gemäß § 3 Abs. 1 S. 1 VStG. der Entscheidung enthalten darf (AB. 52 Abs. 1 in Anm. 4). — Im übrigen bereitet die entsprechende Anwendung des VStG. keine

Schwierigkeiten: Zum Erlaß des Strafbescheides ist sachlich das Hauptamt zuständig (§ 5 Ziff. 4); örtlich kommt namentlich jedes Amt in Betracht, durch dessen Bezirk die Ware bis zur Beschlagnahme gegangen ist (vgl. Anm. 1b). Die Zuständigkeit zur Beschlagnahme ergibt sich aus § 13 Abs. 3. — Durchsuchung, vorläufige Festnahme und freiwillige Unterwerfung (§§ 17—21) sind nach Lage der Sache ausgeschlossen. Für die Untersuchung im Verwaltungswege sind die §§ 22ff. maßgebend. Gegen den Strafbescheid steht dem Absender der Ware als dem Beschuldigten (AB. 52 Abs. 3) die Beschwerde an die höhere Verwaltungsbehörde oder der Antrag auf gerichtliche Entscheidung zu. — Die Veräußerung der eingezogenen Waren erfolgt nach § 55 VStG. (AB. 54 in Anm. 6).

Die Kosten des Verfahrens endlich sind nach den allgemeinen Vorschriften dem verurteilten Beschuldigten aufzuerlegen. Können sie aber — wie wohl regelmäßig — von diesem nicht beigetrieben werden, so sind sie im Falle des § 17 WarZG. aus der vom Antragsteller geleisteten Sicherheit zu entnehmen (AB. 53); dagegen dürfen sie nicht etwa aus dem Erlös des Einziehungsgegenstandes bestritten werden (vgl. § 56 Anm. 5h).

4) **AB. 52:** In den Fällen des § 59 hat eine Abgabe der Sache zum gerichtlichen Verfahren vor Erlaß des Strafbescheides nicht zu erfolgen.[a])

Mit Rücksicht auf die Absicht des Gesetzes zum Schutze der Waarenbezeichnungen, eine schleunige Entscheidung unmittelbar vor dem Uebergange der Waare in den Inlandsverkehr herbeizuführen, ist ferner die Bestimmung in § 24 Abs. 2 des Verwaltungsstrafgesetzes vorzugsweise zur Anwendung zu bringen.[b])

Beschuldigter ist der Absender der Waare. Diesem ist auch der Strafbescheid bekannt zu machen.[c])

a) Über Abs. 1 vgl. Anm. 3 z. A.

b) Nach § 24_2 VStG. ist die Entscheidung ohne weiteres zu erlassen, wenn der Tatbestand hinreichend aufgeklärt ist. — Da die erkennende Behörde nach freiem pflichtmäßigen Ermessen zu bestimmen hat, ob und in welchem Umfange dem Erlaß des Strafbescheides noch weitere Ermittelungen vorangehen sollen, so erscheint Abs. 2 der AB. rechtlich unverbindlich. Es kommt hinzu, daß — sobald einmal die Beschlagnahme erfolgt ist — ein Bedürfnis zu besonderer Beschleunigung nicht mehr vorliegt.

c) Da der Absender regelmäßig im Ausland wohnen wird, so kommen für die Zustellung des Strafbescheides in erster Reihe die Ziffern m und n der AB. 9 in Betracht (§ 9 Anm. 3).

5) **AB. 53:** In den Fällen des § 17 des Gesetzes zum Schutze der Waarenbezeichnungen findet die Beschlagnahme und die Einziehung nur auf Antrag des Verletzten d. i. des eingetragenen Inhabers des widerrechtlich benutzten Waarenzeichens oder des zur Führung der mißbrauchten deutschen Firma Berechtigten und gegen Sicherheitsleistung statt.

Die Sicherheitsleistung hat in der Weise zu erfolgen, daß

1. der Antragsteller protokollarisch die Verpflichtung übernimmt, für alle aus seinem Antrage erwachsenden Kosten sowie die aus der Beschlagnahme etwa entstehenden Entschädigungsansprüche der Steuerverwaltung gegenüber unbedingt zu haften, und

2. gleichzeitig die Erfüllung der übernommenen Verpflichtung, und zwar mindestens in Höhe des voraussichtlichen Kostenbetrages und des durch die Rechnungen ermittelten oder durch Sachverständige abgeschätzten inländischen Werthes der Waare durch Hinterlegung von baarem Gelde oder

von Werthpapieren nach Maßgabe der Bestimmungen über die Sicherheitsbestellung bei Zoll- und Steuerkrediten gewährleistet wird.

Bei Gefahr im Verzuge kann die Beschlagnahme, falls die vollständige Zahlungsfähigkeit des Antragstellers amtskundig ist, auch vor der Sicherheitsleistung erfolgen. Dieselbe ist aber sofort aufzuheben, falls der Antragsteller die von ihm unverzüglich zu verlangende Sicherheitsleistung nicht ungesäumt bewerkstelligen sollte.[a)]

a) Man kann Bedenken haben, ob die AB. 53 Abs. 3 gegenüber dem Wortlaut des § 17 WarZG. rechtsgültig ist. Die Frage wird aber bejaht werden müssen, da jene Bestimmung wesentlich praktische Bedeutung besitzt.

6) **AB. 54:** Bei einer Veräußerung der in Beschlag genommenen Waare in den Fällen der §§ 17 und 22 des Gesetzes zum Schutze der Waarenbezeichnungen sind die Vorschriften über die Behandlung der eingezogenen Gegenstände in Zollstrafsachen ebenfalls anzuwenden,[a)] jedoch mit der weiteren Maßgabe, daß die widerrechtliche Bezeichnung der vorschriftswidrig eingeführten Waare von Amtswegen zu beseitigen ist, bevor die Waare in den freien Verkehr gesetzt wird. (Vgl. §§ 14 bis 16, 19 des genannten Gesetzes.)[b)]

a) Vgl. insbes. § 55 nebst AB. 49 u. Anm. 5.

b) Eine Wiedergabe der angeführten Paragraphen kann unterbleiben, da sie sich auf anderweitige Verstöße gegen das WarZG. beziehen. — Die Befugnis des Fiskus zur Beseitigung der widerrechtlichen Bezeichnung ergibt sich schon daraus, daß er durch die Einziehung Eigentümer der Ware geworden ist.

§ 60.

Die auf die Festsetzung der Landesstempelstrafen gegen Beamte und Notare durch die ihnen vorgesetzte Aufsichtsbehörde bezüglichen Bestimmungen, insbesondere die Vorschriften des § 19 des Stempelsteuergesetzes vom 31. Juli 1895 (Gesetz-Samml. S. 413),[1]) bleiben mit folgenden Maßgaben in Kraft:

a) Die Untersuchung und Festsetzung der Strafe erfolgt gegen Gerichtsbeamte und Notare durch den Präsidenten des Landgerichts, gegen sonstige unmittelbare Staatsbeamte durch den Vorsteher der für den Verwaltungszweig bestellten Provinzialbehörde und gegen mittelbare Staatsbeamte durch den Präsidenten der Regierung, in Berlin durch den Polizeipräsidenten, insoweit nicht eine den hiernach zur Entscheidung berufenen Beamten vorgesetzte Behörde nach diesen Bestimmungen zuständig ist.[2])

b) Gegen unmittelbare Staatsbeamte eines Verwaltungszweiges, für welchen eine Provinzialbehörde nicht besteht, erfolgt die Untersuchung und Festsetzung durch den Vorsteher der zunächst vorgesetzten Dienstbehörde.[2])

Ueber die Beschwerde entscheidet derjenige Minister, welcher der straffestsetzenden Behörde für den Verwaltungszweig, dem der Beamte angehört, vorgesetzt ist.[2])

Im Uebrigen sind die Vorschriften dieses Gesetzes maßgebend.[3—7])

1) Für gewisse Stempeldelikte der Beamten hatte bereits § 19 LStG. in Verb. mit den zugehörigen Ausführungs-

bestimmungen (vgl. Anm. 3—6) das Verwaltungsstrafverfahren in einigen Punkten besonders geregelt. Namentlich war die Zuständigkeit zur Untersuchung und Entscheidung abweichend von den allgemeinen Vorschriften — jetzt §§ 4—6 VStG. — geordnet. — § 60 hält nun die einschlägigen Bestimmungen im allgemeinen aufrecht (Abs. 1 z. A.). Von diesen Bestimmungen kommt hier zunächst nur § 19 selbst in Betracht, der folgendermaßen lautet:

§ 19. Festsetzung von Ordnungsstrafen gegen Beamte und Notare.

a) Unmittelbare oder mittelbare Staatsbeamte, einschließlich der Notare, b) c) welche bei ihren amtlichen Verhandlungen oder bei den im Auftrage oder Namens einer unmittelbaren oder mittelbaren Staatsbehörde mit Privatpersonen abgeschlossenen Verträgen die ihnen durch dieses Gesetz oder die zu dessen Ausführung erlassenen Vorschriften hinsichtlich der Versteuerung auferlegten Pflichten versäumen, d) sind, sofern nicht nach der Art des Vergehens wegen verletzter Amtspflicht eine höhere Strafe eintritt, mit einer Ordnungsstrafe bis zum Betrage des nicht verwendeten Stempels, jedoch nicht über einhundertfünfzig Mark zu belegen. e) f)

Die Privatpersonen, mit welchen die Verträge abgeschlossen sind, desgleichen die Inhaber oder Vorzeiger bleiben von Strafe frei.

Die Festsetzung der Strafen gegen Beamte und Notare erfolgt durch die ihnen vorgesetzte Aufsichtsbehördeg); die Ermäßigung oder Niederschlagung der Strafe kann durch dasjenige Ministerium angeordnet werden, zu dessen Verwaltung der Beamte gehört. h)

a) Abs. 1 (u. 2) des § 19 enthalten nur materielles Recht, Abs. 3 gibt dagegen die hier fragliche Sondervorschrift über das Verfahren. Um die Tragweite der letztern näher zu begrenzen, muß zunächst Abs. 1 kurz erörtert werden (vgl. Anm. b—f).

b) § 19 bezieht sich auf Ordnungswidrigkeiten der Staatsbeamten. Die besondere Erwähnung der Notare — die sich hier und im § 60 VStG. findet — ist im § 19 bedeutungslos. Die Notare sind gegenwärtig im ganzen Umfange der Monarchie gleichfalls Beamte (vgl. Artt. 77 ff. Preuß. FGG.). Aus dem Ausdruck „Staatsbeamte" folgt ferner, daß nur preußische Beamte in Frage kommen. Auf Stempeldelikte der Reichsbeamten findet § 19 LStG. und folgeweise auch § 60 VStG. keine Anwendung. Sollten sich diese bei ihren dienstlichen Verrichtungen gegen das LStG. vergehen, so könnte mangels einer besondern Strafvorschrift — die §§ 17, 18 das. beziehen sich nur auf „Privatpersonen" — lediglich disziplinare Ahndung eintreten (ebenso Bonnenberg § 60 Anm 2, Heinitz LStG. § 19 Anm. I 1 a). Dies gilt nicht bloß für „unmittelbare, d h. solche Reichsbeamte, welche vom Kaiser angestellt sind . . ., sondern auch [für] . . . die sog. mittelbaren, d. h. diejenigen Reichsbeamten, welche reichsverfassungsmäßig den Anordnungen des Kaisers Folge zu leisten verpflichtet sind . . ., insbesondere also [für] . . . Militär- und Zivilbeamte des Reichsheeres" (Heinitz a. O. Anm. I 1 b).

c) Gegenüber preußischen Beamten gelangt § 19 LStG. zur Anwendung einerlei, ob sie im unmittelbaren Staatsdienste stehen oder als „mittelbare Staatsbeamte" im Dienste eines Selbstverwaltungskörpers (Provinzen, Kreise, Stadt- und Landgemeinden, kirchliche Korporationen usw.) staatliche Funktionen ausüben.

d) Die Strafvorschrift des § 19 richtet sich gegen die Verletzung derjenigen Pflichten, die den Beamten „durch dieses Gesetz oder die zu dessen Ausführung erlassenen Vorschriften hinsichtlich der Versteuerung auferlegt" sind. Dabei kommen nur solche Pflichtverletzungen in Betracht, welche die Beamten in Ausübung ihrer dienstlichen Tätigkeit begehen: Der Ausdruck „amtliche Verhandlungen" muß im weitesten Sinne verstanden werden. Die besondere Hervorhebung der kraft amtlicher Befugnis mit Privatpersonen geschlossenen Verträge erscheint daneben überflüssig (vgl. auch Heinitz, LStG. § 19 Anm. I 4 a). — Beispiele für Pflichten, deren Nichtbeobachtung unter § 19 fallen würde, finden sich in den §§ 7 Abs. 3, 5; 9; 15; 30 Abs. 2, 3 LStG., außerdem in zahlreichen Bestimmungen der Ausführungsvorschriften.

e) Wie sich aus den Schlußworten des Abs. 1 ergibt, wird die Pflichtverletzung nur dann bestraft, wenn sie die Verwendung eines geringern als des gesetzlich erforderten Stempels oder überhaupt das Unterbleiben jeglicher Verstempelung zur Folge gehabt hat.

Im übrigen stellt die Zuwiderhandlung gegen § 19 ein reines „Formaldelikt“ dar (v. Liszt § 36 III 2). Es ist also weder erforderlich, daß der Beamte sich der objektiv begangenen Pflichtverletzung bewußt gewesen ist, noch daß er die erwähnte Folge seiner Pflichtversäumnis vorausgesehen hat.

f) § 19 enthält nur eine hilfsweise eintretende Strafvorschrift; stellt sich die Pflichtverletzung als ein Amtsvergehen dar, so ist sie lediglich nach den §§ 331 ff. StGB. zu ahnden. — Dagegen wird die Anwendung des § 19 dadurch nicht ausgeschlossen, daß der schuldige Beamte im Disziplinarwege mit einer härtern Strafe belegt wird; die gegenteilige Ansicht (Heinitz a. O. Anm. I 2) übersieht die begriffswesentliche Verschiedenheit zwischen krimineller und Disziplinarstrafe (vgl. v. Liszt § 58 II 1, III 1; sowie ferner §§ 3, 4 d. Gesetzes, betr. d. Dienstvergehen der nicht richterlichen Beamten v. 21. Juli 1852 — GS. S. 465 —).

g) § 19 LStG. bestraft die Verletzung amtlicher Pflichten; eine Zuwiderhandlung gegen diese Stelle wird daher durchgängig auch zugleich den Tatbestand eines Disziplinarvergehens erfüllen (vgl. § 1 Ziff. 1 d. Gesetzes, betr. die Dienstvergehen d. Richter v. 7. Mai 1851 [GS. S. 218] und § 2 Ziff. 1 d. Gesetzes v. 21. Juli

1852). Aus diesem Grunde hatte bereits § 19 Abs. 3 das Verwaltungsstrafverfahren in die Hände der Dienstvorgesetzten des schuldigen Beamten gelegt. Nach der Absicht des LStG. war die nächstvorgesetzte Dienstbehörde Trägerin des Verfahrens (so auch Heinitz a. O. Anm. III A 2). Infolgedessen waren auch die Vorsteher der Lokalbehörden gegenüber den ihnen nachgeordneten Beamten zur Untersuchung und Entscheidung gemäß § 19 zuständig. — Bei dieser Rechtslage war nicht nur die Zahl der in Betracht kommenden Verwaltungsstrafbehörden unverhältnismäßig groß; es bestand auch weiter die Befürchtung, daß gerade die Aufsichtsbehörden unterster Ordnung, die schon wegen der geringen Anzahl der ihnen unterstellten Beamten nur selten zur Anwendung des § 19 Veranlassung hatten, sich häufig mit den stempelrechtlichen Vorschriften nicht sonderlich vertraut machen konnten und deshalb im gegebenen Falle versagten (vgl. auch Begründung S. 2662) Daher hat das VStG. § 60 Ziff. a die Strafbefugnis den untern Aufsichtsbehörden im weiten Umfange entzogen (siehe im einzelnen Anm. 2).

h) Nach den Schlußworten des § 19 haben die dort bezeichneten Minister ein gesetzliches Begnadigungsrecht. Das VStG. hat an dieser Befugnis nichts geändert.

2) Nach § 19 in Verb. mit den abändernden und ergänzenden Vorschriften des § 60 Abs. 1 u. 2 bestimmt sich die Zuständigkeit der Aufsichtsbehörde folgendermaßen:

A. Erste Instanz:

Die Befugnis der hier genannten Behörden umfaßt in gleicher Weise die Untersuchung und den Erlaß des Strafbescheides.

Im übrigen ist zwischen den Gerichtsbeamten (einschl. der Notare) und den sonstigen Beamten zu unterscheiden:

I. Gerichtsbeamte (und Notare):

Zu jenen gehören nicht bloß die sog. richterlichen Beamten, sondern sämtliche Beamte, die bei den Gerichten der streitigen und freiwilligen Gerichtsbarkeit angestellt sind, endlich auch die Gerichtsvollzieher (Bonnenberg § 60 Anm. 4; Heinitz, LStG. § 19 Anm. III A 3b). Dagegen sind zur Gruppe I nicht die Beamten der Staatsanwaltschaft zu rechnen (vgl. unten II 1 a 7) und ebensowenig die Rechtsanwälte, letztere schon deshalb nicht, weil sie überhaupt keine Beamte sind.

Die unter I fallenden Beamten sind nun weiter nach dem Gesetze in zwei Gruppen zu zerlegen:

1. Beamte, über die der Landgerichtspräsident — sei es unmittelbar oder auch nur als höhere Instanz — die Dienstaufsicht führt. — Gegenüber diesen Beamten steht dem Landgerichtspräsidenten die Befugnis zur Untersuchung und zum Erlaß eines Stempelstrafbescheides zu (§ 60 Ziff. a z. A.). Dagegen kann der aufsichtführende Amtsrichter gegen die ihm unterstellten Beamten Strafbescheide nicht mehr erlassen. Der Dienstaufsicht des Landgerichtspräsidenten sind unterstellt: die sämtlichen Beamten der Land- und Amtsgerichte, die Notare (preuß. FGG. Art. 91), die Gerichtsvollzieher und endlich auch die Beamten der Dorf- und Ortsgerichte (preuß. FGG. Art. 104 ff., 122 f., Allerh. Verordnung v. 20. Dez. 1899 — GS. S. 640). Allerdings sind die Mitglieder des Dorfgerichts stets und die des Ortsgerichts wohl häufig (Art. 110 preuß. FGG., § 6 d. Verordnung) zugleich im Hauptamte Gemeinde- und daher mittelbare Staatsbeamte (unten II 2); dennoch unterstehen sie hinsichtlich ihrer nebenamtlichen Tätigkeit kraft ausdrücklicher Anordnung (Art. 110 Abs. 2 preuß. FGG., § 13 d. Verordnung) der Aufsicht des Amtsgerichts und daher mittelbar der des Landgerichtspräsidenten.

Eine besondere Stellung haben endlich die Beamten des größten preußischen Amtsgerichts, Berlin-Mitte (früher AG. I Berlin). Nach §§ 3, 4 des Gesetzes, betr. d. Führung d. Aufsicht bei dem Amtsgericht I . . . in Berlin v. 10. April 1892 — GS. S. 77 — sind die

Aufsichts- und Disziplinarbefugnisse, die sonst dem Präsidenten des Landgerichts zustehen, hinsichtlich der Beamten des eben erwähnten Gerichts einem besonderen Amtsgerichtspräsidenten, in höherer Instanz unmittelbar dem Kammergerichtspräsidenten übertragen. Bei dem engen Zusammenhange, der zwischen dem Strafrecht aus § 19 und der Disziplinarbefugnis besteht (Anm. 1 g), ist daher trotz der abweichenden Fassung des § 60 Ziff. a BStG. anzunehmen, daß gegenüber den Beamten des Amtsgerichts Berlin-Mitte der Amtsgerichtspräsident zum Erlaß von Stempelstrafbescheiden zuständig ist.

2. Beamte, die der Dienstaufsicht des Land(Amts)gerichtspräsidenten nicht unterliegen. Für sie gilt wieder der allgemeine Grundsatz des § 19 Abs. 3 (verb: „diese Bestimmungen" — § 60 Ziff. a a. E. —); es entscheidet also der Vorsteher der zunächst vorgesetzten Dienstbehörde, mithin gegen den Landgerichtspräsidenten und die bei den Oberlandesgerichten angestellten Beamten der Oberlandesgerichtspräsident, gegen den letzteren der Justizminister.

II. Sonstige Staatsbeamte:

1. Unmittelbare Beamte:

a) Beamte, die einer Provinzialbehörde unterstehen: Über Stempelvergehen entscheidet der Vorsteher der für den Verwaltungszweig des betreffenden Beamten bestehenden Provinzialbehörde. Dabei sind nach dem Vorbilde des in Anm. 1 f erwähnten Disziplinargesetzes § 24 Ziff. 2 als Provinzialbehörden insbesondere anzusehen:

1. für den Bereich der inneren Verwaltung: die Regierungen — Vorsteher: der Regierungspräsident, in Berlin das Polizeipräsidium und der Polizeipräsident (vgl. auch § 42 Abs. 3 LVG.);

2. für die Unterrichtsverwaltung (höhere Lehranstalten, Schullehrerseminare und Präparandenanstalten): die Provinzialschulkollegien — Vorsteher: der Oberpräsident

(vgl. dagegen hinsichtlich der Hochschulen — Universitäten usw. — unten Ziff. b);

3. für die Verwaltung der indirekten Steuern: die Provinzialsteuerdirektionen — Vorsteher: der Provinzialsteuerdirektor;

4. für die Bergverwaltung: die Oberbergämter — Vorsteher: der Berghauptmann;

5. für die Auseinandersetzungsbehörden: die Generalkommissionen — Vorsteher: der Präsident der Gen.-Kom.;

6. für die Eisenbahnverwaltung: die Eisenbahndirektionen — Vorsteher: der Eis.-Dir.-Präsident;

7. für die bei den staatsanwaltschaftlichen Behörden beschäftigten Beamten: der Oberstaatsanwalt.

Wie aus der hier gegebenen Aufstellung erhellt, gelten die Oberpräsidenten im Sinne des § 60 BStG. nicht als Provinzialbehörden der inneren Verwaltung (ebenso Allg. Verfügung d. Minist. d. Innern, betr. d. Zuständigkeit d. Regierungspräs. usw. v. 3. Febr. 1898 — Ministerialblatt d. inn. Verwalt. S. 36 —; vgl. auch § 4 d. Verordnung wegen verbesserter Einricht. d. Provinzialbehörden v. 30. April 1815 — GS. S. 85).

b) Beamte, die einer Provinzialbehörde nicht unterstehen; das Gesetz (§ 60 Ziff. b) spricht nicht ganz zutreffend von „Beamten eines Verwaltungszweiges, für welchen eine Provinzialbehörde nicht besteht“:

Zu diesen Beamten gehören in erster Reihe die Vorsteher der unter a benannten Provinzialbehörden, ferner z. B. die Beamten der Hochschulen (Universitäten, technischen, tierärztlichen und landwirtschaftlichen Hochschulen, Forstakademien usw.), der Seehandlung und der peußischen Zentralgenossenschaftskasse (hinsichtlich d. letzteren vgl. auch §§ 3, 4 Ziff. 1 d. Allerh. Verordnung über d. Rechtsverhältnisse d. Beamten d. preuß. Zentr.-Gen.-Kasse v. 2. Aug. 1899 — GS. S. 397).

Gegen die eben erwähnten Beamten entscheidet wiederum nach dem Grundsatze des § 19_3 LStG. der Vorsteher der zunächst vorgesetzten Dienstbehörde, also bei Stempelverstößen des Regierungs-, Generalkommissionspräsidenten und Provinzialsteuerdirektors der Oberpräsident (§ 1 Ziff. II d. Instruktion f. d. Oberpräsidenten v. 31. Dez. 1825 [GS. 1826 S. 1]), gegen den Oberpräsidenten gegebenenfalls derjenige Minister, als dessen „Kommissarius“ (§ 4 d. Verord. v. 30. April 1815) jener im Einzelfall tätig geworden ist, gegen die Universitätsbeamten der Kurator usf.

2. Mittelbare Staatsbeamte:

Zuständig ist regelmäßig der Regierungspräsident, in Berlin der Polizeipräsident. Eine Ausnahme gilt jedoch insoweit, als nach den bisherigen Bestimmungen eine den eben erwähnten Beamten vorgesetzten Behörde zur Entscheidung zuständig war (§ 60 Ziff. a g. E.); mit anderen Worten: ist die nächste Aufsichtsbehörde, dem der in Frage stehende mittelbare Staatsbeamte nachgeordnet ist, gleichzeitig dem Regierungs- oder Polizeipräsidenten vorgesetzt, so entscheidet nicht der letztere, sondern (der Vorsteher) jene(r) Aufsichtsbehörde. So erkennt gegen den Oberbürgermeister, den Bürgermeister und die Mitglieder des Magistrats von Berlin nicht der Polizeipräsident, sondern der Oberpräsident (§§ 7_2, 20 d. Zuständigkeitsgesetzes v. 1. Aug. 1883 — GS. S. 287 —), gegen den Landesdirektor (Landeshauptmann) und die im § 41 der Provinzialordnung v. $\frac{\text{29. Juli 1875}}{\text{22. März 1881}}$ genannten Provinzialbeamten der Minister des Innern (§ 98 Ziff. 1 und 5 das.), gegen die Beamten einer bischöflichen Behörde der Minister der geistlichen usw. Angelegenheiten.

B. Zweite Instanz:

Sie bildet derjenige Minister, welcher der in erster Instanz entscheidenden Behörde hinsichtlich des Verwaltungszweiges des bestraften Beamten vorgesetzt ist (§ 60 Abs. 2). So geht die Beschwerde gegen Strafbescheide des Landgerichtspräsidenten, Oberlandesgerichtspräsidenten und Oberstaatsanwalts an den Justizminister, gegen Strafbescheide des Regierungspräsidenten und Oberpräsidenten, sofern diese gegen Beamte der inneren Verwaltung gerichtet sind, an den Minister des Innern; hat dagegen der Oberpräsident in seiner Eigenschaft als Vorsitzender des Provinzialschulkollegiums erkannt, so gebührt die Beschwerdeentscheidung dem Kultusminister.

Die Beschwerde ist ausgeschlossen, wenn bereits in erster Instanz ein Minister entschieden hat.

3) Wie sich aus den Eingangsworten des § 60 ergibt, bleibt abgesehen von den zu § 60 Ziff. a gegebenen Änderungen nicht bloß § 19 LStG., sondern überhaupt „die auf die Festsetzung der Landesstempelstrafen gegen Beamte usw. bezüglichen Bestimmungen" in Kraft. Diese Vorschrift kann — da außer dem § 19 einschlägige gesetzliche Bestimmungen nicht bestehen, sich nur auf die zur Ausführung dieser Stelle erlassenen ministeriellen Anordnungen beziehen. In Betracht kommen hier in erster Reihe die Nr. 13 (14 und 15) der Dienstvorschriften, betr. Ausführung des Stempelsteuergesetzes v. 14. Febr. 1896 — ZBl. S. 93 — und § 22 der Allg. Verfügung, betr. d. gerichtliche Stempelwesen v. 29. Febr. 1896 — JMBl. S. 63 — (vgl. Anm. 5, 6). Nach allgemeinen Grundsätzen können die aufrecht erhaltenen Vorschriften auch nach dem Inkrafttreten des VStG. geändert und ergänzt werden. Eine solche Änderung ist mehrfach, hinsichtlich der Dienstvorschriften zuletzt durch Erlaß v. 28. August 1900 — ZBl. S. 485 —, hinsichtlich der Allg. Verfügung durch Erlaß v. 17. Juni 1900 — ZBl. S. 351, JMBl. S. 505 — erfolgt; eine Ergänzung siehe in Anm. 4. — Durch die gegenwärtige Fassung der Ausführungsbestimmungen sind die Vorschriften des VStG. — selbstverständlich abgesehen von den Zuständigkeitsnormen — fast durchgängig für anwendbar erklärt worden; die wenigen Besonderheiten sollen in den folgenden Anmerkungen hervorgehoben worden.

4) Erhalten die Hauptämter oder sonstigen Steuerstellen

Kenntnis von einer Verletzung des § 19 LStG., so wären sie an sich nach §§ 23 Abs. 1 S. 2, 60 Abs. 3 VStG. verpflichtet, eine entsprechende Anzeige unmittelbar „der zuständigen Untersuchungsbehörde", also im Einzelfall dem Landgerichtspräsidenten, Regierungspräsidenten usw. — Anm. 2 — einzureichen. Die Vorschrift des § 23 Abs. 1 S. 2 ist aber durch die Allg. Verfügung des Finanzministers v. 22. Okt. 1898 — ZBl. S. 416 — für Stempelkontraventionen der Beamten geändert; über die Zulässigkeit einer solchen Änderung vgl. Anm. 3. — Die Verfügung selbst bestimmt folgendes:

Strafanzeigen gegen Beamte und Notare, welche sich einer Stempelübertretung bei ihrer Amtsverwaltung schuldig gemacht haben, und sonstige Verhandlungen, aus denen sich eine derartige Stempelübertretung von Beamten und Notaren ergiebt, sind von den Hauptämtern und den ihnen unterstellten Steuerbehörden künftighin den Stempelsteuerämtern zur weiteren Veranlassung wegen dieser Zuwiderhandlung zu übersenden. Die Vorstände der Stempelsteuerämter haben alsdann nach § 11 der Anweisung für ihre Geschäftsführung darüber zu befinden, ob sie von einem Strafantrag absehen oder die Ahndung herbeiführen wollen.[a]) [b])

a) § 11 der Anweisung, der übrigens nicht bloß für Stempeldelikte der Beamten gilt, lautet folgendermaßen:

Die Vorstände [der Stempelsteuerämter] sind durch ihren Beruf verpflichtet, begangenen Stempelhinterziehungen und Ordnungswidrigkeiten hinsichtlich der Anwendung der Stempelgesetze nachzuforschen und die Ahndung derselben in den geeignet erscheinenden Fällen herbeizuführen.

b) Sehen die Vorstände von einem Strafantrage ab, so darf ein Strafbescheid nicht erlassen werden (vgl. Anm. 5; umgekehrt ist aber die entscheidende Behörde trotz Vorliegens eines Strafantrages nicht gehindert auf Einstellung zu erkennen, wenn sie „die Anwendung einer

Strafe nicht begründet [findet]" (§ 35 VStG.). — Die AV. 32 (bei § 34 Anm. 7) gilt hier nicht.

5) Für das weitere Verfahren gegen Gerichtsbeamte und Notare (Anm. 2 A I) bestimmt § 22 der in Anm. 3 erwähnten Allg. Verfügung in seiner gegenwärtigen Fassung folgendes:

§ 22 Strafverfahren.

Die Vorschriften des Verwaltungsstrafgesetzes vom 26. Juli 1897 (Gesetz-Samml. S. 237) finden nach § 60 auch auf die Festsetzung der Stempelstrafen gegen Gerichtsbeamte und Notare durch die Aufsichtsbehörden mit der Maßgabe Anwendung, daß, soweit nicht eine dem Landgerichtspräsidenten vorgesetzte Behörde als Aufsichtsbehörde zuständig ist, die Untersuchung und die Festsetzung der Strafe durch den Präsidenten des Landgerichts und die Entscheidung über Beschwerden durch den Justizminister erfolgt.

Der Strafbescheid ist nach anliegendem Muster zu erlassen.[a]) [b]) In dem Strafbescheide sind dem Beschuldigten die Kosten des Verfahrens aufzuerlegen (§§ 45 bis 47 des Gesetzes vom 26. Juli 1897). Als Kosten des Verfahrens kommen nach § 45 baare Auslagen nach Maßgabe der §§ 113, 114 Pr. GKG., insbesondere Schreibgebühren und Postgebühren zum Ansatz;[c]) baare Auslagen sind auch für die von Amtswegen erfolgenden Zustellungen anzusetzen, da § 118 Pr. GKG. nicht für anwendbar erklärt ist. Der Ausfertigungsstempel für Strafbescheide und Beschwerdebescheide ist nur zu erheben, wenn der Betrag der Strafe einhundertfünfzig Mark übersteigt.[d]) [e])

Der Strafbescheid ist durch Zustellung oder durch Verkündung (Eröffnung zu Protokoll) bekannt zu machen.[f])

Für die Ausführung von Zustellungen gelten die Bestimmungen der Civilprozeßordnung über Zustellungen von Amtswegen.[g])

Die festgesetzten Ordnungsstrafen nebst den Kosten des Verfahrens, einschließlich des Ausfertigungsstempels und der dem Beschwerdeführer im Beschwerdebescheide zur Last gelegten Kosten, werden von der Gerichtskasse vereinnahmt.

Die Landgerichtspräsidenten werden ermächtigt, von der Festsetzung einer Ordnungsstrafe abzusehen, wenn nach den Umständen des Falles, insbesondere mit Rücksicht auf die Zweifelhaftigkeit der Verpflichtung zur Entrichtung eines Stempels, die Zuwiderhandlung gegen die Vorschriften des Stempelsteuergesetzes nach ihrem pflichtmäßigen Ermessen als entschuldbar erscheint. b) Hat der Vorstand des Stempelsteueramts bei einer zu seiner Kenntniß gelangten Zuwiderhandlung von Stellung eines Strafantrages Abstand genommen, so hat die Festsetzung einer Ordnungsstrafe zu unterbleiben. i)

a) Das Muster zum Strafbescheid hat folgenden Wortlaut:

Der Landgerichtspräsident. . . . . . ., den . . . . . .

Strafbescheid.

In der Stempelstrafsache
gegen
wird gegen den Beschuldigten auf Grund des § 19 des Stempelsteuergesetzes vom 31. Juli 1895 (Gesetz-Samml. S. 413) eine Ordnungsstrafe von . . . *M*, in Buchstaben: „. . . . . Mark“ festgesetzt. Der Beschuldigte hat die Kosten des Verfahrens zu tragen.

Gründe:*)

Gegen diesen Strafbescheid steht dem Beschuldigten offen nach seiner Wahl

entweder

den Antrag auf gerichtliche Entscheidung

oder

die Beschwerde an den Herrn Justizminister

binnen einer Woche nach der Bekanntmachung dieses Strafbescheides bei mir oder bei der Behörde, welche den Strafbescheid bekannt gemacht hat, anzubringen. Die Ergreifung des einen Rechtsmittels hat den Ausschluß des andern zur Folge.

Wird keines der bezeichneten Rechtsmittel rechtzeitig an zuständiger Stelle eingelegt, so wird der Strafbescheid vollstreckbar. Die Strafe mit den sich aus anliegender Berechnung ergebenden Kosten des Verfahrens ist binnen einer Woche nach Eintritt der Vollstreckbarkeit, bei Vermeidung der Zwangsvollstreckung, an die Gerichtskasse in . . . . zu zahlen.

Berechnung:

Es sind zu zahlen:

1. Strafe . . . . *M* . . . . *S*
2. Kosten
   a) Stempel . . . *M* . . . . *S*
   b) Postgebühren . . „ . . . . „
   c) Schreibgebühren . „ . . . . „
   d) Sonstige Auslagen „ . . . . „

zusammen . . . . . *M* . . . . *S*

Summe . . . . . *M* . . . . *S*

*) In den Gründen sind auch die Beweismittel anzugeben.

b) Im übrigen ist zum Inhalt des Strafbescheides die Vorb. A vor § 36 zu vergleichen.

c) Zu §§ 113, 114 Preuß. GKG. siehe oben § 45 Anm. 3, 4.

d) Die Voraussetzungen des Abs. 2 a. E. können nur dann zutreffen, wenn der Strafbescheid sich auf mehrere Stempeldelikte bezieht (§ 19 Abs. 1 LStG; § 78 StGB.).

e) Der Strafbescheidsstempel aus Tarifstelle 62 ist nicht zu erheben, da der Landgerichtspräsident keine „Finanzbehörde" ist.

f) Während im allgemeinen die Bekanntmachung durch Zustellung die Regel bildet (AB. 35 S, 1 bei § 37

Anm. 4), wird gerade gegenüber Beamten die protokollarische Eröffnung häufig im Sach- und Kosteninteresse vorzuziehen sein (vgl. auch AB. 36 Abs. 2 bei § 37 Anm. 5).

g) Abs. 4 enthält eine Abweichung von den §§ 8, 9 BStG. nebst der AB. 9.

h) Zu Abs. 6 S. 1: Die den Landgerichtspräsidenten eingeräumte Ermächtigung gilt selbstredend auch für die Präsidenten der Oberlandesgerichte, soweit diese zur Entscheidung zuständig sind.

i) Aus Abs. 6 S. 2 ergibt sich, daß die Landgerichtspräsidenten, sofern kein Strafantrag seitens des Vorstandes des Stempelsteueramts vorliegt, sich vor Erlaß eines Strafbescheides zweckmäßig erst mit jenem ins Benehmen zu setzen haben.

6) Für das weitere Verfahren gegen die nicht-gerichtlichen Beamten (Anm. 2 A II) bestimmt die Ziff. 13 der Dienstvorschriften in der Fassung v. 28. August 1900 (oben Anm. 3) folgendes:

Die gegen Staatsbeamte und Notare auf Grund des § 19 des Gesetzes festzusetzenden Strafen sind nicht Disziplinar-, sondern eigentliche Stempelsteuerstrafen. Auf das Verfahren bei Festsetzung derselben finden die Vorschriften des Gesetzes, betreffend das Verwaltungsstrafverfahren ... vom 26. Juli 1897 (GS. S. 237) nach § 60 daselbst mit der Maßgabe Anwendung, daß die Untersuchung und die Festsetzung der Strafe durch die in dem genannten Paragraphen bestimmte Aufsichtsbehörde bzw. deren Vorsteher und die Entscheidung über Beschwerden durch den daselbst bezeichneten Minister erfolgt.[a])

Der Strafbescheid ist nach dem Muster 1 ... zu erlassen.[b]) In dem Strafbescheide sind dem Beschuldigten die Kosten des Verfahrens aufzuerlegen (§§ 45 bis 47 des Gesetzes vom 26. Juli 1897). Als Kosten des Verfahrens kommen nach § 45 baare Auslagen nach Maßgabe der §§ 113 und 114 des Preuß. GKG., insbesondere Schreibgebühren und Postgebühren zum Ansatz.[c]) Daneben ist zu der Ausfertigung der Strafbescheide und der Beschwerdebescheide der tarifmäßige Ausfertigungsstempel zu verwenden, wenn der Betrag der Strafe einhundertfünfzig Mark übersteigt.[d])

Der Strafbescheid ist durch Zustellung oder durch Verkündung (Eröffnung zu Protokoll) bekannt zu machen.[e])

Für die Ausführung von Zustellungen finden die Bestimmungen der Civilprozeßordnung über Zustellungen von Amtswegen (§§ 208 fg. RGBl. 1898 S. 410) entsprechende Anwendung.[f])

Wegen des Verfahrens bei Verhängung von Stempelstrafen gegen Gerichtsbeamte und Notare ist zu vergleichen . . . [folgt der Hinweis auf die in Anm. 5 abgedruckten Bestimmungen].

Die zur Festsetzung von Stempelstrafen gegen Beamte befugten Aufsichtsbehörden sind verbunden, nach dem anliegenden Muster b[g]) Stempelstrafverzeichnisse zu führen, welche in 7 Spalten zu enthalten haben:

a) die fortlaufende Nummer,
b) den Namen, Dienststellung und Wohnort des Beamten,
c) den Gegenstand der Stempelsteuerhinterziehung (z. B. Nichtversteuerung der Genehmigung einer Lustbarkeit),
d) die Nummer der zur Anwendung kommenden Tarifstelle,
e) das Datum des Strafbescheides,
f) den Betrag der Ordnungsstrafe,
g) Bemerkungen (z. B. über den ergriffenen Rekurs, die Gründe etwaiger Rückstände u. s. w.).

Aus diesen Verzeichnissen haben die Behörden Auszüge über die innerhalb jeden Vierteljahrs vorgekommenen Straffälle zu fertigen und sie in beglaubigter Form nach Ablauf eines jeden Vierteljahrs an den Provinzialsteuerdirektor einzusenden. Wenn im Laufe eines Vierteljahrs keine Stempelstrafen festgesetzt worden sind, so ist eine

Anzeige hierüber an den Provinzialsteuerdirektor nicht erforderlich, jedoch ist unter dem nächsten einzusendenden Auszuge zu bescheinigen, daß in den früheren Vierteljahren keine Stempelstrafen einzuziehen gewesen sind. Im Interesse einer möglichst gleichmäßigen Handhabung des Strafverfahrens hat der Provinzialsteuerdirektor zu prüfen, ob bei den einzelnen Straffestsetzungen überall nach den bestehenden Bestimmungen verfahren ist und, wo es ihm zur Aufklärung des Sach- und Rechtsverhältnisses nothwendig erscheint, die über die Untersuchung geführten Verhandlungen einzufordern. Der Justitiarius bzw. das die Stempelsteuersachen bearbeitende Mitglied der Provinzialsteuerdirektion hat auf jedem Auszuge zu vermerken, daß derselbe von ihm nach den gesetzlichen Bestimmungen geprüft worden ist. Nach bewirkter Prüfung bzw. nach Erledigung der gezogenen Erinnerungen weist der Provinzialsteuerdirektor dasjenige Hauptamt, in dessen Bezirk die Behörde, von welcher die Strafe eingezogen ist, ihren Sitz hat, zur Vereinnahmung des Betrages an und läßt der bezeichneten Behörde Abschrift dieser Anweisung zugehen. Die Behörde hat den angewiesenen Betrag binnen zwei Wochen nach dem Eingang der Verfügungsabschrift an das zuständige Hauptamt abzuführen.

Die gegen Beamte der Justizverwaltung festgesetzten Ordnungsstrafen werden von den Gerichtskassen vereinnahmt, so daß hinsichtlich dieser Strafen die vorstehenden Bestimmungen über Führung von Stempelstrafverzeichnissen und Einreichung von Auszügen aus denselben nicht zur Anwendung kommen.

a) Zu Abs. 1 vgl. die Anm. 2 Ziff. A II und B.

b) Das Muster zum Strafbescheid lautet folgendermaßen:

Firma. . . . . . ., den . . . .

Strafbescheid.

In der Stempelstrafsache

gegen

wird gegen den Beschuldigten auf Grund des § 19 des Stempelsteuergesetzes vom 31. Juli 1895 (Gesetz-Samml. S. 413) eine Ordnungsstrafe von . . . Mark, in Buchstaben: „. . . . . Mark" festgesetzt. Der Beschuldigte hat die Kosten des Verfahrens zu tragen.

Gründe.*)

Gegen diesen Strafbescheid steht dem Beschuldigten offen, nach seiner Wahl

entweder

den Antrag auf gerichtliche Entscheidung

oder

die Beschwerde an . . . .

binnen einer Woche nach der Bekanntmachung dieses Strafbescheides bei mir oder bei der Behörde, welche den Strafbescheid bekannt gemacht hat, anzubringen. Die Ergreifung des einen Rechtsmittels hat den Ausschluß des anderen zur Folge.

Wird keines der bezeichneten Rechtsmittel rechtzeitig an zuständiger Stelle eingelegt, so wird der Strafbescheid vollstreckbar. Die Strafe mit den sich aus anliegender Berechnung ergebenden Kosten des Verfahrens ist binnen einer Woche nach Eintritt der Vollstreckbarkeit, bei Vermeidung der Zwangsvollstreckung, an . . . . zu zahlen.

Berechnung:

Es sind zu zahlen:

1. Strafe . . . . ℳ . . . ₰
2. Kosten
   a) Stempel . . . . . . ℳ . . . ₰
   b) Postgebühren . . . „ . . . . „
   c) Schreibgebühren . . „ . . . . „
   d) Sonstige Auslagen . . „ . . . . „

zusammen . . . . . ℳ . . . ₰

Summe . . . . . ℳ . . . ₰

*) In den Gründen sind auch die Beweismittel anzugeben.

c) Zu §§ 113, 114 Preuß. GKG. siehe Anm. 3, 4 zu § 45.

d) Zu Abs. 2 a. E. vgl. Anm. 5d und e.

e) Vgl. Anm. 5f.

f) Zu Abs. 4: Abweichend von § 22 der Allg. Verf. — Anm. 5 — ordnet Nr. 13 der Dienstvorschriften nur eine „entsprechende" Anwendung der §§ 208 ff. CPO. an. Daher tritt an Stelle des „Gerichtsschreibers" ein Sekretär derjenigen Behörde, deren Vorsteher den Strafbescheid erlassen hat, an Stelle des „Gerichtsdieners" (§§ 211 f.) ein Bote der genannten Behörde. — Im übrigen vgl. Anm. 5g.

g) Muster b wird nicht mit abgedruckt. — Wenn übrigens Abs. 6 Ziff. g von einem „Rekurs" spricht, so bezieht sich dieser Ausdruck noch auf die Zeit vor Inkrafttreten des VStG. Jetzt ist statt dessen „Beschwerde" zu lesen.

7) Soweit sich nicht aus den Anm. 2, 4, 5g und 6f etwas anderes ergibt, finden die Vorschriften des VStG. ausnahmslos Anwendung. Insbesondere ist auch hier die Aufnahme einer Unterwerfungsverhandlung (§§ 20 f.) statthaft. — Ebenso ist gegen den Strafbescheid der Aufsichtsbehörde der doppelte Rechtsmittelzug, neben der Beschwerde der Antrag auf gerichtliche Entscheidung, gegeben.

§ 61.

Auf die in den Steuergesetzen vorgesehenen Erzwingungs- und Vertragsstrafen sind die Vorschriften dieses Gesetzes nicht anwendbar.[1])[2])

Die Militärgerichtsbarkeit wird nicht berührt.[3]) Das Gleiche gilt für das Verwaltungsverfahren in Verkehrsabgabestrafsachen.[4])

1) Zu Abs. 1 bemerkt die Begründung S. 2670: „Für die Exekutiv- und Konventionalstrafen gelten besondere Regeln ... Namentlich ist gegen die Festsetzung solcher Strafen der Antrag auf gerichtliche Entscheidung nicht zulässig. Die Beschwerde ist an eine Frist nicht gebunden usw." (vgl. auch Motive zur RStPO. S. 233).

2) Beispiele für Erzwingungsstrafen: § 40 Abs. 2 TStG. („Unbeschadet der erkannten Ordnungsstrafen kann die Steuerbehörde die Beobachtung der Vorschriften im § 22 ... durch Androhung und Einziehung von exekutivischen Geldstrafen bis zu 300 Mk. erzwingen ..."); ferner § 31 BrwStG. von 87, § 21 SchStG., § 57 ZStG., § 22 ZigStG., § 49 BrauStG.; vgl. auch § 42 Abs. 4 ErbStG. — Nach § 44 TStG., 34 BrwStG. und 60 ZStG. kann eine unbeitreibliche Erzwingungsstrafe sogar in Freiheitsstrafe umgewandelt werden. Die Umwandlung erfolgt — da § 463 StPO. nicht anwendbar ist — durch die Verwaltungsbehörde (a. M. Bonnenberg § 57 Anm. 26, nach welchem es überhaupt an einer zur Umwandlung befugten Stelle fehlt).

3) Maßgebend ist jetzt die Militärstrafgerichtsordnung vom 1. Dez. 1898 (RGBl. S. 1189). § 2 das. bestimmt:

Den bürgerlichen Behörden bleibt die Untersuchung und Entscheidung wegen Zuwiderhandlungen gegen Finanz- ... Gesetze, sowie gegen Verordnungen dieses Inhalts überlassen, wenn die Handlung nur mit Geldstrafe und Einziehung oder mit einer dieser Strafen bedroht ist.[a)][b)] Der Vollzug der an die Stelle der Geldstrafe tretenden Freiheitsstrafe ist mittelst Ersuchens der Militärbehörde zu bewirken.[c)] War die Geldstrafe wegen Zuwiderhandlung gegen die Vorschriften über die Erhebung öffentlicher Abgaben und Gefälle durch Strafbescheid der Verwaltungsbehörde festgesetzt, so erfolgt die Umwandlung in eine Freiheitsstrafe durch den zuständigen Gerichtsherrn nach Maßgabe des § 463.[d)][e)]

a) Zu S. 1: Unter „bürgerlichen Behörden" sind —

wie schon S. 3 ergibt — nicht bloß die bürgerlichen Strafgerichte, sondern auch die Zoll- und Steuerbehörden mitzuverstehen. — Die Zuständigkeit aus S. 1 entfällt, sobald mit der Verletzung des Finanzgesetzes zugleich ein Delikt des gemeinen Strafrechts ideell konkurriert. Da ferner die der MilStGO. unterliegenden Personen (vgl. § 1 das.) wohl kaum jemals wegen eines Steuervergehens festgenommen werden, so ergibt sich, daß überall dort, wo kraft Reichsrechts die Zuständigkeit der bürgerlichen Behörden eintritt, auch nach § 2 Abs. 1 BStG. die Verwaltungsbehörden zur Entscheidung befugt sind.

Anders verhält es sich mit der Zuständigkeit zur Untersuchung: nach § 1 BStG. kommt sie den Administrativbehörden hinsichtlich sämtlicher Steuervergehen zu, auch derjenigen, die mit Freiheitsstrafe bedroht sind (vgl. Einl. §§ 1 III, 2 II 1); § 2 S. 1 MilStGO. beruft dagegen die bürgerlichen Behörden auch zur Untersuchung nur in den Fällen, in welchen ihnen zugleich die Befugnis zur Entscheidung verliehen ist.

b) Soweit nicht S. 1 durchgreift, können die Verwaltungsbehörden Untersuchungshandlungen gegenüber den der Militärgerichtsbarkeit unterliegenden Personen nur bei Gefahr im Verzuge vornehmen; sie haben hier gemäß § 153 Abs. 3 S. 1 MilStGO. „bis zum Einschreiten des Gerichtsherrn alle keinen Aufschub gestattenden Anordnungen zu treffen, um die Verdunkelung der Sache zu verhüten“.

c) S. 2 kann nur in Frage kommen, wenn die Strafe durch gerichtliches Urteil festgesetzt ist (vgl. S. 3).

d) § 463 MilStGO. bestimmt:

Kann eine verhängte Geldstrafe nicht beigetrieben werden, und ist die Festsetzung der für diesen Fall eintretenden Freiheitsstrafe unterlassen worden, so ist die Geldstrafe durch Verfügung des Gerichtsherrn der höheren Gerichtsbarkeit in die entsprechende Freiheitsstrafe umzuwandeln. Die Verfügung ist von einem richterlichen Militärjustizbeamten mit zu unterzeichnen.

e) Für das Verfahren zwecks Herbeiführung der Umwandlung gilt entsprechend § 57 Abs. 1 (vgl. Anm. 1 bis 5 das.). Die Gerichtsherren der höhern Gerichtsbarkeit (oben Ziff. d) ergeben sich aus den §§ 20 ff. MilStGO. Regelmäßig kommen für den Erlaß der Umwandlungsverfügung nur der Divisionskommandeur, in Berlin der Gouverneur, in den großen Festungen der Gouverneur oder Kommandant in Betracht (vgl. §§ 20, 30 MilStGO.). Die Strafvollstreckung aus der Umwandlungsverfügung erfolgt auf Anordnung des Gerichtsherrn (§ 451 das.).

4) Das Verwaltungsstrafverfahren in Verkehrsabgabestrafsachen ist jetzt im engsten Anschluß an das VStG. in dem Gesetze, betr. die Hinterziehung und Überhebung von Verkehrsabgaben v. 2. Mai 1900 — GS. S. 123 — geordnet; vgl. ferner Ausführungsvorschriften zu diesem Gesetze v. 12. Sept. 1900 — Ministerialblatt f. d. innere Verwalt. S. 274 —, sowie Verfügung v. 10. Juli 1901 — das. S. 203 — und endlich Allg. Verfügung des Finanzministers v. 19. Okt. 1902 — ZBl. S. 282 —. Ein reichsrechtlich geregeltes Verwaltungsstrafverfahren in Verkehrsabgabesachen enthält das Gesetz, betr. die Gebühren f. d. Benutzung d. Kaiser Wilhelm-Kanals v. 20. Juni 1899 (RGBl. S. 315) — vgl. Einl. § 1 Anm. 2 —.

§ 62.

Dieses Gesetz tritt am 1. Oktober 1897 in Kraft.[1]) Dasselbe findet auf alle an diesem Tage anhängigen, hierher gehörigen Verwaltungsstrafsachen Anwendung, sofern der Strafbescheid noch nicht bekannt gemacht ist.

1) Das Datum ist vom Abgeordnetenhause in dritter Lesung eingefügt worden (Stenographische Berichte S. 3119).

§ 63.

Vom 1. Oktober 1897 sind alle auf das Verwaltungsstrafverfahren bei den betroffenen Zuwiderhandlungen bezüglichen landesgesetzlichen Vorschriften aufgehoben, soweit sie nicht in diesem Gesetz aufrechterhalten sind.[1])

Soweit in anderen Vorschriften auf Bestimmungen der aufgehobenen Gesetze verwiesen wird, treten die entsprechenden Bestimmungen dieses Gesetzes an die Stelle.

1) Solche Vorbehalte finden sich in den §§ 3 Abs. 3, 17, 18 und 60.

§ 64.

Der Finanzminister ist mit der Ausführung dieses Gesetzes beauftragt und zum Erlaß von Ausführungsvorschriften ermächtigt.

Urkundlich unter Unserer Höchsteigenhändigen Unterschrift und beigedrucktem Königlichen Insiegel.

Gegeben Molde an Bord M. Y. „Hohenzollern", den 26. Juli 1897.

(L. S.)

Wilhelm.

Fürst zu Hohenlohe. v. Miquel. Thielen. Bosse.
Frhr. v. d. Recke. Brefeld. v. Goßler.
Gr. v. Posadowsky.

Sachregister.

(Die großen Zahlen bedeuten die Seiten, die kleinen Zahlen [und Buchstaben] die Anmerkungen.)

A.

B.

D.

P.

R.

V.

Z.

Druck von A. W. Hayn's Erben, Potsdam.

Verzeichnis

der

Guttentag'schen Sammlung Deutscher Reichs- und Preussischer Gesetze

Text-Ausgaben

mit Anmerkungen u. Sachregister

Guttentag'sche Sammlung

Deutscher Reichsgesetze.

Text-Ausgaben mit Anmerkungen. Taschenformat.

---

1. **Verfassung** des Deutschen Reichs. Gegeben Berlin, den 16. April 1871. Von Dr. **L. von Rönne.** Neunte Auflage von Landrat **Paul von Rönne.** 1904. 2 M. 40 Pf.

2. **Strafgesetzbuch** für das Deutsche Reich. Nebst den gebräuchlichsten Reichs-Strafgesetzen: Presse, Entziehung elektrischer Arbeit, Personenstand, Kranken-, Unfall-, Invalidenversicherung, Gewerbeordnung, unlauterer Wettbewerb, Depot- und Börsengesetz, gewerbliche Kinderarbeit usw. Von Dr. **H. Rüdorff.** Zweiundzwanzigste Auflage von Dr. **H. Appelius,** Kammergerichtsrat. 1907. 1 M. 50 Pf.

3. **Militärstrafgerichtsordnung** nebst Einführungsgesetz und Gesetz, betreffend die Dienstvergehen der richterlichen Militärjustizbeamten und die unfreiwillige Versetzung derselben in eine andere Stelle oder in den Ruhestand. Bearbeitet von Dr. **Paul Herz,** Senatspräsident am Reichsmilitärgericht. Dritte Aufl. 1902.
Aus dem Handel gezogen.

4. **Handelsgesetzbuch vom 10. Mai 1897** unter Ausschluß des Seerechts. Mit den ergänzenden Vorschriften des Bürgerlichen Gesetzbuchs und Erläuterungen herausgegeben von **F. Litthauer,** Justizrat Dreizehnte Aufl. herausgeg. von Geh. Justizrat Prof. Dr. **A. Mosse,** Oberlandesgerichtsrat 1905. 3 M.

5. Allgemeine Deutsche **Wechselordnung.** Neunte Auflage von Justizrat Dr. **J. Stranz** und Rechtsanwalt Dr. **M. Stranz,** und das Reichsgesetz über die **Wechselstempelsteuer.** Von Regierungsrat **P. Loeck.** Achte Auflage. 1906. 3 M.

6. **Gewerbeordnung** für das Deutsche Reich nebst allen Ausführungsbestimmungen. Ursprünglich herausgegeben von **T. Ph. Berger** und Dr. **L. Wilhelmi.** Siebzehnte Auflage bearbeitet von Oberverwaltungsgerichtsrat **H. Spangenberg.** 1907. 3 M.

7. Die deutsche **Post- und Telegraphen-Gesetzgebung.** Nebst dem Weltpostvertrag und dem internationalen Telegraphenvertrag. Von Wirkl. Geh. Rat Dr. **Fischer.** Fünfte Auflage bearbeitet von Geh. Postrat Dr. **M. König.** 1902. 3 M.

8. Die Reichsgesetze über den **Unterstützungswohnsitz** in der Fassung der Novelle vom 12. März 1894, **die Freizügigkeit, den Erwerb und Verlust der Bundes- und Staatsangehörigkeit,** nebst allen landesgesetzlichen Bestimmungen. Von Geheimrat Dr. **J. Krech,** Mitglied des Bundesamtes für das Heimatwesen. Sechste Auflage. 1907. 3 M.

9a. Sammlung **kleinerer privatrechtlicher Reichsgesetze.** Von **F. Vierhaus.** Zweite Auflage in Vorbereitung.

9. Sammlung **kleinerer strafrechtlicher Reichsgesetze.** Mit den Entscheidungen des Reichsgerichts bearbeitet von **M. Werner,** Geh. Ober-Regierungsrat. Zweite Auflage. 1903. 3 M.

Inhalt: Inhaberpapiere — Presse — Personenstand — Urheberrechtsgesetzgebung — Rinderpest — Nahrungs- und Genußmittel — Sprengstoff — Feingehalt von Gold- und Silberwaren — Patentgesetz — Handfeuerwaffen — Gebrauchsmusterschutz — Militärische Geheimnisse — Warenbezeichnung — unlauterer Wettbewerb — Auswanderung — Margarine — Wein — Sklavenraub — Fleischbeschau — Reichsseuchengesetz — Süßstoff — Reichskassenscheine.

10. Das **Reichsbeamtengesetz** vom 31. März 1873 und seine Ergänzungen. Erläutert von **J. Pieper,** Geh. Ober-Reg.-Rat. Zweite Auflage. 1901. 4 M. 50 Pf.

11. **Zivilprozeßordnung mit Gerichtsverfassungsgesetz** in den neuesten Fassungen. Unter besonderer Berücksichtigung der Entscheidungen des Reichsgerichts herausgegeben mit Anmerkungen zunächst von **R. Sydow,** Unterstaatssekretär, weiter bearbeitet von **L. Busch,** Reichsgerichtsrat. Zehnte Auflage. 8°. 1905. 6 M.

Dieser Band ist in größerem Format erschienen!

12. **Strafprozeßordnung und Gerichtsverfassungsgesetz** nebst den Gesetzen, betreffend die Entschädigung der im Wiederaufnahmeverfahren freigesprochenen Personen und die Entschädigung für unschuldig erlittene Untersuchungshaft. Von Dr. **A. Hellweg,** Reichsgerichtsrat. Vierzehnte Auflage. 1907. 2 M.

13. **Konkursordnung und Anfechtungsgesetz.** Von **R. Sydow.** Weiter bearbeitet von **L. Busch.** Zehnte Auflage. 1906. 2 M. 25 Pf.

14. **Gerichtsverfassungsgesetz** mit Einführungsgesetz. Herausgegeben von **R. Sydow** und **L. Busch.** Neunte Auflage. 1905. 1 M. 50 Pf.

15. **Das Deutsche Gerichtskostengesetz** nebst den Gebührenordnungen für Gerichtsvollzieher, Zeugen und Sachverständige. Herausgegeben mit Kostentabellen von **R. Sydow.** Weiter bearbeitet von **L. Busch.** Achte Auflage. 1907. 2 M.

16. **Rechtsanwaltsordnung.** Von **R. Sydow.** Sechste Auflage von Justizrat **M. Jacobsohn.** 1907. 1 M. 20 Pf.

17. **Die Deutsche Gebührenordnung für Rechtsanwälte und das Preußische Gebührengesetz** vom 27. September / 6. Oktober 1899. Von **R. Sydow** und **L. Busch.** Siebente Auflage. 1903. 1 M. 60 Pf.

18. **Reichsstempelgesetz (Börsensteuer, Frachturkunde, Kraftfahrzeuge, Personenfahrkarte, Tantieme für Aufsichtsratsmitglieder).** In der Fassung des Gesetzes vom 3. Juni 1906. Nebst Ausführungsbestimmungen, den Entscheidungen der höchsten Verwaltungsbehörden und des Reichsgerichts Neunte Auflage von **P. Loeck,** Regierungsrat. 1906. 4 M. 50 Pf.

Dieser Band ist in größerem Format erschienen!

19. **Die Seegesetzgebung.** Von Dr. **W. E. Knitschky.** Dritte Auflage bearbeitet von Oberlandesgerichtsrat **Otto Rudorff** in Hamburg. 1902. 4 M. 50 Pf.

20. **Krankenversicherungsgesetz.** Von weil. Dr. **E. von Woedtke,** Direktor im Reichsamte des Innern. Elfte Auflage bearbeitet von Dr. **G. Eucken-Addenhausen,** Geh. Reg.-Rat und vortr. Rat im Reichsamte des Innern. 1905. 3 M.

21. Die **Konsulargesetzgebung.** Von Professor Dr. **Ph. Zorn.** Zweite Auflage. 1901. 3 M.

22a. **Patentgesetz.** Nebst Ausführungsbestimmungen, völkerrechtlichen Verträgen und der Patentanwalts-Ordnung unter eingehender Berücksichtigung der Rechtsprechung des Reichsgerichts und der Praxis des Patentamts. Erläutert von Professor Dr. **R. Stephan,** Geh. Reg.-Rat, Mitglied des Kaiserlichen Patentamts. Sechste Auflage. 1904. 2 M.

22b. Gesetz zum **Schutz der Warenbezeichnungen.** Nebst Ausführungsbestimmungen. Von Dr. **R. Stephan,** Geh. Reg.-Rat, Mitglied des Kaiserlichen Patentamts. Vierte Auflage. 1899. 1 M.

23. **Gewerbe-Unfallversicherungsgesetz.** Von weil. Dr. **E. v. Woedtke.** Neunte neubearbeitete Auflage von **Franz Caspar,** Direktor im Reichsamt des Innern. 1907. 2 M. 50 Pf.

24. **Aktiengesellschaft und Kommanditgesellschaften auf Aktien.** (Handelsgesetzbuch, II. Buch, Abschnitt 3 und 4). Mit Anmerkungen von **H. Keyssner,**

Kammergerichtsrat und Dr. **H. Veit Simon**, Rechtsanwalt. Fünfte Auflage. Bearbeitet von Dr. **Hugo Keyssner** und **L. Keyssner**. 1900. 2 M. 25 Pf.

25. **Brausteuergesetz** vom 3. Juni 1906 mit Ausführungsvorschriften. Von **A. Düffe**, Obersteuerkontrolleur. 1907. 3 M.

26. Die Reichsgesetzgebung über Münz- und Notenbankwesen, Papiergeld, Prämienpapiere und Reichsschulden. Von Dr. jur. **R. Koch**, Präsident des Reichsbankdirektoriums. Fünfte Auflage. 1905. 3 M.

27. Die Gesetzgebung, betr. das Gesundheitswesen im Deutschen Reich für Behörden, Aerzte 2c. Von Dr. jur. **C. Goesch** und Dr. med. **J. Karsten**. 1888. 1 M. 60 Pf.

28. **Bau-Unfallversicherungsgesetz.** Vom 30. Juni 1900. Von **R. Chrzescinski**, Kaiserl. Regierungsrat. Dritte Auflage. 1900. 2 M.

29. **Reichsgesetz**, betr. die Erwerbs- und Wirtschaftsgenossenschaften. Von **L. Parisius** und Dr. **H. Crüger**. Zwölfte Auflage bearbeitet von Dr. **H. Crüger**. 1907. 1 M. 50 Pf.

30. **Invalidenversicherungsgesetz** vom 13. Juli 1899. Von weil. Dr. **E. v. Woedtke**. Zehnte Auflage bearbeitet von Regierungsrat **H. Follmann**. 1906. 4 M.

31. **Gewerbegerichtsgesetz.** Von Stadtrat **L. Mugdan.** Sechste Auflage bearbeitet von **W. Cuno,** Erstem Bürgermeister zu Hagen i. W. 1906. 2 M. 20 Pf.

32. **Reichsgesetz, betr. die Gesellschaften mit beschränkter Haftung.** Von **L. Parisius** und Dr. **H. Crüger.** Neunte Auflage von Dr. **H. Crüger.** 1907. 1,40 M.

33. **Vereins- und Versammlungsrecht** in Deutschland. Von Dr. **E. Ball.** Zweite, völlig neubearbeitete Auflage von Dr. **F. Friedenthal.** 1907. 2 M. 50 Pf.

34. **Reichsgesetz, betreffend die Abzahlungsgeschäfte.** Vom 16. Mai 1894. Von **J. Hoffmann.** Zweite vermehrte Auflage besorgt von Dr. **E. Wilke,** Landgerichtsrat. 1901. 1 M. 20 Pf.

35. **Die Reichs-Eisenbahngesetzgebung.** Von **W. Coermann,** Kaiserl. Amtsrichter. 1895. 2 M. 25 Pf.

36. **Gesetze, betr. die privatrechtlichen Verhältnisse der Binnenschiffahrt und der Flößerei.** Erläutert von **H. Makower.** Dritte Auflage bearbeitet von **E. Löwe,** Landgerichtsrat. 1903. 3 M.

37. **Gesetz zur Bekämpfung des unlauteren Wettbewerbes.** Vom 27. Mai 1896. Von Dr. **R. Stephan,** Geh. Regierungsrat. Dritte Auflage. 1903. 1 M.

38/39. **Bürgerliches Gesetzbuch nebst Einführungsgesetz.** Nach dem Tode des ursprünglichen Herausgebers Reichsgerichtsrats a. D. Dr. **A. Achilles** in Verbindung mit Professor Dr. **André,** Kammergerichtsrat

Ritgen, Ober-Landesgerichtsrat **Strecker**, Ober-Regierungsrat Dr. **Unzner** herausgegeben von Geh. Ober-Justizrat **Greiff**. Fünfte Auflage. 8°. 1906. 6 M. 50 Pf.

Dieser Band ist in größerem Format erschienen!

40. **Gesetz, betr. die Pflichten der Kaufleute bei Aufbewahrung fremder Wertpapiere (Depotgesetz).** Mit Erläuterungen. Von **F. Lusensky**, Geh. Ober-Regierungsrat. Zweite Auflage. 1905. 1 M.

41. **Börsengesetz.** Vom 22. Juni 1896. Nebst Ausführungsbestimmungen. Unter Mitwirkung des Direktors im Reichsamt des Innern **A. Wermuth** bearbeitet von Regierungsrat **H. Brendel**. 1897. 1 M. 50 Pf.

42. **Grundbuchordnung** nebst den **preußischen Ausführungsbestimmungen.** Mit Einleitung. Von Professor Dr. **O. Fischer**. Vierte Auflage. 1906. 2 M.

43. Die Gesetzgebung, betr. die **Zwangsvollstreckung in das unbewegliche Vermögen im Reiche und in Preußen.** Mit Einleitung, Kosten- und Gebührentabellen. Von Dr. **J. Krech**, Kaiserl. Geh. Regierungsrat und Professor Dr. **O. Fischer**. Fünfte Auflage. 1907. 2 M.

44. **Das Reichsgesetz über das Auswanderungswesen vom 9. Juni 1897 nebst Ausführungsverordnungen und Anlagen.** Unter Benutzung amtlicher Quellen. Von Professor Dr. **Felix Stoerk**. 1899. 2 M. 25 Pf.

45. Das **Entmündigungsrecht** unter Berücksichtigung der für Preußen geltenden Vorschriften nebst der preußischen Justiz-Ministerial-Verfügung vom 28. November 1899. Text der zivil- und prozeßrechtlichen Bestimmungen mit Erläuterungen von Landgerichtsrat Dr. **P. Koll** in Cöln. 1900. 1 M. 50 Pf.

46. Die Gesetze des Reiches und Preußens über die **freiwillige Gerichtsbarkeit.** Mit Einleitung von **Herm. Jastrow,** Amtsgerichtsrat. Vierte Auflage. 1906. 3 M.

47. Das **deutsche Vormundschaftsrecht** und das preuß. Gesetz über die Fürsorgeerziehung Minderjähriger nebst den dazu gehörigen preußischen Nebengesetzen. Mit Einleitung und Erläuterungen von **Max Schultzenstein,** Oberverwaltungsgerichtsrat und Amtsgerichtsrat Dr. **Paul Köhne.** Zweite Auflage. 1901. 3 M.

48. Gesetze und Verordnungen, betr. den **Drogen-, Gift- und Farbenhandel** außerhalb der Apotheken. Von Dr. **Broh,** Rechtsanwalt. 1899. 1 M. 25 Pf.

49. Deutsche **Kolonialgesetzgebung.** Von Professor Dr. **Philipp Zorn.** 1901. 4 M. 50 Pf.

50. Der **Viehkauf** (Viehgewährschaft) nach dem Bürgerlichen Gesetzbuche. Mit Erläuterungen von Rechtsanwalt Dr. **H. Stölzle.** Nebst Verordn. betr. die Hauptmängel und Gewährsfristen beim Viehhandel. Von **H. Weiskopf,** Königl. Kreistierarzt in Augsburg. Dritte Auflage. 1904. 3 M.

51. Hypothekenbankgesetz vom 13. Juli 1899. Von Dr. **H. Göppert**, Gerichts-Assessor. 1900. 1 M. 80 Pf.

52. Gesetz, betreffend die gemeinsamen Rechte der Besitzer von Schuldverschreibungen. Von Dr. **Heinrich Göppert**, Gerichts-Assessor. 1900. 2 M.

53. Reichspreßgesetz vom 7. Mai 1874 nebst den einschlägigen Bestimmungen des Strafgesetzbuchs, der Gewerbeordnung 2c. Kommentar von **A. Born**, Polizeiassessor. 1900. 1 M. 50 Pf.

54. Die Reichsgesetzgebung über den Verkehr mit Nahrungsmitteln, Genußmitteln und Gebrauchsgegenständen. Von Dr. **Georg Lebbin**, Nahrungsmittelchemiker. 1900. 2 M. 25 Pf.

55. Das Recht der Beschlagnahme von Lohn- und Gehaltsforderungen. Auf Grundlage der Reichsgesetze vom 21. Juni 1869 u. 29. März 1897 und der Zivilprozeßordnung. Von Rechtsanwalt **Georg Meyer.** Zweite Auflage. 1904. 2 M.

56. Gesetz, betr. die Bekämpfung gemeingefährlicher Krankheiten. Nebst Ausführungsbestimmungen. Von Dr. **Bruno Burkhardt**, Regierungsrat, Mitglied des Kais. Gesundheitsamts. 1900. 1 M. 40 Pf.

57. See-Unfallversicherungsgesetz. Von **Dr. Max Mittelstein**, Oberlandesgerichtsrat in Hamburg. 1901. 2 M.

58. **Das Recht der unehelichen Kinder.** Ausgabe aller einschlägigen Bestimmungen des BGB. Von **Hermann Jastrow,** Amtsg.-Rat. 1901. 1 M. 80 Pf.

59. **Reichsgesetz über die Beurkundung des Personenstandes und die Eheschließung.** Von **Dr. F. Fidler,** Amtgerichtsrat. 1901. 1 M. 80 Pf.

60. Gesetz, betreffend das **Urheberrecht an Werken der Literatur und der Tonkunst.** Von Landrichter **Otto Lindemann.** Zweite Auflage. 1907. 1 M. 60 Pf.

61. Gesetz über das **Verlagsrecht.** Von Justizrat **Ernst Heinitz.** 1901. 1 M. 50 Pf.

62. Gesetz über die **privaten Versicherungsunternehmungen.** Von **H. Könige,** O.L.G.-Rat. 1901. 3 M.

63. **Gesetzestafel des Deutschen Reichsrechts.** Systematisch geordnete Nachweisung des z. Z. geltenden Reichsrechts. Ergänzungsband zu der Guttentag'schen Sammlung Deutscher Reichsgesetze. Von **Hugo Bruhns,** Syndikus. 1902. 2 M. 50 Pf.

64. Gesetzsammlung betr. den **Handel mit Drogen und Giften.** Reichsgesetzl. Bestimmungen und Anhang mit den landesgesetzl. Verordnungen sämtlicher Bundesstaaten. Von Rechtsanwalt **H. Sonnenfeld,** Syndik. d. Berl. Drogisten-Innung. 1902. 3 M.

65. **Das Weingesetz** vom 24. Mai 1901. Mit Ausführungsbestimmungen **erläutert von Dr. Georg Lebbin,** Handels- und Gerichtschemiker zu Berlin. 1902. 1 M. 50 Pf.

66. **Die Eisenbahn-Gesetzgebung.** Von **W. Plotsch,** Geh. exp. Sekretär im Reichs-Eisenbahn-Amt. 1902. 5 M.

67. **Militär-Strafgesetzbuch.** Mit den Entscheidungen des Reichs-Militärgerichts von Dr. **Paul Herz,** Senats-Präsident am Reichs-Militärgericht und Kriegsgerichtsrat Dr. **Georg Ernst.** 1903.
Aus dem Handel gezogen.

68. **Das Fleischbeschaugesetz.** Vom 3. Juni 1900. Mit Ausführungsges. u. Verordnungen im Reiche und in Preußen. Von Dr. **Georg Lebbin,** Gerichtschemiker und Rechtsanwalt Dr. **Georg Baum.** 1903. 4 M.

69. Reichsgesetz über die **Naturalleistungen der bewaffneten Macht im Frieden** nebst den zugehörigen in Preußen geltenden Bestimmungen. Von Regierungsassessor Dr. **Walter v. Hippel.** 1903. 1 M. 25 Pf.

70. Das **Reichs-Haftpflichtgesetz,** betr. die Verbindlichkeit zum Schadensersatz für die bei dem Betriebe von Eisenbahnen, Bergwerken, Steinbrüchen, Gräbereien und Fabriken herbeigeführten Tötungen und Körperverletzungen, vom 7. Juni 1871. Von Regierungsrat Dr. **G. Eger.** 1903. Preis 3 M.

71. **Kinderarbeit in gewerblichen Betrieben,** v. 30. März 1903. Nebst der Preuß. Ausführ.-Anw. v. 30. Nov. u. d. Bek. des Reichskanzlers v. 17. Dez. 1903. Von **H. Spangenberg,** Oberverwaltungsgerichtsrat. Zweite vermehrte Auflage. 1904. 1 M. 60 Pf.

72. **Unfallversicherungsgesetz für Land- und Forstwirtschaft** vom Wirkl. Geh. Rat Dr. **E. von Woedtke,** fortgesetzt von Dr. **Alfred Radtke,** Geh. Regierungsrat und Senatspräs. im Reichsversicherungsamt. Zweite Auflage. 1904. 4 M. 50 Pf.

73. **Entschädigung für unschuldig erlittene Verhaftung und Bestrafung.** Nebst Anhang, enth. die dazu gehörigen Nebengesetze über Schadensersatz. Von Dr. jur. **A. Romen,** Geh. Kriegsrat und vortr. Rat im Kriegsministerium. 1904. 2 M.

74. Die **Kaufmannsgerichte** nebst den preuß. Ausführungsbestimmungen. Von Dr. **Max Apt,** Syndikus der Korporation der Berliner Kaufmannschaft. Dritte Auflage. 1905. 2 M.

Daraus einzeln: **Preuß. Ausführungsbestimmungen.** 50 Pf.

75. Reichsgesetz über die **Konsulargerichtsbarkeit.** Erläutert von Dr. jur. **A. F. Vorwerk,** Rechtsanwalt in Schanghai. 1905. 2 M.

76. **Die Rechtshilfe im Verkehr mit den ordentlichen Gerichten nach deutschem Reichsrecht.** Zusammenstellung aller in Betracht kommenden Gesetzesstellen. Von Landrichter Dr. **A. Friedländer.** 1906. 1 M. 80 Pf.

77. Das Reichserbschaftssteuergesetz. Vom 3. Juni 1906. Von **Ulrich Hoffmann**, Geh. Registrator im Königl. Preuß. Finanzministerium. 1906. 2 M. 60 Pf.

78. Zigarettensteuergesetz. Vom 3. Juni 1906. Von Dr. **Cuno**, Gerichtsassessor. 1906. 1 M. 80 Pf.

79. Die Militärpensionsgesetze vom 31. Mai 1906 nebst den Ausführungsbestimmungen. Zum praktischen Gebrauch für Heer, Marine und Schutztruppe, von Dr. jur. **A. Romen**, Wirklicher Geheimer Kriegsrat und vortr. Rat im Kriegsministerium.
a) I Teil: Offizierpensionsgesetz. 3 M. 50 Pf.
b) II. Teil: Mannschaftsversorgungsgesetz. Im Druck.

Jeder Teil ist einzeln käuflich.

80. Reichsgesetzgebung über gerichtliche Registerführung. Textausgabe der einschlägigen Gesetzesbestimmungen mit Anmerkungen und Sachregister von **Otto Lindemann**, Landrichter. 1906. 3 M.

81. Gesetz, betr. Urheberrecht an Werken der bildenden Künste und der Photographie. Von Dr. **Ludw. Fuld**, Rechtsanwalt. 1907. 1 M.

Guttentag'sche Sammlung

Preußischer Gesetze.

Text-Ausgaben mit Anmerkungen. Taschenformat.

1. **Die Verfassungs-Urkunde** für den Preußischen Staat. Mit Einleitung, vollständigem Kommentar. Von Prof. Dr. **Adolf Arndt.** Sechste Auflage. 1907. 3 M.
2. Preußische **Beamten-Gesetzgebung.** Enthaltend die wichtigsten Beamtengesetze in Preußen. Von **C. Pfafferoth.** Vierte, neubearb. Auflage. 1905. Mit Anhang: Abänderung vom 27. Mai 1907. 2 M.
3. **Die Aufnahme des Notteſtaments** durch die bestellten besonderen Urkundspersonen. Anweisung vom 15. März 1904. Erläutert mit Musterbeispielen und einem Abriß des Erbrechts von Amtsgerichtsrat **C. Kurtz.** 1904. 1 M. 50 Pf.
4. **Gebührenordnung** für Notare vom 25. Juni 1895 nebst den einschlägigen Vorschriften des Preußischen Gerichtskostengesetzes. Von **R. Sydow.** Zweite Auflage bearbeitet von Dr. **E. Mosler,** Gerichtsassessor. 1900. 1 M. 50 Pf.
5. **Gesetz vom 24. April 1854 (betr. die außerehel. Schwängerung).** Von Dr. **Schulze.** 1873. 75 Pf. Gültiges Recht siehe: Reichsgesetze Nr. 58.
6. Die Preuß. **Ausführungsgesetze und Verordnungen zu den Reichs-Justizgesetzen.** Von **R. Sydow.** Dritte vermehrte Auflage. 1895. 2 M. 40 Pf.

Siehe Seite 23, Busch, Ausführungsgesetze.

7. **Allg. Gerichtsordnung vom 6. Juli 1793 und Preuß. Konkursordnung vom 8. Mai 1885.** Von **F. Vierhaus,** Geh. Ober-Justizrat. Vergriffen.
8. **Vormundschaftsordnung.** Von **F. Schultzenstein.** Gültiges Recht siehe: Reichsgesetze Nr. 47.
9. Die **Preußische Grundbuchgesetzgebung.** Von Prof. Dr. **Fischer.** Vergriffen. Siehe: Reichsgesetze Nr 42.
10. **Einkommensteuergesetz.** Von **A. Fernow,** Geh. Ober-Finanzrat. Sechste Auflage. 1906. 3 M.
11. **Gewerbesteuergesetz.** Von **A. Fernow,** Geh. Ober-Finanzrat. Vierte, vermehrte Auflage. 1905. 2 M.
12. **Allgemeines Berggesetz** für die Preußischen Staaten vom 24. Juni 1865 nebst den preußischen Berggesetznovellen, den einschläg. Nebengesetzen u. Ausführungsbestimmungen. Mit Einleitung, Erläuterungen und Sachregister bearbeitet von **W. Westhoff** und **W. Schlüter.** Zweite Auflage. 1907. 5 M.
13. **Ergänzungssteuergesetz** (Vermögenssteuergesetz). Von **A. Fernow,** Geh. Ober-Finanzrat. Vierte vermehrte Auflage. 1907. 2 M. 40 Pf.
14. **Kommunalabgabengesetz.** Vom 14. Juli 1893 und Gesetz wegen Aufhebung direkter Staatssteuern. Von Dr. **F. Adickes,** Oberbürgermeister. Vierte Auflage. 1906. 1 M. 50 Pf.
15. Die **Kreisordnungen** für den Preußischen Staat. Von **O. Kollisch,** Landgerichtsrat. 1894. 4 M

16. **Konzessionierung gewerblicher Anlagen.** Preuß. Ausführungs-Anweisung zu §§. 16 u. ff. der Gewerbe-Ordnung. Von Dr. W. v. **Rüdiger**, Geh. Regierungs- u. Gewerberat. Zweite Auflage. 1901. 2 M.

17. **Preußisches Gerichtskostengesetz.** Mit Kostentabellen. Von Dr. P. **Siméon**, Landrichter. Vierte Auflage. 1904. 2 M. 25 Pf.

18. **Preußisches Stempelsteuergesetz** vom 31. Juli 1895. Mit den gesamten Ausführungsbestimmungen und vollständigen Tabellen. Von P. **Loeck**, Regierungsrat. Sechste Auflage. 1907. 6 M.

Dieser Band ist in größerem Format erschienen.

19. **Das Jagdscheingesetz.** Mit ausführlichen Erläuterungen. Von F. **Kunze**, Wirklichem Geh. Ober-Regierungsrat. Zweite Auflage. 1899. 2 M.

20. **Die preußischen Erbschaftssteuergesetze.** Unter Berücksichtigung der Novelle vom 31. Juli 1895. Von U. **Hoffmann**, Geh. Registrator im Königl. preuß. Finanzministerium. 1905. 4 M. (Reichserbschaftssteuergesetz s. Reichsgesetze Nr. 77).

21. **Gesetz über die Handelskammern.** Vom 19. August 1897. Mit Erläuterungen von F. **Lusensky**, Geh. Regierungsrat. 1897. 3 M.

22. **Gesetz, betr. Anstellung und Versorgung der Kommunalbeamten.** Mit Ausführungsanweisung. Von Dr. W. **Ledermann**, Magistratsassessor zu Berlin. 1899. 1 M. 25 Pf.

23. **Ausführungsgesetz zum Bürgerlichen Gesetzbuche.** Von Landrichter Dr. **P. Siméon.** 2. Aufl. 1905. 1 M. 80 Pf.

24. Die **Hinterlegungsordnung** in der Fassung des Ausführungsgesetzes z. BGB. v. 20. Sept. 1899 nebst Ausführungsbestimmungen. Von Regierungsassessor Dr. **Georg Bartels.** 1900. 1 M. 50 Pf.

25. **Preußische Kommunalbeamtengesetzgebung.** Von Magistr.-Assess. Dr. **Fr. Kremski,** Berlin. 1901. 3 M.

26. Gesetze über das **Diensteinkommen der Lehrer und Lehrerinnen, Ruhegehalt und Fürsorge für Hinterbliebene.** Tabelle zur Berechnung der Ruhegehalts-, Witwen- u. Waisenbezüge. Von Dr. **Ed. Cremer,** Beigeordneter. 1900. 2 M. 40 Pf.

27. Gesetz, betreffend die **Warenhaussteuer.** Von Geh. Ober-Finanzrat Dr. **G. Strutz.** 1900. 1 M. 20 Pf.

28. Gesetz über die **Fürsorgeerziehung Minderjähriger.** Nebst Ausführungsbestimmungen. Von Landgerichtsdirektor Dr. **P. F. Aschrott.** Zweite umgearbeitete Auflage. 1907. 2 M. 80 Pf.

29. Gesetz, betr. **die ärztlichen Ehrengerichte, das Umlagerecht und die Kassen der Aerztekammern.** Von Amtsgerichtsrat Dr. **Fidler.** 1901. 1 M. 50 Pf.

30. Die das **Preußische Staatsschuldbuch** und **Reichsschuldbuch** betr. Gesetze nebst Ausführungsbestimmungen. Von Wirkl. Geh. Ober-Finanzrat **J. Mücke,** Mitglied der Staatsschuldenverwaltung. 1902. 2 M.

31a. **Die geltenden Preußischen Gesindeordnungen.** Herausgegeben in zwei Bänden von **Stephan Gerhard**, Rechtsanwalt in Berlin. 1902.

Band I: Gesindeordnung für die altpreußischen Provinzen vom 8. XI. 1810, mit Erläuterungen unter Berücksichtigung der Ergänzungsgesetze und der Rechtsverhältnisse der Gesindevermieter, sowie die Gesindeordnung für Neuvorpommern und Rügen und für die Rheinprovinz. 2 M. 50 Pf.

31b. **Band II:** Gesindeordnungen für Hannover, Schleswig-Holstein, Hessen-Nassau und den Regierungsbezirk Hohenzollern. 2 M. 50 Pf.

32. **Die Städteordnung für die sechs östlichen Provinzen** Preußens vom 30. Mai 1853 nebst ihren gesetzlichen Ergänzungen. Von **Dr. jur. Walter Ledermann**, Magistrats-Assessor zu Berlin. 1902. 6 M.

Dieser Band ist in größerem Format erschienen!

33. **Rentenguts- und Anerbenrechts-Gesetzgebung in Preußen.** Von Landgerichtsrat **M. Peltasohn** und Rechtsanwalt **Bruno Peltasohn.** 1903. 3 M.

34. **Sammlung der wichtigsten preußischen Strafgesetze** nebst Anhang: Gesetz betr. polizeiliche Strafverfügungen vom 23. April 1883. Von **Otto Lindemann**, Amtsrichter. 1903. 2 M. 50 Pf.

Inhalt: Mobiliar-Feuerversicherung — Chausseegeld — Jagdpolizei — Jagdschein — Wild-Schonzeit — Fischerei — Versammlungs- u. Vereinigungsrecht — Belagerungszustand — Gesindedienstpflichten — Mineraliengewinnung und -Aneignung — Schlachthäuser — Dampfkesselbetrieb — Wandergewerbebetrieb — Reblausverbreitung — Forstdiebstahl — Wald- u. Wassergenossenschaften — Feld- u. Forstpolizei — Lotteriespiel — Verkehrsabgaben — Landestrauer.

35. **Geschäftsordnung für Gerichtsvollzieher.** Gerichtsvollzieherordnung und Gebührensätze von Amtsgerichtssekretär a. D. **Emil Exner.** 1904. 3 M. 50 Pf.

36. Die Gesetzgebung über **Polizeiverordnungen in Preußen** von **Otto Lindemann,** Amtsrichter in Köslin. 1904. 1 M. 50 Pf.

37. Gesetz über die **Enteignung von Grundeigentum** vom 11. Juni 1874. Von Landrichter **O. Meyer.** 1905. 2 M.

38. **Kreis- und Provinzial-Abgabengesetz.** Vom 23. April 1906. Von **Fr. Schmidt,** Gemeindevorsteher. 1906. 1 M. 25 Pf.

39. Gesetz betr. die **Unterhaltung der öff. Volksschulen.** Vom 28. Juli 1906. Von **Dr. A. Marcks,** Regierungsrat. 1906. 2 M.

40. Gesetz betr. das **Verwaltungsstreitverfahren** bei Zuwiderhandlungen gegen die Zollgesetze und die sonstigen Vorschriften über indirekte Reichs- und Landesabgaben, sowie die Bestimmungen über die Schlacht- und Wildpretsteuer vom 26. Juli 1897. Von **Dr. Richard Katzenstein,** Gerichtsassessor. 1907. 3 M. 60 Pf.

41. Die **preußischen Jagdpolizeigesetze.** Von **Fr. Kunze,** Wirkl. Geh. Oberregierungsrat und **R. Kühnemann,** Rechtsanwalt. Zweite gänzlich veränderte und verbesserte Auflage. 3 M. 60 Pf.

Guttentag'sche Sammlung von Text-Ausgaben mit Sachregister ohne Anmerkungen.

Militärstrafgerichtsordnung nebst Einführungsgesetz u. Ges., betr. Dienstvergehen der richterlichen Militärjustizbeamten u. unfreiwillige Versetzung derselben usw. **Militär-Strafgesetzbuch** mit Abdruck der entsprechenden Bestimmungen des Reichs-Strafgesetzbuchs. Zweite Auflage. 1 M. 50 Pf.

Die Preußischen Ausführungsgesetze, Verordnungen und ministeriellen Verfügungen zu dem Bürgerlichen Gesetzbuche und den Reichs-Justizgesetzen nebst anderen zugehörigen Gesetzen. Textausgabe, nach Materien geordnet, mit Sachregister von **L. Busch.** Zweite Auflage von Gerichtsassessor **O. Eylau.** 8°. Preis geb. 4 M. 50 Pf.

Die Preußischen Ausführungsgesetze zum Bürgerlichen Gesetzbuche und Nebengesetze. Text-Ausgabe ohne Anmerkungen. Fünfte Auflage. Taschenformat. Preis geb. in ganz Leinen 1 M. 80 Pf.

Handbuch des Testamentsrechts

mit zahlreichen Beispielen und Formularen.

Dargestellt von **Heinrich Pelser,** Landgerichtsrat in Danzig. gr. 8°. Zweite Auflage. Im Druck.

Wegweiser durch das Aktienrecht, nach dem Wortlaut der seit dem 1. Januar 1900 gültigen Reichsgesetze. Von Dr. Max Wittenberg. 1900. 16°. (121 S.) Geb. in Leinen 1 M.

Das Preußische Baupolizeirecht nebst den einschlägigen Bestimmungen des **Ansiedelungs-, Feld- und Forstpolizei-, Waldschutz- und Deichgesetzes,** sowie dem **Fluchtlinien-, Rayongesetz** und dem Gesetz über die Zulässigkeit des Rechtsweges gegen polizeiliche Verfügungen. Kommentar von Kgl. Polizeiassessor A. Born. 1902. gr. 8°. (497 S.) 10 M., geb. in Leinen 11 M.

Strafrecht der Berufsgenossenschaften nach den Unfallversicherungsgesetzen vom 30. Juni 1900. Unter Benutzung amtlichen Materials zum praktischen Gebrauche dargestellt von Professor, Regierungsrat Dr. Ludwig Laß. 1901. 8°. (134 S.) Geb. in Leinen 3 M.

Das **Eigenbild** im Recht. Von Prof. Dr. J. Kohler. 1903. gr. 8°. (66 S.) 2 M.

Das Recht am eigenen Bilde. Von Geh. Justizrat und Kammergerichtsrat Dr. Hugo Keyssner. 1896. gr. 8°. (63 S.) 2 M.

Erbenhaftung und Nachlaßkonkurs im neuen Reichsrecht. Von Professor Dr. Ernst Jaeger. 1898. gr. 8°. (117 S.) 3 M.

Feuerschutz und Feuerrettungswesen beim Beginn des XX. Jahrhunderts. **Berichtswerk** über die Internationale Ausstellung für Feuerschutz und Feuerrettungswesen. Berlin 1901. Mit zahlreichen Abbildungen. Bearbeitet im Auftrage des Königlich Preussischen Ministeriums des Innern. 1902. gr. 4°. (483 S.) 10 M., geb. 12 M.

Organisation der Arbeitgeber. Von H. A. Bueck. 1904. (89 S.) 1 M. 20 Pf.

Fluchtliniengesetz. — Das Gesetz, betreffend die Anlegung und Veränderung von Straßen und Plätzen in Städten und ländlichen Ortschaften vom 2. Juli 1875. Des Kommentars von weil. Oberverwaltungsgerichtsrat R. Friedrichs fünfte, völlig neubearbeitete Auflage. Von Senatspräsident Dr. jur. Hugo von Strauß und Torney. 1905. 8°. (364 S.) geb. 5 M.

Das **Verfügungsrecht beim Frachtgeschäft** unter besonderer Berücksichtigung des Postfrachtgeschäfts. Von Dr. jur. P. Leutke, Postinspektor. 1905. (270 S.) 5 M.

Die **freiwillige Gerichtsbarkeit** im Reiche und in Preußen. Ein Leitfaden von Dr. A. Nußbaum. 1900. 8°. (268 S.) Geb. in Leinen 4 M.

Das **System der Reichs-Gewerbeordnung.** Für den akademischen und praktischen Gebrauch dargestellt von Dr. R. Beyendorff. 1902. 8°. (303 S.) 4 M., geb. in Leinen 4 M. 60 Pf.

Gewerberecht und Arbeiterschutz. Führer für Arbeitgeber und Arbeiter durch die Gewerbe- und Arbeiterschutzgesetze. Von G. Laurisch, Kgl. Gewerbeinspektor. 1901. 8°. (210 S.) Kart. 1 M. 80 Pf.

Die **Gläubigeranfechtung außerhalb des Konkurses.** Auf Grundlage des Gesetzes v. 21. Juli 1879. Von Prof. Dr. Ernst Jaeger. 1905. (356 S.) 9 M., geb. 10 M.

Die **Grundbuchordnung** nebst den preußischen Ausführungsbestimmungen mit Kommentar und systematischer Uebersicht über das materielle Grundbuchrecht. Von Reichsgerichtsrat Dr. Alex Achilles und Landrichter O. Strecker. 1901. Lex. 8°. (960 S.) 12 M., geb. in Halbfr. 14 M.

Die **Verfügungen in Grundbuchsachen.** Leitfaden für Grundbuchbeamte, Notare und Referendare. Von Amtsgerichtsrat Max Löwenherz. 1904. (115 S.) gr. 8°. 2 M., geb. in Leinen 2 M. 50 Pf.

Die **Haftpflicht der Beamten.** Nach Reichsrecht und dem Recht der deutschen Bundesstaaten unter Berücksichtigung der Haftpflicht des Staates (Gemeindeverbandes usw.). Von Landrichter Dr. H. Delius. 1901. 8°. (147 S.) Kart. 2 M.

Das Recht der Handlungsgehilfen und Handlungslehrlinge auf Grund des Handelsgesetzbuches, der Reichs-Gewerbeordnung, der Reichs-Versicherungsgesetze und des bürgerlichen Rechts dargestellt für Juristen und Kaufleute. Von Rechtsanwalt Hugo Horrwitz. 2. vollständig neubearbeitete Auflage. 1905. (203 S.) Geb. in Leinen 3 M.

Das Handwerkergesetz vom 26. Juli 1897. Mit Einleitung und Bemerkungen unter besonderer Berücksichtigung der Ausführungsanweisungen. Von Dr. jur. L. Wilhelmi. 1902. 8°. (360 S.) 5 M., geb. in Leinen 6 M.

Handelsgesetzbuch vom 10. Mai 1897 nebst Abdruck des Gesetzes über die Angelegenheiten der freiwilligen Gerichtsbarkeit und Gerichtsverfassungsgesetz (Titel 7, Kammern für Handelssachen). Zu praktischem Gebrauch dargestellt von Oberlandesgerichtsrat H. Königc. 1899. 8°. (410 S.) Geb. in Leinen 4 M. 50 Pf.

Gesetz, betreffend **die Prüfung der Läufe und Verschlüsse der Handfeuerwaffen.** Vom 19. Mai 1891. Nebst den Ausführungsbestimmungen des Bundesrats vom 22. Juni 1892. Textausgabe mit Anmerkungen. Von Hauptmann a. D. Georg Koch. 1892. 8°. (59 S.) Kart. 1 M. 50 Pf.

Das deutsche Handels-, Wechsel- und Seerecht. Erweiterter Abdruck aus: Das alte und das neue Bürgerliche Recht Deutschlands mit Einschluß des Handelsrechts. Von Prof. Dr. A. Engelmann. 2. Aufl. im Druck.

Das **Kommunalabgabengesetz** vom 14. Juli 1893. Für den praktischen Gebrauch mit einer geschichtlichen Einleitung und Erläuterungen versehen, sowie mit einem die Ausführungsanweisung berücksichtigenden Nachtrag. Kommentar von Oberbürgermeister Dr. Franz Adickes. 1894. 8°. (417 S.) Kart. 6 M.

Das **Absonderungsrecht im Konkurse** mit besonderer Berücksichtigung des preußischen und gemeinen Rechts, systematisch dargestellt von Oberlandesgerichtsrat Dr. Th. Wolff. 1892. gr. 8°. (542 S.) 10 M.

Konkursordnung mit Einführungsgesetz, Nebengesetzen und Ergänzungen in der Fassung des Gesetzes vom 17. Mai 1898. Kommentar von Oberlandesgerichtsrat Dr. Th. Wolff. 1900. gr. 8°. (555 S.) 11 M., geb. in Leinen 12 M.

Die Kurtaxe. Betrachtungen über ihre rechtliche Natur. Von Professor J. Kohler. 1902. gr. 8°. (52 S.) 1 M.

Das **Wohnungsmietrecht** nach dem Bürgerlichen Gesetzbuch. Zum praktischen Gebrauch für Juristen, Hausbesitzer und Mieter bearbeitet von Rechtsanwalt und Notar Th. Loomann. 1900. 8°. (144 S.) 2 M.

Gesetz betreffend die **Patentanwälte.** Vom 21. Mai 1900. Nebst Ausführungsverordnungen. Von Prof. Dr. R. Stephan, Geh. Reg.-Rat, Abteil.-Vorsitz. im Kaiserl. Patentamt. 1900. 8°. (72 S.) Geb. in Leinen 1 M. 50 Pf.

Der Raritätenbetrug. Von Dr. Hanns Gross, Universitäts-Professor. 1901. gr. 8°. (296 S.) 6 M.

Polizei und Publikum. Eine Darstellung der beiderseitigen Rechte und Pflichten an der Hand der grundlegenden Bestimmungen für die Ausübung der örtlichen allgemeinen Verwaltungspolizei in Preußen. Von Bürgermeister M. Koehne. 1897. 8°. (144 S.) Geb. in Leinen 2 M. 75 Pf.

Patentgesetz und Gesetz, betreffend den **Schutz von Gebrauchsmustern.** Von Justizrat Dr. A. Seligsohn. 2. Auflage. 1901. gr. 8°. (557 S.) 12 M., geb. in Leinen 13 M.

Die **Tätigkeit der Polizei in Strafsachen** auf Grund der Reichsjustizgesetze und des Preußischen Rechts für Polizeiverwalter und Polizeibeamte. Von Oberverwaltungsgerichtsrat St. Genzmer. 4. Auflage. 1900. 16°. (117 S.) Kart. 90 Pf.

Beschwerde und **Klage** sowie sonstige **Rechtsmittel** gegen polizeiliche Verfügungen und Zwangsmaßregeln. Gemeinverständlich dargestellt und durch Beispiele erläutert von Oberverwaltungsgerichtsrat B. von Kamptz. 1894. 12°. (93 S.) Kart. 1 M. 20 Pf.

Dienstunterricht für Polizei-Exekutiv-Beamte. 1. Teil. Strafgesetzgebung (Gerichtsverfassung, Strafprozeßordnung, Strafgesetzbuch). Von Polizeiinspektor J. Segger. 1900. 8°. (308 S.) Kart. 2 M.

Die Registratur. Von Hermann Kollrack, Kgl. Polizeisekretär am Berliner Polizeipräsidium. 1896. 8°. (56 S.) Kart. 90 Pf.

Soziale Reform. Von H. A. Bueck, Geschäftsführer des Verbandes deutscher Industrieller. 1903. 8°. (76 S.) 60 Pf.

Rechtsbrevier für deutsche Ehefrauen. 52 Merksprüche aus dem Bürgerl. Gesetzbuch mit Erläuterungen. Von Dr. jur. Emilie Kempin. 8°. (62 S.) Kart. 1 M.

Verwaltungs-Hygiene. Ein Handbuch der öffentlichen Gesundheitspflege für Verwaltungsbeamte. Von Dr. A. Pfeiffer. 1895. gr. 8°. (228 S.) 5 M., geb. in Leinen 6 M.

Vorschläge zur Reform der Volksversicherung in Deutschland. 1906. gr. 8°. (40 S.) 1 M.

Handbuch des Vormundschaftsrechts. Unter Berücksichtigung der Ausführungsgesetze der deutschen Bundesstaaten. Von H. Schultetus, Landgerichtsrat in Rostock. 1899. 8°. (261 S.) 4 M., geb. in Leinen 4 M. 60 Pf.

Die Pflichten des Waisenrates. Ein praktischer Leitfaden für Waisenräte und Verwaltungsbeamte. Von F. Baum, Geh. Justizrat und Vormundschaftsrichter. Achte vermehrte und verbesserte Auflage. 1906. 8°. (46 S.) 60 Pf.

Wechselstempelsteuer und ihre Reform. Eine kritische Studie. Von Dr. jur. Eug. Jacobsohn. 1906. gr. 8°. (47 S.) 1 M.

Der Vormund, Gegenvormund, Pfleger u. Familienrat. Nach dem Bürgerlichen Gesetzbuch, dem Reichsgesetz über die Angelegenheiten der freiwilligen Gerichtsbarkeit und dem Ausführungsgesetz zum BGB. Ein praktischer Leitfaden. Von F. Baum, Geh. Justizrat und Vormundschaftsrichter. 1899. 8°. (64 S.) 50 Pf.

Gesetz zum **Schutz der Warenbezeichnungen** vom 12. Mai 1894, nebst Ausführungsbestimmungen. 2. Auflage, bearbeitet von Dr A. Seligsohn in Gemeinschaft mit Rechtsanwalt Martin Seligsohn. 1905. gr. 8°. (353 S) 7 M., geb. 8 M.

Schlagwort-Register.

R. = Nummer der Sammlung Deutscher Reichsgesetze.
P. = Nummer der Sammlung Preußischer Gesetze.
S. Seite.